前 言

本书是江西省职业院校精品在线开放课程配套教材、校企双元合作开发教材。党的二十大报告从战略全局上对全面建设社会主义现代化国家作出战略部署，对办好人民满意的教育提出明确要求，并首次提出“加强教材建设和管理”。党的二十大报告为新时代、新征程教材工作指明了前进方向，提供了根本遵循。在新的形势下，要深化教材改革，培养德智体美劳全面发展的高素质人才，要配套开发信息化资源，加快推进党的二十大精神进教材、进课堂、进头脑，更好地提升学生的综合素质和能力，提高人才培养质量。

本书案例丰富、内容翔实，突出系统性、实践性和实用性。采用分模块分项目的方式，详细阐述礼仪文化的渊源，仪容、服饰、仪态礼仪，职场商务礼仪，公共礼仪，交往礼仪，求职沟通礼仪等，并为主要内容配备了46个教学视频，真正实现“在学中做，在做中学”；相关模块还设置了项目实训，极大地调动了学生的学习积极性和兴趣，让学生学有所获、学以致用。

本书以党的二十大精神为引领，立足于服务建设现代化经济体系和实现更高质量更充分就业需要，对接科技发展趋势和市场需求，以促进就业和适应产业发展需求为导向，着力培养高素质劳动者和技术技能人才，具有“三新”特色。

(1) 育人理念新。党的二十大报告将大国工匠、高技能人才列为国家战略人才。本书将党的二十大报告中的“社会主义核心价值观广泛传播，中华优秀传统文化得到创造性转化、创新性发展”，运用“思政要点”“思政提示”“学‘礼’”等环节，有效利用校园文化的教育资源，营造立德树人、德技并修的育人氛围。同时，编者联合行业企业，合力打造育人共同体，企业在育人过程、育人环节、人才评价等方面全方位参与，将知识点任务化，彰显职业教育要求。本书突出课程思政，把培养学生综合能力作为人才培养的重点；突出实践性，把职场礼仪规范作为强化训练的能力，理论紧密结合实践的模式有助于提升学生的综合素质。

(2) 课程资源新。本书具有系统性和专业性，典型案例与专题知识相结合，主要板块均设置项目实训，并配套省级精品在线课程，相关资源每年进行更新，扫描下页下方二维码即可在线学习该课程。主编李艳老师为高级礼仪培训师，李老师拍摄的礼仪视频在抖音和微信视频号“小晴礼记”上定期发布和实时更新。

(3) 教材体例新。本书每个模块开始都展示名言赏析、思政要点、小故事大礼仪等新颖内容，学“礼”贯穿全书，案例特设“思政提示”，课程思政在整个教学环节悄然体现，润物无声；模块二～模块四每个项目均配备项目实训及评价体系，包括所有仪表仪态(站姿、坐姿、走姿、蹲姿、手势、眼神、微笑、鞠躬等)、商务礼仪(介绍、引领、名片、握手、接待与拜访、接打电话、交通、餐饮)、公共礼仪及沟通礼仪等，教学内容可测可评。

本书由九江职业大学李艳和高坊洪担任主编，由九江职业大学冷晔审稿。李艳负责全书统稿，并编写模块一的六个项目、模块二的项目一和项目二；黄遇铭编写模块三的项目一至项目八；慕静编写模块四的项目四和项目五；孙莎莎编写模块二的项目三和模块三的项目九；陈续续编写模块四的项目一至项目三。

在此，感谢四川省研学旅游产业促进会梁东、同方电子科技有限公司刘长明、溧阳二十八所系统装备有限公司任勇等专家对教材框架、内容、案例等提供的指导性意见和建议。

尽管编者在编写过程中力求准确、完善，但书中难免有不足之处，敬请广大读者批评指正！

编　者

2023 年 5 月

大学生礼仪修养与职场魅力提升
江西省精品在线开放课程

大学生礼仪修养与职场
魅力提升课程说明

高职高专素质教育系列教材

大学生礼仪修养与职场魅力提升

主　编　李　艳　高坊洪
副主编　黄遇铭　慕　静　孙莎莎　陈续续

清華大学出版社
北　京

内容简介

本书是江西省职业院校精品在线开放课程配套教材。我国是礼仪之邦，面对博大精深的礼仪文化和千变万化的现代职场需求，掌握与运用礼仪规范已成为当代大学生和职场人士提升个人竞争力的现实需要。本书围绕大学生礼仪修养与职场魅力提升，结合省级精品在线开放课程，案例丰富、内容翔实，突出系统性、实践性和实用性。本书向读者全面讲解礼仪文化、礼仪修养、职场魅力、礼仪运用，分项目进行细化练习。本书从礼仪文化入手，重在提升大学生礼仪修养；再从仪容规范、服饰规范、仪态规范等方面提升学生的职业气质，体现时代青年的责任使命；进而讲述职场商务场合的介绍礼仪、引领礼仪、名片礼仪、握手礼仪、接待与拜访礼仪、馈赠与受礼礼仪、电话礼仪、交通礼仪、餐饮礼仪等专业知识，进一步提升职场魅力和人格魅力，展现礼仪之邦的文化自信；最后讲述公共礼仪、同事交往礼仪、求职礼仪及人际沟通礼仪等，展现诚信互赢、谦虚自信的良好品质。本书紧密结合党的二十大对人才的要求，融入课程思政元素，充分体现"三全育人"模式。教师可将本书精品课程视频作为教学参考，读者可跟随视频学习和自我训练。

本书不仅可作为高职院校大学生素养教育课程的教材，也可作为广大青年读者自学礼仪知识的有益读物和参考书，还可作为政府机关、企事业单位组织学习和培训礼仪的参考书。

图书在版编目(CIP)数据

大学生礼仪修养与职场魅力提升/李艳，高坊洪主编. —北京：清华大学出版社，2023.10
高职高专素质教育系列教材
ISBN 978-7-302-64083-7

Ⅰ. ①大… Ⅱ. ①李… ②高… Ⅲ. ①大学生—礼仪—高等职业教育—教材 Ⅳ. ①G645.5

中国国家版本馆 CIP 数据核字(2023)第 128928 号

责任编辑：左卫霞
封面设计：刘艳芝
责任校对：袁　芳
责任印制：沈　露

出版发行：清华大学出版社
网　　址：http://www.tup.com.cn，http://www.wqbook.com
地　　址：北京清华大学学研大厦 A 座　　**邮　　编**：100084
社 总 机：010-83470000　　**邮　　购**：010-62786544
投稿与读者服务：010-62776969，c-service@tup.tsinghua.edu.cn
质量反馈：010-62772015，zhiliang@tup.tsinghua.edu.cn
课件下载：http://www.tup.com.cn,010-83470410
印 装 者：三河市君旺印务有限公司
经　　销：全国新华书店
开　　本：185mm×260mm　　**印　　张**：18　　**字　　数**：437 千字
版　　次：2023 年 10 月第 1 版　　**印　　次**：2023 年 10 月第 1 次印刷
定　　价：59.00 元

产品编号：102500-01

目　录

模块一　品　礼仪文化

模块二　展　礼仪修养

模块三　塑　职场魅力

模块四　练　礼仪运用

模块一　品　礼仪文化

中国有礼仪之大，故称夏；

有服章之美，谓之华。

——《春秋左传正义》

项目要点

1. 熟悉中国礼仪的发展阶段及特征。
2. 了解东西方礼仪的差异。
3. 掌握礼仪的原则。
4. 了解中国历代礼仪名人及礼仪格言。

思政要点

落实党的二十大要求，加快建设高质量教育体系，发展素质教育。通过对中国礼仪文化的学习，让"学礼"入心入教入职，"文化强国""文化自信""与时俱进"等都是新时代对当代大学生提出的新要求。

小故事　大礼仪

孔子拜见老子的典故

老子姓李名耳，又称老聃。他身高九尺，长着黄色的眉须，宽大的前额，充满智慧的双眸；曾在周朝担任文官，负责古代图书典籍的收藏和管理。春秋末年，当他看到周王室日渐没落，周王对有识之士的治国之策根本不予理睬后，愤然辞官，开始了讲学活动，在周王朝成了一位很有社会地位且知识渊博的学者。当时孔子在鲁国，正是青年好学的时候，他一面讲学，一面四方求学拜师。有一天，孔子得知学生南宫敬叔要前往周朝京都洛邑(今河南洛阳)，于是征得鲁昭公同意后，不远千里从鲁国去洛邑会见老子。鲁国君王很赞同孔子会见老子，认为能够增进鲁楚两国的关系，特地为孔子准备了车马和侍卫。孔子经过长途跋涉，带着学生们来到洛邑。见到老子后，孔子恭恭敬敬地行了弟子礼。老子异常兴奋，特地带着徒弟前去迎接。相见后，尽管年龄相差悬殊，双方稍有几分拘谨，由于孔子的真诚求教，老子还是毫无保留地传授了治学的道理，并赠给孔子有关的图书典籍，二人从此结为知己。

后来，每当孔子向学生讲到这次会见时，都表露出对老子的深深敬佩。他说："我之所以有长进，就是因为曾经见到过了不起的老子，并得到他博学的教诲。因此，我的学问是和老子分不开的。"几千年来，孔子被尊为圣人，老子被看作道家代表，虽然地位悬殊，但圣人求教于老子的这种虚心好学精神，却被人们津津乐道，成为后世所效仿的治学典范。

思考：孔子和老子在哪些地方表现出了"礼"？对我们有什么启发？

项目一　礼的内涵——不学礼，无以立

中华民族上下五千年悠久而漫长的历史，积淀了独具魅力且博大精深的文化。中华传统文化是中华民族无数古圣先贤、风流人物、文人志士对自然、人生、社会的探求与总结。

大思想家荀子言："人无礼则不生，事无礼则不成，国无礼则不宁。"礼仪作为人类道德的外化体现方式，是调节人际关系的重要手段，是当代大学生素养提升的必修课，也是助力职场新人事半功倍的金钥匙。英国哲学家约翰·洛克曾说："礼仪是在他的一切别种美德之上加上的一层藻饰，使他们对他具有效用，去为他获得一切与他接近的人的尊重和好感。没有良好的礼仪，其余的一切成就都会被人看成骄傲、自负、无用和愚蠢。"

中国自古以来就以"礼仪之邦"闻名于世，其漫长的礼仪发展史大致可分为礼仪的萌芽时期、礼仪的草创时期、礼仪的形成时期、礼仪的发展变革时期、礼仪的强化与衰落时期、现代礼仪时期、当代礼仪时期七个阶段。礼仪的形成与发展经历了一个从无到有、从低级到高级、从零散到完备的渐进过程。随着我国在国际社会的地位日益凸显，大学生的交往方式从封闭式向开放式转变，从被动型向主动型发展。"文化强国""文化自信""与时俱进"等都是新时代对当代大学生提出的新要求。无论是在职场上还是在生活中，礼仪显示了前所未有的重要性。了解礼仪的原则和作用，讲礼貌、懂礼仪，并践行礼仪，已成为当代大学生必备的素质。

任务一　礼、礼貌、礼节与礼仪

微课：有礼走遍天下

一、礼

《中国礼仪大词典》中对"礼"的定义："礼指特定民族、人群或国家基于客观历史传统而形成的，以确定、维护社会等级秩序为核心内容的价值观念、道德规范以及与之相适应的典章制度、行为方式。"四川人民出版社出版的《简明古汉语字典》介绍，"礼"的义项有祭祀、尊敬、礼节、礼物、制度、行为规范等。《辞海》中对"礼"的解释也大致相同。礼的本意为敬神，后引申为表示敬意的通称。礼的含义比较丰富，它既可以指表示敬意和隆重而举行的仪式，也可泛指社会交往中的礼貌礼节，是人们在长期的生活实践中约定俗成、共同认可的行为规范，还特指奴隶社会、封建社会等级森严的社会规范和道德规范。礼的本质是"诚"，有敬重、友好、谦恭、关心、体贴之意。"礼"是人们之间乃至国际交往中，相互表示尊重、亲善和友好的行为。

二、礼貌

礼貌是指人们在交往过程中相互表示敬意和友好的行为准则和精神风貌，是一个人在待人接物时的外在表现。它通过仪表及言谈举止来表示对交往对象的尊重，反映了时代的风尚与道德水准，体现了人们的文化层次和文明程度。

三、礼节

《礼记·儒行》："礼节者，仁之貌也。"礼节是指人们在日常生活或职场中，相互以问候、致意、祝愿、慰问等表示尊重和友好的惯用形式。礼节是礼貌的具体表现，如拜会、回访、握手、鞠躬、点头致敬、挥手致意等。

四、礼仪

礼仪包括"礼"和"仪"两部分。"礼"即礼貌、礼节；"仪"即仪表、仪态、仪式、仪容，是对礼节、仪式的统称。礼的核心是尊重，仪就是以最恰当的方式把对交往对象的尊重表现出来。

礼仪是指人们在各种社会的具体交往中，为了相互尊重，在仪表、仪态、仪式、仪容、言谈举止等方面约定俗成的、共同认可的行为规范和程序。它是自始至终地以一定的或约定俗成的程序、方式来表现的律己、敬人的完整行为。

从广义的角度看,它泛指人们在社会交往中的行为规范和交际艺术。

从狭义的角度看,它通常是指在较大或隆重的正式场合,为表示敬意、尊重、重视等所举行的合乎社交规范和道德规范的仪式。

任务二　礼、礼貌、礼节和礼仪的关系

礼是一种社会道德规范,是人们社会交际中的行为准则。礼貌、礼节、礼仪都属于礼的范畴,礼貌是表示尊重的言行规范,礼节是表示尊重的惯用形式和具体要求,礼仪是由一系列具体表示礼貌的礼节所构成的完整过程。礼貌、礼节、礼仪三者尽管名称不同,但都是人们在相互交往中表示尊敬、友好的行为,其本质都是尊重彼此。

项目二　中国礼仪的起源与发展——礼仪文化知多少

礼仪文化源远流长,知晓礼仪的发展历程,有助于更加深入学习礼仪和有效运用礼仪。我国是历史悠久的文明古国,几千年来创造了灿烂的文化,形成了高尚的道德准则、完整的礼仪规范,被称为“文明古国”“礼仪之邦”。礼仪随着人类社会的产生而产生,随着经济的发展和社会的进步而不断前进。中国礼仪的形成和发展,经历了一个从无到有、从低级到高级、从零散到完整的渐进过程。

任务一　中国礼仪的发展历程

中国礼仪在其传承沿袭的过程中不断发生着变革。从历史发展的角度来看,将主要阐释以下五个演变过程。

一、礼仪的萌芽时期(公元前 5 万年—公元前 1 万年)

礼仪起源于原始社会时期,在长达 100 多万年的原始社会历史中,人类逐渐开化。在原始社会中、晚期(约旧石器时期)出现了早期礼仪的萌芽。礼的初文——禮,左边代表神,右边是向神进贡的祭物。汉代学者许慎说:“礼,履也,所以事神致福也。”(《说文解字》)可以说,礼仪起源于鬼神信仰,也是鬼神信仰的一种特殊体现形式。生活在距今约 1.8 万年前的北京周口店山顶洞人,就知道打扮自己,他们用穿孔的兽齿、石珠作为装饰品,挂在脖子上;他们在去世的族人身旁撒放赤铁矿粉,举行原始宗教仪式,这是迄今为止在中国发现的最早的葬仪。

二、礼仪的草创时期(公元前 1 万年—公元前 21 世纪)

公元前 1 万年左右,人类进入新石器时期,不仅能制作精细的磨光石器,并且开始从事农耕和畜牧。在其后数千年的岁月里,原始礼仪渐具雏形。例如,在今西安附近的半坡遗址中,发现了生活在距今约五千年前的半坡村人的公共墓地。墓地中的坑位排列有序,死者的身份有所区别,有带殉葬品的仰身葬,有无殉葬品的俯身葬。此外,仰韶文化时期的有关遗

址及资料表明，当时人们已经注意尊卑有序、男女有别。长辈坐上席，晚辈坐下席；男子坐左边，女子坐右边等礼仪日趋明确。

三、礼仪的形成时期：夏、商、西周三代（公元前 21 世纪—公元前 771 年）

人类进入奴隶社会，统治阶级为了巩固自己的统治地位，把原始的宗教礼仪发展成符合奴隶社会政治需要的礼制，礼被打上了阶级的烙印。在这个阶段，中国第一次形成了比较完整的国家礼仪与制度。如"五礼"就是一整套涉及社会生活各方面的礼仪规范和行为标准。古代的礼制典籍多撰修于这一时期，如周代的《周礼》《仪礼》《礼记》就是我国最早的礼仪学专著。在汉以后 2000 多年的历史中，它们一直是国家制定礼仪制度的经典著作，被称为礼经。

四、礼仪的变革时期：春秋战国时期（公元前 770—公元前 221 年）

春秋战国时期，学术界形成了百家争鸣的局面，以孔子、孟子、荀子为代表的诸子百家对礼教给予了研究和发展，对礼仪的起源、本质和功能进行了系统阐述，第一次在理论上全面而深刻地论述了社会等级秩序划分及意义。

孔子对礼仪非常重视，他把"礼"看成治国、安邦、平定天下的基础，认为"不学礼，无以立""质胜文则野，文胜质则史。文质彬彬，然后君子"。他要求人们用礼的规范来约束自己的行为，要做到"非礼勿视，非礼勿听，非礼勿言，非礼勿动"；倡导"仁者爱人"，强调人与人之间要有同情心，要相互关心，彼此尊重。

孟子把礼解释为对尊长和宾客严肃而有礼貌，即"恭敬之心，礼也"，并把"礼"看作人的善性的发端之一。

荀子把"礼"作为人生哲学思想的核心，他把"礼"看作做人的根本目的和最高理想，"礼者，人道之极也"。他认为"礼"既是目标、理想，又是行为过程。"人无礼则不生，事无礼则不成，国无礼则不宁"。

管仲把"礼"看作人生的指导思想和维持国家的第一支柱，认为礼关系到国家的生死存亡。

五、礼仪的强化与衰落时期（公元前 221—公元 1911 年）

在我国长达 2000 多年的封建社会里，尽管在不同的朝代礼仪文化具有不同的社会政治、经济、文化特征，但有一个共同点，就是一直为统治阶级所利用，礼仪是维护封建社会的等级秩序的工具。这一时期的礼仪的重要特点是尊君抑臣、尊夫抑妇、尊父抑子、尊神抑人。在漫长的历史演变过程中，它逐渐变成妨碍人类个性自由发展、阻挠人类平等交往、抑制思想自由的精神枷锁。

纵观封建社会的礼仪，内容大致涉及国家政治的礼制和家庭伦理两类。这一时期的礼仪构成中华传统礼仪的主体。

中国自古就是礼仪之邦，礼仪能体现出一个人的修养和品位。真正懂礼仪、讲礼仪的人，绝不会只在某一个或几个特定的场合才注重礼仪规范，这是因为那些感性的又有些程式化的细节，早已在他们的心灵的历练中深入骨髓、浸入血液了。

任务二　现代礼仪的形成和发展

辛亥革命以后，受西方资产阶级"自由、平等、民主、博爱"等思想的影响，中国的传统礼仪规范、制度受到强烈冲击。五四新文化运动对腐朽、落后的礼教进行了清算，符合时代要求的礼仪被继承、完善、流传，那些繁文缛节逐渐被抛弃，同时接受了一些国际上通用的礼仪形式。新的礼仪标准、价值观念得到推广和传播。新中国成立后，逐渐确立以平等相处、友好往来、相互帮助、团结友爱为主要原则的具有中国特色的新型社会关系和人际关系。改革开放以来，随着中国与世界的交往日趋频繁，西方一些先进的礼仪、礼节陆续传入我国，同我国的传统礼仪一道融入社会生活的各个方面，构成了具有中国特色的社会主义礼仪的基本框架。许多礼仪从内容到形式都在不断变革，现代礼仪的发展进入了全新的发展时期。大量的礼仪书籍相继出版，各行各业的礼仪规范纷纷出台，礼仪讲座、礼仪培训日趋增多。人们学习礼仪知识的意识空前强烈，热情空前高涨。懂文明、讲礼貌蔚然成风。

所以无论何时何地，都要以最恰当的方式去待人接物。礼仪是人际关系中的一种艺术，是人与人之间沟通的桥梁，是人际关系的润滑剂，是步入职场的金钥匙。礼仪是人际关系中必须遵守的一种惯例，是一种习惯形式，即在人与人的交往中约定俗成的一种习惯做法。

项目三　东西方礼仪的异同——品鉴东方美和西方美

东西方礼仪的差异，归根结底是东西方文化的差异。中国作为“礼仪之邦”，讲礼仪，循礼法，崇礼教，重礼信。西方礼仪简单实用，崇尚个性自由。

由于东西方历史背景和文化传统有所不同，因此在传承我国传统礼仪的同时，还应学习国际礼仪，了解东西方礼仪的差异，才能在与外国友人相处或在涉外活动中把握规则，彬彬有礼。

任务一　东西方礼仪的差异

一、在问候语方面

中国人早晨见面时，往往关心地问对方“吃了吗?”或客气地询问“去哪里?”大家都习以为常，因为“民以食为天”嘛！而且彼此心里也清楚，“去哪里?”只是友人在路上相遇时说的一句客套话。但西方人清晨碰见却很少这样寒暄，而习惯互道“早安”，或简单地招呼一声“Hi(嗨)”。倘若你用习惯用语“吃了吗?”或“去哪里?”问候不太了解中国国情、风俗的西方人，他可能会纳闷：“难道我没有足够的钱吃饭吗?”或许误以为“你要请我吃饭?”甚至于“我去哪里，与你有何相干。”这样一来，“去哪里?”本来是一句礼节性的问候语，可“老外”说不定会把你的好心善意视为干涉其私事的不礼貌行为。由此看来，中外人士互相了解彼此的风俗习惯很有必要。

二、在表达形式方面

西方礼仪强调实用，表达率直、坦诚。东方人以“让”为礼，凡事都要礼让三分，与西方人相比，常显得谦逊和含蓄。

在面对他人夸奖所采取的态度方面，东、西方人也不相同。面对他人的夸奖，中国人常常会说“过奖了”“惭愧”“我还差得很远”等字眼，表示自己的谦虚；而西方人面对别人真诚的赞美或赞扬，往往会用“谢谢”来表示接受对方的美意。

三、在礼品馈赠方面

在中国，人际交往特别讲究礼数，重视礼尚往来，往往将礼品作为人际交往的媒介和桥梁。东方人送礼的名目繁多，除重要节日互相拜访需要送礼外，平时的婚、丧、嫁、娶、生日、提职、加薪都可以作为送礼的理由。

西方礼仪强调交际务实，在讲究礼貌的基础上力求简洁便利，反对繁文缛节、过分客套造作。西方人一般不轻易给别人送礼，除非相互之间建立了较为稳固的人际关系。在送礼形式上也比东方人简单得多。一般情况下，他们既不送过于贵重的礼品，也不送廉价的物品，但非常重视礼品的包装，特别讲究礼品的文化格调与艺术品位。

同时在送礼和接受礼品时，东西方也存在着差异。西方人送礼时，总是向受礼人直截了当地说明“这是我精心为你挑选的礼物，希望你喜欢”，或者说“这是最好的礼物”之类的话；西方人一般不推辞别人的礼物，接受礼物时先对送礼者表示感谢，接过礼物后总是当面拆看礼物，并对礼物赞扬一番。而东方人则不同，中国人及日本人在送礼时也费尽心机、精心挑选，但在受礼人面前却总是谦虚而恭敬地说“微薄之礼不成敬意，请笑纳”之类的话。东方人在受礼时，通常会客气地推辞一番。接过礼品后，一般不当面拆看礼物，唯恐对方因礼物过轻或不尽如人意而难堪，或显得自己重利轻义，有失礼貌。

四、在对待“老”的态度方面

东西方礼仪在对待人的身份地位和年龄上也有许多观念和表达上的差异。在我国，虽然有“夕阳无限好，只是近黄昏”的感叹，但是人们依然尊敬地称呼上了岁数的工人为“老师傅”，称德高望重的老师为“吴老”“钱老”，称年事已高的先生为“老伯”或“老大爷”等。“老”象征着经验丰富，“姜还是老的辣”，而老当益壮更是令人钦佩。不过，假如满怀敬意地用“老”字称呼一些西方人，效果可能会适得其反。对他们而言，“老”意味着“精力不济，走下坡路”，甚至是“不中用”。对女性而言，“老”还意味着“魅力丧失，风韵不存”。他们自然不乐意被别人尊称为“老人”。因此，当与西方老人打交道时，要充分理解和尊重他们的意愿。

【案例 1-1】

在乘公交车的时候，特别是人多的时候，中国的大学生往往会主动给老人们让座，这时老人们会乐于接受并用赞赏的眼光看着这位大学生。而西方的老年人却不喜欢年轻的大学生给他们让座，因为在他们看来，你给他们让座是因为你觉得他们是老人，已经不能和年轻人相比了，这会让他们觉得非常没有面子，甚至对你产生厌恶感。同样的，国外的大学生在公交车或地铁上，即使遇上老弱病残，大多也不理会，旁若无人。

思政提示：党的二十大报告阐述了各国要建立相互尊重、公平正义、合作共赢的新型国际关系，推动构建人类命运共同体。对于各国风俗，要尊重彼此，同样是“老”，在中国饱含尊敬，在西方一些国家却被认为是不够尊重。地方文化和各地风俗习惯不一样，要君子和而不同，尊重当地习俗，入乡随俗，入境问禁。

五、在对待隐私权方面

东西方文化都非常重视人际交往，但在交往的观念、交往的方式上都有着明显区别。中国人热情好客，在人际交往中饱含热情，嘘寒问暖，似乎没有什么可保留的，对于了解有关年龄、职业、收入、婚姻状况、子女等问题，觉得理所当然。但在西方国家中，特别重视对方的隐私权，而且个人隐私无所不包，某些我们认为非常平常的东西，在他们看来也是问不得的。西方的个人隐私主要包括个人状况（年龄、工作、收入、婚姻、子女等）、政治观念（支持或反对何种党派）、宗教信仰（信仰什么宗教）、个人行为动向（去何种地方、与谁交往或通信）等。凡是涉及个人隐私的，其他人都不能直接过问。

西方礼仪处处强调个人拥有的自由（在不违反法律的前提下），将个人的尊严看得神圣不可侵犯。在西方，冒犯对方“私人的”所有权利，是非常失礼的行为。因为西方人尊重别人的隐私权，同样也要求别人尊重自己的隐私权。

东方人非常注重共性拥有，强调群体，强调人际关系的和谐、邻里间的相互关心，嘘寒问暖，是一种富有人情味的表现。

任务二　东西方礼仪的共同点

礼仪，本身就是相通的，交往双方对彼此的尊重，体现自己的修养和知识是相同的，都表现出了很高的修养、文明的举止。礼仪的共同点就是要遵循一些原则，如尊重、遵守、适度、自律等。无论是东方还是西方，“礼貌”是不变的规则，即使个人性格本是张扬，也不可大大咧咧、自以为是。在东方，热情好客而不乏修养；在西方，坦率真诚，无论是大小场合，都定会让人心情舒畅。

项目四　礼仪的原则——言行文雅，礼赢职场

礼仪是在社会生活中约定俗成的，符合礼的要求，维护礼的精神，指导、协调人际关系的行为方式和活动形式的总和。在职场中恰如其分地运用礼仪原则有助于形成良好的礼仪修养和职场形象。

在日常的人际交往中，礼仪不但规范我们的行为模式，而且是人际关系的润滑剂。它体现了一个人的修养和素质，也体现了一个人的风度和魅力。

任务一　尊重原则

微课：礼仪原则

前几年有一个网络热议的话题——董卿下蹲采访。

在《开学第一课》中，中国著名的翻译家许渊冲老先生被节目组邀请上来，许老当时已经96岁高龄，行动不太方便，节目组特意为他准备了椅子，董卿在采访许老时采用了下蹲采访的姿势。就是这样的一蹲，让网友们评论董卿是“最美的主持人”“中国最美”，且不去评论是不是最美，作为对人最基本的尊重，聊天的时候注视着对方，视线也是和对方的视线平行最好。董卿蹲下身子采访许老，视线仰视，更

好地表达了对许老的敬意，对老一代知识分子的尊重，也展示了一个主持人良好的素质。

尊重包括对他人的尊重和对自己的尊重。那么，怎么体现出对自己的尊重呢？提前准备，合理安排个人生活，就是对自己的尊重；衣着得体，尊师重教，就是对自己学习、生活的尊重；穿戴整齐，精神饱满地去上班，就是对自己职业的尊重；工作之余，泡一杯茶，饮一杯咖啡，放松身心，也是对自己的尊重。和老人、小孩说话时，弯腰或蹲下，放慢语速，提高音量，反复说两遍，就是体现了对他们的尊重。尊重还表现在尊重对方的隐私，懂得维护他人利益；尊重也要体现自尊，懂得保持自身的独立性，在人际交往中积极实践，促进家庭美满、工作顺利。这是礼仪的第一个原则——尊重的原则。

【案例 1-2】

古代有一个读书人，看不起不识字的农夫，于是就戏弄他说："对'儿子'的文雅称呼是'令尊'。"说完，就等着看这个"愚蠢"的农夫的笑话。农夫不明就里，关心地问读书人："你家里有几位令尊？"读书人尴尬不已，只好说："我家里没有。"农夫很同情地说："我有四个儿子，要不随便送一个给你做令尊吧。"

思政提示：在任何时候，尊重他人就是尊重自己。在礼仪的两大构成部分中，有关对待他人的做法这一部分，比对待个人的要求更为重要，这一部分实际上是礼仪的重点与核心。而对待他人的诸多做法之中最要紧的一条，就是要敬人之心常存，处处不可失敬于人，不可伤害他人的个人尊严，更不能侮辱对方的人格。掌握了这一点，就等于掌握了礼仪的灵魂。在人际交往中，只要不失敬于人，哪怕具体做法一时失当，也不能算是失礼。

尊重体现在细节之中，如多用商量的语气，多用赞美和鼓励，用心聆听他人谈话，讲究批评、拒绝的方式，不炫耀自己的优势，不随意打断他人谈话等。

尊重还常常表现为真诚的赞美。所以，如果你想获得好的人缘，就一定不要吝啬你的赞美。

尊重，还常常表现为既照顾他人的面子又不丧失原则。

任务二 平等原则

在人际交往中，还需要遵循平等原则，对人对事要一视同仁。一视同仁是指所有人都应该受到尊重。在学校要明确师生关系、在职场中要明确上下级关系；在家庭中明确长幼关系；在社交中明确平等关系。因此要注意不同场合中自己的身份，言谈举止符合礼仪规范。

【案例 1-3】

一位音乐教师在社交场合遇到一位著名的作曲家，他想向作曲家请教一些音乐方面的问题。于是他向作曲家微笑着说："您好，我非常喜欢您的作品，我是音乐教师，想向您请教一些问题，请问您有时间吗？"作曲家回答："当然，我很乐意和你聊一聊。请告诉我你的问题。"

思政提示：该案例展示了社交礼仪中的平等原则。音乐教师并没有假定自己比作曲家地位低，而是以礼貌和尊重的方式接近作曲家，并请求和他交流。作曲家也没有将自己视为更高级或更有权力的人，而是以平等的方式对待，并愿意与音乐教师交流。这种平等原则的应用有助于建立信任和尊重，鼓励开放、建设性的交流。学会尊重所有人，这是一种教养。

任务三 适度原则

人和人之间需要保持一定的空间距离。人人都需要在自己身边有一个能够把握的自我空间，它犹如一个无形的“气泡”，为自己划分了一定的“领域”。而当这个“领域”被他人触犯时，人便会觉得不舒服、不安全，甚至开始恼怒。

据《论语·先进》记载：春秋时期，孔子的学生子贡问孔子，他的同学子张和子夏哪个更贤明一些？孔子说子张常常超过周礼的要求，子夏则常常达不到周礼的要求。子贡又问，子张能超过是不是好一些？孔子回答说，超过和达不到的效果是一样的。这就是礼仪的另一个原则——适度的原则。

掌握适度原则，是寻找人与人相处中的最佳切合点的过程，要合乎交往规范，讲究交往技巧，过分和不到位都不能表达礼仪之意。所以适度原则就是要求在人际交往中把握言语适度、举止适度、感情适度、距离适度。要做到这些，就必须把握技巧、注意分寸。

任务四 宽容原则

礼仪的宽容原则要求我们不过分计较对方礼仪上的差错过失，要心胸宽广。正如孔子所说“宽则得众”。一个心胸宽广的人，往往会赢得他人的爱戴和尊重。学会宽容、做到宽容，就要学会换位思考，己所不欲，勿施于人。要多体谅他人、理解他人，不要斤斤计较、咄咄逼人。这也是自身修养的体现。

【案例 1-4】

在安徽桐城有一个著名的旅游景点——六尺巷。清朝大学士张英在桐城的相府与姓吴的邻居之间有一块空地。吴家人修房砌墙越过了中界，张英的家人写了一封信给在朝廷做大官的张英，让他出来制止。谁知道张英写来一封回信：千里修书只为墙，让他三尺又何妨。长城万里今犹在，不见当年秦始皇。家人看过之后深感愧疚，让地三尺。吴家被张家之举感动，于是也退让了三尺。六尺巷由此得名，成为一段千古佳话。

思政提示：常言道，宰相肚里能撑船。当你宽容别人时，你不会在意自己的得与失。例如，从家里的单人间变成学校的六人间，在宿舍要和室友友好相处。宽容原则说起来容易，做起来比较困难。因此需要在生活中不断修炼，与身边人友善和睦相处，并不断提高自身的文化修养和礼仪修养。

任务五 自律原则

张伯苓任南开大学校长时，有一次他看见一个学生手指被熏得焦黄，便指着他说：“你看，把手指熏得那么黄，吸烟对青年人身体有害，你应该戒掉它！”但这位学生反唇相讥：“你不也吸烟吗？怎么说我呢？”当下张伯苓将自己所存的烟全部拿出来，当众销毁，并表示不再吸烟。果真如此，张伯苓再没吸过烟。

据《孟子·尽心上》中记载，孟子对宋勾践说：穷则独善其身，达则兼济天下。意思是不得志时就洁身自好修养个人品德，得志时就使天下都能这样。现在有人把它理解为，当你是一个普通人时就管好自己，当你领导一群人时就管好大家。

自律，出自《左转·哀公十六年》，自律就是和自己签订协议，自己管理自己、约束自己、检点自己。自律能力强的人，无论干什么事情，成功率都会比自律能力弱的人高。自律包括自我时间的管理、自我财务的管理、自我身体的管理等方面，在工作和生活中实践自律原则，会成为更好的自己。

【案例 1-5】

江西省瑞金革命纪念馆展出了一册苏区时期的账本，上面记载着毛泽东廉洁自律的感人事迹。1933 年 8 月 17 日，毛泽东和江西军区参谋长陈奇涵一行四人，来到苏区江西省长胜县铲田区调查工作。铲田区苏维埃政府主席钟赤牯听说毛主席到村里来了，急忙四处寻找，最后在红军家属许大娘家里找到了。他埋怨道："毛主席，你们进村来，为啥不事先打个招呼，好让我们有个准备呀!"毛泽东闻言，拍着钟主席的肩膀笑着说："为什么要事先打招呼呢？下来了你们一定会晓得，现在不少干部下乡，生怕下面不知道，这种作风不好嘛。"

当晚，毛泽东等人住在一所破旧的祠堂内。晚饭吃的是山芋粥、红薯，外加一盆咸萝卜干。钟赤牯执意要去弄点好吃的东西，被毛泽东坚决制止了。

次日清晨，毛泽东同警卫员吴吉清要赶回瑞金中央政府。临行前，他对小吴说："你按照规定去区苏维埃政府财政部结清伙食费和住宿费，我们先走一步，你随后赶来。"

在区财政部，长工出身的老部长听说毛主席在这里住了一宿也要交食宿费，说什么也不肯收。吴吉清推辞不了，最后只好收回钱，匆匆上路，追上了先行的毛泽东。

毛泽东问他："食宿费结了吗?"小吴吞吞吐吐地说出区财政部不肯收钱一事。毛泽东闻言，大为生气，立即要吴吉清再次返回，务必将钱交清。陈奇涵参谋长眼看离开区苏维埃政府已经很远了，便笑着说："毛主席，还是由我来办这件事吧，你们赶路要紧。"

毛泽东紧握陈奇涵的手，叮嘱道："老陈，这件事你一定要办妥。我们是领导干部，在执行制度方面更要严格。"陈奇涵郑重地点了点头。他回去后果真代表毛泽东向财政部转交了食宿费。于是在铲田区苏维埃政府财政部用毛边纸制作的账本上，记载了这样一笔："十八日主席毛泽东住，付还大洋一元四角五分，陈奇涵。"

新中国成立后，铲田区的老同志将这册保存完整并盖有区苏维埃政府财政部大印的珍贵文物捐献给了瑞金革命纪念馆，成为革命领袖廉洁自律的生动见证。

资料来源：学习强国-党史故事，https://www.xuexi.cn/lgpage/detail/index.html?id=7629602386809681743.

思政提示：伟人的廉洁自律、以身作则，不仅塑造了良好的个人形象，更能提高整个国家、整个民族的形象和老百姓的信任感。其身正，不令而行。

任务六 真诚原则

真诚原则要求运用礼仪时，务必诚信无欺，言行一致，表里如一，待人以诚。真诚是对人对事的一种实事求是的态度，是待人真心真意的友善表现，真诚就是在人与人之间进行信息传递、情感交流、思想沟通的过程中，做到诚实守信，不说谎、不虚伪、不做作、不骗人、不侮辱人。如果缺乏真诚，则不可能达成目标，更无法保证交际效果。所谓"骗人一次，终身无友"。

据苏轼《拟进士对御试策》记载：服人以诚不以言。大意是要用诚意来使人心服，不要用空话来使人佩服。这句话告诉人们，要使人服气，关键在于诚心，不能夸夸其谈。光说空话是难以服人的，以诚相待才能使人心悦诚服。

真诚原则，使很多人成为他们想要成为的人。他们在人际交往中，始终表里如一，待人以诚。说到做到，不能说得天花乱坠，做得一塌糊涂，要对他人和自己负责任。

项目五　中国历代礼仪名人——跨越时空与圣贤对话

我国素有“礼仪之邦”的美称，具有敬老爱幼、礼让三先、待人以诚、恭敬待客、维护民族尊严等优良传统。自周朝以来，中国涌现出不少礼仪名家、名士。例如春秋战国时期的孔子、孟子、荀子等；汉唐时期的董仲舒、韩愈等；宋朝的程颢、程颐、朱熹、陆九渊等；明清时期的王守仁、顾炎武、李毓秀等。他们的思想、观点、名言、著作等对后世产生了深远影响。

任务一　春秋战国时期的礼仪名人

春秋战国时期的礼仪名家、名士以大思想家孔子、孟子、荀子为代表。

一、孔子

孔子(公元前551—公元前479年)是中国古代大思想家、大教育家，他首开私人讲学之风，打破贵族垄断教育的局面。孔子删《诗》《书》，定《礼》《乐》，赞《周易》，修《春秋》，为历史文化的整理和保存做出了重要贡献。孔子编订的《礼仪》，详细记录了战国以前贵族生活的各种礼节仪式。《礼仪》与《周礼》和孔门后学编的《礼记》，合称“三礼”，是中国古代最早、最重要的礼仪著作。

孔子认为：“不学礼，无以立。”(《论语・季氏篇》)“质胜文则野，文胜质则史。文质彬彬，然后君子。”(《论语・雍也》)孔子要求人们用道德规范约束自己的行为，做到“非礼勿视，非礼勿听，非礼勿言，非礼勿动”(《论语・颜渊》)。孔子倡导“仁者爱人”，强调人与人之间要有同情心，要相互关心，彼此尊重等。总之，孔子在《论语》中有74处谈到礼仪，他把礼仪理论提到一个新的高度，是主张以礼治国的最具代表性的人物。

二、孟子

孟子(公元前372—公元前289年)是战国时期儒家的主要代表人物。在政治思想上，孟子把孔子的“仁学”思想加以发展，提出了“王道”“仁政”的学说和民贵君轻说，主张“以德服人”。在道德修养方面，孟子主张“舍生而取义”(《孟子・告子上》)，讲究“修身”和培养“浩然之气”等。

三、荀子

荀子(公元前298—公元前238年)是战国末期的大思想家，他主张“隆礼”“重法”，提倡礼法并重。荀子说：“礼者，贵贱有等，长幼有差，贫富轻重皆有称者也。”(《荀子・富国》)荀子指出：“礼之于正国家也，如权衡之于轻重也，如绳墨之于曲直也。故人无礼不生，事无礼不成，国家无礼不宁。”(《荀子・大略》)荀子还提出，不仅要有礼治，还要有法治。只有尊崇礼，法制完备，国家才能安宁。

学“礼”

先贤言“礼”

- 孔子

不学礼，无以立。（《论语·季氏》）

质胜文则野，文胜质则史。文质彬彬，然后君子。（《论语·雍也》）

非礼勿视，非礼勿听，非礼勿言，非礼勿动。（《论语·颜渊》）

- 孟子

父子有亲，君臣有义，夫妇有别，长幼有序，朋友有信。（《孟子·滕文公上》）

- 荀子

礼者，人道之极也。（《荀子·礼论》）

礼者，所以正身也；师者，所以正礼也。（《荀子·修身》）

人无礼不生，事无礼不成，国家无礼不宁。（《荀子·大略》）

任务二　汉唐时期的礼仪名人

董仲舒（公元前179—公元前104年），汉朝思想家、哲学家、政治家、教育家。

汉武帝时期，董仲舒把封建专制制度的理论系统化，提出“唯天子受命于天，天下受命于天子”的“天人感应”之说。（《汉书·董仲舒传》）董仲舒把儒家礼仪具体概括为“三纲五常”，“三纲”即“君为臣纲，父为子纲，夫为妻纲”，“五常”即仁、义、礼、智、信。“罢黜百家，独尊儒术”的治国方略确立后，礼仪作为社会道德、行为标准和精神支柱，其重要性提到了前所未有的高度。

汉代时，孔门后学编撰的《礼记》问世。《礼记》共49篇，包罗宏富。其中，有讲述古代风俗的《曲礼》（第1篇）；有谈论古代饮食居处进化概况的《礼运》（第9篇）；有记录家庭礼仪的《内则》（第12篇）；有记载服饰制度的《玉藻》（第13篇）；有论述师生关系的《学记》（第18篇）；还有教导人们道德修养的途径和方法，即“修身、齐家、治国、平天下”的《大学》（第42篇）等。总之，《礼记》堪称集上古礼仪之大全，上承奴隶社会、下启封建社会的礼仪汇集，是封建时代礼仪的主要源泉。

盛唐时期，《礼记》由“记”上升为“经”，成为与《周礼》和《仪礼》并列的“礼经”三书之一。

任务三　宋朝时期的礼仪名人

宋代时，出现了以儒家思想为基础，兼容道学、佛学思想的理学，以程颢、程颐兄弟和朱熹为主要代表。二程认为，“父子君臣，天下之定理，无所逃于天地之间。”（《二程遗书》卷五）“礼即理也。”（《二程遗书》卷二十五）朱熹进一步指出，“仁莫大于父子，义莫大于君臣，是谓三纲之要，五常之本。人伦天理之至，无所逃于天地间。”（《朱子文集·癸未垂拱奏札·二》）朱熹的论述使二程“天理”说更加严密、精致。

宋代时期，家庭礼仪研究成果卓著，这是宋代礼仪发展的另一个特点。在大量的家庭礼仪著作中，以主撰《资治通鉴》而名垂青史的北宋史学家司马光的《涑水家仪》和以《四书集注》名扬天下的南宋理学家朱熹的《朱子家礼》最著名，这些礼仪著作强调父母的言传身教，注重礼仪教育与启蒙知识、日常生活行为的结合。至此，我国古代礼仪进一步得到发展。

学“礼”

先贤言“礼”

- 朱熹

让者，礼之实也。(《论语集注》)

古者小学，教人以洒扫、应对、进退之节，爱师、敬长、隆师、亲友之道，皆所以为修身、齐家、治国、平天下之本。(《大学章句》序)

- 欧阳修

君子之修身也，内正其心，外正其容。(《左氏辨》)

- 王阳明

勤读书，要孝悌；学谦恭，循礼仪；节饮食，戒游戏。毋说谎，毋贪利；毋任情，毋斗气；毋责人，但自治。能下人，是有志；能容人，是大器。凡做人，在心地；心地好，是良士；心地恶，是凶类。譬树果，心是蒂，蒂若坏，果必坠。(阳明家训之《示宪儿》)

- 曾国藩

青年读书，言不妄发。(《曾国藩家训》)

吾辈读书，只有两件事，一者进德之事，一者修业之事。(《曾国藩家训》)

任务四　明清时期的礼仪名人

王守仁(1472—1529年)，浙江余姚人，因曾筑室于会稽山阳明洞，自号阳明子，称为阳明先生，又称王阳明。王守仁是明朝著名的思想家、文学家和军事家，陆王心学之集大成者，精通儒家、道家、佛家。孔子(儒学创始人)、孟子(儒学集大成者)、朱熹(理学集大成者)和王守仁(心学集大成者)并称孔、孟、朱、王。其学术思想对外传至现在的日本、朝鲜半岛及东南亚地区。

满族入关后，逐渐接受了汉族的礼制，并且使其复杂化，导致一些礼仪显得虚浮、烦琐。例如，清代的品官相见礼，当品级低者向品级高者行拜礼时，动辄一跪三叩，重礼则三跪九叩。清代后期，清王朝政权腐败，民不聊生，古代礼仪盛极而衰。伴随着西学东渐，一些西方礼仪传入中国，长期占据统治地位的封建礼仪根基渐渐松动。例如，北洋新军时期的陆军就采用西方军队的举手礼等，代替不合时宜的打千礼等。

项目六　国之礼，人之本

孔子说：“不学礼，无以立。”意思是人不学习礼仪，就无法安身立足。当今时代，每个人都应遵守道德规范、礼仪原则，才能立足于社会。作为华夏子孙，在中国传统文化的影响下，人们的认知都朝着爱家、爱国、积极、正面、光辉的方向发展。

任务一　志于道，据于德

“志于道，据于德”出自《论语·述而》。

"志于道",意思是以道为志向,要立志高远。在当代,要将"小我"的价值实现与家庭、社会、国家、民族的发展相联系,在构建和谐社会、实现中华民族伟大复兴中成就自己。

"据于德",意思是以德为根据,"德"是指为人处世的依据和标准。所谓"德行",就是指一个人内在的品格素养和外在的行为表现,一个按照礼仪准则、规范要求行为的人,就是一个有"德行"的人。

任务二 仁者爱人

孟子曰:"仁者爱人,有礼者敬人。爱人者,人恒爱之;敬人者,人恒敬之。"意思是懂得关爱别人的人,他人也永远爱他;尊敬他人的人,他人也永远尊敬他。懂得"尊重"是成为一个有礼之人的重要素养,尊重是礼仪的核心,包括自尊和敬人;懂得"为他人着想",是成为有礼之人的另一个重要素养。

任务三 家国情怀

在五千年的历史长河中,中华民族创造了灿烂的文化,是"文明古国,礼仪之邦"。《礼记·乐记》中称:"礼者,天地之序也。"礼仪教育承担着继承和发扬中国传统美德的使命。

爱国主义是中华民族精神的核心。爱国既是公民基本道德规范,也是社会主义核心价值观的基础。新时代大力弘扬爱国主义精神具有非常重要的现实意义和深远的历史意义。礼仪是宣示价值观、教化人民的有效方式,形式多样的纪念庆典活动,能够传播主流价值,增强人们的认同感和归属感。如国家重大纪念日举行阅兵,就是通过行为符号(阅兵、游行、升旗)、物件符号(花车、领导人巨幅画像)、声音符号(鸣放礼炮、奏国歌)、语言符号(领导人讲话和标语口号)等仪式展演方式强化了民众的政治参与意识,激发了人们的爱国主义热忱。有国才有家,家国情怀具有时代特征,随着时间的推移,这种超越民族的优秀传统文化在社会建设、国家统一、展现民族凝聚力等方面起到了重要作用。家国情怀的人文精神更是为把"个人的价值实现升华至国家的兴旺崛起"奠定文化基础。

微课:礼仪作用

拓展阅读

拓展阅读:关于《周礼》

思考与训练

1. 查阅资料,举例说明遵循"志于道,据于德"礼仪的古今中外人士的事迹。
2. 礼仪的原则有哪些?当代大学生如何运用礼仪原则来解决职场中遇到的具体问题?
3. 分组讨论,"家国情怀"在职场和生活中的具体体现有哪些?

案例分析

（一）程门立雪

北宋时期，福建将东县有一位叫杨时的进士，他特别喜好钻研学问，到处寻师访友，曾就学于洛阳著名学者程颢门下。程颢去世后，杨时到其弟弟程颐门下，在洛阳伊川所建的伊川学院中求学。那时杨时已经40多岁，学问也相当高，但他仍谦虚谨慎，不骄不躁，尊师敬友，深得程颐的喜爱，被程颐视为得意门生。

有一天，杨时同一起学习的游酢去向程颐求教学问，不巧程颐在书房中坐着睡着了。他们不敢打扰程颐睡眠，可又不想就这样离开，错失请教的机会，所以就侍立在旁边，恭候程颐醒来。当时，天上下起了大雪，而且越下越大。等程颐一觉醒来，赫然发现门外两个“雪人”！从此，程颐深受感动，更加尽心尽力地教导杨时。杨时不负众望，将“二程”洛学传播至东南等广大地区，在“二程”和朱熹之间起到了承前启后的作用，为闽学及其思想体系的形成打下了坚实基础，为理学南传及中华文化的传播做出了重要贡献。

思考并分析：杨时的行为体现了为他人着想的高尚品德，这也是礼仪的一大特点。请说明“换位思考”在职场中的作用，并与小组成员分享你观察到的身边正面或反面的事例。

（二）人生第一课——修养

国内某知名高校18名电子工程应届毕业生，实习时被导师带到一家央企某实验室里参观。全体学生坐在会议室里等待该实验室主任的到来，这时主任助理给大家倒水，同学们表情木然地看着助理忙活，其中一个还问了句：“有茶吗？天太热了。”助理回答说：“抱歉，刚刚用完了。”轮到看起来并不起眼的李坤同学时，他轻声说：“谢谢，大热天的，辛苦您了！”助理抬头看了他一眼，满含着惊奇。虽然这是很普通的客气话，却是她今天听到的唯一一句。

门开了，主任走进来和大家打招呼，不知怎么回事，静悄悄地，没有一个人回应。李坤左右看了看，带头鼓掌表示欢迎，同学们这才稀稀拉拉地跟着拍手，由于不齐，越发显得零乱起来。主任挥了挥手：“欢迎同学们到这里来参观。平时这些事一般都是由办公室负责接待，因为我和你们的导师是老同学，非常要好，所以这次我亲自来给大家讲一些有关情况。我看同学们好像都没有带笔记本，这样吧，助理，请你去拿一些我们实验室印的纪念手册送给同学们作纪念。”接下来，更尴尬的事情发生了。大家都坐在那里，很随意地用一只手接过主任双手递过来的手册。主任的脸色明显有些难看了，走到李坤面前时，他快要没有耐心了。就在这时，李坤礼貌地站起来，身体微微前倾，双手接过主任递来的手册并恭敬地说了一声：“谢谢您主任！”闻听此言，主任眼前一亮，伸手拍了拍他的肩膀：“你叫什么名字？”李坤照实作答。早已汗颜的导师看到此景，微微松了一口气。两个月后，李坤被该重点实验室点名录取。有几位颇感不满的同学找到导师问原因，导师望了望这几张尚显稚嫩的脸，笑道：“是人家点名来要的。其实你们的机会是完全一样的，你们的成绩甚至比李坤还要好，但是除学习之外，你们需要学的东西太多了，修养是第一课。”

思考并分析：结合案例，谈谈你对礼仪修养的认识和看法，并说说本案例对你步入职场有何启示。

模块二　展　礼仪修养

孔子曰：君子不可以不学，

见人不可以不饰。

不饰无貌，

无貌不敬，

不敬无礼，

无礼不立。

——《大戴礼·劝学》

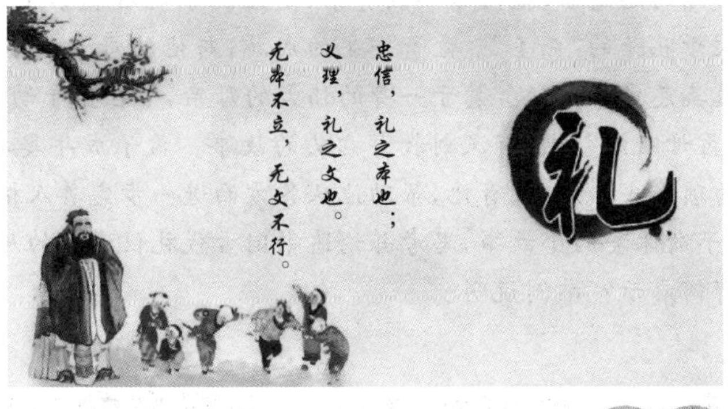

项目要点

1. 掌握仪容、服饰、仪态礼仪规范。
2. 熟悉几种化妆的技巧。
3. 了解服饰色彩与个性。
4. 熟悉服装款式与脸型、体型的搭配。
5. 掌握男士、女士西装套装的着装规范。
6. 掌握站姿、坐姿、走姿、蹲姿、手势、鞠躬等仪态礼仪规范。
7. 掌握亲和力塑造的关键要素——眼神与微笑。

思政要点

仪容服饰仪态等是一个人精神面貌的外在表现，是一个人甚至一个家庭素养、一个单位企业文化的外化体现。当代大学生要培育和践行社会主义核心价值观，仪态端庄、懂得礼节礼貌，用行为体现时代青年的使命责任。

小故事　大礼仪

孟子欲休妻的故事

据《韩诗外传》记载，一天，孟子的妻子独自一人在屋里，伸开两腿坐着。孟子进屋看见妻子这个样子，对母亲说："我的妻子不讲礼仪，请允许我休了她。"孟母说："为什么？"孟子说："她伸开两腿坐着。"孟母问："你怎么知道的？"孟子说："我亲眼看见的。"孟母说："这就是你没礼貌，不是你妻子没礼貌。《礼记》上不是说了吗？将要进屋的时候，先问屋中有谁在里面；将要进入厅堂的时候，必须先高声传扬（让里面的人知道）；将进屋的时候，必须眼往下看，为的是不让人没准备。现在你到妻子闲居休息的地方，进屋没有声响，因而让你看到了她两腿伸开坐着的样子。这是你没礼貌，并非是你妻子没礼貌！"孟子认识到自己错了，不再休妻。

孟子是战国时期的思想家、政治家和教育家，是继孔子之后儒家学派的主要代表人物，被后世尊奉为仅次于孔子的"亚圣"。孟子一生的成就，与他的母亲从小对他的教育是分不开的。孟母是一位集慈爱、严格、智慧于一身的伟大的母亲，早在孟子幼年时候，便为后人留下了"孟母三迁""孟母断织"等富有深刻教育意义的故事。孟子成年娶妻后，孟母仍不断利用处理家庭生活的琐事去启发、教育他，帮助他从各方面进一步完善人格。

思考：根据孟子欲休妻的小故事，思考并论述中国古代礼仪遵循的原则有哪些？它们对现代职场和生活有何启示？举例说明。

项目一　仪容礼仪——云想衣裳花想容

礼仪修养往往通过内在和外在共同体现。而个体形象就是礼仪修养的外在表现形式之一，礼仪形象的高低往往反映出一个人修养、素质的高低。透过形象看内心往往有相当高的准确性。在人际交往中，一个人是稳重、活泼还是随性、严谨，在穿衣打扮、举手投足，甚至在一个细微的表情和动作里就能让人感受到。其外在形态、容貌、着装、举止等始终是一种信息，在不知不觉中就传给了对方，这些信息无疑会或好或坏地影响交际活动的全过程。本项目将着重从仪容、服饰、仪态等方面助力大家打造更好的职业形象。

当代大学生要在大学阶段培养个人素质，为以后步入职场打下坚实基础。学习礼仪不仅可以了解礼仪知识，掌握礼仪规范，而且可以把内在的道德品质修养与外在的形象气质统一起来，成为有道德、有品质、有文化、有很好的工作能力的人——那就是“德才兼备”。现代职场正需要德才兼备的大学生，内强素质，外塑形象。古人有言：“穷则独善其身，达则兼济天下。”“修身齐家治国平天下”，把修身放在首位。修养体现细节，细节展示形象。

礼仪可以塑造人的形象，培养人的素质。一个举止大方、着装得体的人肯定会比举止粗鲁、衣着不整的人更受欢迎。

《东观汉记·明帝纪》：“臣望颜色仪容，类似先帝。”元·关汉卿《五侯宴》第二折：“这孩儿仪容儿清秀，模样儿英杰。”清·孙枝蔚《览古》诗之二：“君子贵立身，仪容安足夸。”仪容，通常是指人的外观、外貌。其中的重点，则是指人的容貌。在人际交往中，每个人的仪容都会引起交往对象的特别关注，并将影响到对方对自己的整体评价。在个人的仪表问题之中，仪容是重中之重。

任务一 仪容礼仪规范

微课：仪容礼仪（上）

一、仪容的概念

仪容、着装、仪态是职场礼仪的重要组成部分。仪容是指个人的容貌，它是由发型、面容，以及所有未被服饰遮掩、暴露在外的肌肤构成的。保持清洁是最基本、最简单、最普遍的美容方式。男士要注意细节的整洁，如眼部、鼻腔、口腔、胡须、指甲等。职业女性，尤其是社交场合的女士，通常要化妆。在某些场合，适当的化妆是一种礼貌，也是自尊、尊人的体现。化妆的浓淡要根据不同的时间和场合来选择。在平时，以化淡妆为宜，注重自然和谐，不宜浓妆艳抹、香气袭人；参加晚会、舞会等社交活动时，则应适当着浓妆。

二、仪容美的三个层次

微课：仪容礼仪（下）

第一，仪容的自然美。它是指仪容的先天条件好，天生丽质。尽管以相貌取人不合情理，但先天美好的仪容相貌，无疑会令人赏心悦目、感觉愉快。

第二，仪容的修饰美。它是指依照规范与个人条件，对仪容进行必要的修饰，扬长避短，设计、塑造出美好的个人形象，在人际交往中尽量令自己显得有备而来，自尊自爱。

第三，仪容的内在美。它是指通过努力学习，不断提高个人的文化、艺术素养和思想、道德水准，培养出自己高雅的气质与美好的心灵，使自己秀外慧中，表里如一。

真正意义上的仪容美，应当是上述三个层次的高度统一。忽略其中任何一个方面，都会使仪容美失之偏颇。

在这三个层次中，仪容的内在美是最高的境界，仪容的自然美是人们的心愿，而仪容的修饰美则是仪容礼仪关注的重点。要做到仪容的修饰美，自然要注意修饰仪容。修饰仪容的基本规则是美观、整洁、卫生、得体。

仪容美的基本要素是貌美、发美、肌肤美，主要要求是整洁干净。美好的仪容一定能让人感觉到其五官构成彼此和谐并富于表情；发质发型使其英俊潇洒、容光焕发，肌肤健美使其充满生命的活力，给人以健康自然、鲜明和谐、富有个性的深刻印象。但每个人的仪容是天生的，长相如何不是至关重要的。从心理学上讲，每一个人都应该接纳自己、接纳别人。

三、仪容的修饰

为了维护自我形象，有必要修饰仪容。在仪容的修饰方面要注意五点事项。

第一，仪容应当干净。要勤洗澡、勤洗脸，脖颈、手、足、耳及耳后、腋下等都应干干净净、清清爽爽，并经常注意去除眼角、口角及鼻孔的分泌物。要勤换衣服，消除身体异味，如有狐臭，要搽药品或及早治疗。

第二，仪容应当整洁。整洁，即整齐洁净、清爽。要使仪容整洁，重在持之以恒，这一条与自我形象的优劣关系极大。

第三，仪容应当注意卫生。讲究卫生，注意口腔卫生，早晚刷牙，饭后漱口，不能当着客人面嚼口香糖；指甲要常剪，头发按时理，不得蓬头垢面，体味熏人，这是每个人都应当自觉做好的。

第四，仪容应当简约。仪容既要修饰，又忌讳标新立异，简洁、朴素的仪容最好。

第五，仪容应当端庄。职场中的仪容形象应该端庄稳重，方显职场魅力。

四、职场仪容礼仪规范

整体：整齐清洁，自然，大方得体，神采奕奕，充满活力。

头发：头发整齐、清洁，不可染色，不得披头散发。前不遮眉，侧不过耳，后不触领，长发刘海不过眉，过肩要扎起（使用公司统一发夹，用发网网住，夹于脑后），整齐扎于头巾内，不得使用夸张耀眼的发夹和头饰。

耳饰：只可戴小耳环（无坠）或耳钉，颜色宜清淡。

面貌：精神饱满，表情自然，不带个人情绪，面着淡妆，不用有浓烈气味的化妆品和香水，不可用颜色夸张的口红、眼影、唇线；口红脱落，要及时补妆。

手：不留长指甲，指甲长度以不超过手指头为标准，不涂有色指甲油，经常保持清洁，除手表和婚戒外，不允许佩戴任何首饰。

衣服：合身、烫平、清洁，无油污，员工牌统一佩戴于左胸距锁骨约 10cm 处，长袖衬衫、裤管不能卷起，夏装衬衣下摆须扎进裙内或西裤内。若要佩戴项链，饰物不得露出制服外。

鞋：穿着公司统一配发的鞋，保持清洁，无破损，不得趿着鞋走路。若是自购皮鞋，正式场合可选择亚光船形黑皮鞋，不要任何花纹和装饰。社交场合则可根据服饰进行相应搭配。

袜子：搭配套装时，最好穿肉色连裤丝袜。袜子无钩丝，无破损。男士搭配西装时尽量选择黑色、藏青色、深灰色等深色纯色袜子，不要穿白袜子（休闲场合休闲服可搭配白袜子）和彩色花袜子。

身体：勤洗澡，无体味，不得使用有浓烈香味的香水。

五、仪容修饰的社会意义及运用场合

从微观上讲，仪容修饰是个人形象的体现，是自尊自爱的表现，代表着个人的精神面貌和给人的第一印象。从宏观上讲，仪容修饰是公司或企业的形象标志，是公司文明服务和管理水平的体现；从客观上讲，反映新一代公民的精神面貌和服务修养。

现代社会，仪容作为一种人的外在形式显得格外重要，在公共场所、聚会、餐饮、商业活动、政治活动，尤其是外交活动，仪容的整洁大方显得格外重要。它代表着一种美好的形象，每个人都应该注意自己的仪表。在政府部门的公务人员之间进行交流和事务的处理上，对仪容的要求更为严格。

身体着装，即穿什么衣服，和个人所从事的行业、性格是息息相关的。仪表修饰应先着眼于人的整体，再考虑局部细节，修饰与人自身的诸多因素之间应协调一致，浑然一体，营造出整体风采。仪表修饰无论是在修饰程度，还是在饰品数量和修饰技巧上，都应把握分寸，以自然适度为宜，追求一种虽刻意雕琢而又不露痕迹的效果。

总而言之，个人仪容，无论何时何地，它的重要性是不言而喻的。

六、发型

发型是指头发的长短、颜色和形状。

（一）发型分类

1. 直发类发型

直发类发型是指没有经过电烫，保持原来的自然的直头发，直发经过修剪和梳理后，可形成各种发型。

2. 卷发类发型

卷发类发型是指直头发经过电烫后形成卷曲形的头发，漂亮的卷发通过盘卷和梳理可形成各种发型。

3. 束发类发型

束发类发型根据不同的梳理和造型，可形成发辫、发髻、扎结等发型。

（二）女士发型

发型一直是女士关注的“头”等大事。发型设计是一门综合艺术，它涉及多门学科，影响发型设计的因素首先有头型、脸型、五官、身材、年龄，其次有职业、肤色、着装、个性嗜好、季节、发质、适用性和时代性。

1. 脸型

脸大致分为七种类型，需要根据不同脸型设计不同发型，只有发型与脸型搭配得好才能充分展现个人风采。脸型和发型设计一个小小的改变，马上会让自己与众不同。

将头发撩起，特别是额前的头发，一定要露出发际线。然后，正面看着镜子中的自己，寻找三个宽度：额头宽度、颧骨宽度、下颌宽度。额头宽度是左右发际转折点之间的距离；颧骨宽度就是左右颧骨最高点之间的距离，它是两颊的最宽点；下颌宽度其实就是两腮的最宽处。还有两个概念:脸宽和脸长。脸宽就是脸的最宽度,可以通过比较额头、颧骨、下颌的宽度来确定最宽值。脸长是从额顶到下巴底的垂直长度。掌握了这几个数值之后,就可以对照着脸型分类标准来找出自己的脸型了。

脸型分为七种:蛋形脸、长形脸、心形脸、方形脸、圆形脸、洋梨形脸、钻石形脸。

(1) 端庄古典的蛋形脸。蛋形脸是最均匀理想的脸型,俗称瓜子脸。它的特点是额头与颧骨基本等宽,同时又比下颌稍宽一点,脸宽约是脸长的 2/3。蛋形脸唯美、清秀、端正、典雅,是传统审美眼光中的最佳脸型,但相对现代来说,显得稍欠个性感。一般而言,蛋形脸适合任意发型。

(2) 成熟而智慧的长形脸。长形脸,顾名思义就是脸型比较瘦长,额头、颧骨、下颌的宽度基本相同,但脸宽小于脸长的 2/3。长形脸的女士显得理性,深沉而充满智慧,但容易给人留下老气、孤傲的印象,所以在进行装扮时,应适当缓和这种感觉。

(3) 妩媚迷人的心形脸。心形脸又称倒三角形脸,特点是额头最宽,下颌窄而下巴尖,下颌的线条特别迷人。倒三角形脸是属于 20 世纪 90 年代美女的脸型,散发出妩媚、柔弱、细致的独特气质,但容易给人留下单薄、刻薄的印象。

在梳理时要注意扬长避短,即可达到整洁、美观、大方的效果。适合选择侧分头缝的不对称发式,露出饱满的前额,发梢处可略微凌乱,这样能将年轻女性纯情、甜美、可爱等特点直率地表现出来。

(4) 稳重而现代的方形脸。方形脸,也就是额头、颧骨、下颌的宽度基本相同,感觉四四方方的。方形脸轮廓分明,极具现代感,给人意志坚定的印象,完美融合了女性的柔美与坚强个性,表现出强劲的吸引力。方形脸的不足之处是显得女性不够柔和。

(5) 可爱圆润的圆形脸。圆形脸和方形脸一样,都是额头、颧骨、下颌的宽度基本相同,两者的最大区别就是圆形脸比较圆润丰满,有点儿像婴儿,所以显得活泼、可爱、健康,很容易让人亲近,但也容易给人留下幼稚和不被信任的感觉。因此,成年女性在化妆方面要注意遮掩或淡化过圆的脸,并在穿衣打扮时强调优雅与成熟。

(6) 亲切且可信赖的洋梨形脸。洋梨形脸也被称作三角形脸,这种脸型是额头比较窄,脸的最宽处是下颌,呈现上小下大的正三角形,在视觉上是最有稳定性的一种脸型。洋梨形脸能给人亲切、温和、不拘小节的感觉,但显得脸比较宽,而且缺少柔美感。

(7) 个性而时尚的钻石形脸。钻石形脸是菱形脸的别称,颧骨是脸型最宽处,额头和下颌都比较窄。因此脸型显得比较狭长和尖锐,带有比较明显的个性感和不稳定感,但如果修饰得当,则能表现出自己独特的骨感和俏皮的一面,给人留下深刻印象。钻石形脸整个脸型的上半部为正三角形,下半部为倒三角形,用发型矫正这种脸型时,上半部可按正三角脸型的方法处理,下半部则按倒三角脸型的方法处理。一般将额上部的头发拉宽,额下部的头发逐步紧缩,靠近颧骨处可设计一种大弯形的卷曲或波浪式的发束,以遮盖其凸出的缺点。

天生的脸型无法改变,但可以通过外在的装饰来修饰,呈现完美的效果。通常情况下,很多人不只是一种脸型,可能是两种脸型的结合。因此,在发型选择上也要注意扬长避短,打造最适合自己的发型。

下面将对各个脸型的修整做详细讲解。从正面看的外形效果最能给人留下直接、深刻的印象,所以一定要重视正面视觉上的发型。几种常见脸型如图 2-1 所示。

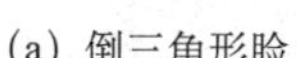

(a) 倒三角形脸　(b) 椭圆形脸　(c) 长形脸

(d) 方形脸　(e) 菱形脸　(f) 圆形脸　(g) 三角形脸

图 2-1　几种常见脸型

2. 脸型与发型

(1) 圆形脸。特点:对于拥有一张圆形脸的女生来说,圆圆的脸蛋会让你显得娇小可爱,但也会让你的脸显得肉嘟嘟的。

瘦脸方案:若要“消除”这令人不快的肉嘟嘟感,你可以在头顶或两侧增加头发的高度,使脸型稍稍拉长,给人以协调、自然的美感。此外,使用两边不对称的设计会让你的脸看起来瘦很多,在梳妆时要避免面颊两侧的头发隆起,否则会使颧骨部位显得更宽。宜侧分头缝,梳理垂直向下的发型,直发的纵向线条可以在视觉上减弱圆形脸的宽度。这一方法对大多数的圆形脸女生来说是很有效的。如果你颈部的头发可采用碎发而且头发长度合适的话,还会使你的下巴看起来更美,可谓一举两得。图 2-2 所示为圆形脸的适宜发型。

(2) 长形脸。特点:上下落差较大,横向距离又小,且额头较宽。

瘦脸方案:首先将刘海的长度剪短,并且做一些纹理丰富的造型,能很好地修饰脸型。然后用蓬松卷曲的头发突出强调脸的宽度,特别是中部的宽度,这样会改变长形脸型的视觉效果。最后建议选择一些明亮、艳丽的发色,鲜亮的颜色更有助于长脸变小脸,也会让你显得更年轻。

优雅可爱的发型可以缓解由于脸长形成的严肃感。在发型的轮廓上,要压抑顶发的丰隆,顶部应平伏,前发宜下垂,使脸部变得圆一些。同时,还要使两侧的发容量增加,以弥补脸颊欠丰满造成的不足。对于脸型狭长的女性来说,将头发做成卷曲波浪式,可增加优雅的品位,应选择松动而飘逸,整齐中带点乱的发型。

这种脸型的梳妆要点是以圆破方,以柔克刚,使脸型的不足得到弥补。可将头发编成发辫盘在脑后,使人们的视觉由于线条的圆润而减弱对脸部方正线条的注意。前额不宜留齐整的刘海,也不宜全部暴露额部,可以用不对称的刘海破掉宽直的前额边缘线,同时又可增加纵长感。两耳边的头发不要有太大的变化,避免留齐至腮边的直短发。图 2-3 所示为长形脸的适宜发型。

(3) 方形脸。特点:脸的纵向距离比较短,且棱角分明,缺乏柔和感、太生硬。

瘦脸方案:柔软、浪漫的卷发会让脸部线条看上去柔和许多,两侧的头发自然地掩饰脸部鼓突出来的“刚硬”部分。为了使脸变长一点,可以增加头发的高度。长长的碎直发也适合这种脸型,让其自然垂下,盖住脸部鼓突出来的“刚硬”的部分,会让脸变得曲线玲珑,十分可人! 图 2-4 所示为方形脸的适宜发型。

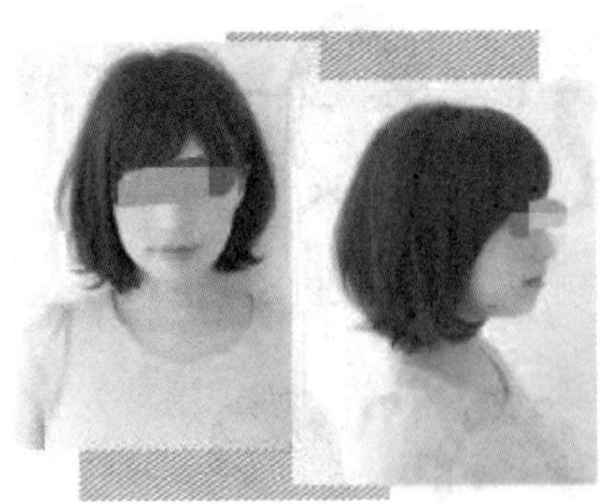

图 2-2　圆形脸的适宜发型

图 2-3　长形脸的适宜发型

(4) 三角形脸。特点:窄额头、宽下巴。

瘦脸方案:三角形脸只要稍微调整一下发型,就会变瘦。为了达到视觉上平衡的效果,可以在脑门以上增加头发的宽度,下巴部分则减少宽度。时下流行的 BOBO 头就很适合这一脸型。

对于那些脸部线条本来就很柔和的女生来说,若腮部不太过明显,不妨扎起一个高高的马尾,让俊俏的脸蛋干干净净地露出来,反而会让脸看起来较小。同时向上扎起的马尾也会给人造成一种错觉——圆圆的脸蛋变长了。

根据发型与脸型的比例关系,梳理时要将耳朵以上部分的发丝蓬松起来,用喷发胶或定型剂可以达到这种效果,这样能增加额部的宽度,从而使两腮的宽度相应减弱。图 2-5 所示为三角形脸的适宜发型。

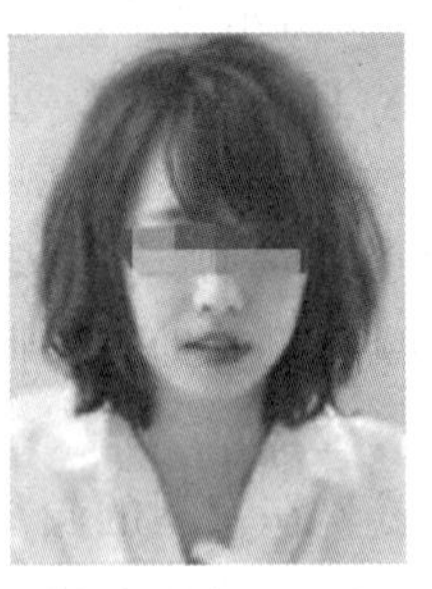

图 2-4　方形脸的适宜发型

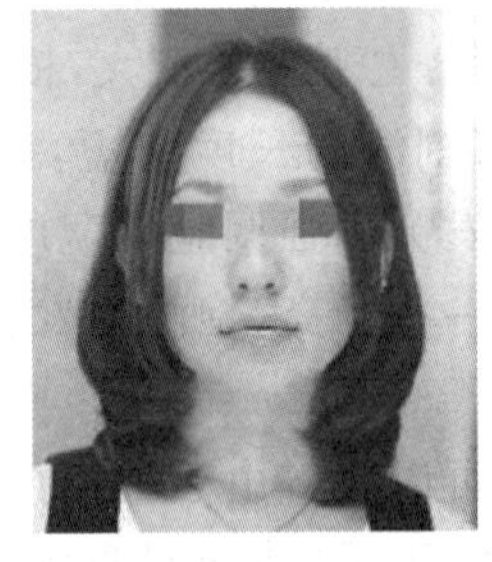

图 2-5　三角形脸的适宜发型

(5) 凸侧脸。特点:小额头、大鼻子,轮廓感很强,很具有欧美人种脸型的特点。

瘦脸方案:对凸侧脸型做瘦脸发型时,要增加前额的发量,这样会使脸看上去直一些,但后脑的发量适量即可,千万别做过了,否则就弄巧成拙了。而且纹理过于丰富的卷发只会让这一脸型的轮廓感更强。这种脸型如果和长卷发(微卷)配合就会更加完美了。

(6) 平侧脸。特点:脸部侧面线条过于平直,没有太大的起伏。

瘦脸方案:平侧脸型做瘦脸发型时,不要用直发,要选择卷发,可以缓解脸侧面线条的平直程度。卷发可以做得夸张一些,凌乱而有序的卷发——就很适合平侧脸型。

(7) 凹侧脸。特点:其特点正好和凸侧脸相反,它最显著的特点是有一个突出、外伸的下巴。

瘦脸方案:怎么让下巴这一劣势转为优势呢?瘦脸时注意前额的头发不要太多,可采用柔和上翘的边缘,增加后脑膨胀的发量,这样可以修饰突出、外伸的下巴。温馨提示一下,若你戴眼镜，在做发型时，除了考虑发型的瘦脸功能，还要让发型与眼镜的大小、样式做到和谐。整体美才是最美。此外，不要把发型搞得太复杂，那样只会让你的脸显得更大。

（三）男士发型

男士由于留发较短，发型不及女士变化多，但通过修剪、吹风或烫发也能梳理出多种多样、美观大方、具有魅力的发型。

男士的发型一般是以头发顶部至发际线处的长度为依据，分为短发型、中长发型、长发型、超长发型。短发型——留发较短，发式轮廓线在鬓角处；中长发型——留发适中，发式轮廓线在耳轮以上；长发型——留发较长，发式轮廓线在发际线以上；超长发型——留发很长，发式轮廓线超过发际线。

男士在职场中适合短发型。短发类发型基本上是直发经过轧发、剪发来造型，常见发式有平头式、圆头式和平圆式三种。

平头式：又称平顶头或小平头。特点是两侧和后部头发较短，从发际线向上轧剪，短发呈波差层次，色调匀称，顶部略长的短发轧剪成平形，根据顶部头发长度，又有大平头、小平头之分。

圆头式：又称圆顶头或小圆头。特点和平头式相似，但顶部头发呈圆形。

平圆式：又称平圆头。特点是综合平头和圆头的特点，周围头发有层次色调，顶部呈平圆形。

课堂小互动

（1）根据本节课知识，对照镜子判断自己的脸型。

（2）根据脸型尝试给自己设计一款适合的发型，画出来或讲出来与组员分享。

（3）小组成员互评发型设计，并说明原因。

任务二　化妆的意义

良好的妆容举止如同一封无声的自荐书，时时刻刻都在向交往对象传达一系列信息，比如精神状态、心情、友好程度以及对对方的重视和尊重程度等。没有人有义务透过你自己都不在意的邋遢外表去发现你优秀的内在，所以在职场中，不分男女必须干净、整洁，甚至精致。这是自尊与敬人的重要条件。现代女性不论出席外事活动、商务活动还是社交活动，都会带妆上阵。那到底什么是化妆？化妆的意义何在呢？图 2-6 所示为常用化妆工具。

微课：化妆的意义

(a)

(b)

图 2-6　常用化妆工具

【案例 2-1】

面试的日子，小王非常重视，除了穿一身新衣服外，还特意化了自认为精致的妆容：浓浓的眉毛、红红的嘴唇、成熟的眼影，还特意戴了美瞳和假睫毛。当她为自己的精致妆容自信满满地走到面试官面前时，几位面试官都惊讶地看着她。面试结束一周，小王还没等到心心念念的入职通知。看来，面试失败了。

思政提示：化妆要体现国家文化和审美价值。例如，近年大火的《只此青绿》，其化妆造型的设计理念、元素、文化符号、美学艺术等内涵，全方位展现中国文化自信和审美自信。在化妆造型上，要根据不同场合融入美学元素和文化元素。就本案例而言，赴职场应聘应该从服饰、妆容、仪态等，全方位体现当代大学生的精神风貌和自信自强。就化妆而言，其最高境界是无妆，也就是"自然"。最高明的化妆术，是经过非常考究的化妆，让大家看起来好像没化过妆一样，并且化出来的妆与个人的身份匹配，能自然表现个性与气质。次级的化妆是把人凸显出来，引起众人的注意。拙劣的化妆是一站出来，别人就发现她化了很浓的妆，而这一层妆是为了掩盖自己的缺点或年龄的。最坏的一种化妆是在化过妆以后，扭曲了自己的个性，又失去了五官的协调。例如，小眼睛的人化了浓眉，大脸蛋的人竟然化成白脸，黑皮肤的人强行用很白的粉底，文静的人化了浓艳的妆等。因此，提升审美艺术，找到适合自己的风格，化适合自己与场合的妆容很重要。

一、化妆的概念

化妆是一种历史悠久的女性美容技术。古代人们在面部和身上涂上各种颜色和油彩，表示神的化身，以此祛魔逐邪，并显示自己的地位和存在。后来这种装扮渐渐变为具有装饰的意味，一方面在演剧时需要改变面貌和装束，以表现剧中人物；另一方面是由于实用而兴起。例如，古埃及人在眼睛周围涂上墨色，以使眼睛避免直射日光的伤害；在身上涂香油，保护皮肤免受日光和昆虫的侵扰等。如今，化妆成为满足人们追求自身美的一种手段，其主要目的是利用化妆品并运用人工技巧来增加天然美。

《唐代社会概略》中有云："脂粉黛泽之化妆，中国古代，早已实行。迨及唐朝，人文粲然，宫嫔众多，使六宫粉黛，竞美争妍。所以化妆一项，更趋浓艳。"

化妆是运用化妆品和工具，采取一定的步骤和技巧，对人体的面部、五官及其他部位进行渲染、描画、整理，增强立体印象，调整形色，掩饰缺陷，表现神采，从而达到美化视觉感受的目的。

化妆能表现出人物独有的自然美；能改善人物原有的"形""色""质"，增添美感和魅力；甚至可以认为是一种艺术形式，呈现一场视觉盛宴，表达内心感受。化妆的历史，尽管目前尚未发现特别准确的记载，但是通过各种文物、壁画、史料可以确定，石器时代的古人已经开始化妆。而古埃及人更是天生就会化妆，化妆对于他们来说，就跟走路一样是必修课。在17世纪，所谓"美人痣"曾在西欧风靡一时。它原本是涂在脸部斑点处的一小块化妆品，不久后，这种小痣被尽相仿效，成为一种特殊的符号。在路易十五的宫廷里，这颗小痣放在脸部的不同部位，就有不同的意义。例如，在眼角表示热情，在鼻子表示放浪，在额头表示高贵等。《战国策》中提到"女为悦己者容"，是说女人愿意为欣赏自己、喜欢自己的人精心装扮，悦人悦己。

二、化妆的意义

爱美是人类的天性，早在原始时期，人类就开始用一些特别的东西来装饰自己，使自己变得更加美丽。考古学家曾在原始人类的遗址上发现用小石子、贝壳或兽牙等物制作而成的美丽的串珠，用于装饰；在洞穴壁画上发现了美容化妆的痕迹。

1. 化妆最基础、最重要的功能——隔离紫外线等外界污染

化妆能有效降低紫外线、雾霾等对皮肤的损害，延缓肌肤衰老。

2. 调整形、色，获得较佳的第一印象

人与人交往中给对方留下的第一印象会在对方头脑中占据着主导地位，这种效应被称为第一印象效应。第一印象取决于初次见面时的 0.38 秒，非常短暂，所以说一个人永远没有第二次机会给人留下第一印象。第一印象可以先声夺人，造就心理优势，形成首因效应。而学习礼仪、学习化妆就有利于给他人留下良好的第一印象。英国著名的形象设计师罗伯特·庞德说过这样一句话："这是一个两分钟的世界，你只有一分钟展示给人们你是谁，另一分钟是让他们喜欢你。"因此，内外兼修会让人更加自信。

3. 社会交往的需要

化妆能表现独有的审美情趣，表达个性，增添魅力。成功的化妆能唤起人心理和生理上的潜在活力，增强自信心，使人精神焕发，还有助于消除疲劳，延缓衰老。面部作为人内心世界的"集中呈现"，它无时无刻不反映着人的情绪、状态甚至性格。黑格尔在《美学》一书中说：精神的表现尽管贯穿整个身体，却大部分集中在面部构造上。因此，可以把化妆这个行为上升为"我希望大家看到怎样的我"或表达"我是谁"。由于现代职场女性生活方式和观念的改变，社会交往日趋频繁，女性通过合适的化妆，得体的服饰、发型以及良好的个人修养、优雅的谈吐，充分表现个人魅力。化妆不但使人容颜焕发，还可以使女性充满活力，以愉悦的心情投入工作和生活。

4. 职业活动的需要

职场中的化妆目的是让自己看上去干练又不缺乏亲和力，不修边幅的粗线条会让自己看起来昏昏欲睡、毫无神采，而过度渲染的妆容则会让大家过分关注你的外表，从而忽略了你本身的工作能力。在职业活动中，化妆可以把个人美好的容貌、文雅的举止、干练的形象展现在公众面前，不可否认，将为自己赢得更出色的工作业绩。有的国家职业女性不化妆就不出门，化妆就是表达尊敬的方式，就像是给对方传递这样一个信息；我尊重您，我想把自己自信的一面展示给您。此外，一些特殊职业，如演员、模特等，根据工作和角色的需要化妆，使任务与剧情环境达到完美统一。人们通过对自我妆容的重视、自我形象的塑造、自我言行举止的规范，懂得尊重自己、尊重他人。

最完美的妆容需要考虑自己的年龄、身份和场合，要能体现自身的气质。达到刻意之后的随意，才是化妆的最高境界。

课堂小互动

小组讨论化妆对现代职场的价值和意义，并举例说明。

任务三　美妆宝典

一、美妆宝典(上)

微课:美妆宝典(上)

人靠衣装,美靠靓装。整形的风险大家都知晓,但并不是只有整形才能修饰外表。还有一样更妙的方法——化妆术。化妆能表现出女性独有的天然气质,增添魅力。“世界上没有丑女人,只有懒女人”就验证了这一点。近来网上经常流出明星素颜的照片,可以看出,明星素颜的样子跟普通人并无两样。只要懂得采取合乎规则的化妆技巧,就可以修饰面部、五官及其他部位,增强立体印象,调整形色,掩饰缺陷。美国心理学家唐·奥斯本做过一项试验,他给50名男性看一些化妆和未化妆的女性照片。结果表明,在未化妆女性的照片中,无论女性长得多么好看,都大幅降低了对她的魅力评价。大约80%的男性喜欢化了妆的模特相片。这似乎说明了“美貌先于其他因素”的定律。事实上,“女为悦己者容”已不单为吸引异性,更是“取悦自己”。

女士通过化妆,用粉底抹去一张原色的脸,为的是创造出一张理想的脸,尤其是能起到弥补缺陷的神奇功能。例如,一位脸很狭窄的女性把腮红涂在远离鼻子的地方,利用视错觉使脸看起来更丰满一些;而宽面孔的女性应避免将它涂得离耳朵太近,把它涂成垂直且模糊不清的一片,则能使脸部有效地“收缩”。

一个人的精神、思想、动作、心理无不与美有关。美就是由生理、心理、内在、外在条件组合而成的。如果你觉得追求美很麻烦,那么你已经把美拒之门外。试想,一个化了妆的女生和一个没化妆又不讲究美的女生到企业应聘,谁会胜出呢?一个化妆与没化妆的人,谁能在职场中脱颖而出呢?21世纪,化妆不再只是为了美,而是一种对人的尊重。

下面讲解化妆。完美的妆容,应该从洁面开始。

一项“女性喜欢的洁面品类型调查”显示:32%的女性喜欢用磨砂类洁面产品,觉得不磨洗不干净;26%的女性偏爱香皂类的洁面产品,理由是使用起来非常方便;不到17%的女性,喜欢乳霜类产品,温和不刺激,但觉得有些油腻;65%的女性对泡沫型洁面产品情有独钟,因为洗后感觉清爽。

其实,大多数人都没有选对适合自己的洁面产品,而且洗脸方法存在着不同程度的误区。一起来看看下面的NO和YES,及时做出调整吧。

(一)关于洁面的五个NO

NO 1:“我是油性肌肤,温度越高的水,越能溶解肌肤表面的油脂。”

水温过高或过低都会给皮肤造成很大困扰。过冷的水会使毛孔收缩,污垢不易洗净,还容易使皮肤干燥脱皮;过热的水可能引起血管过度扩张,使皮肤松弛、萎缩,还会溶掉皮肤表面的天然皮脂膜,造成皮肤缺水紧绷,加速老化。

用冷热水交替洗脸大有益处。正确的洗脸方法:首先用温水洗去面部浮尘,使毛孔张开,这样利于皮肤的深层清洁;再用冷水洗脸,冷水可以增强血液循环,提高皮肤弹性。采用这种温水和冷水交替洗脸的方法,既可清洁面部皮肤,还可使皮肤浅表血管扩张、收缩,有利于面部皮肤的美容保养。

NO 2:“总是感觉脸上脏脏的,忍不住多洗几次脸,时刻保持清洁的状态。”

其实洗脸次数的增加，会破坏肌肤表面正常的皮脂腺分泌，过度清洁容易破坏皮肤表层形成的天然保护膜，皮肤会分泌更多的油脂来自我保护，脸就会变得更油。

NO 3："我喜欢用有磨砂颗粒的洁面产品，感觉每次洗脸都很彻底。"

很多女孩喜欢选择有磨砂颗粒的洁面产品，殊不知磨砂膏会使皮肤表面的角化层细胞遭到破坏，促使基底层的细胞分裂增加，反而使面部的皮肤变得更厚。

NO 4："无论化不化妆，都要用卸妆油。"

卸妆油的油性成分通常有三种：矿物油、合成酯和植物油。为了减少对皮肤的不必要刺激，卸妆油还是在妆较浓的时候使用为妙。

NO 5："毛孔里的脏东西怎么也洗不干净，用洗脸海绵用力擦一擦才洗得干净。"

洗脸海绵的作用是打出丰富的泡沫，让泡沫充分接触皮肤，浮出毛孔中的污垢。洁面海绵一周最多用两次，否则经过长年累月地"搓"下来，皮肤会变得更加粗糙。

（二）关于洁面的四个 YES

YES 1："泡沫洁面更干净。"

以细腻丰富的泡沫直接清洁皮肤，可以减轻对肌肤的刺激，避免过敏，的确是一种不错的洁面选择。高品质的泡沫产品应该是细腻又有质感的，泡沫不会在短时间内破裂，可以同时具有滋养肌肤、保持水分的功效。

YES 2："眼部卸妆要选择专门的眼部卸妆产品。"

眼部肌肤非常脆弱，只有选用温和的卸妆产品，才能减轻对眼周肌肤的刺激。卸妆油是卸妆的绝好帮手，很多人为了节省时间，就直接用卸妆油来卸眼部的彩妆。睫毛膏和眼线液等焦油型污垢要是不能彻底卸除干净，就会和油分一起渗入肌肤，造成眼部周围肌肤晦暗。因此，一定要用眼部专属的卸妆产品，彻底清除化妆痕迹。

YES 3："一支洁面霜不能一年四季用到底。"

对自己呵护备至的女孩子，不会一年四季只使用一支洁面霜。春秋季，灰尘不断增加，气温变化无常，使免疫力下降，肌肤容易过敏，这时就应该选择成分无添加剂、有消炎功效的产品。夏季气温升高，油脂不平衡，脸上总是感觉油油的，应选择清爽具有控油效果的产品。在冬季寒冷的气温条件下，应选用性质温和兼具保湿成分的产品，一般选用乳霜类产品，尽量少用或不用去油成分强的洁面啫喱。

YES 4："洁面＋按摩，效果更出众。"

在洁面过程中，如果沿着淋巴线按摩洗脸，就能有效防止脸部浮肿，拉紧脸部线条，防止老化。

二、美妆宝典（中）

微课：美妆宝典（中）

（一）裸妆要点

裸妆强调细致优雅的光泽感，能表现出最自然、没有彩妆痕迹的妆容效果。清新裸妆突出自然光泽的底妆，强调皮肤的圆润和本色，让肌肤呈现出轻薄透亮的质感。

1. 粉底遮盖暗沉肌肤，打造无瑕的底妆

裸妆的最大特点是透薄，底妆绝对不能厚重，但又要遮盖暗沉肌肤，提亮肤色。用粉底刷或海绵来上粉底液可以让其更均匀，把粉底分别涂在眼睛区域、脸颊、鼻梁、下巴等部位，再用手指指腹轻轻地把粉底匀涂开至全脸。注意不要忘记鼻翼和嘴角等肌肤较暗沉的部位，打造完美的裸妆就是要注重这些小细节。

粉底液的液体质地比粉质更有滋润效果，不易带走脸上水分，将它与乳液以 2∶1 的比例混合，这样可以增加粉底的保湿效果，令脸部皮肤得到更好的滋润。

建议用海绵顺着肌肤纹理，把出油或糊妆的地方推匀，顺便利用出油的油脂代替乳液做自体保湿，能让后续补妆的粉体更贴妆。千万不要来回反复推，来回涂粉底只会让底妆有瑕疵，而且会出现干裂的状态，所以不要涂很多遍，图 2-7 所示为底妆。

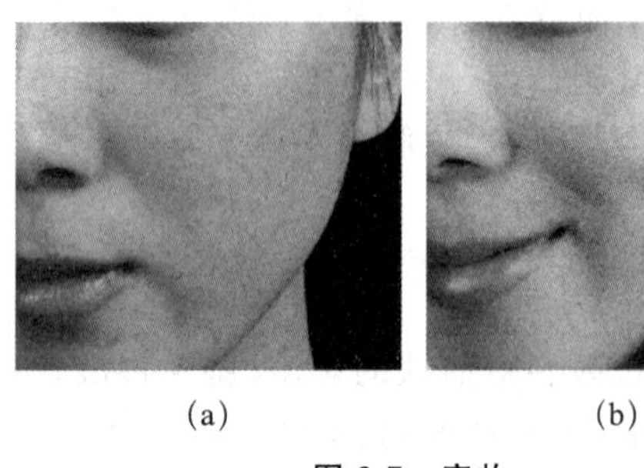

(a)　　(b)

图 2-7　底妆

图 2-7 彩图

2. 眼线提亮双眼

打造出动人精致的眼睛轮廓，一条流畅的眼线是必须的。记住下眼线不可省，因为没有下眼线，会让眼睛看起来不协调。先用黑色眼线笔从眼头部分画起，贴着睫毛根部一直画到眼角，画出一条流畅的眼线，在眼尾稍稍加粗，可以令眼睛显得更深邃。然后利用眼线膏进行精心描绘，特别是眼尾部分，加深眼线的效果，提亮双眼。眼线膏比眼线笔的效果更持久，颜色也更有光泽，两者结合可以令眼睛显得更深邃。

隐形眼线最符合裸妆气质，只要一根细细的、紧贴睫毛根部描画的眼线，填补在睫毛间的空隙即可；下眼睑则放弃眼线勾勒下眼型，可用最深色眼影在睫毛根部轻轻晕染。大地色绝对是亚洲人的不二选择，不过一定要记住，每次刷眼影都要由外眼角至内眼角，如果因颜色不足需再次沾眼影，仍要由外眼角开始，这样才能保证外眼角色彩最浓，妆容自然，效果更好。接着，轻刷几下睫毛，上下睫毛只要刷出自然的卷翘即可。对于裸妆，可刷出自然眉形，或稍微加深色彩。画眉毛时，建议大家使用眉粉，能更好地掌握浓度，用眉刷为眉毛梳理出若有若无的效果。眼妆的整体风格要自然、清爽、突出神韵。图 2-8 所示为描眼线。

3. 轻薄修容，凸显好肤色

裸妆中的修容只需简单打亮双颊、局部遮瑕即可。一般挑选橘色的遮瑕膏来掩盖眼部黑眼圈，如果黑眼圈非常深，那就需要调和肤色和黑眼圈的色差。而打亮颧骨的方法则建议用润色散粉代替腮红，制造好气色。裸妆并非强调脸颊色彩，只需衬托出好气色，还要抓住应该重点遮瑕的地方进行修饰，如粉刺与眼睛下方根深蒂固的皱纹、鼻子周遭泛红的血丝或脱毛后的阴影部位等。

裸妆其实并不需要太明显的腮红，但是刷上适当的腮红可以很好地提亮脸色，同时也有小脸的效果。保持微笑，在颧骨的笑肌突出处刷上腮红打造红润好气色，注意腮红的使用量要适中，要搭配整体妆容。不同的脸型有不同的腮红画法，正确刷上适合你的腮红，能顿时让你神采飞扬。图 2-9 所示为刷腮红。

4. 唇蜜让妆容变精致

裸妆的唇妆是以简单为主,选择裸色系的唇蜜配合整体妆容,能让你的裸妆变得更精致。

先用唇部遮瑕膏对双唇进行饰色,遮盖了原有的唇色后,选择裸色的唇蜜,涂抹在双唇的中心并晕开。涂抹唇蜜要适量,涂抹过多量会令双唇看上去厚重、油腻,不够精致。

在裸色系里面可以选择一款适合自己的润色且又有一定光泽的唇蜜,过于哑光的效果会让你显得病态。具体方法:从一侧唇角一气呵成地刷向另一侧,均匀无突出点的唇色看起来更亲切,千万别来回填补唇角、唇边还没有刷到的地方。如果想让唇部更加动人,可以用肤色、米色的口红打底,再叠上偏粉红或偏橘色的唇彩,方能展现出那种如肤色一样干净的效果。图 2-10 所示为唇蜜。

图 2-8 描眼线

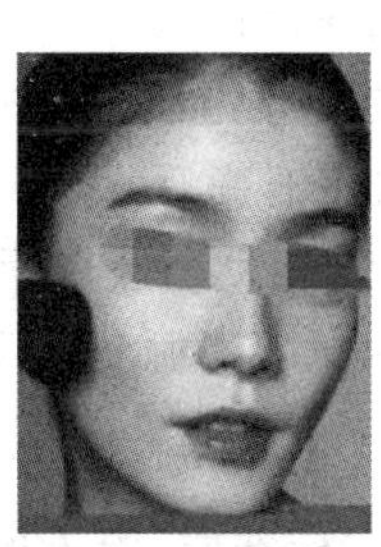

图 2-9 刷腮红

图 2-10 唇蜜

图 2-8 彩图

图 2-9 彩图

图 2-10 彩图

(二) 3456 画眉法

据说画眉之风起于战国,在还没有特定的画眉材料之前,妇女用柳枝烧焦后涂在眉毛上。古代汉族妇女画眉所用的材料,随着时代的发展而变化。从文献记载来看,最早的画眉材料是黛,黛是一种黑色矿物,也称“石黛”。描画前必须先将石黛放在石砚上磨碾,使之成为粉末,然后加水调和。磨石黛的石砚在汉墓里多有发现,说明这种化妆品在汉代就已经在使用了。除了石黛外,还有铜黛、青雀头黛和螺子黛。铜黛是一种铜锈状的化学物质。青雀头黛是一种深灰色的画眉材料,在南北朝时由西域传入。

螺子黛则是隋唐时代妇女的画眉材料,出产于当时的波斯国,它是一种经过加工制造,已经成为各种规定形状的黛块。使用时只需蘸水即可,无须研磨,因为它的模样及制作过程和书画用的墨锭相似,所以也被称为“石墨”,或称“画眉墨”。到了宋代,画眉墨的使用更加广泛,妇女们已经很少再使用石黛。关于画眉墨的制作方法,宋代笔记中也有叙述,例如,《事林广记》中说:“真麻油一盏,多着灯心搓紧,将油盏置器水中焚之,覆以小器,令烟凝上,随得扫下。预于三日前,用脑麝别浸少油,倾入烟内和调匀,其墨可逾漆。一法旋剪麻油灯花,用尤佳。”这种烟熏的画眉材料,到了宋末元初,则被美其名曰“画眉集香圆”。元代之后,宫廷女子的画眉之黛，全部选用京西门头沟区斋堂特产的眉石，明清也是如此。到了20世纪20年代初，随着时代的进步，中国女性化妆品也发生了一系列变化。画眉材料以杆状的眉笔和经过化学调制的黑色油脂为主。

化妆在现代职场有着举足轻重的作用。然而，在整个面部化妆过程中，最难驾驭的恐怕就是眉毛和眼妆。很多同学感到疑惑：不会画眉毛怎么办？画眉毛不对称怎么办？接下来就开始学习3456画眉法，掌握此法就可以快速解决关于画眉的问题。

所谓3456画眉法，指的是职场中的妆容，可分三种场合、四款基础眉形、描眉的五个步骤、六种脸型。

1. 三种场合

第一种，公务场合。职场中建议大家选择标准眉、拱形眉和上挑眉，这三款眉形可以给出对方最专业的诠释，当大家面临谈判或辩论时，上挑眉可以帮助大家增加自信，提高气场，眉毛的颜色宜尽量选择灰黑色系或深棕色系。

第二种，社交场合。大家可以选择标准眉和平直眉，这两款眉形给人的感觉是很舒服、很有亲和力；也可以选择拱形眉、自带时尚感。

第三种，休闲场合。除上挑眉会给大家带来距离感之外，其他三款眉形都是可以尝试的，生活中大家尽量尝试三款不同的眉形，画个雅致的淡妆，与家人和朋友共享美好时光。

2. 四款基础眉形

第一种，柳叶眉。大家喜欢叫它标准眉，给人的整体感觉是比较舒服，所以它是一种万用眉形，使用的频率最高、效果最好。

第二种，拱形眉，现在大家喜欢叫它欧美眉，它的眉峰很高，眉梢很长，给人的视觉冲击感很强、很时尚，这样的眉形对同学们的化妆技术是一个挑战，因为要搭配整体的时尚妆容和个性穿搭。

第三种，上挑眉。时尚影片中女强人的形象设计的眉形基本上都是上挑眉，也叫剑眉。这款眉形给人感觉英气逼人，有一种强势的气场。

第四种，平直眉。大家对这款眉形应该并不陌生，平直眉就是大家最喜欢的一字眉，也是大家在日常工作和生活中比较多见的一款基础眉形。它能最好地展现亲和力，是拉近人与人之间距离的小帮手。图2-11所示为四款基础眉形。

3. 描眉的五个步骤

第一个步骤，修剪眉形。选择一款修眉工具，修剪出适合自己的眉形。

第二个步骤，选择描眉工具及颜色。大家可以选择用着顺手的眉笔、眉粉或染眉膏，眉毛的颜色可以和自己的瞳孔及头发的颜色相近。也就是说，如果你是黑棕色系的头发及瞳孔，那么眉毛颜色就可以选择黑棕色系或深棕色系。

第三个步骤，确认三个定点。三个定点指的就是眉头、眉峰和眉尾，大家可以随手拿起一支眉笔，一起试着寻找三个定点：将眉笔竖直放于鼻翼的一侧，鼻翼与内眼角的连接线的延长线就是眉头，鼻翼与眼眸外侧连接线的延长线就是眉峰，鼻翼与外眼角的连接线的延长线就是眉尾。大家一定要确认好这三个点，因为它有助于快速画好眉形。

第四个步骤，适度填色。在眉头的位置，尽量虚化颜色，渐渐过渡到颜色最饱满的眉峰，然后过渡到眉尾。如果选用眉笔，画眉时切忌一笔带过，而要一根一根地描画，做到自然。

第五个步骤，遮瑕修饰。可以在眉梢处使用遮瑕笔进行遮瑕，这样可以使眉形和妆容精致，增加整体的立体感。图 2-12 所示为描眉。

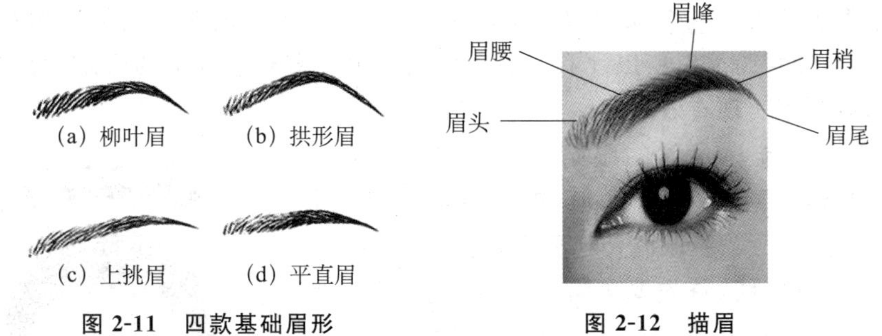

图 2-11　四款基础眉形　　**图 2-12　描眉**

4. 六种脸型

了解三种不同场合、四款基础的眉形及五个描眉步骤之后，接下来分享六种最常见脸型与眉形的搭配。

第一种，蛋形脸。蛋形脸也就是标准脸型搭配，眉形采用拱形眉和平直眉均可。只要眉峰没有明显的大弧度改变，流线型没有明显的粗线条，眉峰降低的拱形眉也是可以尝试一下的。

第二种，圆形脸。圆形脸适合搭配标准眉和拱形眉，眉峰的弧度有助于修饰脸型，可以起到瘦脸和拉长脸型的效果。

第三种，心形脸。心形脸的人看起来棱角分明，额头两端比较饱满，下巴比较尖，可以选择标准眉和眉峰不是特别高的拱形眉来柔化脸型。

第四种，长形脸。长形脸最好的搭配就是平直眉，可以用稍微拉长平直眉眉尾的画法来修饰脸型，时尚的画眉方法就是稍微拉长眉尾，突出眉眼。

第五种，方形脸。相对其他脸型，方形脸面部轮廓清晰，线条感和立体感都很强，所以尽量选择标准眉和上挑眉，提高眉峰拉长脸型。

第六种，菱形脸。菱形脸的人往往颧骨宽、额头窄、下巴尖，这样的脸型除平直眉外，其他三款都可以驾驭，只需要避免画出明显的眉峰，因为眉峰的棱角会强化菱形脸的缺点。因此，脸型与眉形的搭配不是固定的，可以通过化妆技术和发型来改变。图 2-13 所示为六种脸型与眉形的搭配。

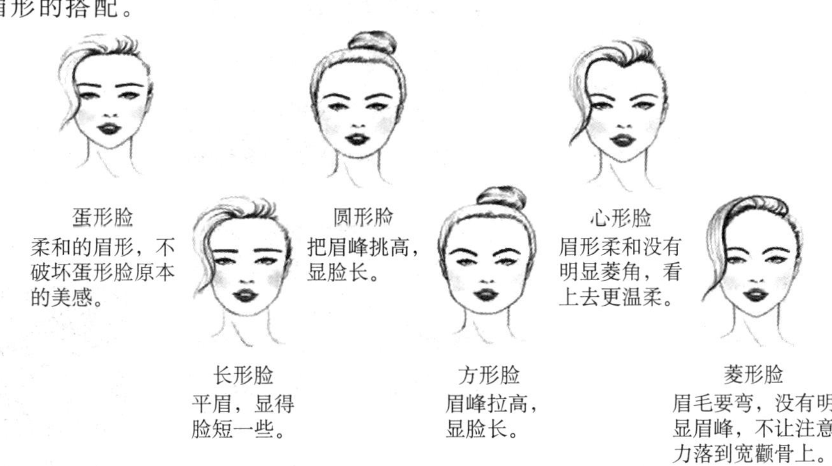

图 2-13　六种脸型与眉形的搭配

（三）眼线的画法

“眼睛是心灵的窗户”，眼睛可以传递人的情感，眼神能表现人的精神世界。在古诗词的描述中，有很多关于眼睛的名句：“水是眼波横，山是眉峰聚。欲问行人去那边？眉眼盈盈处。”“巧笑倩兮，美目盼兮”，所以才有了眉目传情之说。有双会说话的眼睛，会在人际交往中融洽关系，有助于实现有效沟通。

那有什么办法能让自己的眼睛散发出自信和魅力呢？恰当的眼部妆容可以提升颜值，展示自信。接下来介绍如何画眼影和眼线，让眼睛传递更多自信和魅力。

要画好眼影和眼线，首先要了解脸部的黄金比例，即“三庭五眼”。三庭五眼是针对人的脸长和脸宽来划分的。最简单的三庭五眼就是把头部由上向下分为三等份，把头的宽度分为五等份。三庭是把脸的长度分为三等份，从前额发际线至眉骨，从眉骨至鼻底，从鼻底至下颚，各占脸长的 1/3。五眼是以眼形长度为单位，把脸的宽度分为五等份，从左耳外轮廓至右耳外轮廓为五份眼形长度。图 2-14 所示为三庭五眼。

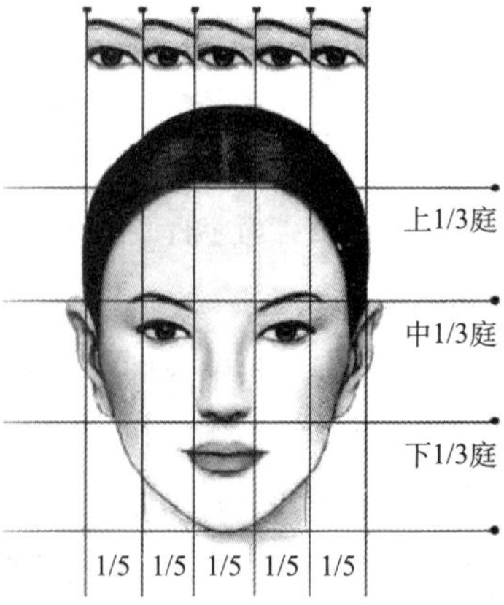

上1/3庭
中1/3庭
下1/3庭
1/5 1/5 1/5 1/5 1/5

图 2-14　三庭五眼

要让眼睛更有魅力，就需要通过化妆来调整面部的比例，使面部产生视错觉，看起来符合三庭五眼的黄金比例标准。

化妆前需要做好准备工作，要画好眼影和眼线，底妆非常重要。因此，在画眼部彩妆前，要记得涂保湿眼霜，保护眼睛周围皮肤不干涩，然后用隔离霜进行隔离，再用粉底打底，让肤色均匀。

下面先来简单了解眼影刷和眼影色彩的选择。根据画眼影“从里到外，从浅到深”的原则，眼影刷也要根据刷头从大到小的顺序来选择。每一把眼影刷都有它的功能，切记不要用一个眼影刷涂完所有的眼影。适合东方人的眼影盘首选大地色系，根据冷暖色调又将大地色分为暖盘系列和冷盘系列。大家可以根据自己的肤色和当天所穿的服装色彩，选择适合自己的眼影颜色。图 2-15 所示为眼影刷和眼影。

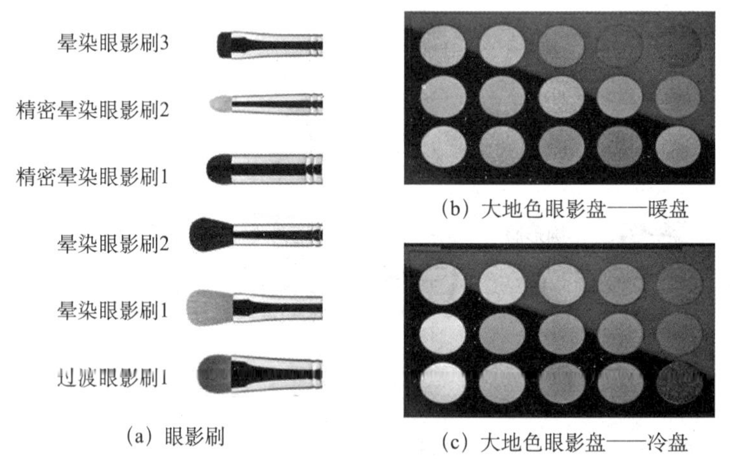

(a) 眼影刷　(b) 大地色眼影盘——暖盘　(c) 大地色眼影盘——冷盘

图 2-15　眼影刷和眼影

图 2-15 彩图

常见的眼影画法一般分为八种，分别是平涂法、渐层法、段式法、小倒钩、烟熏法、前移法、后移法和欧式法，不同的场合选择不同的画法。下面主要介绍在生活和工作中常用的平涂法和渐层法。

第一种，平涂法。平涂法在生活妆和裸妆中比较常用，也就是将单色的眼影均匀涂抹在眼上的化妆手法。用浅色平涂可以使人显得单纯年轻，用深色平涂可以使人显得直率时尚。选用平涂法画眼影时，应由眼睫毛根部位置开始描画。为了提升眼妆的层次感，让双眼更具神采，眼睫毛根部的眼影可以描画得更浓一些，色彩略深一些，然后逐渐向上减淡色彩，直至眼影色彩消失在眼窝里。小面积的晕染，眼睫毛根部的眼影可以让整体眼妆的色彩过渡自然。眉骨处的亮色处理可以提升双眼皮的立体感。

第二种，渐层法。渐层法适用于职业妆和新娘妆，画出来的眼影层次过渡明显，在色彩的表达上也比较丰富，这种画法能够消除眼皮浮肿感，拉近眉眼间距。选用渐层法画眼影时，应遵循从里到外、由浅到深的原则。

先选用浅色眼影，用平涂的手法将其平铺于整个眼部，使色彩均匀自然，然后选用深色眼影，从眼睫毛根部开始以三等份的方式描画眼影，即把从眼线到眼尾的部分划分为三等份，如图 2-16 所示，最靠近眼线处 A 的眼影色彩最深，逐渐向上到 B 的位置颜色减淡。注意：各层级色彩之间不能有明显的分界线，色彩过渡要自然。如果在描画眼影的过程中需要加深眼影色，同样要用三等份的方式来描画眼影。但各部分眼影描画的面积由浅到深逐渐缩小，还可以在眼睫毛根部及图片中 A 的位置，通过眼影刷来打造出一条细细的眼线效果，营造出层次感和立体感。一般在用渐层晕染法画眼影时，大家要注意眼影色不宜超过三种颜色。画下眼影时，还可以在下眼角或卧蚕的位置，用高光色来提亮，会让眼睛更有神。图 2-16 所示为画眼影。

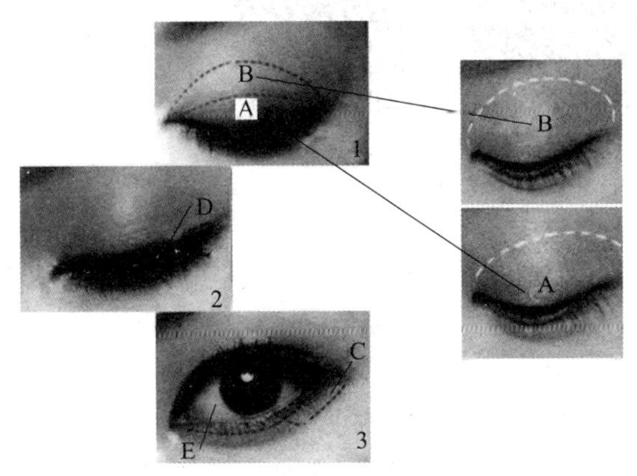

图 2-16 画眼影

图 2-16 彩图

常用的三种眼线工具主要有眼线笔、眼线液笔和眼线膏。这三种画眼线的工具各有利弊，选择自己容易操作的即可。眼线画法很多，下面跟大家分享最常用的五种眼线画法，分别是内眼线、自然眼线、下垂眼线、美瞳眼线和开眼角眼线。

第一种，内眼线，适用于裸妆，画的时候紧贴睫毛根部，从眼角画到最后一根睫毛处，不用画下眼线。黑眼珠少的人就要把眼线画粗一点，看上去会显得很精致，两眼炯炯有神。

第二种，自然眼线，日常淡妆、裸妆都比较常用，画的时候也是紧贴着睫毛根部，线条细一些，眼尾处稍微上提，不用画下眼线。

第三种，下垂眼线，适合年轻的女生，画的时候沿着睫毛根部眼尾处自然下垂，显得天真无邪，不用画下眼线。

第四种，美瞳眼线，有放大眼睛的效果，适用于职业装，上眼线的画法与自然眼线一致，线条比画自然眼线的时候粗一点，眼尾处上扬，下眼线画后面的 2/3 即可。也可以用深色的眼影替代眼线笔。

第五种，开眼角眼线，适合眼距太开或鼻子较塌的人，可以拉进眼睛的距离，画的时候主要在眼角位置加重和加粗，宽度要比眼睛中间的眼线略宽。

画完面部妆容最难的眉毛和眼影眼线部分之后，别忘了涂上腮红和口红来搭配服装，提亮肤色，打造得体的妆容。图 2-17 所示为常用画眼线工具，图 2-18 所示为五种眼线画法。

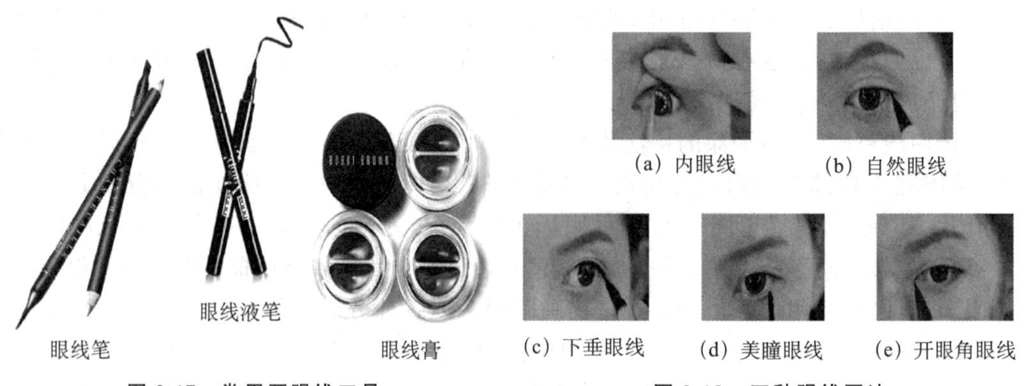

图 2-17　常用画眼线工具　　**图 2-18　五种眼线画法**

图 2-17 彩图

图 2-18 彩图

三、美妆宝典(下)

(一) 打造完美立体小脸的化妆技巧

微课：美妆宝典(下)

面部轮廓的立体感能增强五官的时尚感。立体的小脸是很多女生的向往，那么要认真学习下面这六个小技巧。

(1) 水汪汪的大眼睛会让人忘记脸部的大小，所以让脸部变小的办法就是打造深邃的明眸。这样会让眼睛吸引人们的视线，暂时忘记脸部的大小。深色或蓝色的眼影会让人的眼睛看起来比较修长，而深邃的眼眸则会使整个脸部利落起来。所以脸大的女生最好选择深色的眼影，并在下眼皮进行着重描画，并用棕色眼影作为高光，为眼睛制造出阴影的效果。另外，为了使效果更好，可以蘸取少量的亮片眼影，淡淡地扫在眼角和眉骨处，起到一定的提亮效果。图 2-19 所示为提亮眼神。

(2) 眉毛是容易忽视的一个部位，但实际上眉形也会影响脸型，眉毛画得太长或太短，会使脸部轮廓看起来短而宽。高挑眉是大脸女生拉长脸型的最佳选择。高挑眉的高度差，以及上扬的弧度，不但能够使脸型拉长，更能增加脸部的立体感，让整个人清爽起来。图 2-20所示为眉形选择。

(3) 腮红的涂抹也是讲究技巧的，正确地使用腮红能让脸部瞬间变小一圈。首先要选好腮红的位置，先用化妆笔连接眉峰、眼梢垂直向下，与颧骨的交点就是腮红的中心点，此点应该是腮红颜色最浓的位置。如果不想这么麻烦，则可以利用笑肌来判断。当你微笑时，以脸颊的最高点为腮红的中心，在耳朵前方至太阳穴的区域涂抹即可。如果腮红涂抹得过高，则显得过于做作；如果涂抹过低，则会使脸部更加膨胀，会突出大脸的缺点。如果是长形脸，可以用打圈式画出较圆的腮红范围；如果是小圆脸，则适合用横向式刷出斜向的腮红，以调和脸型的不标准。图 2-21 所示为涂抹腮红。

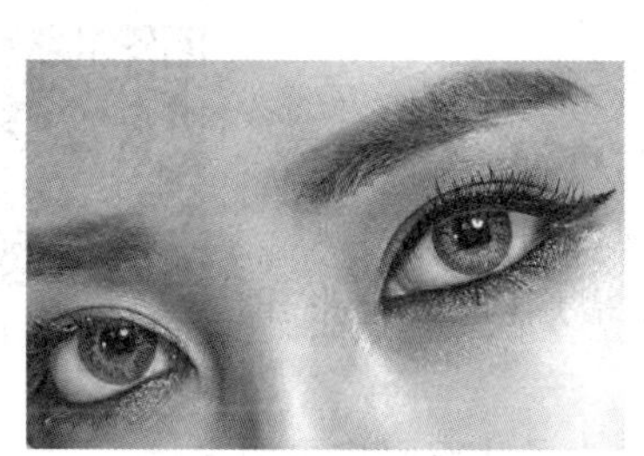

图 2-19 提亮眼神

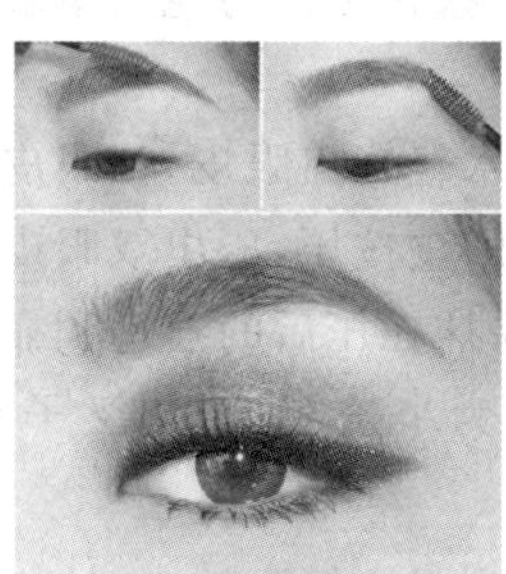

图 2-20 眉形选择

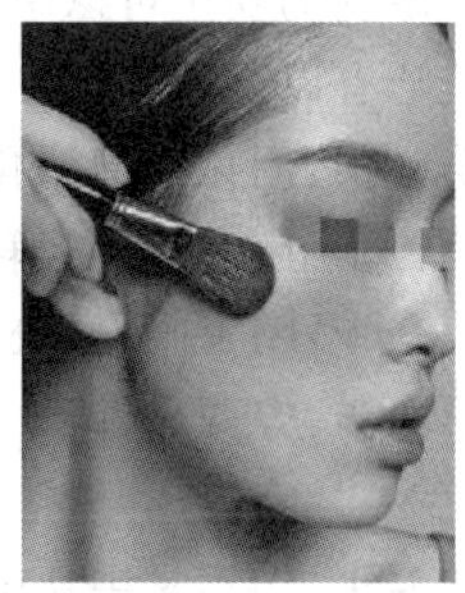

图 2-21 涂抹腮红

图 2-19 彩图

图 2-20 彩图

图 2-21 彩图

(4) 想让脸变小，有技巧的打粉底的功力是必不可少的。由于浅色膨胀、深色收缩，所以应该在较突出的 T 字部位使用浅色粉底，强调五官的立体效果，并能造成视觉上的集中。而在两颊则要使用深一点的粉底，这样可使脸颊看起来较瘦。

此外，在脸部周围再使用一圈比肤色深一点的修容粉，会使脸部更小，给人留下小脸的印象。需要注意的是，一定要使脸部各个粉底之间衔接自然，不要让人感觉脸部出现黑一道、白一道的尴尬。图 2-22 所示为打粉底技巧。

(5) 不只是阴影可以修容，高光也是打造小脸的重要手段。在化妆的时候应该在鼻部和脸颊靠近鼻子的部分涂抹高光，这样不但能使鼻子变高、更能利用高光使脸部呈现中间高、四周低的球体小脸，彻底摆脱大饼脸的困扰。图 2-23 所示为修容技巧。

图 2-22 打粉底技巧

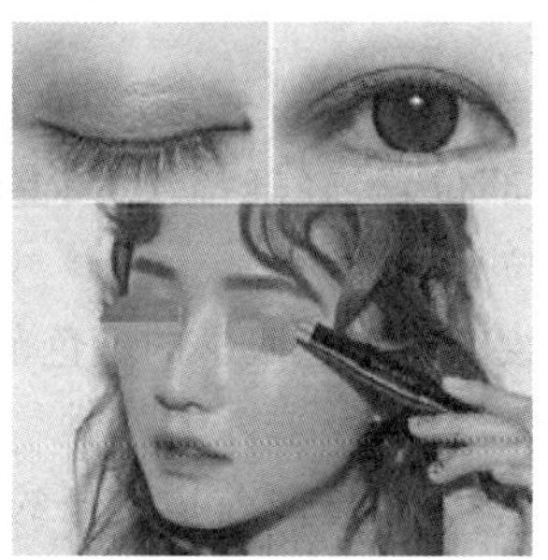

图 2-23 修容技巧

图 2-22 彩图

图 2-23 彩图

(6) 鲜艳的口红可以使脸部显瘦，还能使皮肤纹理细致、增加立体感。玫瑰色的口红是修饰脸型的利器，因为它可以使唇形显得更加丰满，增加唇部的存在感，使脸看起来相对小一些。另外，需要注意的是，唇膏要在唇上涂成弓形，不可涂成圆形，否则会让你的脸显得更加圆润。图 2-24 所示为涂口红技巧。

图 2-24　涂口红技巧

（二）单眼皮女生化妆技巧

单眼皮的女生可以学习哪些化妆技巧呢？单眼皮变双眼皮的化妆技巧有以下五步。

图 2-24 彩图

第一步：用化妆棉沾化妆水轻轻擦眼皮，让眼皮变得干净。

第二步：用小叉子轻轻在眼皮按压，压出双眼皮的褶痕。

第三步：闭上眼，把胶水涂抹在压后的痕迹和靠近睫毛的一侧。

第四步：等两分钟胶水变为半透明后，用叉子轻压褶痕，再慢慢张开眼睛。

第五步：用小叉子从眼头到眼尾轻画一次，这样做是为了让双眼皮更明显持久。

（三）单眼皮眼线画法

第一步：在眼睛上方涂上眼影，一直到眼褶上面，由于这个妆用的是白色珠光眼影，会产生一定的膨胀效果，所以涂到眼线上面的位置，这样眼皮的颜色会显得相对较暗而有凹下去的感觉。

第二步：画一条眼线，大约到眼中央的位置，高度可以自己把握，但不要过高，因为过低还能继续往上画，但是过高就只有选择重画了。

第三步：对着镜子，睁开眼睛，确认眼线的位置。如果眼线高度刚刚好，再进行下一步操作。

第四步：眼头到眼中央的部分先用眼线补足，再从眼角处大致画出尾部的高度，也不能画得过高、过长。

第五步：再次睁开眼睛，确认眼尾的位置，然后，从眼中开始画弧线，直到和眼尾连起来。这个步骤很简单，只要顺着画就可以了，期间要及时确认眼线的粗细和位置是否合适，以便及时调整。

第六步：全部涂满之后，对不满意的地方进行略微调整，涂上睫毛膏，这样漂亮的眼妆就完成了。

（四）单眼皮女生学化大眼妆

第一步：用黑灰色眼影沿着睫毛根部位置，轻轻描绘并向上延伸出 0.2～0.3cm 的高度，这是最适于单眼皮女孩表现眼妆的位置。

第二步：使用深蓝色眼影重叠地描绘于黑灰色眼影的颜色范围内，表现眼部色彩的丰富性与眼妆的层次效果。

第三步：用灰黑色调眼影描绘下眼睑，由眼尾向前描绘至约 1/3 处，除可以加强眼睛的立体轮廓与放大眼睛外，还有平衡上下眼影的效果。

第四步：蘸取适量金黄色系的眼影，淡淡地刷饰于眼窝部位，表现出眼妆的立体感与洁净感。

第五步：眼线的部分，选择眼线啫喱产品，来强调出眼妆的浓度与精神。针对睫毛与睫毛间的空隙，将颜色填补上去，勾勒出基准的眼线。如果想更加强眼线，就沿着基准线再向外延伸。

学习了这么多的单眼皮化妆技巧，相信单眼皮女生就不担心眼睛小了吧。每个人的长相、肤色、身材、个性都不一样，只有学会用科学的方法来着装、化妆，扬长避短，才可以凸显各自的风格。流行易逝，风格永存。希望大家通过不断深入地学习，找到属于自己的风格。

课堂小互动

（1）根据课本知识要点，对着镜子描画适合自己肤色的眼影。

（2）根据脸型用 3456 画眉法画出适合自己的眉形。

（3）根据本课知识及微课视频，画出适合自己的眼线。

项目实训

简单化妆实训

1. 实训准备

简单化妆实训需要的场地和物料：形体训练室、化妆室、落地穿衣镜、化妆品、化妆用具等。

2. 实训安排

实训安排如表 2-1 所示。

表 2-1　简单化妆实训安排

实训学时	2 学时
实训目的	掌握化妆知识；提升化妆技巧；培养以礼待人的意识和审美能力
实训要求	要求学生能在 10 分钟之内画出简单的职场妆容，要符合脸型、身份
实训方法	4～6 人一组，化妆完毕进行小组自评和互评，教师点评并打分

3. 实训评价

实训评价如表 2-2 所示。

表 2-2　简单化妆实训评价

班级：　　　　姓名：　　　　学号：　　　　得分：

实训项目	操作标准	基本要求	分值(100 分)
基本化妆	① 清洁面部 ② 护肤 ③ 涂隔离霜 ④ 涂粉底霜，用手指或手掌在脸上点染晕抹，不宜过厚 ⑤ 扑化妆粉，用粉扑自下而上，扑均匀	① 眼妆要自然不着痕迹，涂抹均匀得当，色彩选择符合身份、肤色及场合 ② 底妆均匀且轻盈	20

续表

实训项目	操作标准	基本要求	分值(100分)
眼部化妆	① 涂眼影,使用平涂法或渐层法 ② 描眉,使用3456画眉法选择适合自己的眉形进行描画 ③ 描眼线,采用适合自己的眼线进行描画,并与场合相协调	③ 化妆过程可根据需要适当改变顺序或酌情增加或减少 ④ 本操作适合职场快速化妆、简单化妆,用时5～10分钟 ⑤ 不在公共场合化妆;不在男士面前化妆和补妆	50
涂抹腮红	用腮红刷轻扫脸颊,以颧骨为中心向四周晕开;长形脸横打腮红,圆形脸和方形脸竖打腮红		10
画口红	① 滋润嘴唇 ② 用底色调整唇色,或根据自己的五官特点用唇笔调整唇形 ③ 用口红或唇蜜填满嘴唇,并擦掉浮色		10
检查	① 发际线和眉毛是否沾上粉底 ② 左右眉毛是否对称并适合自己的脸型 ③ 腮红是否涂匀 ④ 妆容是否平衡、自然、清爽 ⑤ 与着装是否协调 ⑥ 适当调整妆容		10

项目二　服饰礼仪——选对颜色穿对衣

没有人有义务必须透过连你自己都毫不在意的邋遢外表去发现你优秀的内在。现代职场中,透过形象看内在修养往往有相当高的准确性。"你就是你所穿"。一个人的服饰往往反映其真实的内在素养和状态。一个人是稳重、活泼、随性还是严谨,都可以从他的穿衣打扮、举手投足,甚至在一个细微表情和眼神中就能感受到。爱美之心人皆有之,人人都希望看到美好的事物。学会根据自己的仪容和服饰风格找准职场定位,学会运用服饰和色彩智慧,让你在职场中脱颖而出,在成功的路上事半功倍。

服装色彩是服装设计中一项单独的要素,由于服装与人类的生活密不可分,因此服装色彩的审美与整个社会审美意识有着内在联系。无论古代还是现在,色彩在服饰审美中都有着举足轻重的作用。色彩搭配这一理念在20世纪末才开始传入中国,对于大多数只敢穿黑、白、灰、蓝颜色的人们来说,这无疑是一个很大的惊喜。十年来,"色彩搭配"咨询已经风靡了中国的大江南北,对于指导人们的穿衣打扮,改善全社会的视觉环境都起到了重要的推动作用。

早在20世纪70年代,美国心理学教授马瑞·比恩就得出结论:人与人相互交往过程中,给对方留下的印象各因素所占比例是55%取决于外表,38%取决于声音,7%才是谈话的具体内容。由此可见,再也没有比让别人通过记住你的服饰来加深对你的印象更好的办法了。

【案例 2-2】

一位女推销员在北方工作,一直都穿着深色套装,提着一个男性化的公文包。后来她调到阳光普照的海南,她仍然以同样的装束去推销商品,结果成绩不够理想。后来她改穿色彩淡的套装和洋装,换了一个女性化一点的皮包,使自己有亲切感。着装的这一变化,使她的业绩提高了25%。

思政提示:在生活中探寻美、发现美,让美学全方位渗透进生活与职场,养成热爱生活、积极向上的品格。不同色彩和服饰彰显不同个性,给人不同的心理暗示。不同国家、不同地域、不同肤色、不同个性的人们对此运用有着不同的表达。作为当代大学生,要学会运用色彩元素和服装配饰等提升个人的精神风貌,展现热爱生活、阳光开朗、积极敬业的形象,为职场晋升敲开大门。

色彩不仅丰富了我们的眼睛,也在无形中影响着人们的心理状态和对色彩的心理感受,其影响因素是多方面的,包括社会因素、地域因素、历史因素等。在了解色彩所带来的心理感受基础上,结合服装在不同场合中的运用,以及人们对服装色彩复杂多样的心理感受,让色彩和服装在潜移默化中提升个人气质修养,稳定个人情绪和精神状态。

任务一 服饰色彩与个性

一、色彩的冷暖

服饰色彩是影响服饰感观的第一因素。一个人所偏好的颜色常常代表其性格和感情的色彩,往往可以从一个人在服装颜色和服饰的偏好上推测其心理。衣服的颜色可分为冷色、暖色和中性色三大类。

(1) 冷色增气势。冷色及深色的衣服,如黑色、深啡色、深蓝色等,能营造严肃气氛,给人冷淡、神秘等感觉。

(2) 暖色博好感。暖色包括红、黄、橙色等。这种颜色给人热情、自信、友爱、爽朗的感觉,有助结交朋友,增强自信,从而能够扩大社交圈子。

(3) 中性色缓敌意。在应付纷争,缓解敌意时,绝对不宜穿上鲜色衣服,原因是这种颜色能牵动情绪,容易令人激动。如果穿着中性颜色的衣服,包括啡色、米色、浅灰色等,可缓和紧张气氛,达到平衡效果。图2-25所示为色彩的冷暖。

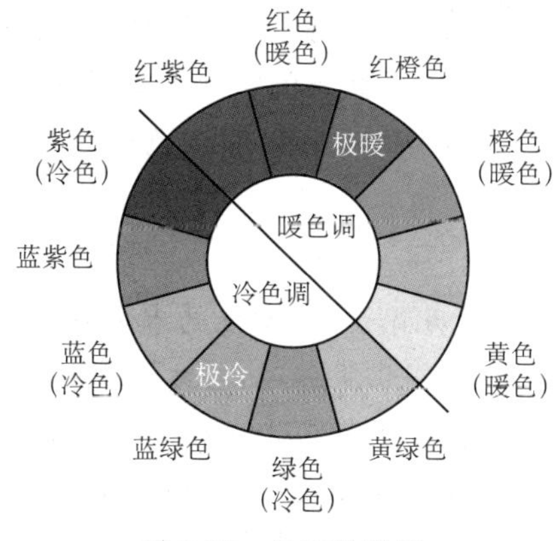

图 2-25 色彩的冷暖

图 2-25 彩图

二、色彩三属性

色彩的三属性是指色彩具有的色相、明度、纯度三种性质。三属性是界定色彩感官识别的基础，灵活应用三属性变化是色彩设计的基础。

色相是指色彩的相貌，在色彩的三种属性中，色相被用来区分颜色，根据光的不同频率，色彩具有红色、黄色或绿色等性质，这被称为色相。黑白没有色相，为中性。

明度是指色彩的明暗程度。

纯度是指色彩的纯净程度，表示彩色相对于非彩色差别的程度，是描述色彩离开相同明度中性灰色的程度的色彩感觉属性，是主观心理量，一般是直接用色彩中纯色成分的主观观察量表示。若彩度也用百分数表示，其含义是“含彩量”或“含灰量”。含有彩色成分的比例越大，色彩的纯度越高；反之亦然。图 2-26 所示为色彩的明度，图 2-27 所示为色彩的纯度。

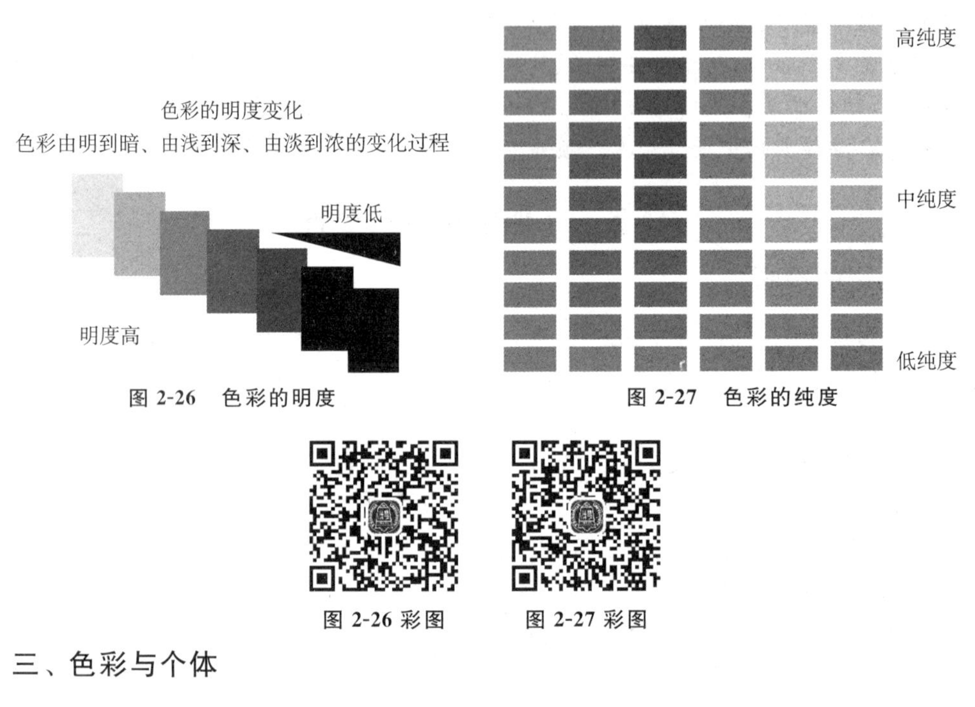

图 2-26　色彩的明度　　图 2-27　色彩的纯度

图 2-26 彩图　　图 2-27 彩图

三、色彩与个体

通过对色彩视觉规律和色彩视错觉的利用研究，可以达到肤色、体态和色彩美的整体统一，实现服装设计的个性化。和自然界的色彩相比，服装色彩的选用局限性很大，要因人、因地、因时制宜，所有服装都是为人服务的。所以，服装色彩和人的关系概括起来可以分为服饰色彩与自然环境的关系、服饰色彩与社会生活的关系、服饰色彩与人的特点的关系。

【案例 2-3】

有位女职员是财税专家，她有很好的学历背景，经常能为客户提供很好的建议，在公司里的表现一直很出色。但当她到客户的公司提供服务时，对方主管却不太注重她的建议，她所能发挥才能的机会也就不大了。一位时装大师发现这位财税专家在着装方面有明显的缺憾：她 26 岁，身高 147cm、体重 43kg，看起来机敏可爱，喜爱着童装，像个小女孩，其外表与她所从事的工作相距甚远，客户对于她所提出的建议缺少安全感、依赖感，所以她难以实现她的创意。这位时装大师建议她用服装来强调学者专家的气势，用深色的套装，与对比色的上衣、丝巾、镶边帽子来搭配，甚至戴上重黑边的眼镜。女财税专家照办了，结果客户的态度有了较大的转变。很快，她成为公司的董事之一。

思政提示：美是纯洁道德、丰富精神的重要源泉。学会运用美学和色彩表达尊重，要自尊和敬人，你就是你所穿。服饰色彩在不同场合中的运用要表达对交往对象的尊重，还要能体现良好的个人性格品质。色彩既复杂又富于生命感，它有刚、柔的个性，有喜、怒、哀、乐的表情，还有丰富的象征意义，具扩、缩、冷、暖的效能。如果能将色彩恰当地运用于各种不同的环境、职业、季节所穿着的服装上，则能锦上添花，美不胜收。若使用不当，则会弄巧成拙，有伤体貌。在现实生活中，可以看到，同一件服装，不同的人穿着体现的精气神常常不一样。因此，人在不同的场合、职业、季节中要懂得随机应变，用不同色彩的服装衬托自己，使自己在各种环境中均能显示出恰到好处的生命光彩与魅力。

1. 服饰色彩与体型

服装穿着于人体，与人的体型有密切关系。从体态上来进行服装色彩语言的表达，主要利用色彩视错觉来考虑具体的人体体态，采用适当的服装色彩，使其与着装后的人的精神气质构成一种整体美感。在选择服装色彩时，胖型的人应避免采用扩张感强的高明度色，如雪白、鲜黄、橘红等，应使用统一色彩。而体型瘦小的人，宜穿着扩张感强的明亮色调，使比例得到相对调整，产生视觉上的美感。

2. 服饰色彩与肤色

在服装设计过程中，肤色也是服装色彩中不可忽视的条件色。服装色彩的美，是人体着装后默契配合而形成统一美感的一种状态。在设计时，必须对人的肤色与服装色彩作整体的思考，这样才是科学、艺术的构思方式。正确地运用服装配色，还能起调节肤色、发色，达到衬托健美肤色和掩饰那些因苍老而粗糙肤色的作用。考虑肤色与服装色彩的协调和美感时，最好的方法就是注意拉开两者颜色之间的明度差、纯度差、色度差的距离，即拉开对比度。总之，在配色时，应掌握好服装色彩和肤色的协调关系。

3. 服饰色彩与心理、性格

服装设计的色彩在体现人们的年龄、性格、消费心理上各自有所不同，在年龄心理上的反映差异是非常大的。例如，青年人对色彩要求鲜艳、明快、活泼、对比强，以适应他们那种单纯、直观、活泼的心理要求。中年人对色彩要求漂亮而引人注目，要柔和含蓄、鲜明而不俗气、高雅而又大方，这是一种主观理智的色彩。老年人对色彩的要求是稳重、含蓄、漂亮、高雅。在考虑服装配色时，也应对不同穿着对象的个性进行具体分析，以达到色彩个性和人的个性相协调。同时，色彩运用得当，又能使人的精神面貌更健康。例如，性格开朗的人，宜穿白色或暖色系的高明度、高纯度的服装，不适宜穿黑色和寒色系的低明度、低纯度的服装；性格温和的人，适宜穿柔和而纯度较低、中明度的服装，却不宜穿高明度、高纯度的服装；理智的人，适宜选用柔和的冷色或黑色、白色，不宜选用温暖而强烈的颜色。

四、服饰色彩搭配原则

（一）同种色相配

同种色相配是一种简单易行的配色方法。即把同一色相、明度接近的色彩搭配起来。

如深红与浅红、深绿与浅绿、深灰与浅灰等。这样搭配的上下衣，可以产生一种和谐、自然的色彩美。

（二）邻近色相配

将色谱上相近的色彩搭配起来，易收到调和的效果。如红与黄、橙与黄、蓝与绿等色的配合。这样搭配时，两个颜色的明度与纯度最好错开。例如用深一点的蓝和浅一点的绿相配或中橙和淡黄相配，都能显出调和中的变化，起到一定的对比作用。

（三）主色调相配

以一种主色调为基础色，再配上一两种或几种次要色，使整个服饰的色彩主次分明、相得益彰。这是常用的配色方法。采用这种配色方法时需要注意：用色不要太繁杂、零乱，尽量少用、巧用。一般来说，男性服装不宜有过多的颜色变化，不要超过三种颜色。女子常用的各种花型面料，色彩也不要过于堆砌，色彩过多会显得太浮艳、俗气。

（四）对比法

不同色彩相配，常采用对比手法。在不同色相中，红与绿、黄与紫、蓝与橙、白与黑都是对比色。对比的色彩，既有互相对抗的一面，又有互相依存的一面，在吸引人或刺激人的视觉感官的同时，产生出强烈的审美效果。因此，鲜艳的色彩对比，也能给人和谐的感觉。例如，红色与绿色是强烈的对比色，如果搭配不当，就会显得过于醒目、艳丽。若在红与绿衣裙间适当添一点白色、黑色或含灰色的饰物，使对比逐渐过渡，就能取得协调。或红、绿颜色都加以白色，使之成为浅红与浅绿，看起来就不那么刺眼了。图 2-28 所示为色彩的对比。

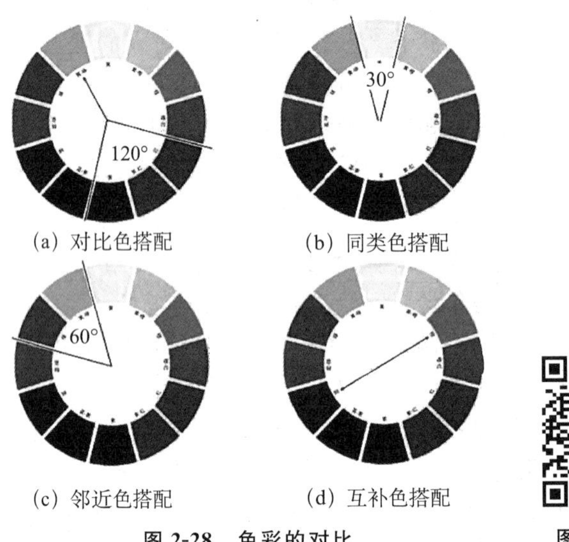

(a) 对比色搭配　(b) 同类色搭配

(c) 邻近色搭配　(d) 互补色搭配

图 2-28　色彩的对比

图 2-28 彩图

（五）色彩与肤色搭配

色彩与肤色搭配时，首先要了解四季色彩理论。四季色彩理论就是把人与生俱来的发色、眼珠色等人体色与色彩科学对应分析和分类，形成和谐搭配的规律。美国色彩大师杰克逊在瑞士画家尹顿的主观色彩的提示下，用了近十年的时间，进行了四万多次的色彩测试与色彩排序，终于发现并奠基了“四季色彩”理论。四季色彩理论中最为重要的内容就是把生活中的常用色按基调的不同进行冷暖割分和明度、纯度割分，进而形成与一年四季相对应的春、夏、秋、冬四大色彩群，每个人都要掌握最合适自己的色彩群搭配关系，完成服饰、化妆与自身自然条件的完美和谐与统一，从而最大限度地发挥自己的潜质与美丽元素。人们身体色特征会与其中一组色群相吻合，因此“春、夏、秋、冬”不仅可以划分色彩群，也划分了人们的身体色。当身体色与色组相一致，便产生了和谐之美。图 2-29 所示为色彩与肤色。

1. 春天型用黄基调扮明亮可爱的形象

春天型人属于暖色系。身体色特征与春季花园里常见的新绿、嫩黄、暖粉的色调相吻合，适合穿着以黄色为基调的各种明亮、鲜艳、轻快的颜色。如浅水蓝、亮绿、暖粉色。使用颜色时，可采用对比色调，两种或两种以上的颜色，在身上可同时出现。穿衣原则是一年中都穿属于自己的明亮浅调且有温暖感的颜色，大体可分为两种感觉：一种是发白发浅的淡色，另一种是鲜艳明快的亮色。前者纤细、可爱；后者给人活泼、好动、年轻的感觉。春天型人应回避冷暗色调，避免穿着黑、深灰、藏蓝等深重色调。图 2-30 所示为春天型色彩群。

图 2-29　色彩与肤色

图 2-30　春天型色彩群

图 2-29 彩图

图 2-30 彩图

2. 夏天型用蓝基调勾温柔雅致的美丽

最贴近夏天型人体色的色系是常春藤色、紫丁花色和夏日海水、天空的颜色。适合穿着各种深浅不同的发白、发旧的蓝色和紫色，就像烈日炎炎下东西看起来发白的那种感觉，如磨砂、水洗、砂洗等面料。为了不破坏夏天型人独有的亲切温和的感觉，在色彩搭配上最好回避强烈色彩反差对比，适合在同一色系里进行浓淡搭配，或是蓝灰、蓝绿、蓝紫等相邻色系里进行搭配。图 2-31 所示为夏天型色彩群。

3. 秋天型用金色装扮凸显高贵的气质

秋天型人适合的色系是大自然秋季的颜色，就像深秋的枫叶色、树木的老绿色、泥土的各种棕色以及田野上收割在即的成熟色调。这些深色采用同一色系的浓淡搭配。当然，也可以在相邻色系里采用对比搭配，来体现其独特的另一面。由于对深色运用自如，因此秋冬最宜搭配。春夏时节，注意选择自然的麻色、浅黄、浅绿中偏暖的颜色，同样能穿出不一样的味道。过于鲜艳的颜色，会使皮肤显得死板、没有血色、缺乏生气。如果想突出自己的华丽感，就适合戴亚金色首饰，最好不要戴银色系首饰。图 2-32 所示为秋天型色彩群。

图 2-31　夏天型色彩群

图 2-32　秋天型色彩群

图 2-31 彩图

图 2-32 彩图

4. 冬天型用原色调铺冷峻惊艳的魅力

冬天型人适合纯正、鲜艳、有光泽感的颜色，除适合黑、白、灰三种无彩色的颜色外，其他均为红、黄、蓝、绿、紫等纯色和一组冰色系，以强烈对比搭配来体现冷峻惊艳的魅力。冬天型人要避免浑浊、发旧的中间色，穿着深灰、藏蓝、纯黑等深色时，如果失去颜色之间或同一颜色之间的深浅对比，会显得黯然失色、毫无特色。若在颈间加一块鲜艳的纯色丝巾或衬衣领，配上银色系首饰，冷艳明丽的感觉立刻显现。图 2-33 所示为冬天型色彩群。

（六）补色配合

补色配合是指两个相对的颜色的配合，如红与绿，青与橙，黑与白等，补色相配能形成鲜明的对比，有时会收到较好的效果。例如，黑白搭配是永远的经典。

（1）白色搭配原则：白色可与任何颜色搭配，但要搭配得巧妙，也需费一番心思。白色下装配带条纹的淡黄色上衣，是柔和色的最佳组合；下身着象牙白长裤，上身穿淡紫色西装，

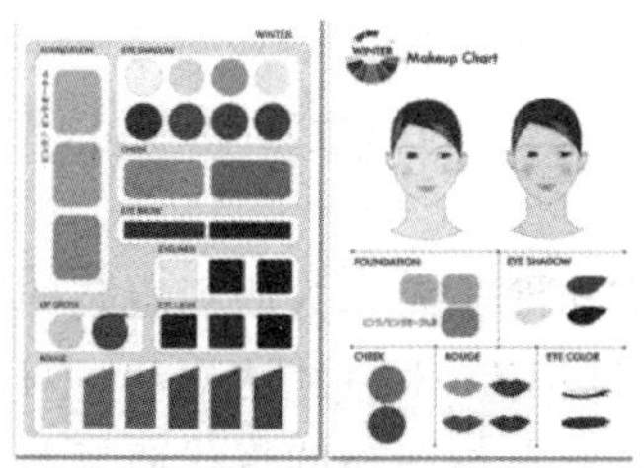

图 2-33 冬天型色彩群　　图 2-33 彩图

配以纯白色衬衣，不失为一种成功的配色，可充分显示自我个性；象牙白长裤与淡色休闲衫配穿，也是一种成功的组合；白色褶折裙配淡粉红色毛衣，给人以温柔飘逸的感觉。红白搭配是大胆的结合。上身着白色休闲衫，下身穿红色窄裙，显得热情潇洒。在强烈对比下，白色的分量越重，看起来越柔和。

(2) 蓝色搭配原则：在所有颜色中，蓝色服装最容易与其他颜色搭配。不管是近似于黑色的蓝色，还是深蓝色，都比较容易搭配，而且蓝色具有紧缩身材的效果，极富魅力。生动的蓝色搭配红色，使人显得妩媚、俏丽，但应注意蓝红比例适当。

近似黑色的蓝色合体外套，配白衬衣，再系上领结，出席一些正式场合，会使人显得神秘且不失浪漫。曲线鲜明的蓝色外套和及膝的蓝色裙子搭配，再以白衬衣点缀，会透出一种轻盈的妩媚气息。

上身穿蓝色外套和蓝色背心，下身配细条纹灰色长裤，呈现出一派素雅的风格。因为流行的细条纹可柔和蓝灰之间的强烈对比，增添优雅的气质。

蓝色外套配灰色褶裙，是一种略带保守的组合，但这种组合再配以葡萄酒色衬衫和花格袜，显露出一种自我个性，从而变得明快起来。

蓝色与淡紫色搭配，给人一种微妙的感觉。蓝色长裙配白衬衫是一种非常普通的打扮。如能穿上一件高雅的淡紫色的小外套，便会平添几分成熟都市气质。上身穿淡紫色毛衣，下身配深蓝色窄裙，即使没有花哨的图案，也可在自然之中流露出成熟的韵味。

(3) 褐色搭配原则：褐色与白色搭配，给人一种清纯的感觉。金褐色及膝圆裙与大领衬衫搭配，可体现短裙的魅力，增添优雅气息。选用保守素雅的栗子色面料做外套，配以红色毛衣、红色围巾，鲜明生动，俏丽无比。

褐色毛衣配褐色格子长裤，可体现雅致和成熟。褐色厚毛衣配褐色棉布裙，通过两者的质感差异，表现出穿着者的特有个性。

(4) 米色搭配原则：在柔媚或热烈的色彩中，米色是时尚达人们常用的色彩。用米色穿出一丝严谨的味道来，也不难。一件浅米色的高领短袖毛衫，配上一条黑色的精致西裤，穿上闪着光泽的黑色的尖头中跟鞋子，将一位职业女性的专业感觉烘托得恰到好处。如果想要一种干练、强势的感觉，那就选择一套黑色条纹的精致西装套裙，配上一款米色的高档手袋，既有主管风范，又不失女性优雅。

现如今的时尚中，米色因其简约与富于知性美而成为职场着装的常青色。与白色相比，米色多了几分暖意与典雅，不事夸张；与黑色相比，米色纯洁柔和，不过于凝重。在追求简单抛却繁复的时尚潮流中，米色以其纯净典雅气息与严谨的现代职场氛围相吻合。

五、颜色物语

不同颜色代表着不同的含义，那么，你的服装与气质是否搭配得当、“表里如一”呢？

红：活跃、热情、勇敢、爱情、健康、野蛮；

橙：富饶、充实、未来、友爱、豪爽、积极；

黄：智慧、光荣、忠诚、希望、喜悦、光明；

绿：公平、自然、和平、幸福、理智、幼稚；

蓝：自信、永恒、真理、真实、沉默、冷静；

紫：权威、尊敬、高贵、优雅、信仰、孤独；

黑：神秘、寂寞、黑暗、压力、严肃、气势；

白：神圣、纯洁、无私、朴素、平安、诚实；

粉：可爱、单纯、活泼、梦幻、甜美、浪漫。

课堂小互动

(1) 根据本节课知识，判断自己属于春夏秋冬哪种肤色。

(2) 根据肤色确定自己适合的色彩并在组内进行分析。

(3) 小组互评，并说明原因。

任务二　服装款式与脸型搭配

选择服装时，除了考虑颜色外，还需要根据各自的脸型来进行服装选择。

椭圆形脸：可选择所有式样的衣领。

长形脸：领口不宜开得太深，应选择水平领样(如一字领、方领等)，在视觉上有缩短脸部的作用。

圆形脸：不宜选择大圆领、前阔后狭的倒大式领样，而应选择V字形领(如长驳头西装领)和稍带方形或尖形领样，能使脸型显长。

方形脸：不宜选择前开领倒大式或一字形领样，而应选择细长的尖领、小圆领或长驳头西装领等，以增加柔和感。

三角形脸：可选择V字形领或大敞领，以减少下颚的宽人感，增加上额的宽度感。

尖脸：宜选择能多遮盖住颈部的领样，如秀气的小圆领或缀上漂亮花边的小翻领等，以使脸部看起来较为丰腴。图2-34所示为常见领型。

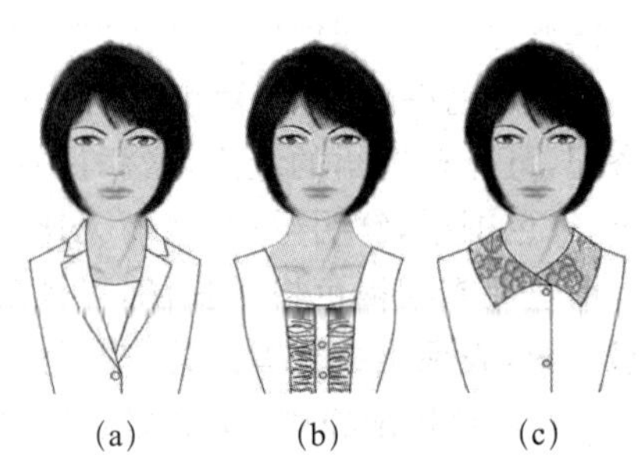

(a)　(b)　(c)

图2-34　常见领型

课堂小互动

根据本节课知识，对照自己的脸型，选择适合自己的领型。

任务三　服装款式与体型搭配

一、两个着装建议

1. 体型娇小的女生宜选用简洁流畅风格的服装

在颜色上，以色彩素淡、线条简单、图案小巧为宜，并尽可能统一全身服饰的颜色，包括鞋袜。颜色过多或对比强烈都不合适。

在款式上，宜穿白色高跟鞋，选用与服装颜色对比强烈的面料作衣领，能起到延长身体的作用，增加一点修长的韵味。大裤筒的喇叭裤、衣肩过宽的上装都不合适。也不宜穿长裙或低腰类的裙、裤和笨重的鞋子，以免降低人们的视线，暴露出身材上的缺点。

2. 身材略显矮胖者，可利用衣着来创造高度

单一色可使身材有变高的感觉，选择同色的鞋袜效果更佳；直条、单襟都有增高的作用。宜选择素色或清淡的小碎花之类的面料；不宜选用闪光发亮的鲜亮衣料或大型图案的花色布和格子面料。应尽量选择式样简单的服装，避免一切横向扩展的线条，衣领可选择 V 形的，能使短颈显得稍长。上装可适当短一些，使腿部显得修长一点。

二、体型与服饰搭配

衣服的款式、色彩会对体型产生视觉影响。人的身材基本上可以分为五种：苹果形身材、梨形身材、草莓形身材、矩形身材、沙漏形身材。你也许是很标准的某一类身材，也许是介于两类之间的身材。赶快来看看各自体型的特点，跟着对号入座吧！图 2-35 所示为常见的五种体型。

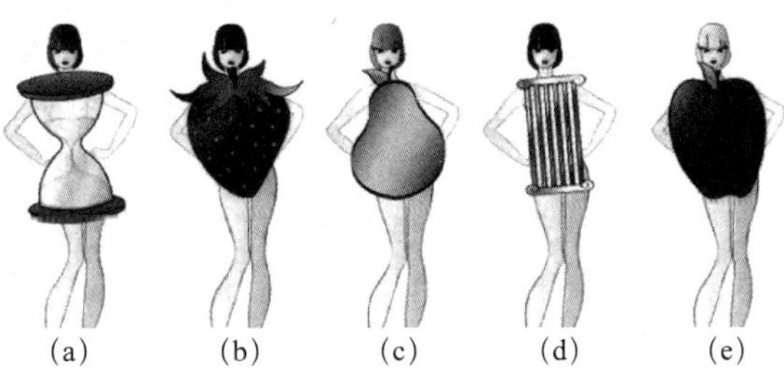

(a)　(b)　(c)　(d)　(e)

图 2-35　常见的五种体型

下面介绍不同的体型、服饰廓形，教大家如何扬长避短，如何穿衣配饰，打造完美身材。

1. 沙漏形(X 形)

体型特征：胸围和臀围尺寸差不多，腰围比较小(三围中腰最细)。

着装搭配：体型匀称，是标准的体型，这样的人体曲线优美，无论穿哪种款、色的服饰都恰到好处。

饰物：纤细而精致的金银或珍珠饰品是加分的重点。

令人羡慕的沙漏型身材几乎可以毫不费力地演绎各种风格，当然不是所有人都能被上

天宠爱，但是可以利用各式各样的服装来掩饰身材的缺陷。

2. 草莓形(T形)

体型特征：肩膀比腰部和臀部宽(即肩最宽)。

着装搭配：选择服饰时，上衣最好用暗灰色调或冷色调，使上身在视觉上显得小一些，不宜选择艳色、暖色或亮色。花样方面，应采用斜纹、条纹往下集中的设计。下装则应避免黑色、暗色，否则容易造成上身的压迫感，因此可穿彩色、有膨胀效果的裤子或裙装，以便与上半身协调。

饰物：可利用饰物色彩强调来表现腰、臀、腿，避免别人的注意力在上部，也不宜选择前胸部有绣花、贴袋之类的色彩装饰物。

3. 梨形(A形)

体型特征：肩膀和腰部比臀部窄(即臀最宽)，下身重量相对集中，这样在整体上使下部显得更沉重。

着装搭配：上身和腰肢是这类体型中较为纤细之处，搭配时要将人们的视线引至腰以上的部位，可选择色彩明亮、鲜艳有膨胀感的服饰，或胸部有褶皱设计，领部有荷叶边的上衣。下身可选用线条柔和、质地厚薄均匀、色彩纯实偏深的长裙，或暗色单一色调的裤子，注意款式简单，造成视觉体型上匀称的效果，呈现标准型身材。

饰物：应佩戴色彩鲜艳、大件的珠宝或装饰物。避免宽皮带，因为它会加宽腰的线条，凸显肥胖的臀部，可选择细的、彩色腰带。尽可能穿着与裙子、裤装同色调的袜子和鞋子，统一的色彩可以营造修长感。

4. H形(I形)

体型特征：臀部、腰部和肩膀宽度相差不多(即上下一般粗)，整体上缺少“三围”的曲线变化。

着装搭配：可以通过颈围、臀部和下摆线上的色彩细节来转移对腰线的注意力。同时，也可采用色彩对比较强的直线条纹的连衣裙，由对比强烈的直向线条造成的视觉差和深色的宽皮带造成的凝聚感，消除没有腰身的感觉，从而给人以洒脱轻盈之感。选择打褶、装饰线或别花的上衣可使上身更为丰满，尤其是在腰线处，不要使用跳跃、强烈的色彩，以减少对腰部的注意。

饰物：通过搭配项链、围巾、细皮带可在颈围、胸口、臀部、下摆线转移对腰线的注意力。宽皮带和颜色过于鲜艳的腰带会使腰部成为视线焦点，皮带的颜色应尽量与裙裤颜色一致。

5. 苹果形(O形)

体型特征：正如O字形一样，体型浑圆，脖子和腰一样短，胸、腰、臀之间没有变化，体型偏胖。

着装搭配：这种体型不宜穿色彩太鲜艳或大花纹、横纹等服饰，这样会导致体型向横宽错视方面发展。适宜穿冷色小花纹、直线纹路的服饰，以显消瘦些。色彩上忌上身深、下身浅，这样会增加人体的不稳定感。

可穿彩色内搭，再穿上暗色外套，中间流露出的色彩不仅能增加时尚感，还能增添好气色。款式上切忌繁复，要力求简洁明了。

饰物：可使用长围巾，用领带的结法来系，可产生拉长的效果。搭配时要避免过大的包，否则会使视线集中在腰部位置。

课堂小互动

(1) 根据本节课知识，确定自己的体型。

(2) 根据体型，设计适合自己的服饰样式和类型。

(3) 小组互评，根据体型开展服饰设计讨论，并说明原因。

任务四 男士西装礼仪规范

一、男士西装礼仪(上)

微课：西装礼仪(上)

好像无论是职场还是时尚界，都把目光聚焦到女士的身上，其实，男士同样需要服装的辅助。一套整洁、高雅又不失时尚的服装会增加男士的翩翩风度，在商务交往中给人以信任感、专业度和权威感。每个文化都有自己独特的时尚体系，而套装是文化服饰的基础。当人们外出工作，参加面试或和重要人物举行会议，许多人都穿着西装，包括上装、西裤、有领衬衫、领带。在政务场合、商务场合及外事接待中，很多国家领导人和职场人士，凡是重要场合大多数都穿着西装。西装被视为信任与现代的标志，成为一种“标准”时尚。

(一) 西装的历史

西装的服饰造型源于北欧南下的日耳曼民族服装。传说当时是西欧渔民穿的，他们终年与海洋为伴，在海里谋生，着装散领、少扣，捕起鱼来才会方便。它以人体活动和体型等特点的结构分离组合为原则，形成了以打褶、分片、分体的服装缝制方法，并以此确立了日后女士西装流行的服装结构模式。也有资料认为，西装源自英国王室的传统服装。它是以男士穿同一面料成套搭配的三件套装，由上衣、背心和裤子组成。在造型上延续了男士礼服的基本形式，属于日常服装中的正统装束，使用场合甚为广泛，并从欧洲影响到国际社会，成为世界指导性服装，即国际服。

现代西装形成于 19 世纪中叶，但从其构成特点和穿着习惯上看，至少可追溯到 17 世纪后半叶的路易十四时代。在那时，长衣及膝的外衣和比其略短的“贝斯特”，以及紧身合体的半截裤一起登上历史舞台，构成现代三件套西装的组成形式。外衣前门襟扣子一般不扣，要扣一般只扣腰围线上下的几粒，这就是现代的单排扣西装一般不扣扣子也不为失礼，两粒扣子只扣上面那粒这一穿着习惯的由来。图 2-36 所示为现代西装。

图 2-36 现代西装

图 2-36 彩图

（二）西装的开衩

西装的开衩一般有后中开衩、侧开衩和无开衩三种。西装的后中开衩又叫骑马衩，是在西装后背中缝腰线以下开的 10cm 长的缝。这是源于英国贵族骑马时避免衣服后面下部挤压褶皱而开的后衩款式。

侧开衩又叫边衩。是在西装左右刀片缝的位置，从腰线以下开的 10cm 长的缝，也是源于英国贵族骑马或坐下时避免褶皱。

无开衩就是没有以上开衩款式的常规款，即在西装左右刀片缝的位置和后背中缝都没有开衩的款式。

图 2-37 所示为西装的开衩。

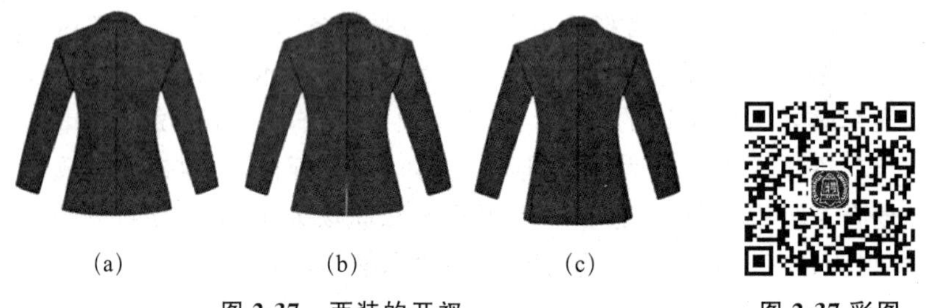

(a)　(b)　(c)

图 2-37　西装的开衩

图 2-37 彩图

（三）西装的版型

穿着西装还要选对版型。常见的有欧版西装和英式西装。欧版西装的基本轮廓是倒梯形，实际上就是肩宽收腰，这和欧洲男性比较高大魁梧的身材相吻合。

男士西装穿着美观最大的要点在于修身。欧版西装在采用宽厚的垫肩衬托了男性宽阔平坦的肩膀之后，从腋下部位开始，腰部自然内收，体现男性特有的魅力，可以说是美化体型的最佳选择。双排扣、收腰、肩宽是欧版西装的基本特点。图 2-38 所示为西装的版型。

(a)　(b)　(c)

(d)　(e)

图 2-38　西装的版型

图 2-38 彩图

英式西装一般则是单排扣，领子比较狭长，三粒扣子居多，其基本轮廓也是倒梯形。两侧开衩叫骑马衩，这实际上和英国人的马术运动有关，骑马的时候比较方便，还有一种是后背中间开衩。图 2-39 所示为英式西装。

现在常见的还有美式西装，其特点是肩型自然，较为宽松，领型略大，扣位偏低，略有掐腰，后摆单开衩，以单排的两粒扣居多。穿起来十分舒适、随身、自然，是西服中最容易与休闲装搭配的款式，也是最显男人气质的工作服。图 2-40 所示为美式西装。

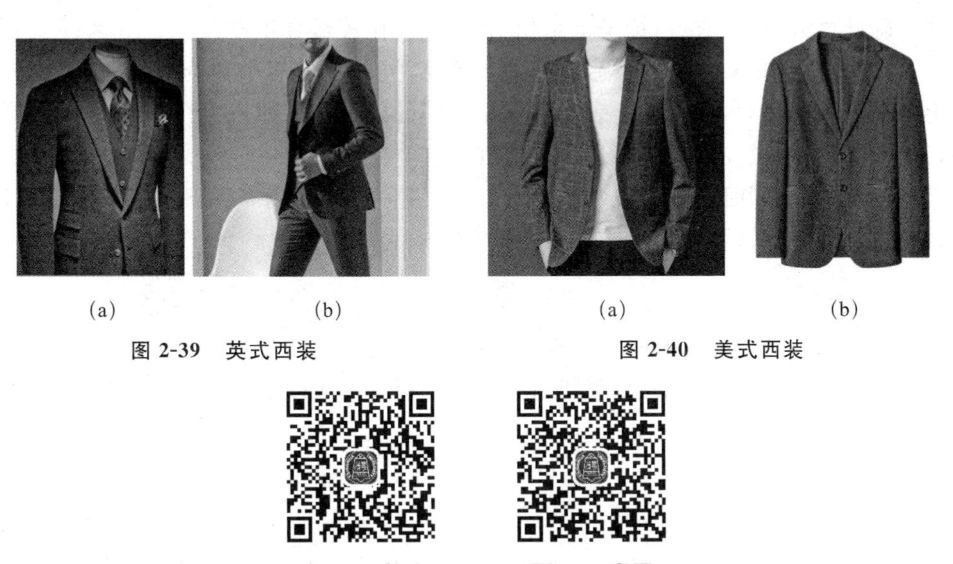

(a)　(b)

图 2-39　英式西装

(a)　(b)

图 2-40　美式西装

图 2-39 彩图　**图 2-40 彩图**

几种不同款型的西装特点如下。

H 形：H 形服装款型所要表达的风格是自然、轻松、潇洒、写意。男士穿着这类服装时，要注意皮带的搭配。

V 形：V 形服装款型所要表达的风格是权威、简约、大气、可信赖。

A 形：A 形服装款型所要表达的风格是青春、可爱、阳光。

X 形：X 形服装款型所要表达的风格是有女人味。

(四) 男士礼服的色彩如何挑选

一套合体的礼服可以让你瞬间高贵，但是如果选错了礼服的颜色，整体气质便会瞬间大打折扣。服装的颜色给人留下的印象算是相当强烈的，平常观察一位男士是否了解穿着品位，从他服装的配色就足以看出端倪，毕竟男装的款式不像女装那样姹紫嫣红，所以男士要衣着出色，学会运用颜色搭配是男士穿着品位必修的基础入门课程。下面分享几种色彩带给人的感受。

(1) 蓝色：深浅度不同的蓝色能带给你不同的感觉，如粉蓝色表现出稚嫩的气息，较适合十几岁青少年用于背心或针织类的衣服，年纪若稍大，可能就不宜把粉蓝穿上身了，很容易被评论为“装可爱”。而天蓝色或是海军蓝就是很大众化的颜色，可以不分年龄穿搭。另外，浅色调极容易与其他颜色搭配(如红、黄、橘、紫)，如水蓝与黄色搭配在一起，就很有地中海风情。

(2) 咖啡色：在秋冬季节，咖啡色是众多人们出行的最佳选择，以毛衣或围巾类的制品最为常见。带有柔软视觉效果的驼色也可以被归纳到浅咖啡色调，其他如卡其色，也算咖啡色调之一。相对而言，咖啡色并不是好搭配的颜色，不过如果与橄榄绿或是棕色系相互搭配，就颇具有自然丛林的气息，有种大地的味道在这些颜色之间流淌着。

(3) 白色：白色是一种较谨慎的颜色，用在服装上同样如此，由于白色给人的洁净感，所以除白色衬衫外，一件纯白色的 T 恤也让人感觉很阳光，但如果你选择一身都是白色的装扮，那感觉可就不同了。通常一身白色(白衬衫、一套白西装、一双白皮鞋)会让人看起来显得轻浮。除此之外，白毛衣、白袜子也是相当阳光的，比较适合年轻人。

(4) 黑色：黑色带来的是神秘感或难以预测感，同时也很容易成为大家关注的焦点，如果配上不同剪裁与质料，黑色便能表现出完全不同的感觉。例如，在众星云集的颁奖典礼场合中，黑色礼服就能散发出它的高贵与内敛气质。

需要注意的是，同时穿着的服装颜色最好不要超过三个色系，男士的着装就是要体现出简洁、大方、舒适、裁剪得体，能够给人以稳重、成熟、高贵的气质。

(五) 职场六忌

职业男士商务着装礼仪的成功方程式应该是得体＋着装。

得体的穿着让服饰有了生命，服装的生命赋予穿着的人以个性。那么，究竟怎样才是得体的穿着呢？首先是要重视职场六忌。

职场六忌是忌讳过于鲜艳、过于杂乱、过于暴露、过于透视、过于短小、过于紧身。

1. 过于鲜艳

着装过于鲜艳是指商务人员在正式场合的着装色彩较为繁杂，过分鲜艳，比如衣服图案过分烦琐以及标新立异等。

2. 过于杂乱

着装过于杂乱是指不按照正式场合的规范化要求着装。杂乱的着装极易给人留下不良的印象，容易使客户对企业的规范化程度产生疑虑。

3. 过于暴露

在正式的商务场合，身体的某些部位是不适宜暴露的，如胸部、肩部、大腿。

4. 过于透视

在社交场合穿着透视装往往是允许的，但是在正式的商务交往中，着装过分透视，就有失于对别人的尊重。

5. 过于短小

在正式场合，商务人员的着装不可以过于短小。例如不可以穿短裤、超短裙，非常重要的场合不允许穿露脐装、短袖衬衫等。特别需要强调的是，男士在正式场合身着短裤是绝对不允许的。

6. 过于紧身

在社交场合，身着非常紧身的服饰是允许的。但是必须强调，工作场合和社交场合是有所区别的，因此在比较正式的场合，不可以穿着过分紧身的服装。设想一下，当商务人员在工作场合穿着过于紧身的服装，凸显线条分明，又怎能体现自己的庄重呢？

(六)着装注意事项

1. 符合身份

鉴于每一位员工的形象均代表其所在单位的形象及企业的规范化程度,也反映了个人的修养和见识,因此商务人员的着装必须与其所在单位形象、所从事的具体工作相符合,做到男女有别、职级有别、身份有别、职业有别、岗位有别,即“干什么,像什么”。如此这般,才会使商务人员的着装恰到好处地反映自身的素质,反映企业的形象。对于大学生来说,在学校就要符合学生装扮,在单位就要符合单位着装要求。

【案例 2-4】

一家效益很好的大型企业的总经理叶明,经过多方努力和上级有关部门的牵线搭桥,终于使一家著名的家电企业董事长同意与自己的企业合作。谈判时为了给对方留下精明强干、时尚新潮的好印象,叶明上身穿了一件 T 恤衫,下穿一条牛仔裤,脚穿一双旅游鞋。当他精神抖擞、兴高采烈地带着秘书出现在对方面前时,对方瞪着不解的眼睛看着他上下打量了半天,非常不满意。这次合作没能成功。

思政提示:人靠衣装马靠鞍。着装反映了一个人的社会地位、身份、职业、审美取向,甚至会反映出一个人的文化素养、精神面貌、文明程度。所以,着装是一门艺术,着装也是一种修养。正确得体的着装,能体现一个人良好的精神面貌、文化修养和审美品位。商务场合中,正确着装有助于洽谈合同,助力在职场中事半功倍。大家应从着装规范和要求中提高审美和人文素养。

2. 扬长避短

现实生活中,每个人的高矮胖瘦都不同。商务场合着装强调扬长避短,但重在避短,不在扬长。例如,一位身材很好的女士,紧身上衣、迷你裙最能展现她的身材,但是这样的着装不适宜商务场合,商务场合还是穿职业套装为好,这就是重在避短,不在扬长;如果女士的腿不直,则可以选择裤装。这就是扬长避短。

(七)着装主要场合

在日常工作与生活中,职场着装应当因场合不同而异,以不变应万变显然大为不妥。在不同的场合,商务人员应该选择不同的服装,以此来体现自己的身份、修养与品位。一般而言,商务人员所涉及的诸多场合主要有公务场合、社交场合、休闲场合三种。

1. 公务场合

所谓公务场合,是指执行公务时涉及的场合,它一般包括在写字间里、在谈判厅里、公务接待以及外出执行公务等情况。公务场合着装的基本要求为庄重保守,端庄稳重,宜穿套装、套裙,以及穿着制服。除此之外,还可以考虑选择长裤、长裙和长袖衬衫。不宜穿时装、便装。注意:在非常重要的场合,短袖衬衫不适合作为正装,正式场合下以长袖衬衫为规范。

2. 社交场合

对商务人员而论,社交场合是指工作之余在公众场合和同事、商务伙伴友好地进行交往应酬的场合。虽然这些场合不是在工作岗位上,但往往面对的是熟人。社交场合着装的基本要求为时尚个性，宜穿着礼服、时装、民族服装。必须强调在这种社交场合一般不适合选择过分庄重保守的服装，例如穿着制服去参加舞会、宴会、音乐会，就往往和周边环境不大协调了。

3. 休闲场合

所谓休闲并不等于休息，这里的休闲是指在工作之余一个人独处，或在公共场合与其他不相识者共处的时间。休闲场合着装的基本要求是舒适自然。换言之，只要不触犯法律，不违背伦理道德，不有碍他人的身体安全，那么社交时的穿着打扮可以完全听凭个人喜好。一般而言，在休闲场合，人们适合选择的服装有运动装、牛仔装、沙滩装以及各种非正式的便装，如T恤、短裤、凉鞋、拖鞋等。在休闲场合，如果身穿套装、套裙，往往会贻笑大方。

（八）西服穿着的“三个三”

西装穿着讲究“三个三”，即三色原则、三一定律、三大禁忌。

1. 三色原则

三色原则是指男士在正式场合穿着西装套装时，全身颜色应限制在三种色之内。

2. 三一定律

三一定律是指男士穿着西服、套装外出时，身上有三个部位的色彩必须协调统一，这三个部位是指鞋子、腰带、公文包。最理想的选择是鞋子、腰带、公文包皆为黑色。鞋子、腰带、公文包是白领男士身体上最为引人注目之处，令其色彩统一，有助于提升自己的品位。

3. 三大禁忌

三大禁忌，简而言之，是指在正式场合穿着西服、套装时，务必避免的三个不规范之处。

（1）袖口上的商标没有拆。袖口上的商标应该在买西装付款时就由服务人员拆掉。如果在穿着西装时，袖口上的商标还没有拆掉，就显得太缺乏着装礼仪知识了。

（2）在正式场合穿着夹克打领带。领带和西装套装是配套的，如果是行业内部的活动，例如领导到本部门视察，穿夹克打领带是允许的。但是在正式场合，夹克等同于休闲装，所以在正式场合，尤其是在对外商务交往中，穿夹克打领带是绝对不能接受的。

（3）正式场合穿着西服、套装时袜子出现问题。一般而言，穿袜子讲究不多，最基本的讲究是两只袜子应该颜色统一。但在商务交往中有两种袜子不穿为妙，第一是尼龙丝袜，第二是白色袜子。当然，彩色袜子也不可取。正式场合中袜子以深色为宜，如黑色、藏青色、深灰色。

二、男士西装礼仪（下）

微课：西装礼仪（下）

交际场合最常见、最受欢迎的是西装。因为西装在造型上线条活泼而流畅，使穿着的人潇洒自然，风度翩翩，富有健美感；在结构造型上与人体活动相适应，使人的颈、胸、腰等部位舒展，富有挺括之美；在装饰上胸前饰以领带，色彩夺目，给人以一种飘逸的美感。因此，西装是举世公认的合乎美观大方，又穿着舒适的普适化服装，男女皆宜。因为它既正统又简练，且不失气派风度，所以已经发展成为当今国际最标准通用的礼服，在各种礼仪场合被广泛穿着。

（一）西装的分类与适用

西装有单件上装和套装之分，套装又分二件套和三件套。一般非正式场合如旅游、参观、一般性聚会等，可穿单件上装搭配各种西裤，也可根据需要和爱好，搭配牛仔等时装裤。半正式场合，如一般性会见、访问，较高级会议和白天举行较隆重的活动时，应着套装，但也可视场合气氛选择格调较为轻松的色彩和图案，如花格呢、粗条纹、淡色的套装都不失整洁且颇感洒脱活泼；但在正式场合，如宴会、正式会见、婚丧活动、大型记者招待会、正式典礼及特定的晚间社交活动，必须穿着颜色素雅的套装，以深色、纯色最为适宜，五彩图案则显得不够严肃。一般来说，西装着装应该遵循 TPO 原则。也就是要求西装的选择应该根据时间、地点、场合的不同而有所区别。1983 年 6 月，里根出访欧洲四国时，就因穿了一套格子西装而引出一场轩然大波，因为按照惯例，在正式的外交场合应着黑色礼服，以示庄重。图 2-41 所示为西装套装。

(a)

(b)

图 2-41　西装套装

图 2-41 彩图

（二）西装纽扣样式的选择与适用

西装的风格在纽扣样式上能得到很好体现。西装的纽扣除实用功能外，还有重要的装饰和造型作用。西装有单排扣和双排扣之分。单排扣又有单粒扣、双粒扣、三粒扣之别。在非正式场合，一般可不扣纽扣，以显示潇洒飘逸的风度；但在正式和半正式场合，要求将单粒扣、双粒扣的第一粒，三粒扣的上面两粒或中间一粒都扣上，而双粒扣的第二粒、三粒扣的第三粒是样纽，不必扣上。双排扣西装，按照传统做法，应当扣上所有扣子；时尚西装或非定制西装，系上所有扣子可能不合身或不方便，那么最下面的外扣和内扣可以不用扣上，但中间的外扣和里面对侧位置的内扣要扣上。男士穿双排扣西装站立时，不能解开所有的扣子。坐下之后，不要解开任何一颗已经扣上的扣子。图 2-42 所示为西装纽扣的扣法。

(a)

(b)

图 2-42　西装纽扣的扣法

图 2-42 彩图

(三) 西裤穿着

西裤作为西服整体的一个主体部分,要求与上装互相协调,以构成和谐的整体。西裤立档的长度以裤带的鼻子正好通过胯骨上边为宜,裤腰大小以合扣后抵入一手掌为标准,裤长以裤脚接触脚背最为适合。西裤穿着时,裤扣要扣好,拉锁全部拉严。西裤的裤带宽度一般在 2.5～3cm 较为美观,裤带系好后,留有皮带头的长度一般为 12cm,过长或过短都不符合美学要求。图 2-43 所示为西裤。

(a)

(b)

图 2-43 西裤

图 2-43 彩图

(四) 衬衫选配

社交场合穿西装,衬衫是一个重点,颇有讲究。一般来说,与西服配套的衬衫必须挺括、整洁、无皱折,尤其是领口和袖口。在正式场合与西装搭配,(长袖)衬衫的下摆必须塞在西裤里,袖口必须扣上,不可翻起。不系领带时,衬衫领口可以敞开,如果系领带,则应扣上衬衫全部扣子,合领后以抵入一个手指头为宜。袖口长度以长出西装衣袖 1～2.5cm 为宜。图 2-44 所示为衬衫选配。

(a)

(b)

图 2-44 衬衫选配

图 2-44 彩图

（五）领带是西装的灵魂

公关活动中，使用不同的领带能给同一套西装带来神韵的变化。领带不仅是西装的重要装饰品，也是西装的有机组成部分。有人曾说："领带是西装的灵魂。"领带的种类很多，大体分为一般型领带和变形领带两种。一般型领带有活结领带、方形领带、蝴蝶结领带等；变形领带有阿司阔领带、西部式领带、线环领带等。从领带面料分，有毛织、丝质、皮制和化纤几种。从花型上分，有小花型、条纹花型、圆点花型、图案花型、条纹图案、古香缎花型等。一般在正式或半正式场合，都应系领带。领带的扎法也很有讲究，一般是扣好衬衣领后，将领带套在衣领外，然后将宽的一片稍微压在领角下，抽拉另一端，领带就自然夹在衣领中间，而不必把领子翻立起来。系领带最重要的部位是领结，各种不同的系法可以得到不同大小形状的领结。可根据衬衫领子的角度选择自己喜欢的领带扎法，通常领子角度较小的宜选用小巧结的扎法，而领子角度较大的宜选用大领结的扎法。但不论哪种系扎方法，领带系好后，两端都应自然下垂，上面宽的一片必须略长于底下窄的一片，绝不能相反。当然上片也不宜长出过多，否则就不雅观了。如果有西装背心相配，领带必须置于背心之内，领带尖也不可露于背心之外。领带的宽度不宜过窄，过窄会显得小气，宽度应与人的脸型及西装领、衬衫硬领的宽度相协调。图 2-45 所示为常用领带款式。

(a)　　(b)

图 2-45　常用领带款式

图 2-45 彩图

1. 平结

平结是男士们选用最多的领带打法之一，几乎适用于各种材质的领带，完成后领带打法呈斜三角形，适合窄领衬衫。打这个领带结的要诀：图中宽边在左手边，也可换右手边打；在选择"男人的酒窝"(形成凹凸)情况下，尽量让两边均匀且对称。图 2-46 所示为平结。

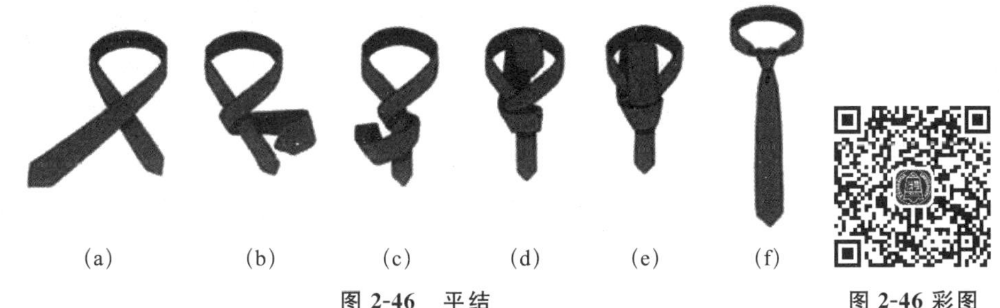

(a)　(b)　(c)　(d)　(e)　(f)

图 2-46　平结

图 2-46 彩图

2. 亚伯特王子结

亚伯特王子结适用于浪漫扣领及尖领系列衬衫，搭配浪漫质料柔软的细款领带，"男人的酒窝"两边略微翘起。打这个领带结的要诀:宽边先预留较长的空间,并在绕第二圈时尽量贴合在一起,即可完成此一完美结型。图 2-47 所示为亚伯特王子结。

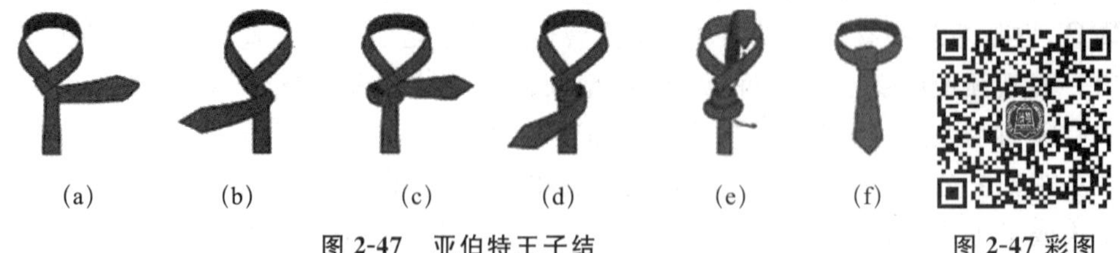

图 2-47　亚伯特王子结　　图 2-47 彩图

3. 浪漫结

浪漫结是一种完美的结型,适用于各种浪漫系列的领口及衬衫,浪漫结能够靠褶皱的调整自由放大或缩小,而剩余部分的长度也能根据实际需要任意掌控,浪漫结的领带结形状匀称、领带线条顺直优美,容易给人留下整洁严谨的良好印象。打这个领带结的要诀:领结下方的宽边压以皱褶,可缩小其结型;窄边也可往左右移动,使其小部分出现于宽边领带旁。图 2-48 所示为浪漫结。

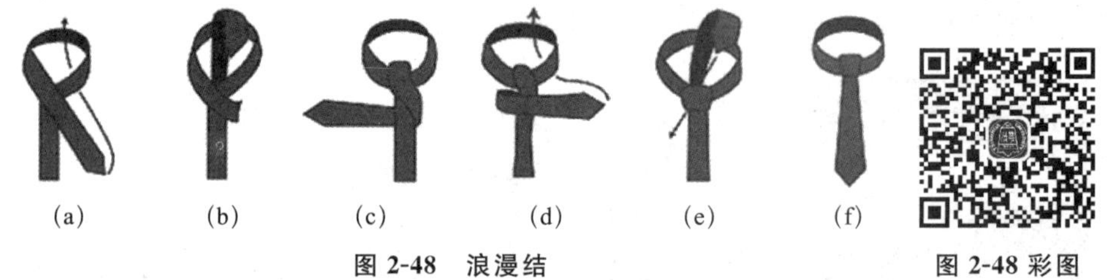

图 2-48　浪漫结　　图 2-48 彩图

4. 半温莎结

半温莎结最适合搭配浪漫的尖领及标准式领口系列衬衣,它是一个形状对称的领带结,比温莎结小,看似有很多步骤,做起来却不难,系好后的领结通常位置很正。打这个领带结的要诀:使用细款领带较容易上手,适合不经常打领带的人。图 2-49 所示为半温莎结。

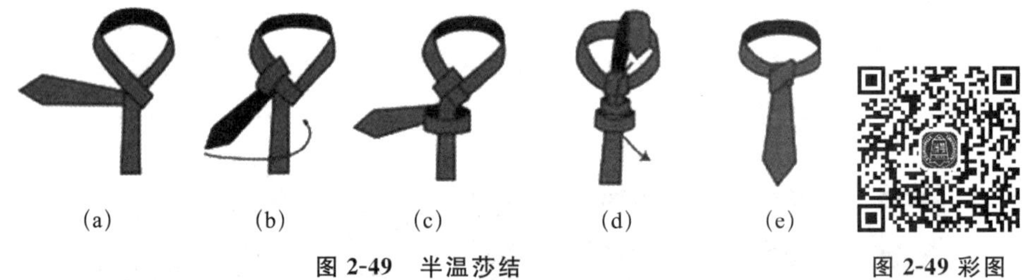

图 2-49　半温莎结　　图 2-49 彩图

5. 温莎结

温莎结因温莎公爵而得名,是最正统的领带打法,打出的结成正三角形,饱满有力,适合搭配宽领衬衫,因该结多往横向发展,应避免材质过厚的领带,结也不要打得过大。打这个领带结的要诀:宽边先预留较长的空间,绕带时的松、紧会影响领带结的大小。图 2-50 所示为温莎结。

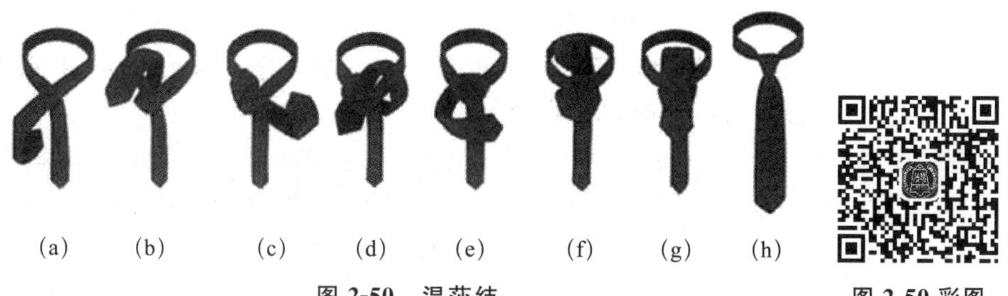

(a)　(b)　(c)　(d)　(e)　(f)　(g)　(h)

图 2-50　温莎结

图 2-50 彩图

6. 西装的手帕与衣袋

有些社交场合下要用到西装手帕。西装手帕能起到画龙点睛、锦上添花的效果。装饰性的手帕一般是白色的，熨烫平整，根据不同场合需要折叠成各种图形，分别抵于西装的上衣袋。其中，隆起式是郊游、嬉戏场合中常见的装饰式样。方法是将手帕的边角掩入袋内，外露部分呈自然隆起状，无造作感，不露棱角。皱褶式大方自然，它是将手帕的底端沉入袋底，棱角毕露，好像触角窥青天，展示出无拘无束姿态。花瓣式，方法是沿手帕边缘做规则折叠，四角尖角参差不齐，半露于衣袋之外，宛若出水芙蓉，格调高雅，这种样式出现于礼仪场合颇为恰当。TV 摺式是英文"电视"一词的缩写，TV 摺的名称来源于西方电视快餐方盒的外形，它是将手帕接连对等折叠，平贴于袋内，边缘露出袋外约 1cm，这种样式多用于宽驳头的西装。此外，三角形、三尖形、双尖形的样式折叠方法较为简单，一般场合比较多见。图 2-51 所示为西装手帕款式。

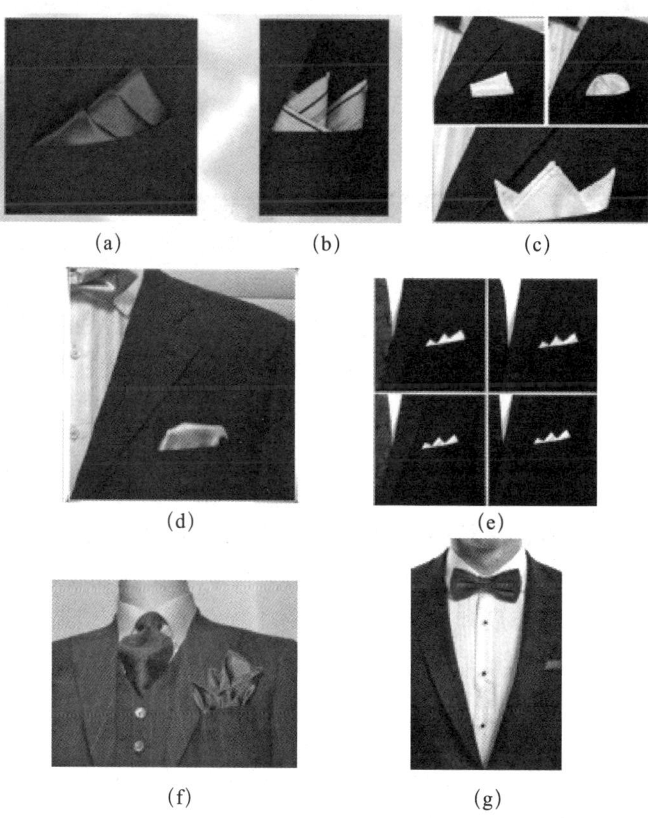

(a)　(b)　(c)

(d)　(e)

(f)　(g)

图 2-51　西装手帕款式

图 2-51 彩图

西装衣袋的整理同样重要。上衣两侧的两个衣袋只用作装饰，不宜装东西，上衣胸部的衣袋是装手帕专用。而票夹、笔记本、笔等物品可置上衣内侧衣袋。西裤的左右插袋和后袋同样不宜放鼓囊之物，以求臀围流畅，裤型美观。

西服着装中核心的三部分分别是西装、衬衫及领带，这三部分之间的搭配和谐、整体协调会使着装者风度翩翩、格外优雅而魅力彰显。按一般规律，深色西装搭配白色衬衫，是最合适的选择。如果是杂色西装，配以色调相同或近似色的衬衫，结果可能也不错。但带条纹的西装配以方格的衬衫，效果可能就不太理想，条条块块给人以散乱的感觉；反之亦然。总之，人们的一般思路是衬衫和衣装在色调要成对比，西装颜色越深，衬衫越要明快。当然不能忘了领带的映衬作用。西装的色调稳重，领带的颜色不妨相对明快。而西装的色调朴实淡雅，领带则必须华丽而又明亮，否则看上去会模糊不清，尤其是当衬衫的颜色不明快时，更应选配鲜艳的领带。不过，这不是绝对的，假如西装与领带的色调一致，只要两者在颜色上有深浅变化，成为互补或对比色，而这种对比又是整套西装中唯一的对比，也是有特殊效果的。这里还要提醒一点的是，西装和领带的花纹（如条纹型）不能重复；两者衣纹不一样，也可以相配，但图案规格不宜太大，否则看起来过于奇巧。

有人说：世上没有不完美的男士，只有不事衣装的男士。每位男士都有完美的一面，他们有的狂放不羁，有的精致优雅，有的外向开朗，有的知性含蓄。西装作为精英男士必备之物，就像是标签完美地展现男士衣品的全部。

课堂小互动

（1）根据本节课知识，讲述男士西装的着装要求。

（2）分组进行打领带和西装手帕折叠练习，并在小组内比赛。

（3）小组互评，相互取长补短，找出打好领带、折叠手帕的关键所在。

任务五　女士西装套裙礼仪规范

一、套裙的内涵

微课：女士西装套裙礼仪

套裙是西装套裙的简称。其上身为一件女式西装，下身是一条半截式的裙子。准确地说，女式西装，其实最早是由男式西装演变而来的。然而一旦将潇洒、刚健的西装上衣与柔美、雅致的代表女性化服装的裙子组合到一起，两者便产生极美的化学反应，刚柔相济、相得益彰，套裙也因此脱颖而出。

在日常生活中，将套裙穿在任何一位商务女士的身上，都无一例外地会使她神采奕奕。它不仅会使着装看起来精明、干练、成熟、洒脱，而且能烘托出知性女性所独具的韵味，使她显得优雅端庄。穿着套裙，立刻就可以让一位职业女性显得与众不同，并且能够恰如其分地展示她认真的工作态度和温婉的女性美。毋庸置疑，在塑造商务女士的职业形象方面，套裙确实功不可没。图 2-52 所示为西装套裙。

二、套裙的选择

随着社会发展，套裙早已在商务场合大为普及，而且在许多著名的服装设计师手里花样翻新，渐渐地具有某种“时装化”倾向。但是从本质上看，它们依旧万变不离其宗。下面就来

图 2-52 西装套裙

图 2-52 彩图

介绍一下商务女士在选择套裙时需要兼顾的五个基本问题。

1. 面料

总的来说,女士所穿的套裙在面料的选择上,远比男士所穿的西装套装多。其主要的要求是套裙所选用的面料最好是纯天然质地的上乘面料;上衣、裙子及背心等应选择同一种面料。在外观上,套裙所选用的面料最讲究的是匀称、平整、滑润、光洁、丰厚、柔软、悬垂、挺括,不仅弹性、手感要好,而且应当不起皱、不起球、不起毛。

2. 色彩

在色彩选择上,套裙的基本要求应当以冷色调为主,借以体现着装的典雅、端庄与稳重。因此,套裙不应选择鲜亮抢眼的色彩。与此同时,还需与当时各种"流行色"保持一定的距离,以示自己的传统与持重,因为职场中强调的是共性,而不是个性。

3. 图案

选择套裙,讲究的是朴素而简洁。因此在考虑其图案时,也必须兼顾这一点。按照常规,商务女士在正式场合穿着的套裙,可以不带任何图案。如果本人喜欢,以各种或宽或窄的格子、或大或小的圆点、或明或暗的条纹为主要图案的套裙,大都可以一试。其中,采用以方格为主体图案的格子呢所制成的套裙,穿在商务女士的身上,可以使人静中有动,充满活力。

在一般情况下,套裙上不宜添加过多的点缀,否则极有可能显得琐碎、杂乱、低俗和小气。有时候,点缀过多还会使穿着者失之稳重。一般而言,以贴布、绣花、花边、金线、彩条、扣链、亮片、皮革等加以点缀或装饰的套裙,穿在商务女士的身上,都不会有多么好的效果,这一类的套裙往往不被人们接受,也并不正式。

4. 长短

从具体的尺寸上来讲,套裙可谓变化无穷。不过从根本上来看,套裙在整体造型上的变化,主要表现在它的长短与肥瘦两个方面。一般来说,在套裙之中,上衣和裙子的长短是没有明确而具体规定的。以前,在欧美主要国家,商务女士的套裙曾被要求上衣不宜过长,下裙不宜过短。比较而言,人们对于裙子的长度似乎关注得更多一些。传统的观点是裙短则不雅,裙长则无神。裙子的下摆恰好抵达着装者小腿肚子最丰满之处为最理想的裙长。然而,在现实生活中,依旧墨守成规者,并不多见。目前套裙之中的裙子,有的是超短式,有的是及膝式,有的是过膝式。商务女士在选择时,主要考虑工作场合、个人身份、个人偏好、身材特点及流行时尚等。不过，裙子过短，尤其是短得过于裸露大腿，肯定是不允许的。

5. 版型

套裙的版型，也就是整体造型，是指套裙的外观和轮廓。从整体上来讲，基本轮廓大致分为H、X、A、Y等版型。H形既可以让着装者显得优雅、含蓄和帅气，也可以遮挡身材的赘肉。X形轮廓清晰，可以令着装者看上去婀娜多姿、楚楚动人。A形在总体造型上显得松紧有致、富于变化和动感。Y形则令着装者看上去亭亭玉立、端庄大方。

套裙在款式方面的变化主要集中在上衣和裙子方面。上衣有领子变化，如一字领、圆领、V领、U领等。裙子则有西装裙、一步裙、围裹裙、筒式裙等。

三、套裙着装规范

商务女士在正式场合要想显得衣着不俗，不仅要注意选择一身符合常规要求的套裙，更要注意的是，套裙的穿着一定要得法。在穿着套裙时，套裙的具体穿着与搭配的方法大有讲究。

1. 大小合适

通常认为，套裙之中的上衣最短可以齐腰，而其中的裙子最长则可以达小腿中部。但是，上衣不可以再短，裙子不可以再长。

2. 穿着到位

上衣的领子要完全翻好，衣袋的盖子要拉出来盖住衣袋；不允许将上衣披在身上，或搭在身上；裙子要穿得端端正正，上下对齐之处务必对正对齐。

3. 适应场合

在各种正式的商务交往之中，无论是男士西装还是女士套裙，都要遵守三个原则：三色原则、三一定律和三大禁忌。三色原则是指全身服装和配饰的颜色在三种之内；三一定律是指鞋子、腰带和包应为同一颜色。三大禁忌是指着装要避免过于暴露、短小、紧身。

4. 协调装饰

商务女士不可以不化妆，也不可以化浓妆。配饰则以少为佳，符合身份。

5. 兼顾举止

穿上套裙后，商务女士站立姿态要又稳又正、不可以双腿分开，站得东倒西歪，或是随时靠墙站立。就座以后，务必注意姿态，切勿双腿分开或是跷起一条腿，脚尖不要抖动不已，更不可以脚尖挑鞋晃动，甚至当众脱鞋。

四、套裙的搭配

1. 衬衫

与套裙搭配的衬衫，从面料上讲，要求轻薄而柔软，真丝、麻纱、府绸、罗布、花瑶、涤棉等，都可以用作衬衫面料。从色彩上讲，要求雅致而端庄，而并不是妩媚，以单色为最佳。同色系容易营造高级感，使衬衫的色彩与套裙的色彩互相搭配，要么外深内浅、要么外浅内深，形成两者之间的深浅对比，富有层次感。图2-53所示为衬衫。

2. 鞋袜

选择鞋袜时应该首先注意面料。鞋子为制式皮鞋，即黑色高跟或半高跟的船形鞋，并以牛皮或羊皮制品为佳。所穿的袜子，正式场合以肉色连裤丝袜为佳，切忌穿半高筒袜把腿恶性分割成三截腿。图 2-54 所示为船形鞋。

图 2-53　衬衫

图 2-54　船形鞋

图 2-53 彩图

五、着装的 TPOR 原则

服装在日常交往中，被称为人的"第二肌肤"，穿着不在于有多名贵，而在于是否得体。每个人都有自己的审美追求，但是美是有一定的价值标准的，职场人士更应该注意服装及服饰相关的基本礼仪。

TPOR 原则是有关服饰礼仪的基本原则之一，即着装要考虑时间(time)、地点(place)、场合(occasion)和角色(role)。职场中着装要规范、得体，就要严守 TPOR 原则。

TPOR 原则是要求人们在选择服装、考虑具体款式时，首先应当兼顾时间、地点、目的及自身的角色，并应力求使自己的着装及具体款式与着装的时间、地点、目的与角色协调一致，和谐般配。

1. T(时间)

从时间上讲，一年有春、夏、秋、冬四季的交替，一天有 24 小时变化，显而易见，在不同的时间里，着装的类别、式样、造型应有所变化。例如，冬天要穿保暖、御寒的冬装，夏天要穿通气、吸汗、凉爽的夏装。白天穿的衣服需要面对他人，应当合身、严谨；晚上穿的衣服不为外人所见，应当宽大、随意等。

2. P(地点)

从地点上讲，置身在室内或室外，驻足于闹市或乡村，停留在国内或国外，身处于单位或家中，在这些变化不同的地点，着装的款式理当有所不同，切不可以不变而应万变。例如，穿泳装出现在海滨、浴场，是人们司空见惯的；但若是穿着它去上班、逛街，则非令人哗然不可。在国内，一位少女只要愿意，随时可以穿小背心、超短裙，但她若是以这身行头出现在着装保守的阿拉伯国家，就显得不尊重当地人了。

3. O(场合)

从场合上讲，在不同场合应有不同着装。例如参加会议或去往旅游度假地，着装就不一样。如果着装不看场合随意进行，不讲求目的性，在现代社会中是不大可能的。服装的款式在表现服装的目的性方面发挥着一定的作用。自尊，还是敬人；颓废，还是消沉；放肆，还是嚣张；稳重，还是张扬……你的穿着打扮必须考虑适宜什么季节、什么特定的时间，比如说工作时间、娱乐时间、社交时间等；必须考虑到要去的目的地、场合，工作场合需要着工作装，商务场合穿商务套装，社交场合穿偏正式服装，休闲场合穿休闲装；还有就是要考虑你的目的性。例如，为了表达自己悲伤的心情，可以着穿深色、灰色的衣服；为了表达快乐，可以穿着明快鲜艳的衣服等。一个人身着款式庄重的服装前去应聘新职、洽谈生意，说明他郑重其事、渴望成功。而在这类场合，若选择款式暴露、性感的服装，则表示自视甚高，会给人以轻浮的感觉。

4. R(角色)

"云想衣裳花想容"，相对于偏于稳重单调的男士着装，女士们的着装则亮丽丰富得多。得体的穿着，不仅可以显得更加美丽，还可以体现出一个现代文明人良好的修养和独到的品位。如果你的角色是学生，则着装需要简单清爽；如果你是职场人士，着装要得体，还要体现干练；如果你是教师，则要选择庄重优雅的服装。角色不同，意味着对服装的选择也不同。

六、TPOR 原则对于职业女性的四讲究

(一) 整洁平整

服装并非一定要高档华贵，但须保持清洁，并熨烫平整，穿起来就能大方得体，显得精神焕发。整洁并不完全是为了自己，更是尊重他人的需要，这是良好仪态的第一要务。

(二) 色彩技巧

不同色彩会给人不同的感受，如深色或冷色调的服装让人产生视觉上的收缩感，显得庄重严肃；而浅色或暖色调的服装会有扩张感，使人显得轻松活泼。因此，可以根据不同需要进行选择和搭配。

(三) 配套齐全

除主体衣服外，鞋袜手套等的搭配也要多加考究。例如，袜子以透明近似肤色或与服装颜色协调为好，带有大花纹的袜子不能登大雅之堂。正式、庄重的场合不宜穿凉鞋或靴子，黑色皮鞋是适用最广的，可以和任何服装相配。

(四) 饰物点缀

巧妙地佩戴饰品能够起到画龙点睛、增添色彩的作用。

1. 胸针

(1) 女士胸针别法。女士可随心所欲地创造一些属于自己的佩戴方式，最传统的扣法是将胸针扣在外套的翻领上。在休闲场合，花卉胸针可戴在任何地方，在外套的口袋，甚至是牛仔裤的口袋上扣上胸针，也会令人耳目一新。当然，在穿正装时，可选择大一些的胸针，材料也要好一些的，色彩要纯正。穿衬衫或薄羊毛衫时，可佩戴款式新颖别致、小巧玲珑的胸针。

(2) 男士胸针别法。男士的胸针佩戴方式一贯比较严格：穿带领的衣服时，胸针要佩戴在左侧；穿不带领的衣服时，则佩戴在右侧；发型偏左时，佩戴在右侧，反之则戴在左侧；而

且，胸针的上下位置应在第一及第二粒纽扣之间的平行位置上。

(3) 胸针的戴法介绍。披肩或围巾缠绕在颈肩时，可以用大胸针随意固定；开襟毛衣或外套，以胸针取代传统扣子也有不错的时尚效果，而且说不定就起了画龙点睛的作用。除扣在胸前的一边外，还可以扣在樽领的一边，既优雅，又浪漫。若想扣在胸前，可试着把数个小型胸针不规则地扣在一起，造出活泼跳跃的动感。冬季的服装，面料常以厚重、挺括为主，胸针可选择金属类、镶宝石类或有重量感的。在净色的布制手袋上扣上胸针，深色的手袋可以配上色彩鲜艳的花形胸针或闪烁的碎石胸针；若是浅色手袋，相同色调的胸针能创造出柔和的感觉，对比的颜色则更为夺目。图 2-55 所示为各种样式的胸针。

2. 腰带

由于腰带具有特殊的作用，所以古人对它十分重视，不论穿着官服、便服，腰间都要束上一带。天长日久，腰带便成了服装中必不可少的一种饰物，尤其在见礼时，更是缺它不可。据欧阳修《归田录》记载，宋太宗夜召陶谷。陶谷到了后，见了宋太宗，却不肯进去。太宗立即意识到这是因为自己没有束带的缘故，于是令左右取来袍带，匆匆束之。陶谷见皇帝束上了腰带，这才进去。在当时看来，皇帝召见侍臣而不束腰带，同样是失礼的行为，所以不能与他行君臣之礼。

关于腰带的系束部位，古时也有明确规定。如《礼记·深衣》记："带，下毋厌髀，上毋厌胁，当无骨者。"孔颖达注释说："当无骨者，带若当骨则缓急难中，故当无骨之处。此深衣带于朝祭服之带也。朝祭之带，则近上。"故《玉藻》云："三分带下，绅居二焉。是自带以下四尺五寸也。"可见腰带的系束部位，完全是根据各种服装的不同形制而决定的。从战国至西汉时期的俑像上可以看出，凡穿绕襟深衣的妇女，腰带多系在衣襟的尖端，以防衣服散开。这种衣带的高度，就是视衣襟的高度而定的。

到了现代，腰带的作用已经延展到实用性之外的时尚搭配，甚至点缀的意义也日益凸显。图 2-56 所示为几种不同的皮质腰带系法。

图 2-55 各种样式的胸针

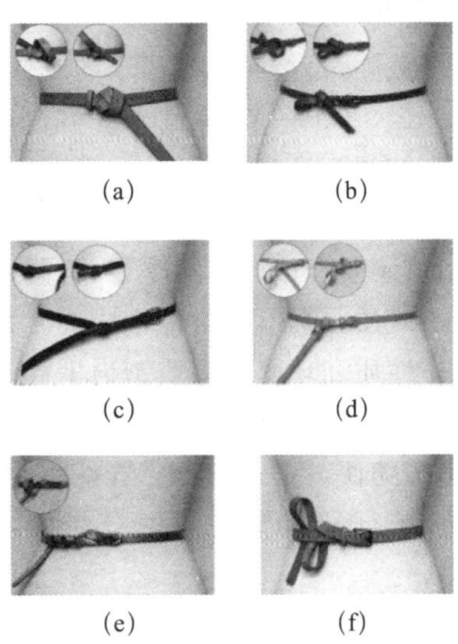

图 2-56 几种不同的皮质腰带系法

图 2-55 彩图

图 2-56 彩图

七、职业套裙穿着常规

迄今为止，没有任何一种女装在塑造职业女性形象方面，能像套裙一样“一览众山小”。对于职场女性来说，适宜穿好套裙，形象立刻就会光鲜百倍。气质和风度显现出来，事业也就拥有了更多成功的契机。但下述四大禁忌，不可不察。

1. 穿着黑色皮裙

在商务场合不能穿着黑色皮裙，否则会让人啼笑皆非。因为在外国，只有街头女郎才会如此装扮。所以，当你与外国人打交道时，尤其是出访欧美国家时，穿着黑色皮裙洽谈业务是不合时宜的装扮。

2. 裙、鞋、袜不搭配

鞋子应为高跟或半高跟皮鞋，最好是牛皮鞋，大小应相宜。颜色以黑色最为正统。此外，也可选择与套裙色彩一致的皮鞋。袜子一般为尼龙丝袜、羊毛高筒袜或连裤袜。颜色宜为单色，有肉色、黑色、浅灰、浅棕等几种常规选择。切勿将健美裤、九分裤等裤装当成长袜来穿。袜口要没入裙内，不可暴露于外。袜子应当完好无损。如果穿一身高档的套裙，而袜子上却有洞，就显得极不协调，不够庄重。

3. 光脚

光脚不仅显得不够正式，而且会使自己的某些瑕疵见笑于人。与此同时，在国际交往中，穿着裙装，尤其是穿着套裙时不穿袜子，光脚也是不允许的。

4. 三截腿

所谓三截腿，是指穿半截裙子的时候，穿半截袜子，袜子和裙子中间露一段腿肚子，结果导致裙子一截、袜子一节、腿肚子一截。这种穿法容易使腿显得又粗又短，术语叫作“恶性分割”，往往会被视为没有教养、没有美感的一种特征。

那么，服饰应该注意什么呢？

首先，着装要合体。不同季节、不同地点、不同职业的人着装各不相同。服饰应该符合年龄、身份、气质并和形体条件相协调。其次，着装要协调。符合所求职岗位的需要，要与所求职的工作性质和环境相一致。男生穿西装配领带价格不必太贵，但一定要烫平整。再次，要有职业特点，应该选择庄重、素雅、大方的服装，以显示出稳重、文雅、严谨的职业形象。最后，着装不可随便。正式场合穿着不能过于随便，男性一般不能穿运动服、牛仔服、夹克衫之类的休闲服装，质地也要好一些。

课堂小互动

(1) 根据本节课知识，选择适合自己身材的西装版型。

(2) 选择适合自己肤色的西装色彩。

(3) 小组互评,教师点评。

项目实训

一、着装礼仪实训

1. 实训准备

着装礼仪实训需要的场地和物料:形体训练室或大屏幕教室、落地穿衣镜、西装、套装、职业装、摄像机或手机等。

2. 实训安排

实训安排如表 2-3 所示。

表 2-3 着装礼仪实训安排

实训学时	2 学时
实训目的	掌握职业装的着装规范;具有根据体型和肤色等特点搭配职业装的能力;培养对服饰的审美以及对职业的尊重和热爱之情
实训要求	要求学生能根据不同场合快速搭配服装,要符合体型、场合、身份
实训方法	4~6 人一组,学生分组考核;考试过程用摄像机全程拍摄;回放拍摄过程,学生根据视频做自我点评和小组间的点评;教师针对全体学生的共性问题和典型问题进行针对性点评

3. 实训评价

实训评价如表 2-4 所示。

表 2-4 着装礼仪实训评价

班级: 姓名: 学号: 得分:

实训项目	操 作 标 准	基本要求	分值(100 分)
套装整体着装要求	① 选择优质的面料 ② 设计适当的款式 ③ 进行精心的缝制	制作精良	5
	① 保证正装无褶皱 ② 保证正装无残破 ③ 保证正装无脏物 ④ 保证正装无污染 ⑤ 保证正装无异味	外观整洁	5
	正装穿着雅观,避免出现六个方面的禁忌:过于鲜艳、过于杂乱、过于暴露、过于透视、过于短小、过于紧身	文明着装	5
	严格执行各单位着装规范和要求	穿着得当	5

续表

<table>
<tr><th>实训项目</th><th>操 作 标 准</th><th>基本要求</th><th>分值(100 分)</th></tr>
<tr><td rowspan="5">西装的穿着要领</td><td>① 上衣过臀部
② 手臂自然下垂时,袖子的长度应靠近虎口</td><td>西装的外套必须合体</td><td>5</td></tr>
<tr><td>① 西裤的腰围应是裤子穿好,拉上拉链、扣好裤扣后,裤腰处能正好伸进一只五指并拢的手掌
② 西裤穿好后,裤腿的下沿正好接触到地面,并确保裤线的笔直</td><td>西裤要合体</td><td>5</td></tr>
<tr><td>① 衬衫是正规的,是白色无花纹衬衫
② 衬衫领子应是扣上衬衫领子以后,还能自由插进自己的一个食指为标准
③ 袖子的长度与领子的高度都应比西装上衣的袖子稍长,领子稍高</td><td>衬衫要合适</td><td>10</td></tr>
<tr><td>① 领带应为素色无花纹或斜条纹为佳
② 领带系好之后的长度以触及皮带扣为宜
③ 西装里若穿羊毛背心,则应将领带放进背心里面
④ 职场穿着西装时最好夹上领带夹</td><td>领带要与西装相协调</td><td>10</td></tr>
<tr><td>① 皮鞋的颜色一般应与西装的颜色相近,配深色的西装,以黑色皮鞋为佳
② 袜子的颜色应与皮鞋的颜色相近,或是西装颜色与皮鞋颜色的过渡色为宜
③ 正式场合不穿白袜子或彩色袜子
④ 男士不穿丝袜</td><td>鞋与袜要与西装相协调</td><td>10</td></tr>
<tr><td>西装的穿着建议</td><td>在职场中,职场人士切忌触犯禁忌
① 西装要干净平整,裤子要烫出裤线
② 衬衫领口要硬扎挺括,要保证七八成新,不能软塌
③ 衬衫要十分清洁,内衣要单薄,衬衫里面一般不要穿棉毛衣,如果穿了,不宜把领圈和袖口露在外面
④ 衬衫的下摆要均匀地塞进裤内
⑤ 穿西装可以不系扣,但在正式场合下必须系扣
⑥ 为保证西装不变形,上衣袋只作为装饰,必要时可装折好花式的手帕,裤兜也只用作装饰,保证裤型美观
⑦ 无论衣袖还是裤边,都不可以卷起
⑧ 皮鞋一定要上油擦亮</td><td>西装的穿着要符合规范和要求</td><td>15</td></tr>
</table>

实训项目	操作标准	基本要求	分值(100分)
女士套裙的穿着	① 上衣的领子要完全翻好,衣袋的盖子要取出来盖住衣袋 ② 裙子要穿着端正,上下对齐,上衣的衣扣必须全部扣上,不允许将其部分或全部解开,更不允许当着别人的面随便将上衣脱下	上衣与裙子要选择恰当	5
	① 衬衫的下摆必须掖入裙腰之内,不得任意悬垂于外,或是在腰间打结 ② 衬衫的纽扣要一一扣好,除最上端的一粒纽扣,按惯例允许不扣以外,其他纽扣均不得随意解开 ③ 衬衫在公共场合下不宜直接外穿	衬衫的穿着要符合规范	10
	① 鞋袜应当完好无损。鞋子如果开线、裂缝、掉漆、破损,袜子如果有洞、挑丝,均应立即换掉,不要打了补丁再穿 ② 鞋袜不可当众脱下 ③ 袜子不可随意乱穿,不允许同时穿两双袜子,也不允许将健美裤、九分裤等当成袜子来穿 ④ 袜口不可暴露于外,在任何时候,无论是站着、坐着或蹲着,都应保持袜口始终在裙子下摆里面,不要出现三截腿	鞋袜要穿好	10

二、饰品佩戴礼仪实训

1. 实训准备

饰品佩戴礼仪实训需要的场地和物料:形体训练室、落地穿衣镜、腰带、胸针、丝巾、分组名单、考核表等。

2. 实训安排

实训安排如表 2-5 所示。

表 2-5 饰品佩戴礼仪实训安排

实训学时	2 学时
实训目的	了解职场饰品的种类;具有根据职业装和场合搭配饰品的能力;培养对服饰的审美以及对工作之美、生活之美的追求
实训要求	要求学生能根据不同场合快速选择饰品种类;掌握饰品佩戴方法
实训方法	4~6 人一组,学生分组考核;考试过程用摄像机全程拍摄学生搭配过程;回放拍摄过程,学生根据视频做自我点评和小组间的点评;教师针对全体学生的共性问题和典型问题进行针对性点评

3. 实训评价

实训评价如表2-6所示。

表2-6 饰品佩戴礼仪实训评价

班级： 姓名： 学号： 得分：

实训项目	操作标准	基本要求	分值(100分)
饰品佩戴礼仪	在工作中，职场人员只适合佩戴简单的金银饰品，而不可以佩戴珠宝饰品或仿真的珠宝饰品	符合身份	20
	① 在工作岗位上可以不佩戴任何饰品 ② 若选择佩戴饰物，则不超过两件	以少为佳	20
	① 戒指：在工作岗位上，允许佩戴一枚纯金或纯银戒指 ② 项链：在工作岗位上，允许佩戴纯金或纯银的项链，但项链链子不可过长，项链坠不可过大 ③ 耳钉、耳环：在工作岗位上不允许佩戴耳环，但女性工作人员可以佩戴耳钉 ④ 手链、手镯：在工作岗位上，工作人员不宜佩戴手链和手镯 ⑤ 胸针：女性在工作岗位上可以佩戴胸针，但不可以和工作号牌等同时佩戴 ⑥ 发饰：女性在工作岗位上可以佩戴实用性较强的发饰，但头花、发箍、头卡都不宜在上班时使用 ⑦ 脚链：不允许佩戴脚链	区分品种	40
	① 穿制服时的要求，不宜佩戴任何饰物 ② 穿正装时的要求，不宜佩戴工艺性的饰物，特别是不宜佩戴那些被视为另类的工艺品 ③ 协调性要求，质地大致相同、色彩保持一致、款式相互协调	协调得体	20

三、服饰礼仪综合实训

1. 实训准备

服饰礼仪综合实训需要的场地和物料：形体训练室、T台、音响、落地穿衣镜、摄像机、西装、套裙、腰带、胸针、丝巾、分组名单、其他道具、考核表等。

2. 实训安排

实训采用班级服装风采展示(各小组自定主题、音乐、主持人)的方式进行。

3. 实训评价

服饰礼仪综合实训评分表见表2-7。

表 2-7 服饰礼仪综合实训评分

组　别	主题健康向上、有内涵（10分）	形体挺拔健康，动作协调有美感（20分）	服饰选择符合展示主题（20分）	音乐选择与主题匹配（20分）	小组配合度高（20分）	对主题理解良好，问题回答礼貌周全（10分）	总分（100分）
第一组							
第二组							
第三组							
第四组							
第五组							
第 n 组							

项目三　仪态礼仪——你的仪态会说话

贝多芬说过，从仪态了解人的内心世界，把握人的本来面目，往往具有相当的准确性和可靠性。在社交中使用优良的仪态礼仪能够更好地表达自己的情感，这样的效果会比语言更让人感到真实生动。

什么是仪态呢？仪态主要是指人的身体所呈现出来的姿态、动作与表情。简单来说，就是平时与人相处时的一举手、一投足、一弯腰，乃至一颦一笑，这些共同组成了仪态体系。

仪态礼仪是人们在人际交往过程中行为举止所应遵循的原则与规范。那么什么样的行为才会让人感觉到是美的呢？有什么样的标准？文明、大方、端庄、自然、优雅、得体，体现尊重，男女有别，这样的一些标准就是仪态美的体现。据调查研究显示，信息传递的效果，7%来源于文字，38%来源于言语，而55%则来自表情动作。这种无声的仪态语言可以更好地帮助我们进行人与人之间的沟通。一个人的仪态往往可以反映出他的道德品质、思想情操、性格气质、学识修养和处事态度等，用良好的仪态表情达意，有时会比语言的表达更能取得意想不到的效果。

仪态也叫仪姿、姿态，泛指人们身体所呈现出的各种姿态，它包括举止动作、神态表情和相对静止的体态。人们的面部表情、体态变化，站、坐、行、蹲、举手投足都可以表达思想感情。仪态是表现个人涵养的一面镜子，也是构成一个人外在美好的主要因素。不同的仪态显示人们不同的精神状态和文化教养，传递不同的信息，因此仪态又称体态语。

微课：仪态礼仪的内涵

任务一　站姿礼仪

一、站姿概述

微课：站姿礼仪

站姿是指人的双腿在直立静止状态下所呈现出的姿态，它是一切姿态的基础。“长者立，幼勿坐，长者坐，命乃坐。”

站姿首先是一个人教养的体现。其次，正确的站姿还能够展现良好的个人形象，增强自信心，给人以挺拔俊秀、舒展、俊美、庄重、大方、精力充沛、积极向上、充满自信的感觉,也就是站有站相。当然男士和女士的站姿应形成不同的风格。一般男士站姿应刚毅俊朗,挺拔向上,给人以俊挺的壮美感。女士站姿则应体现亭亭玉立,高雅大方,给人以静雅的柔美感。站姿的总体要求是站如松,也就是在站立时,身体的姿势要像青松一样端正挺拔,要有直立感。优雅的站姿离不开优美的形体。所以在日常生活中,要注重形体的塑造。

形体美有几个特征:健壮有力,体型均匀,线条分明,精神饱满,乐观积极。时常会听到长辈叮咛"站有站相",好的站姿,可以让身体各个关节的受力比较平均,避免让某些特定的关节承受大部分的重量。当你抬头挺胸时,胸会变得开阔,呼吸也会顺畅,身体得到足够的氧气,注意力比较容易集中。所以好的体态,不是只为了美观,对于健康也是非常重要的。

二、基本站姿

基本站姿的要领(七要素)如下。

(1) 头部要求。面部朝正前方,下颌微内收,嘴微闭,目光平视,颈部挺直,面部肌肉放松,微笑,双眼要真诚看向对方的"三角区"部位。

(2) 两肩要求。两肩平正,微微放松,稍向后下沉,不要耸肩。

(3) 两臂要求。两臂自然下垂,双手中指放于裤线处,手指自然弯曲。

(4) 腹部要求。做深呼吸,使腹部肌肉紧张起来,再轻轻将气体呼出,但是腹部肌肉要保持收紧,不要松懈。

(5) 腰部要求。将腰部脊椎直立,要有参加体检量身高时那种向上拔起的感觉。

(6) 臀部要求。臀部向内、向上收紧,能延缓臀部松弛、下垂。

(7) 下肢要求。两腿立直,双膝相靠,脚后跟并拢,脚尖打开呈 V 字形。

三、常用站姿

1. 标准站姿,也称垂手式站姿(男女都可采用)

标准站姿的动作要领与刚刚讲到的站姿的基本要领相似,从正面看全身笔直,精神饱满,两眼正视前方,下巴微收,两肩平齐,双臂自然下垂紧贴裤缝。两脚跟并拢,脚尖也要并拢,整个身体的重心要落于两腿正中。需要大家注意的是,在站立的时候,女士不宜双脚分开,而男士则可以双脚分开与肩同宽。

2. V 字步站姿(男女都可采用)

V 字步站姿要求两眼正视前方,两肩平齐,两臂自然下垂(女士可以双手交叉相握放在小腹处),两脚跟并拢,两脚尖微微张开,女士约为 30°,男士约为 45°,一般以能放一拳为宜,身体的重心落于两腿正中,也可以双手相握放于身后尾骨处。图 2-57 所示为 V 字步站姿。

3. 丁字步握手式站姿(女士采用)

丁字步站姿仅限于女性使用。在基本站姿的基础上,一只脚的脚跟靠在另一只脚内侧足弓的位置,使两脚间展开成 60°~90°。双手相握放于小腹处。身体重心可放在两脚中间,也可以放在一只脚上,通过两脚重心的转移缓解疲劳。女士采用丁字步站姿会让人显得更加亲和、稳重和优雅。站立时一定要正面面对交往对象,千万不能将背部对着对方。如果在工作中长时间站立,则可以在不同的站姿之间适当轮换。图 2-58 所示为丁字步站姿。

图 2-57 V 字步站姿

图 2-58 丁字步站姿

图 2-57 彩图

图 2-58 彩图

四、站姿适用场合

站姿是使用最广泛、最普遍的一种仪态礼仪,那么在什么场合中需要用到这些站姿呢?比方说,在一些非常庄严肃穆的场合,如升国旗、颁奖、接受接见时。又如在发表演讲、做报告时,或是在主持文艺活动、联欢会时,也可以是在工作过程中。可见正确的、优美的站姿是良好的个人形象的展现,同时也是尊重他人的一种体现。下面介绍几个重要场合的站姿要求。

(一)演讲时的站姿

1. 前进式

前进式姿势是演讲者用得最多、使用最灵活的一种站姿。右脚在前,左脚在后,两脚脚尖指向正前方或稍向外侧斜,两脚延长线的夹角成45°左右,脚跟距离15cm左右。这种姿势重心没有固定,可以随着上身前倾与后移的变化而分别定在前脚跟与后脚上,不会因时间长而身体无变化不美观。另外,前进式能使手势动作灵活多变,由于上身可前可后、可左可右,还可转动,这样能保证手做出不同的姿势,表达不同的情感。

2. 稍息式

稍息式是指一只脚自然站立,另一只脚向前迈出半步,两脚跟之间相距约12cm,两脚之间形成75°夹角。运用这种姿势,形象比较单一,重心总是落在后脚上。一般适应于长时间站着演讲中短期更换姿势,使身体在短时间里松弛,得到休息,一般不会长时间单独使用,因为它给人一种不严肃之感。

3. 自然式

自然式是指两脚自然分开,平行相距与肩同宽,约20cm为宜。

在演讲中,如果在讲台后面,双手自然放在讲台两侧。如果没有讲台,双手自然垂在身体两侧,也可以用手来操作媒体,握住提示卡、笔或是做手势等。无论在什么情况下,都不该把双手置于裤子口袋内,或是不自然地手臂交叉。

(二)教师的站姿

教师在站立之时,应当显得庄重而挺拔,即身体站直,挺胸收腹,双腿并拢,双脚微分,双肩平直，双目平视，头部保持端正。教师在讲台上的站姿优美与否，其感召力是不一样的，教师的站姿应给人以挺拔笔直、舒展大方、精力充沛、积极向上的印象。站姿在一定程度上反映了一个教师的精神面貌和对课堂的投入程度。因而教师的站姿在稳重之中还要显出活力，不要过于拘谨和呆板。教师站在讲台上要精神振作、潇洒大方，要随时根据授课内容和课堂情景的变化调整站姿，适当走动，要善于运用恰到好处的动作和站姿来配合自己的语言表达。

1. 教师正确的站姿

站姿是教师在课堂中最重要的举止之一。在课堂上，教师不同的站立姿势，对学生的心理有不同的影响。教师站姿的基本要求是端正、稳重、亲切、自然。

2. 男教师的基本站姿

站立时，对男教师的要求是稳健，一般应双脚平行，并要注意其分开的幅度。这种幅度一般以不超过肩部为宜，最好间距为一脚之宽。站立时全身正直，双肩展开，头部抬起，双臂自然下垂伸直，双手贴放于大腿两侧，双脚不能动来动去。如果站立时间过久，可以将左脚或右脚交替后撤一步，使身体的重心分别落在另一只脚上。但是上身仍需直挺，伸出的脚不可伸得太远，双腿不可叉开过大，变换不可过于频繁。

3. 女教师的基本站姿

对女教师的站姿要求是优美。当女教师在站立时，应当挺胸，收颌，目视前方，双手自然下垂，叠放或相握于腹前，双腿基本并拢，不宜叉开。站立之时，女教师可以将重心置于某一脚上，双腿一直一斜。还有一种方法，即双脚脚跟并拢，脚尖分开，张开的脚尖大致相距10cm，其张角约为30°，呈现V形。女教师还要牢记，千万不能正面面对他人双腿叉开而立。

4. 学生回答问题时教师的站姿

学生回答问题时，教师身体微微前倾，这种姿势表明对学生说的话感兴趣，也表明教师的注意力都集中在学生身上，没有走神，增加了亲切感。

学生回答问题时，教师错误的站姿有两种：第一种是自己板书，背对学生，给学生一种不礼貌的感觉，学生也不能从教师的表情中判断自己的回答是否正确，是否需要继续回答。第二种是双手放在裤袋里或两手背在身后，一副师道尊严、居高临下的姿态，没有一点儿亲切感。

五、站姿注意事项

站立时，竖看要有直立感，即以鼻子为中线，人体应大体成直线；横看要有开阔感，即肢体及身段应给人舒展的感觉；侧看要有垂直感，即从耳至脚踝骨应大体成直线。男女的站姿也应形成不同的风格。男子的站姿应刚毅洒脱，挺拔向上；女子应站得庄重大方，秀雅优美。

站立时切忌东倒西歪，耸肩驼背，左摇右晃，两脚间距过大。站立交谈时，身体不要倚门、靠墙、靠柱，双手可随说话的内容做一些手势，但不能太多、太大，以免显得粗鲁。在正式场合站立时，不要将手插入裤袋或交叉抱在胸前，更不能下意识地做小动作，如摆弄衣角、咬手指甲等，这样做不仅显得拘谨，而且给人以一种缺乏自信、缺乏经验的感觉。良好的站姿应该有挺、直、高的感觉，真正像松树一样舒展、挺拔、俊秀。

站立时的手位禁忌如下。

(1) 双手抱头。

(2) 抓耳挠腮，挖鼻。

(3) 在接待客人、与人交谈时，双手交叉抱于胸前；特别是对方身材较矮时，尤其不能使用这种手位。这种手位容易使人产生距离感。

(4) 在接待客人、与人交谈时，双手叉腰，容易形成一种盛气凌人之感。

课堂小互动

分组进行站姿练习，6人一组，每组选择一个场景，分配角色，交叉练习。

任务二 坐姿礼仪

微课：坐姿礼仪

现代社会中，由于工作和学习的需要，大多数人一天需要坐着的时间很多，例如吃饭、坐车、工作学习。久坐不动，特别是不良姿势的久坐，会引发许多健康问题。另外，坐姿如果不正确，还会使人看起来没精神，给人一种无精打采的感觉，从而会给别人留下不好的印象。

一、不良坐姿

在社交礼仪要求中，"站有站相，坐有坐相"是对一个人行为举止最基本的要求。但是在很多时候，人们却没有注意自己的坐姿，一坐下来就全身放松，很随心所欲地坐。殊不知，这些不经意的行为却传递给对方一些不好的信息，影响了人际关系。

例如，坐在椅子上时，很多人马上把脚交叠在一起或扶住椅子的扶手，这是不喜欢输给对方且有对抗之意；女士坐在车里或客厅、办公室等地方，脚交叠在一起的动作会被认为骄傲，有损形象；在交谈之间，先将脚叠起来的人，是表示自己的优势；一坐下来就立刻跷起二郎腿的人，大多是看不起对方以及不服输的对抗心理。所以在日常生活中就要注意细节，正所谓细节决定成败，要把最优秀的一面展现在大家面前。

二、坐姿基本要求

良好的坐姿能体现一个人的素质，帮助养成良好的行为习惯，有助于事业的发展。

那么，在公共场合中，怎样坐才是正确的呢？通常来说，坐姿应端正稳重，也就是坐如钟，给人文雅、稳重、自然大方、安详舒适的美感。入座时应讲究先后顺序，礼让尊长。在正式场合中，入座一般遵循以右为尊的国际礼仪原则。也就是说，入座时，应该从左侧一方走向自己的座位，从左侧一方离开自己的座位。如果有女士入座，身边的男士应该主动为女士拉椅让座。在入座时一定要做到轻、稳和文雅。轻、稳的要求是在走到距离座位半步左右的地方站住，慢慢转身，背对座位，右脚向后退半步，等腿部接触到座位边缘后，再轻稳地坐下，上身要尽量保持挺直。文雅则要求在入座时和调整坐姿时，应该不慌不忙，轻稳无声。女士在穿裙装入座时应将裙子向前拢一下再坐下，做到文静贤雅。入座后应该面带微笑，双目平视，嘴唇微闭，下巴微收。就座时可以根据个人的实际情况，采用不同的坐姿。

三、常用坐姿

1. 标准式坐姿(男女均可用)

上身应保持与基本站姿相同的姿态，做到头正、目平、劲直、颌收、肩平、挺胸、收腹、立腰、面带微笑。两臂自然弯曲内收，手指自然弯曲放在腿上。女士也可以双手叠放或相握放在腿上。女士在入座时应双膝并拢，男士则可双腿分开与肩同宽，小腿与地面垂直。男士和女士在入座后应坐在椅子或沙发的2/3处为最佳，不可坐满整个椅子。这样会让我们看上去更加精神，同时也是一种礼貌。图2-59所示为标准坐姿。

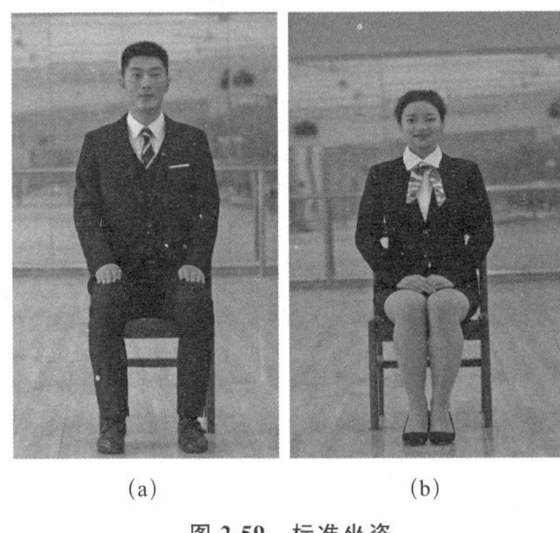

(a) (b)

图2-59 标准坐姿

图2-59彩图

2. 双腿斜放式坐姿（女士采用）

双腿斜放式坐姿也称侧点式坐姿，这种坐姿比较适合个子较高的女士，或是穿裙子的女士在低处就座时采用。双腿并拢后，双脚同时向左侧或右侧斜放，与地面形成45°左右的夹角。注意在采用双腿斜放式坐姿时，双腿仍然是不能分开的，小腿之间也不要有缝隙。图2-60所示为双腿斜放式坐姿。

3. 双腿叠放式坐姿（女士采用）

双腿叠放式坐姿又称侧挂式坐姿，适合穿短裙的女士在就座时采用。在基本坐姿的基础上，将双腿上下叠放，两腿之间不能有缝隙，双脚的位置可以根据座椅的高低来确定，可以垂直于地面，也可以与地面形成45°左右夹角斜放。特别提醒大家的是，放在上面的脚尖应压向地面，不能跷起，更不能指向他人。双腿叠放式坐姿会让女性显得更加优雅、高贵大方。图2-61所示为双腿叠放式坐姿。

图2-60 双腿斜放式坐姿

图2-61 双腿叠放式坐姿

图2-60彩图

图2-61彩图

离开座椅时，如果身边有人在座，应先向对方示意，随后再站起身来。和其他人同时离开座位时，要注意先后顺序，一般来说地位高于对方时可先离座，地位低于对方时应后离座。起立时，动作要轻缓，不要弄响座椅，或将椅垫、椅罩等弄掉在地上。

女士坐姿除以上介绍的几种外，还有掖步、前后步、锁步、后点步等。

男士坐姿除标准坐姿外，还有前后步、八字步和锁步等。

四、坐姿禁忌

就座时不应出现以下坐姿：①双手交叉放在胸前；②两腿没有并拢或跷二郎腿；③弯腰驼背，或前趴后仰；④身体前后晃动，抖腿；⑤面部表情严肃。这些错误的坐姿都会给人一种目中无人、缺乏修养的印象。另外，如果是坐着交谈，要将身子略微转向对方，正视谈话对象。

良好的坐姿不仅有利于健康，而且能塑造沉着、稳重、文雅、端庄的个人形象。所以，要自觉养成标准、正确的坐姿，让其成为一种习惯。

课堂小互动

求职面试现场或公司办公室，怎样坐才得体呢？

分组进行，每组选择一个场景，分配角色，交叉练习。

任务三 走姿礼仪

一、走姿概述

微课：走姿礼仪

走姿就是人在行走时的姿态，也叫步态。走姿以人的站姿为基础，是站姿的延续动作，体现人的动态美。无论是在日常生活中还是社交场合、职业场合，走姿往往是最引人注意的身体语言，也最能表现一个人的风度和活力，能够体现一个人积极向上、朝气蓬勃的精神状态。古人说行如风，是指在行走时行动敏捷轻盈，如行云流水般自然得体。在行走时，应做到轻巧、稳健、从容、大方、协调、优美。一般男性步伐应该雄健有力，潇洒豪迈，步伐稍大，展现阳刚之美。女性的步伐应轻盈含蓄，步伐略小，显示阴柔之姿。

二、走姿基本要领

正确的走姿主要有三个要点：从容、平稳、直线。

(1) 上身保持基本站姿，抬头挺胸。

(2) 起步时身体稍向前倾 3°～5°，身体重心落在前脚掌，膝盖挺直。

(3) 两臂以身体为中心，前后自然摆动，前摆约 30°，后摆约 15°，手掌心向内，手指关节自然弯曲。

(4) 步幅适度，男士的步幅一般应在 40cm 左右，女士的步幅一般不超过 30cm，通常来说就是一至一脚半的距离，也就是本人脚长的 1～1.5 倍。

(5) 步速均匀，节奏流畅。男士走路的速度在每分钟 108～118 步，女士每分钟一般保持在 118～128 步，一般来说，每两秒走三步是较为合适的速度。走路时步速均匀。

(6) 步位。步位就是走出去后脚落在地上的位置。行进中应目光平视前方，下颌微收，头、颈、背部呈一条直线，女士两脚内侧呈一条直线，男士脚尖可略向外。也就是通常所说的女走一条线，男走两条线。这里所说的直线并不是模特走的“猫步”，而是左脚内侧的边缘和右脚内侧的边缘在一条直线上。别人从正面看，两脚之间基本上没有缝隙，两脚的脚尖指向正前方。

三、走姿礼仪要求

行走时还要注意以下礼仪。

如果是两个人一起走，规则是以右为尊、以前为尊。比如说，在商务场合中和客户、领导一同行走时，就应该让他们走在右侧或前方，以示尊重。

如果是三个人同行，都是男性或女性，就以中间为尊，右边次之，再是左边。如果是在室外行走，那么尊者应该走在马路的里侧。在路上行走时，尽量不要三人并排行走，这样会妨碍其他行人和车辆通行，而且也不安全。

乘坐扶梯或走楼梯时，应该尽量靠右侧，将左侧留给急行的人。如果大家留心，会发现很多大型超市的扶梯都用明显的颜色做出了标识，示意行人乘坐扶梯时靠右侧站立，左侧留给急行的人，这也是礼仪规范中的“左行右立”的原则。

四、走姿禁忌

走姿文雅、端庄，不仅给人以沉着、稳重、冷静的感觉，也是展示自己气质与修养的重要形式。因此还需要避免以下几种不正确的走姿。

（1）走路时方向不定，忽左忽右，这样会影响别人行走。

（2）走路时摇头晃肩扭臀，会给人一种轻佻浮夸的感觉，显得非常不端庄。

（3）走路时两脚呈外八字或内八字，步子过小或过大，都给人不雅的感觉。

（4）将双手背于身后或将双手插入裤带的走姿，会给人傲慢、呆板的感觉。

（5）如果与其他人同行，注意不要勾肩搭背，奔跑蹦跳，或大声喊叫，这会显得不稳重、不礼貌。

（6）走路时弯腰驼背，不仅动作不美，还会有损健康。

课堂小互动

在求职面试现场或某公司办公室，怎样走才得体呢？

分组进行，每组选择一个场景，分配角色，交叉练习。

任务四　蹲姿礼仪

微课：蹲姿礼仪

在日常生活中或是工作中，凡是处理与地面有关的工作、都要用到蹲姿，例如插拔插头、拾捡地面物品、系鞋带等。

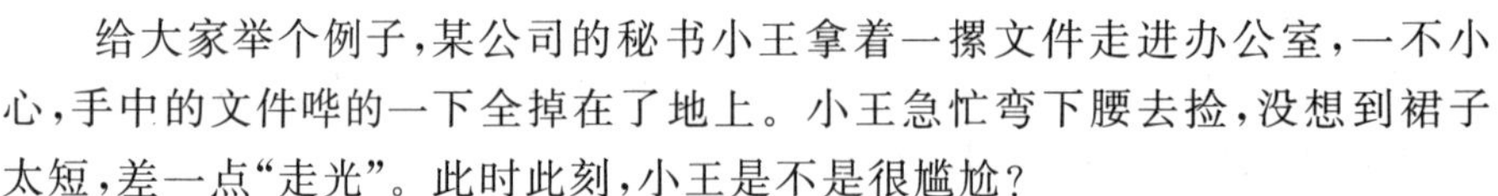

给大家举个例子，某公司的秘书小王拿着一摞文件走进办公室，一不小心，手中的文件哗的一下全掉在了地上。小王急忙弯下腰去捡，没想到裙子太短，差一点“走光”。此时此刻，小王是不是很尴尬？

在日常生活中，人们对掉在地上的东西，一般是习惯弯腰或蹲下将其捡起，而身为办公室白领，对掉在地上的东西，如果也像普通人一样采用一般随意弯腰蹲下捡起的姿势是不合适的。

又如，女士直接往下探身拾东西，如果是长发，容易散开遮住脸不说，撅着臀部也不雅观，还容易走光，在正式场合太过“醒目”。还有，女士如果穿着领口较低或较宽松的上衣，下蹲时如果不用手护住胸口，可能会走光。

因此，平时在生活中就要养成正确的蹲姿习惯，并且让这些习惯成为生活中的常态，从而表达你内心的正确情感，让效果和动机成为完美的统一。

一、蹲姿基本要点

自然、迅速、大方、得体。两腿合力支撑身体，避免滑倒。头、胸、膝关节在一个角度上，这样的蹲姿才更加端庄。图 2-62 所示为男士高低式蹲姿。

图 2-62　男士高低式蹲姿

图 2-62 彩图

二、公共场合中常用的几种蹲姿

1. 交叉式蹲姿(以右脚在前为例)

在实际生活中常常会用到蹲姿，如集体合影前排需要蹲下时，女士则可采用交叉式蹲姿。要点是在基本站姿基础上做到以下几点：①上身挺立，右脚放在左脚的左前侧，顺势下蹲，使左腿从右腿后面向右侧伸出，两腿呈交叉状；②下蹲后右小腿垂直于地面，右脚全脚着地，左脚脚跟抬起，脚掌着地；③两腿前后靠紧，合力支撑身体；④臀部下沉，上身稍前倾；⑤右手放在左手上，放于右腿的大腿上。

2. 高低式蹲姿(以右脚在前为例)

(1) 下蹲时，上身保持挺立，右脚在前，全脚着地。

(2) 左脚稍向后，脚掌着地，后跟提起。

(3) 左膝低于右膝。

(4) 臀部下沉，身体重心由右腿支撑。

(5) 女士双手交叠放于高位腿的大腿上，男士将双手分别放于两腿上。

3. 半蹲式蹲姿

半蹲式蹲姿主要是在行进中使用，比方说走路时，手上的东西突然掉落，这时就可以用半蹲式蹲姿来捡拾物品。具体要求是在蹲下之时，上身稍微下弯，不与下肢构成直角或锐角，臀部向下，双膝可稍微弯曲，角度可以根据实际需要有所变化。

4. 半跪式蹲姿

半跪式蹲姿又叫单蹲姿，与半蹲姿一样也属于一种非正式的蹲姿，适用于下蹲时间较长时。要点是下蹲以后，改用一腿单膝点地，而令臀部坐在腿跟上，另一条腿应当全脚着地，小腿垂于地面，双膝必须同时向外，双腿应尽力靠拢。女士如穿着领口较低或较宽松的上衣，在蹲下时应该一只手轻挡前胸避免走光，另一只手拾取掉落的物品。

三、蹲姿礼仪注意事项

在公共场所使用蹲姿时，还应注意以下几点。

(1) 下蹲时应避免过度弯曲上身和翘起臀部，注意内衣“不可以露，不可以透”，否则容易露出内衣而尴尬。

(2) 下蹲时，速度不要过快，也不要突然下蹲。

(3) 下蹲时要与他人保持一定的距离。与他人同时下蹲时，更要注意与对方的距离，以免双方迎头相碰。

(4) 不要方位失当。在他人身边下蹲时，最好是和他人侧身相向。正面他人，或背对他人下蹲，通常都是不礼貌的。

(5) 女士无论采用哪种蹲姿，都要将两腿靠紧，臀部下沉。两腿叉开，臀部向后撅起，是不雅观的姿态。两腿展开平衡下蹲，其姿态也不优雅。女士如果在穿着短裙时，可以稍微侧向一边下蹲捡拾物品。

(6)不要蹲在凳子或椅子上。有些人有蹲在凳子或椅子上的习惯，但是在公共场合这么做的话，是不能被接受的。

课堂小互动

东西掉落在地上，应该如何捡拾更显优雅得体？

任务五　手势礼仪

微课：手势礼仪

手是人体态语中最重要的传播媒介，招手、挥手、握手、摆手等表示着不同的意义。人在紧张、兴奋、焦急时，手都会有意无意地表现着。作为仪态的重要组成部分，手势应该得到正确的使用。手势也是人们交往时不可缺少的动作，是最有表现力的一种“体态语言”。

俗话说，心有所思，手有所指。手的魅力并不亚于眼睛，甚至可以说手就是人的第二双眼睛。手势表现的含义非常丰富，表达的感情也非常微妙复杂。如招手致敬，挥手告别，拍手称赞，拱手致谢，举手赞同，摆手拒绝；手抚是爱，手指是怒，手搂是亲，手捧是敬，手遮是羞等。手势的含义，或是发出信息，或是表示喜恶、表达感情。手势是日常交往中非常重要的一个辅助语，得体优雅的手势，不仅可以表达内心的情感，还能够体现个人的涵养，为交际形象增辉。

一、使用手势的注意事项

掌握正确的手势礼仪，首先要求在使用手势礼仪时务必注意以下事项。

在交往中，为了增强说话者的语言感染力，一般可以考虑使用一定的手势，但是记住手势不宜过多，动作不宜过大，切忌“指手画脚”和“手舞足蹈”。

打招呼、致意、告别、欢呼、鼓掌属于手势范围，应该注意其力度大小、速度的快慢、时间的长短，不可过度。下面介绍一下鼓掌。在正式社交场合、观看文艺演出、重要人物出现、听报告、听演讲等都用热烈的掌声表示钦佩、祝贺。鼓掌的标准动作应该是右手掌轻拍左手掌的掌心，鼓掌时不应戴手套。鼓掌要自然，切忌为了使掌声大而使劲鼓掌，应自然终止。鼓掌要热烈，但不要“忘形”，一旦忘形，鼓掌的意义就发生了质的变化，从而成了“喝倒彩”“鼓倒掌”，有起哄之嫌，这样是失礼的。

还需要注意，在不同国家、不同地区、不同民族，由于文化习俗不同，手势的含义也有很多差别，甚至同一个手势表达的含义也不相同。图 2-63 所示为常见手势。

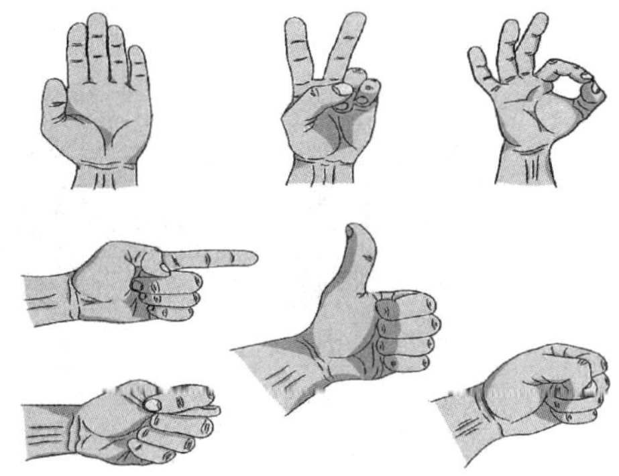

图 2-63 常见手势

(1) 竖起大拇指。一般表示顺利或是夸奖别人，但是也有些例外。在美国和欧洲部分地区表示要搭车，在德国表示数字 1，在日本表示数字 5，而在澳大利亚，就千万记住不能用这个手势，因为它表示骂人的意思。与别人谈话时，如果将拇指翘起来反向指向第三者，就表示蔑视嘲讽他人。

(2) OK 的手势。OK 的手势来自美国，在美国表示同意、顺利、很好的意思，在法国则表示 0 或毫无价值，在日本表示钱，而在泰国表示没问题。

(3) V 形手势。这个手势是第二次世界大战时期英国首相丘吉尔首先使用的，现在在全世界普遍流行，表示胜利的意思。但是如果做反了，将掌心向内，那就是骂人的手势，和表示胜利的意思截然不同。因此在使用手势时，一定要注意地域的差别，不要因为使用手势不当而引起他人的误会，造成不必要的麻烦。

在使用手势时应该文雅自然，每种文化都有自己的手势语言，包含着无比丰富的情感，它虽然不像有声语言那样实用，但在人际交往中能起到有声语言无法替代的作用。相反，当忽视手势礼仪的正确使用时，在日常生活中某些不雅的行为举止常常会令人极为反感，严重影响交际风度和自我形象。例如，当众挠头皮、掏耳朵、抠鼻子、咬指甲等，这些都是不文明的行为，应特别注意避免。

二、手势操作要领

(1) 自然、大方、得体、寓意明晰、含蓄高雅。

(2) 运用手势时，一定要目视对方、面带微笑，体现出尊重、友好和欢迎。

(3) 运用手势时，身体呈标准站姿的同时，身体稍前倾，肩不上提。

(4) 手的位置：一般来说，手位在头位和腰位之间，手位分为高位、中位、低位和反手位四种。

三、常用手势

1. 斜摆式手势

斜摆式手势也称请的手势。在标准式站姿的基础之上，右手从身体一侧抬起提至小腹前，优雅地划向指示方向。五指并拢，手掌向上，大臂与上身的夹角在 30°左右，手肘的夹角在 90°～120°，并配合礼貌用语，如“您好，这边请”。如果面对多位客人，可以采用双臂横摆式及双臂侧摆式表示“大家请”的意思。图 2-64 所示为斜摆式手势。

2. 指引手势

在标准站姿的基础之上，右手手臂自然伸出，五指并拢，掌心向上，手掌和水平面成 45°角，指尖朝向所要指引的方向，以肘部为轴伸出手臂。在指示道路方向时，手的高度大约齐腰；指示物品时，手的高度根据物品来定，小臂、手掌和物品呈直线就可以了。图 2-65 所示为指引手势。

图 2-64　斜摆式手势

图 2-65　指引手势

图 2-64 彩图

图 2-65 彩图

3. 介绍手势

在交际场合，如果作为中间人需要介绍双方认识，就应该采用介绍手势。使用介绍手势时应注意和被介绍人的距离，右手从身体一侧抬起到腰部。手掌心向上，手臂与身体成 45°左右。图 2-66 所示为介绍手势。

4. 请坐手势

接待来宾入座时，要用双手扶椅背将椅子拉出，然后一只手由前抬起，从上向下摆动到距离身体 45°处，使手臂向下形成一斜线表示请来宾入座；当来宾椅前站好，要用双手将椅子往前放到合适的位置。图 2-67 所示为请坐手势。

图 2-66　介绍手势

图 2-67　请坐手势

图 2-66 彩图

图 2-67 彩图

四、手势使用禁忌

在运用手势时,需要大家特别注意以下几点。

(1) 在使用手势指示时,不要将掌心向下。

(2) 不能用单手指人,也就是说,不要在介绍或是指示时用手指来进行指点。

(3) 鼓掌时不要用语言配合,那是非常没有修养的表现。

课堂小互动

假设你是某公司的行政接待人员,现有几位重要客户来访,你该如何接待并引领到会议室?

任务六 眼神礼仪

一、眼神的重要性

微课:眼神礼仪

曾经看到过这样一则公益广告:抬起你的头,交更多的朋友。这是一条非常走心的广告,因为现在很多朋友都会在一些社交场合中,视线一直离不开自己的手机,所以希望大家都能够抬起头,跟身边的人聊聊天吧。

眼睛被称为心灵的窗户,这是因为心灵深处的奥秘都会不自觉地从眼神中流露出来。一双炯炯有神的眼睛,给人以感情充沛、生机勃发的感觉,而且光呆滞麻木,则使人产生疲惫厌倦的印象。在交际礼仪中,目光是受感情制约的,人的眼睛的表现力极为丰富、极为微妙,很难规定出一定的模式,正确地运用目光能恰当地表现出内心的情感。印度诗人泰戈尔说,一旦学会了眼睛的语言,表情的变化将是无穷无尽的。这又说明,眼睛语言的表现力极强,是其他举止无法比拟的。

二、对眼神的要求

1. 注视时间

注视时间即注视对方时间的长短。在与人交往时,有些人也会出现这些问题,要么低头不敢看对方,要么就是一直盯着别人看,给人的感觉就是特别不自信或不礼貌。在交往过程中,注视时间的长短相当重要,可以影响人际交往的质量,也会影响别人对自己的判断。

将注视时间的长短分为几个部分:如果注视时间占总交往时间的 1/3,表示友好;注视时间占总交往时间的 2/3,表示非常重视对方和此次的交流;注视时间少于总交往时间的 1/3,表示轻视,不想和对方继续交流了;而注视时间大于总交往时间的 2/3,则会让别人感到不安。注视时间的礼仪要求人们在一般的社交场合和工作场合,既不要长时间注视对方,使对方感到不自在,也不能游移不定,无论哪一种都是不礼貌和失礼的表现,应该有意避免。那么在正常情况下，在一次谈话中，平均一分钟眨眼6～8次是比较正常的频率。眨眼次数过多，可能说明对你的谈话内容有疑问，少于6次则有可能是对方根本就不再关注你的谈话。

2. 注视角度

角度即眼神发出的方向，眼神的角度可以表现出与交往对象的亲疏远近关系。注视角度分为平视、侧视、仰视和俯视。平视又称正视，用于在普通场合与关系平等的对象交流，表示理性、平等、自信和坦诚。侧视，与人们所处位置有关，如果在正面交流的时候使用，会给人留下猜忌和怀疑的不好印象。仰视，主动居于低处，抬眼向上，表示尊重敬畏之意，多用于面对尊长，或在低头的时候抬起眼睛向上看，表示顺从谦恭的态度。俯视，即眼光向下看人，一般表示宽容爱怜，多用于长辈对晚辈，但有时表示轻慢歧视。当交往对象年龄、身份、地位相当时，要慎用俯视。如果用状态来分，眼神可以分为固态、气态和液态。例如，当某人意志很坚定地讲一件事情，或是在发怒、在生气的时候，这个眼神一定是坚定的，这就是固态的眼神。而液态的眼神，就是经常说的温柔如水，像水一样的眼神，是非常柔和的。比如，当看到小朋友或是一些非常可爱的小动物，那么眼神里就会充满了爱。气态眼神可以用在欣赏风景或是一个人在发呆的时候，但是气态的眼神一定不能用到职场中，因为这样会给人一种很稚气或是心不在焉的感觉。

3. 注视区域

在与他人交往时，眼睛应该看哪里才合适呢？一般来说，把人的身体分为几个区域，分别为隐蔽区、安全区和敏感区。

隐蔽区就是不能去看的地方，否则会引起别人的不安或反感，具体而言是指腰部以下。安全区就是在交往过程中可以去注视的区域。敏感区是指身体以外的其他部分，如身边的人。

所以，在与人交往时，一定要把目光投射到允许注视的部位。下面介绍注视区域的要求。

第一个注视区域称为公务注视区域。公务注视区域的位置在脸上一个较高的三角部分。具体来说，就是两只眼睛与额头之间的一个正三角区域。如果是在特别正式场合的谈话，一般就可以将目光集中在这个区域。或是领导与下属交代工作，领导为了表示正式和威严，一般也是看这个区域。图2-68所示为公务视线。

第二个注视区域称为社交注视区域，这个区域也是平时在交往过程当中用得比较多的一个区域，具体范围是两只眼睛与嘴部之间形成的这个倒三角区域。在交谈时，目光可以在这个区域进行注视。图2-69所示为社交视线。

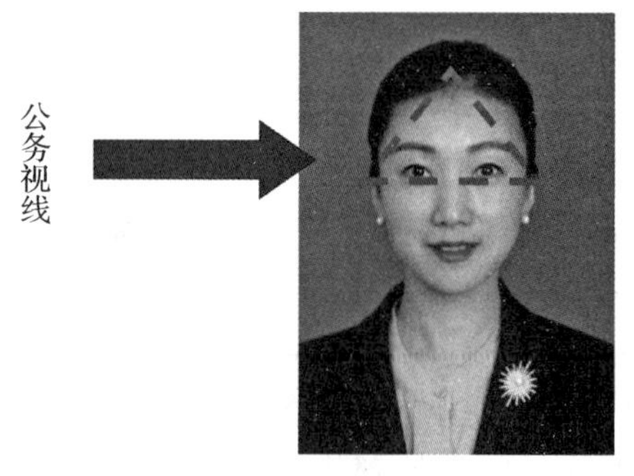

图2-68　公务视线

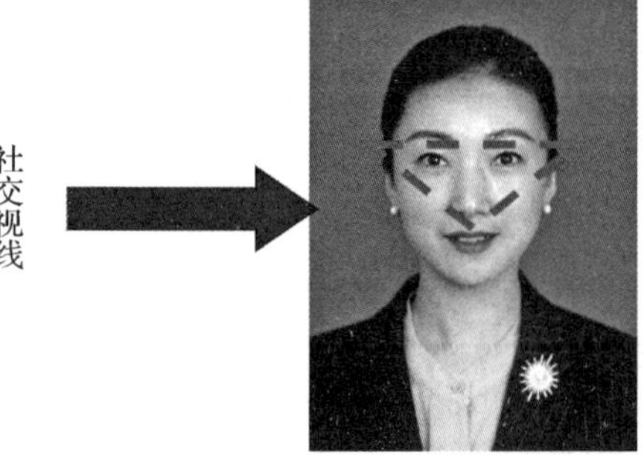

图2-69　社交视线

如果交谈的对象是和你关系较为亲密的人，比方说是父母、爱人，那就可以看到亲密注视区域，具体范围在两只眼睛到胸部之间的这个三角区域。

有同学可能会问，为了表示尊重，我需要看着对方，是不是就要一直盯着对方的眼睛看呢？还是可以看其他地方？这里给大家介绍一个总的原则，就是两种眼神角度的分配为1∶9，也就是说你可以用10%的时间看着眼睛，90%的时间再看看这个区域的其他地方。对视的时间一般为2～3秒。

最后还需要注意的是，如果交流的对象不止一人，就要兼顾大家，可以采取环视的方式。

课堂小互动

在人际交往中，什么样的眼神是礼貌得体的？设计不同场景，分组练习。

任务七　微笑礼仪

微课：微笑礼仪

当和别人第一次见面时，多长时间会产生第一印象？答案是0.38秒。那么在这短短的一瞬间，能给对方展示什么呢？是丰富的肢体语言，还是特别有逻辑性的话语呢？其实都不是，在这短短的0.38秒，给对方的印象仅是来自一个眼神，或是一个微笑。

微笑是人际交往中的“润滑剂”，俗话说得好，“一笑泯恩仇”。因为微笑表示尊重、谦恭、友善等情感因素，是向他人发出理解、信任、宽容等信号。在服务业，从业者保持微笑，既可以说明他热爱本职工作，乐于恪尽职守，展示良好的职业素养，也能表明他的真情实意、善良友好，有利于创造和谐融洽的气氛，让服务对象倍感温暖、愉快。

一、微笑的基本要求

微笑的作用虽然很大，但必须注意礼仪要求。微笑通常由眼神、眉毛、嘴巴、表情等方面来协调完成。微笑时，眉毛舒展，眼睛微眯，略启上唇，面部两侧笑肌适当收缩且咀嚼肌放松，嘴角上翘，嘴唇略呈弧形，气息平缓地从胸腔吐出，在不牵动鼻子、不发出声音、不露出牙龈的前提下，面含笑意。

二、微笑的注意事项

1. 发自内心

微笑的真谛是发自内心，即应当是内心真、善、美的自然流露。交往者表现自己心灵之美的微笑，应笑得温柔友善、自然亲切、恰到好处，给人一种愉快、舒适、甜美的好感。

2. 表现和谐

从直观上看，微笑是人们的眉、眼、鼻、口、齿及面部肌肉和声音所进行的协调型活动，必须做到四个结合：口眼结合、笑神结合、笑语结合、笑形结合。

3. 始终如一

人们往往会因情绪的波动、客观环境的变化而影响微笑的效果，因此，微笑要始终如一，恰到好处。

微笑的时候要注意一下自己的态度，因为面由心生，如果你心里都不快乐，那你展现出来的是快乐的笑容吗?

因此,首先心里要保持一颗感恩的心,要开心。

其次是目光。如果你面对着这个人微笑,但是你的眼睛却看向其他地方,那么这样的微笑是没有礼貌、没有意义的,所以一定要看着对方微笑。

微笑分为以下几个层次。

浅微笑:面部放松,嘴角微微上扬,脸部的其他器官不需要做任何动作。

小微笑:嘴巴微微张开,露出两颗牙齿。

普通微笑:这是在公共场合用得最多的一种笑,也就是大家平时所听到的露出6~8颗牙齿的微笑。这里的6~8颗牙齿,是指上排的牙齿,而不是上下叠加或下排牙齿。

大微笑:露出10颗牙齿。

那怎样才是正确的微笑呢?

首先,在微笑时,眼睛和面部保持一致不应左顾右盼。

那是不是在谈话过程中就一直要保持笑容呢?如果是这样,则会让人觉得太假了,而且笑久了,脸部也会变得僵硬。所以,一般来说,微笑保持3秒即可。刚开始练习时,可以在心里默数3下,时间长了,就能养成习惯。

在和对方交流时,是不是就要用标准的微笑,露出6颗牙齿呢?并不是,可以根据谈话的内容变换不同层次的微笑。如果谈话内容非常开心,就可以哈哈大笑;如果只是一般的交流,为了表示对对方的尊重,浅笑就可以了。

【案例 2-5】

有一个国外旅游代表团,由于飞机误点,直到下午一点才到上海虹桥机场,午饭也未来得及吃,加上旅途中的其他不顺利,全团人员就像是快要爆炸的"火药桶",大有一触即发之势。接待他们的是一位颇有经验的人员,他意识到此时此景任何解释都无济于事,首要的是行动。友善的微笑自不待言,立即送他们去宾馆用午餐,并要求餐厅尽量把菜做得精美可口。热情的服务,美味可口的菜点,舒适幽静的环境,使这些客人的情绪开始平静下来,脸色由"阴"转"多云"到"少云"。接待人员见时机成熟,进一步开展微笑服务,热情地向客人介绍上海的风土人情,并针对游客喜欢古代文明、希望了解历史以及愿意直接与市民接触的特点,考虑到他们在沪旅游观光日程较短,遂把参观的重点放在博物馆和豫园,使他们既增加对中国历史的了解,又增加与市民接触的机会。经过一番努力,该团游客上海之行总体上是满意的。在这一转变过程中,接待人员的微笑起到了至关重要的作用。微笑使客人如沐春风,感受到充分地被重视和尊重,因而"火"自然就小了。这个例子充分体现了微笑的魅力。

思政提示:微笑服务已成为服务行业的基本要求之一。微笑是用一种恰当的表情来表达对交往对象的尊敬。"微笑"一定要发自内心。因为唯有这种真诚会心的微笑,方可使客人产生良好的心境,感受到东道主的真诚与热情,消除陌生感,使之感到处处有亲人,心平气顺,食则有味,宿则安宁,处处知礼、懂礼、践行礼仪,同时也能体现文化自信。

课堂小互动

两个人为一组,面对面练习不同的微笑表情。

任务八 鞠躬礼仪

在社交场合，遇到领导、宾客或是老朋友，应该怎样打招呼来表达亲切友好之情呢？点头、微笑、握手。除了这些礼仪，还有一个在中国已经流行了千年的礼节，那就是鞠躬礼。鞠躬主要表达“弯身行礼，以示恭敬”。

微课：鞠躬礼仪

《孝经》有记载“礼者，敬而已矣”，意思是在人际交往中，既要尊重他人，也要尊重自己。

“在貌为恭，在心为敬”，一切的礼都是为了表达内心的恭敬，礼就是内心的外在表现。

《弟子规》中教我们“揖深圆，拜恭敬”。所有的礼都是要表达对人至诚的恭敬。

鞠躬礼是从古礼中延伸出来的，起源于中国，鞠躬的意思是弯身行礼以示恭敬的意思，是表示对他人敬重的一种礼节。

随着社会的发展，作揖礼也发生了一些变化，逐渐形成了现在通用的鞠躬礼。鞠躬是因为内心有敬才会把头低下去。

鞠躬的好处有很多，第一个好处是可以让身体更健康，因为在鞠躬时，身体一俯一仰，能起到活血的作用，对身体健康是有益的。第二个好处就是提升个人修养。行鞠躬礼，可以降低傲慢的习气，增长恭敬心。外在的行为可以触动内心，而内心的恭敬又逐渐让我们形成良好的礼节。

但是，现在有很多人却忽略了这个礼节。例如，有些人取得了一点成就，就把头抬得很高，表现出很傲慢的样子。

古人常常告诫“傲不可长”。一个傲慢的人一定是孤独的人，一个人一旦傲慢起来，他的人生就停止了进步，谁都不愿意跟他来往。鞠躬的好处非常多，要认真学习并时常使用。

一、鞠躬礼的适用场合

鞠躬礼在中国、朝鲜、韩国、日本都是一种非常传统和普遍的礼节。那么什么样的场合需要鞠躬、什么样的场合不需要鞠躬呢？

先来看看古人是怎么做的。《弟子规》中说：“晨则醒，昏则定。”也就是说，早上起来要向父母问好，晚上睡觉的时候也要向父母道声晚安。而这问好及道晚安，除了恭敬的话语，还应行鞠躬礼，以表示对父母的尊重。“出必告，反必面”要求出门的时候向父母打招呼，鞠个躬说一声“爸爸妈妈我走啦”；晚上回到家里，也要跟父母鞠躬道安。到了单位，同事之间第一次见面也可以行鞠躬礼。如果多次碰到就没有必要行鞠躬礼了，因为不停地鞠躬，会让大家觉得不自然，把同事交往变得烦琐了。所以，再次见面的时候，彼此点个头、微微笑就可以了，不必老是鞠躬行礼。

讲究礼节是好的，但是也要忌讳过繁。因为烦琐之后就失去了“礼”的意义，因为礼从本质上说就是替人着想，是用一份仁爱之心去行礼。

鞠躬礼既适合庄严肃穆或喜庆欢乐的场合，又适合社交及商务活动场合。

二、鞠躬礼的要求

在行鞠躬礼时，怎样做才是得体的呢？

在行鞠躬礼时，男士两手自然下垂，两脚并拢，鞠躬的时候以髋关节为轴，身体前倾，上半身保持在同一个平面。而女士可以采用 V 字步，右手在上、左手在下放于腹前，同样是以髋关节为轴，弯腰敬礼。注意弯腰时应该动作轻缓。在不同的场合，弯腰的幅度可以略微调整。图 2-70 所示为鞠躬礼。

1. 15°鞠躬礼

15°鞠躬礼用于一般同事之间或老朋友见面，点到为止，或作为服务接待工作中的致意礼节（可以加上语言，如您好、早上好等）。图 2-71 所示为 15°鞠躬礼。

图 2-70 鞠躬礼

图 2-71 15°鞠躬礼

图 2-70 彩图

图 2-71 彩图

2. 30°鞠躬礼

30°鞠躬礼用于见到领导、客户或嘉宾时，弯腰的程度比 15°鞠躬礼要深，在接待中表示“欢迎光临”（可以加上语言，如您好）。图 2-72 所示为 30°鞠躬礼。

3. 45°鞠躬礼

45°鞠躬礼用于更加隆重的场合，或在接待送宾客时，表示更加尊敬的意思（可以加上语言，如欢迎再次光临）。图 2-73 所示为 45°鞠躬礼。

4. 90°鞠躬礼

90°鞠躬礼也称深鞠躬，用于重大的礼宾活动，或是对对方表示非常歉意或非常感恩（可以加上语言，如非常抱歉）。在行鞠躬礼的时候，一定是要从内到外地表达尊敬之情，切记不要流于形式。图 2-74 所示为 90°鞠躬礼。

三、行鞠躬礼时的注意事项

行鞠躬时需要注意：如果你戴着帽子，先将帽子摘下，因为戴着帽子鞠躬既不礼貌，帽子也容易滑落，使自己处于尴尬境地。鞠躬时目光应向下看，表示一种谦恭的态度，不要一边鞠躬，一边试图翻起眼睛看对方。

图 2-72　30°鞠躬礼

图 2-73　45°鞠躬礼

图 2-74　90°鞠躬礼

图 2-72 彩图

图 2-73 彩图

图 2-74 彩图

礼仪可以体现一个人的教养和品位，德动于内，礼诸于外，内德外礼方为人。让我们做一个知礼、懂礼的人。

课堂小互动

分组练习，设计不同情境下的鞠躬礼。

项目实训

一、站姿礼仪实训

1. 实训准备

站姿礼仪实训需要的场地和物料：形体训练室或大屏幕教室、落地穿衣镜、西装、套装、职业装、摄像机、背景音乐等。

2. 实训安排

实训安排如表 2-8 所示。

表 2-8　站姿礼仪实训安排

实训学时	2 学时
实训目的	掌握端庄的站姿
实训要求	熟练掌握几种不同的站姿，动作规范，优雅
实训方法	4～6 人一组，学生分组考核；考试过程用摄像机全程拍摄；回放拍摄过程，学生根据视频做自我点评和小组间的点评；教师针对全体学生的共性问题和典型问题进行针对性点评

3. 实训方法

实训方法如表 2-9 所示。

表 2-9　站姿基本实训方法

类　型	标准实训评价
基本训练要求	① 面部表情调整到最佳 ② 锻炼长时间站立的持久性、忍耐性 ③ 学会长久站立时姿势的自然调整 ④ 掌握在职业岗位工作中双手所放位置 ⑤ 掌握如何挺胸、立腰、收腹及身体各部位的姿态要领 ⑥ 站立训练一般为 20～30 分钟,配以轻松愉快的轻音乐
基本训练方法	① 靠墙练习。身体靠墙,后脑勺、双肩、臀部、小腿肚、脚后跟靠墙并保持 10～20 分钟。 ② 背靠背训练。两人一组,要求背靠背,以双方的臀部、肩背、后脑勺为接触点,练习站立动作的稳定性,可以在两人的腋下、小腿部相靠的地方夹一张纸片,训练时不让其滑落或掉下 ③ 顶书训练。保持正确站姿,然后将一本书放在头顶正中,训练时不能让书掉下来,必须保持头部平稳,双目平视前方,下颌微收,颈部挺直
基本手位训练	① 面对训练镜练习。要求在正确站姿的基础上,结合面部微笑进行训练,通过训练镜完善整体站姿的形象 ② 垂手式。两手臂自然下垂,虎口向前,中指接触裤缝,其余手指自然弯曲 ③ 握手式。两手虎口交叉,右手搭在左手上,置放于小腹部前 ④ 后背式。双手背于身后,两手交叉,右手在外,左手在里,贴于臀部 ⑤ 单臂式。一手置于体侧,一手背于身后,或一手放于体前,一手背于身后
基本脚位训练	① 并立步。两脚平行并放 ② V 字形步。脚跟相靠脚尖开度 30° ③ 丁字形步。右腿(左脚)在前,将右脚跟(左脚跟)靠于左脚(右脚)内侧脚处,形成左丁步(右丁步),双手在腹前交叉,身体重心在两脚间 ④ 11 形步(跨站式站姿)。双脚平行,两脚间距等于或小于肩宽,一般为男士所采用

4. 实训考核

实训考核如表 2-10 所示。

表 2-10　标准站姿考核标准

班级：　　　　　　　姓名：　　　　　　　学号：　　　　　　　得分：

考核项目	考核标准	评价等级				分值
		A	B	C	D	
面部	精神饱满,表情自然					2
头部	抬头,双目平视前方,面带微笑,嘴微闭,下颌微收					1
颈部	脖颈挺直,防止歪头、探脖、无精打采					1
肩部	双肩平、舒展微向后张,气下沉,呼吸自然					1
腰部	立腰,脊椎、后背挺直					1
腿部	两腿并拢挺直,膝关节靠在一起,用力挺直,髋部上提					1
脚步	两脚跟靠拢,脚尖开度 30°;重心在双脚间,脚尖向前					1
手部	两手臂放松自然下垂体侧,虎口向前,中指接触裤缝,其余自然弯曲					2
合　计						10

注:考核等级共分四等,A 等系数为 1.0,B 等系数为 0.8,C 等系数为 0.6,D 等系数为 0.4。

二、坐姿礼仪实训

1. 实训准备

坐姿礼仪实训需要的场地和物料：形体训练室或大屏幕教室、落地穿衣镜、西装、套装、职业装、摄像机、背景音乐等。

2. 实训安排

实训安排表如表2-11所示。

表2-11 坐姿礼仪实训安排

实训学时	2学时
实训目的	掌握得体的坐姿
实训要求	熟练掌握社交场合不同的坐姿，动作规范，优雅
实训方法	4～6人一组，学生分组考核；考试过程用摄像机全程拍摄；回放拍摄过程，学生根据视频做自我点评和小组间的点评；教师针对全体学生的共性问题和典型问题进行针对性点评

3. 实训方法

实训方法如表2-12～表2-14所示。

表2-12 坐姿基本实训方法

实训项目	标准实训评价
基本训练要求	① 面部表情调整到最佳 ② 长时间坐姿的持久性、忍耐性及姿势的自然调整 ③ 掌握在职业岗位工作中双手所放位置 ④ 掌握如何平肩、挺胸、立腰、收腹及身体各部位控制的要领 ⑤ 坐姿训练一般为20～30分钟，配轻松愉快的背景音乐，以减轻疲劳
基本训练方法	① 背对训练镜，练习入座前的动作。入座时走到座位前面再转身，转身后轻稳地入座，动作要求轻盈舒缓，从容自如 ② 面对训练镜，练习入座前的动作。先站在椅子的左侧，右腿向右迈一步到座位前，左腿并右腿，接着右腿后退半步，轻稳落座；女性着裙装入座时，宜以手抚裙，从上往下将裙子向前拢一下 ③ 练习入座后手的动作。右腿并左腿成端坐姿势后，双手虎口交叉，右手在上，轻放在一侧的大腿上或两手放在膝上；也可两手臂微屈放在桌上，掌心向下，这时胸口要与桌面平齐 ④ 练习入座后的端坐姿势。女士的双膝必须靠紧，两脚平行，臀部坐椅子的2/3处。男女动作要求以正确坐姿规范为基础，上体与大腿、大腿与小腿成两个自然的90°，配合面部表情，练习坐姿的直立感、稳定性等综合表现 ⑤ 常见的腿、脚造型训练。男士练习两腿开合训练。女士练习平行步、丁字步、小叠步的动作，训练优雅、端庄的坐姿，展示职业人员的姿态美和行为美 ⑥ 端坐后，可将一本书放在头顶正中，训练时不能让书掉下来。注意上体正直、颈部挺直，身体和头部要保持平稳，双目平视前方，下颌微收，面带笑容 ⑦ 离座动作训练。离座起立时，右腿先后退半步，然后上体直立站起，收右腿，左腿向左侧一步，右腿跟上，还原到入座前的位置

表 2-13　女性坐姿训练方法

项　目		标准实训评价
上身		自然挺直，下颌微收，双目平视，面带微笑
入座		缓而轻，如清风徐来，给人以美感
端坐		坐稳后，上身自然挺直，两腿自然弯曲并拢，两脚平放
双手		手臂自然弯曲，可以平行或叠放在大腿上，或一只手轻搭在椅子的扶手上，另一只放在腿上
女性常见腿脚的摆放形式	丁字步	双膝并拢，右脚(左脚)在前，将右脚跟(左脚跟)靠于左脚(右脚)内侧，双手虎口交叉，置于大腿一侧或大腿中部
	掖步	两小腿向左斜放或两小腿向右斜放，双膝并拢
	前后步	双膝并拢，右脚向前伸，左脚向后撤，两脚一前一后在一条直线上
	锁步	双膝并拢，左脚置于右脚上，在踝关节处交叉，脚尖朝下
	后点步	双膝并拢，两小腿后曲，脚尖着地

表 2-14　男性坐姿训练方法

项　目		标准实训评价
上身		自然挺直，下颌微收，双目平视，面带微笑
入座		缓而轻，如清风徐来，给人以美感
端坐		坐稳后，上身自然挺直，两腿自然弯曲并拢或两腿间距等于或小于肩宽，两脚平放
双手		手臂自然弯曲，可以平行或叠放在大腿上，或一只手轻搭在椅子的扶手上，另一只放在腿上
男性常见坐姿脚位	平行步	双脚平行，两腿间距等于或小于肩宽
	前后步	左脚向前伸，右脚向后撤，两腿间距等于或小于肩宽
	八字步	两脚后跟分开，脚尖向外，呈八字形，两腿间距等于或小于肩宽
	锁步	两小腿稍向前，双脚在踝关节处交叉

4. 实训考核

实训考核如表 2-15、表 2-16 所示。

表 2-15　女士坐姿规范考核标准

班级：　　　　姓名：　　　　学号：　　　　得分：

考核项目	考 核 标 准	评价等级				分值
		A	B	C	D	
上身	自然挺直，下颌微收，双目平视，面带微笑					2
入座	缓而轻，如清风徐来，给人以美感					1
端坐	坐稳后，上身自然挺直，两腿自然弯曲并拢，两脚平放					1
双手	手臂自然弯曲，可以平行或叠放在大腿上，或一只手轻搭在椅子的扶手上，另一只放在腿上					1

续表

考核项目	考核标准		评价等级				分值
			A	B	C	D	
女性常见坐姿脚位	丁字步	双膝并拢，右脚（左脚）在前，将右脚跟（左脚跟）靠于左脚（右脚）内侧，双手虎口交叉，置于大腿一侧或大腿中部					1
	掖步	两小腿向左斜放或两小腿向右斜放，双膝并拢					1
	前后步	双膝并拢，右脚向前伸，左脚向后撤，两脚一前一后在一条直线上					1
	锁步	双膝并拢，左脚置于右脚上，在踝关节处交叉，脚尖朝下					1
	后点步	双膝并拢，两小腿后曲，脚尖着地					1
合　计							10

注：考核等级共分四等，A 等系数为 1.0，B 等系数为 0.8，C 等系数为 0.6，D 等系数为 0.4。

表 2-16　男士坐姿规范考核标准

班级：　　　　　　姓名：　　　　　　学号：　　　　　　得分：

考核项目	考核标准		评价等级				分值
			A	B	C	D	
上身	自然挺直，下颌微收，双目平视，面带微笑						2
入座	缓而轻，如清风徐来，给人以美感						1
端坐	坐稳后，上身自然挺直，两腿自然弯曲并拢或两腿间距等于或小于肩宽，两脚平放						1
双手	手臂自然弯曲，可以平行或叠放在大腿上，或一只手轻搭在椅子的扶手上，另一只放在腿上						1
男性常见坐姿脚位	平行步	双脚平行，两腿间距等于或小于肩宽					1
	前后步	左脚向前伸，右脚向后撤，两腿间距等于或小于肩宽					1
	八字步	两脚后跟分开，脚尖向外，呈八字形，两腿间距等于或小于肩宽					1
	锁步	两小腿稍向前，双脚在踝关节处交叉					2
合　计							10

注：考核等级共分四等，A 等系数为 1.0，B 等系数为 0.8，C 等系数为 0.6，D 等系数为 0.4。

三、走姿礼仪实训

1. 实训准备

走姿礼仪实训需要的场地和物料：形体训练室或大屏幕教室、落地穿衣镜、西装、套装、职业装、摄像机、背景音乐等。

2. 实训安排

实训安排如表2-17所示。

表2-17 走姿礼仪实训安排

实训学时	2学时
实训目的	掌握得体的走姿
实训要求	熟练掌握几种不同的走姿,动作规范,优雅得体
实训方法	4~6人一组,学生分组考核;考试过程用摄像机全程拍摄;回放拍摄过程,学生根据视频做自我点评和小组间的点评;教师针对全体学生的共性问题和典型问题进行针对性点评

3. 实训方法

实训方法如表2-18所示。

表2-18 基本走姿实训方法

类型	标准实训评价	
标准走姿规范	身体正	抬头、挺胸、收腹,上体正直,精神饱满,两眼平视前方,下颌微收,面带微笑,两肩平稳
	手臂自然	手臂伸直放松,手指自然弯曲,摆动时以肩关节为轴,大臂带动小臂,向前、向后自然摆动,以前摆35°、后摆30°为宜
	上体	稍向前倾,提髋,屈大腿带动小腿向前迈
	行走	正常的行走,脚尖应是正对前方,保持膝关节和脚尖正对前进的方向,然后脚尖略抬,脚跟先接触地面,依靠后腿将身体重心推到前脚脚掌,使身体前移 行走线迹要成为"一条线"或"两条平行线",步幅一般是前脚的脚跟与后脚尖相距一个脚长 步高(指行走时脚抬起的高度)不宜过高,也不宜过低,行走频率,男士一般为110步/分钟,女般为120步/分钟
	手势语	在行走中,手势语要求做到简捷、大方、明了、规范
女士走姿规范	① 女士一般步态要求以步态轻盈为美,行走时要抬头、挺胸、收腹;上身保持正直,双臂自然下垂,协调地前后摆动于身体两侧,脚尖指向正前方,提髋、膝,迈小腿,脚跟先落地,脚掌接着推送,步幅要均匀,频率要适中,落脚的声音不宜太大 ② 女士穿短裙或旗袍时,要走一条直线,走路的幅度不宜太大 动作要领:两脚跟前后要走在一条线上,脚尖略外开,两手臂在体侧自然摆动,幅度不宜过大;髋部要随着脚步和重心的转移稍左右摆动,使裙子或旗袍的下摆与脚的动作配合显示出优美的韵律感 ③ 穿裤装时(以直线为主),宜走两条平行直线 动作要领:应注意套装的挺拔,保持后背平直,两腿立直;走路的步幅可略大些,手臂放松伸直摆动;不要左右晃动、扭动髋部	
男士走姿规范	① 男士在工作场合,走路应挺起胸膛,显出朝气,大步向前走,双脚落地平稳而有力,不拖泥带水,双臂自然摆动,给人以充满自信的感觉及镇定自如的气度 ② 在悠闲时轻步慢行,要显示出男士的一种逍遥风度,做到不慌不忙,边走边看,边与同伴谈笑风生,给人一种气度不凡的感觉	

续表

类型	标准实训评价
常规步态要求	① 靠右行，与他人同行时，原则上应走在尊长的后边，或左边，遇来人时，礼貌问候，主动退让 ② 向人告辞时不要扭头就走，应先后退，再转身离开 ③ 在前方引导时应侧身向着来宾，尽量走在来宾的左前方，保持两三步的距离，在狭窄的通道或道路上与人相遇时，应侧身走，两臂一前一后，将身体正面向人，不可将背面对人

4. 实训考核

实训考核如表 2-19 所示。

表 2-19 走姿礼仪考核标准

班级： 姓名： 学号： 得分：

考核项目	考核标准	评价等级				分值
		A	B	C	D	
女性走姿规范	准确掌握走姿的基本功，要求规范、熟练、优雅、得体					2
	熟练掌握走姿的基本功，要求规范、熟练、优雅、得体					3
男性走姿规范	准确掌握走姿的基本功，要求规范、熟练、优雅、得体					2
	熟练掌握走姿的基本功，要求规范、熟练、优雅、得体					3
合 计						10

注：考核等级共分四等，A 等系数为 1.0，B 等系数为 0.8，C 等系数为 0.6，D 等系数为 0.4。

四、蹲姿礼仪实训

1. 实训准备

蹲姿礼仪实训需要的场地和物料：形体训练室或大屏幕教室、落地穿衣镜、西装、套装、职业装、摄像机、背景音乐等。

2. 实训安排

实训安排如表 2-20 所示。

表 2-20 蹲姿礼仪实训安排

实训学时	2 学时
实训目的	掌握得体的蹲姿
实训要求	熟练掌握几种不同的蹲姿，动作规范，优雅得体
实训方法	4～6 人一组，学生分组考核；考试过程用摄像机全程拍摄；回放拍摄过程，学生根据视频做自我点评和小组间的点评；教师针对全体学生的共性问题和典型问题进行针对性点评

3. 实训方法

实训方法如表 2-21 所示。

表 2-21 蹲姿实训方法

类　型	具体内容	标准实训评价
基本蹲姿训练	标准蹲姿	上体正直，两腿合力支撑身体，靠紧向下蹲；臀部向下，举止大方、得体、自然
职业蹲姿训练	高低式蹲姿	① 下蹲时，左（右）脚在前，右（左）脚稍向后（不重叠），两腿靠紧向下蹲 ② 左（右）脚全脚着地，小腿基本垂直于地面，右（左）脚脚跟提起，脚掌着地 ③ 右（左）膝低于左（右）膝，右（左）膝内侧靠于左（右）小腿内侧，形成左（右）膝高、右（左）膝低的姿态，臀部向下，以膝低的腿支撑身体
	交叉式蹲姿	① 下蹲时，右（左）脚在前，左（右）脚在后，右（左）小腿垂直于地面，全脚着地 ② 左（右）腿在后与右（左）腿交叉重叠，左（右）膝由后面伸向右（左）侧，左（右）脚跟抬起，脚掌着地，两腿前后靠紧，合力支撑身体 ③ 臀部向下，上身稍前倾

4. 实训考核

实训考核如表 2-22 所示。

表 2-22 蹲姿礼仪考核标准

班级：　　　　　　　　姓名：　　　　　　　　学号：　　　　　　　　得分：

考核项目	考 核 标 准	评价等级				分值
		A	B	C	D	
标准蹲姿	准确掌握蹲姿的基本功，要求规范、熟练、优雅、得体					5
职业蹲姿	准确掌握男士、女士不同职业蹲姿的运用，要求规范、熟练、优雅、得体					5
合　计						10

注：考核等级共分四等，A 等系数为 1.0，B 等系数为 0.8，C 等系数为 0.6，D 等系数为 0.4。

五、手势礼仪实训

1. 实训准备

手势礼仪实训需要的场地和物料：形体训练室或大屏幕教室、落地穿衣镜、西装、套装、职业装、摄像机、背景音乐等。

2. 实训安排

实训评价如表 2-23 所示。

表 2-23 手势礼仪实训安排

实训学时	2 学时
实训目的	掌握恰当地运用手势
实训要求	熟练掌握不同场合中适用的手势，动作规范，优雅得体
实训方法	4～6 人一组，学生分组考核；考试过程用摄像机全程拍摄；回放拍摄过程，学生根据视频做自我点评和小组间的点评；教师针对全体学生的共性问题和典型问题进行针对性点评

3. 实训方法

实训方法如表 2-24 所示。

表 2-24 标准手势实训方法

类　型	具体内容	标准操作规范
基本训练	标准手势	① 五指伸直并拢，注意将五指并严，腕关节伸直，手与前臂成一直线 ② 注意肘关节不要成 90°直角，也不要完全伸直，弯曲以 130°～140°为宜 ③ 掌心斜向上方，手掌与地面成 45°角 ④ 运用手势时，一定要目视对方、面带微笑，体现出尊重
	手的位置	① 低位手势。手位在腰线，表示距离在 1m 左右，如“请坐手势” ② 中位手势。手位在腰与肩之间，一般在胸位，表示距离在 2～5m；如“请进手势”“引导手势” ③ 高位手势。手位在头与肩之间，一般在眼部表示距离在 5m 以外的较远或较高处
职业手势训练	请进	站在来宾的右侧，施鞠躬礼后，站成右丁字步；然后左手下垂，右手手指伸直并拢，从腹前抬起，向右横摆到身体的右前方；微笑友好地目视来宾，直到宾客走过去，再放下手臂
	请坐	接待来宾入座时，要用双手扶椅背将椅子拉出，然后一只手由前抬起，从上向下摆动到距离身体 45°处，使手臂向下形成一斜线表示请来宾入座；当来宾在椅前站好，要用双手将椅子往前放到合适的位置
	里边请	当一只手拿着物品，或推扶房门、电梯门，并需引领来宾时，可用左手拿物品或用左手将门扶住，两脚站成左丁字步；右手从身体的右斜前方抬起 45°，然后以肘关节为轴，前臂向左摆动成曲臂状，请来宾进去
	请往前走	① 给来宾指引方向，用语言回答来宾询问的内容，并用手势指出方向或电梯的位置 ② 可将来宾带到适当地段，将手抬到与肩同高的位置，前臂伸直，用掌指向来宾要去的地方；眼睛要兼顾所指的方向和来宾，直到来宾表示清楚了，再把手臂放下，向后退一步，施鞠躬礼并说“请您走好”
	拿、递物品	拿、递物品与他人时，应用双手或右手，手掌向上，轻而稳地拿、递，并使用礼貌言辞；递交有图案的物品时，图案的正面应朝向对方；递交有文字的物品时，文字的正面应朝向对方；递交带尖的物品时，带尖的一方应朝向自己

4. 实训考核

实训考核如表 2-25 所示。

表 2-25　手势礼仪考核标准

班级：　　　　　　姓名：　　　　　　学号：　　　　　　得分：

考核项目	考 核 标 准	评价等级				分值
		A	B	C	D	
手势规范标准	准确掌握手势的基本功，要求规范、熟练、优雅、得体					2
	熟练展示各种手位——高、中、低、反手位的要求，要求规范、熟练、优雅、得体					3
职业手势规范标准	准确掌握职业手势的运用，要求规范、熟练、优雅、得体					2
	准确区分请进、请坐、往前走、递拿物品动作规范					3
合　计						10

注：考核等级共分四等，A 等系数为 1.0，B 等系数为 0.8，C 等系数为 0.6，D 等系数为 0.4。

六、眼神礼仪实训

1. 实训准备

眼神礼仪实训需要的场地和物料：形体训练室或大屏幕教室、化妆镜、背景音乐等。

2. 实训安排

实训安排如表 2-26 所示。

表 2-26　眼神礼仪实训安排

实训学时	2 学时
实训目的	掌握人际交往中常用的眼神礼仪规范，提高社交沟通能力
实训要求	使用恰当的眼神，优雅得体
实训方法	两人一组，学生分组考核；考试过程用摄像机全程拍摄；回放拍摄过程，学生根据视频做自我点评和小组间的点评；教师针对全体学生的共性问题和典型问题进行针对性点评

3. 实训方法

实训方法如表 2-27 所示。

表 2-27　眼神实训方法

类　型	具体内容	标准实训评价
基本训练	眼睛变大训练（起眉绷眼皮）	通过尽力将额肌上提，带动两眼尾部向上抬起，眼皮上绷，使眼皮最大限度地打开，训练可使眼睛变大，同时也为亮眼练习打下基础

续表

类 型	具体内容		标准实训评价
基本训练	眼睛光亮练习 （眼力集中）		通过睁大双眼，平视镜中自己的一只眼进行，初练时，会出现流眼泪、眨眼睛等现象，通过训练，就不会再出现这种现象了
	眼睛灵活度训练 （眼神灵活度）		① 可先做目标练习，然后做无目标练习，即在两眼的左、右、上、下视线范围内，用红色的或其他醒目的东西固定在一个点上，眼球做左右横线移动、上下竖线移动或圆圈转动 ② 练习时头部不动，只用眼睛随目标转动，眼睛转动时，仍要保持绷眼皮 ③ 初练时，速度可慢一点，随着眼功的增长逐渐加快。当眼睛练得有一定活动能力时，就可以进行无目标练习，让眼睛自然转动
	微笑和身姿		在训练眼神的过程中，必须配合脸部微笑和基本身姿进行综合练习，将运用眼神的技巧与需要表达的思想感情结合起来，真正体现出眼神的表现力与适应力
职业眼神训练	视线接触时间		① 彼此陌生的人视线接触时，一般连续注视对方的时间最好控制在 3 秒以内 ② 展示炯炯有神的、自信的、精明强干的眼神 ③ 展示朴实无华、含蓄深沉、天真、活泼、幽默、慈祥、温柔的眼神
	视线接触区域练习	上三角区	上三角区是指以双眼上三角区底线，额中为顶点所构成的三角区，表示公事公办、郑重严肃、不含任何个人情感色彩，能深刻地影响对方的情绪 主要适用于公务活动，如洽谈业务、磋商交易和贸易谈判
		中三角区	中三角区是指以双眼为上线、唇心为下点所形成的倒三角区，它表示尊重、坦诚、亲切、温和且自信，给人一种平等、轻松的感觉 主要适用于各种社交活动，如上下级之间的友好交谈、朋友或同事之间的交谈，鸡尾酒会、茶会、舞会和各种类型的友谊聚会
		下三角区	下三角区是指唇心到胸部之间的亲密注视区，它带有亲昵、爱恋的感情色彩 主要适用于亲人之间、恋人之间、家庭成员之间，非亲密关系的人应避免使用下三角区
		多人、多角色目光交流训练	多人交流，设置不同角色，有尊有卑、有男有女、有老有少，从见面、交流到告辞依次进行

4. 实训评价

实训评价如表 2-28 所示。

表 2-28　眼神礼仪考核标准

班级：　　姓名：　　学号：　　得分：

考核项目	考 核 标 准	评价等级				分值
		A	B	C	D	
基本训练方法	准确掌握眼神礼仪的基本功，要求规范、熟练、优雅、得体					5
职业眼神礼仪	准确掌握职业工作中眼神礼仪的运用，要求规范、熟练、优雅、得体					5
合　计						10

注：考核等级共分四等，A 等系数为 1.0，B 等系数为 0.8，C 等系数为 0.6，D 等系数为 0.4。

七、微笑礼仪实训

1. 实训准备

微笑礼仪实训需要的场地和物料：形体训练室或大屏幕教室、化妆镜、摄像机、背景音乐等。

2. 实训安排

实训安排如表 2-29 所示。

表 2-29　微笑礼仪实训安排

实训学时	2 学时
实训目的	学生能掌握人际交往中常用的微笑礼仪规范，提高社交沟通能力
实训要求	使用恰当的微笑表情，优雅得体
实训方法	2 人一组，学生分组练习；考试过程用摄像机全程拍摄；回放拍摄过程，学生根据视频做自我点评和小组间的点评；教师针对全体学生的共性问题和典型问题进行针对性点评

3. 实训方法

实训方法如表 2-30 所示。

表 2-30　微笑实训方法

类　型	具体内容	标准实训评价
基本训练	诱导训练法	面对镜子，配放愉快的背景音乐，发挥想象，仿佛自己在风景独好的环境中翩翩起舞、放声高歌或沉浸在美好的回忆之中，此时，喜悦之情油然而生
	发声训练法	面对镜子，深呼吸，然后慢慢地吐气，并将嘴角两侧对称往耳根部提拉，发出“一、七”“桃子、李子、茄子、田七”“波斯、威士忌”的声音
	结对训练法	两人一组，结对训练，讲笑话、纠正对方笑姿，反复训练，养成微笑的职业风范
	携带卡片法	经常在自己的皮夹中放一张写有“微笑”的卡片，一直携带，似一面镜子，随时随地提醒自己保持微笑

类　型	具体内容	标准实训评价
职业微笑训练	一度微笑	只动嘴角肌，嘴角肌微向上提，有淡淡的笑意，适用于客人刚到时
	二度微笑	嘴角肌和颧骨肌同时运动，适用于与客人交谈中，微笑着说话，会让人感觉尊重、友好与热情
	三度微笑	嘴角肌和颧骨肌与眼睛周围的括纹肌同时运动，这是一种会心的微笑，一般可露出 6～8 颗牙齿，意味着在职场中交流成功；送客时，宜用三度微笑
	注意：一度微笑、二度微笑、三度微笑要注重职业场合、职业氛围	

4. 实训考核

实训考核如表 2-31 所示。

表 2-31　微笑礼仪标准考核

班级：　　　　　　姓名：　　　　　　学号：　　　　　　得分：

考核项目	考 核 标 准	评价等级				分值
		A	B	C	D	
基本训练方法	准确掌握微笑礼仪的基本功，要求规范、熟练、优雅、得体					5
职业微笑礼仪	准确掌握职业工作中微笑礼仪的运用，要求规范、熟练、优雅、得体					5
合　计						10

注：考核等级共分四等，A 等系数为 1.0，B 等系数为 0.8，C 等系数为 0.6，D 等系数为 0.4。

八、鞠躬礼仪实训

1. 实训准备

鞠躬礼仪实训需要的场地和物料：形体训练室或大屏幕教室、落地穿衣镜、西装、套装、职业装、摄像机、背景音乐等。

2. 实训安排

实训安排如表 2-32 所示。

表 2-32　鞠躬礼仪实训安排

实训学时	2 学时
实训目的	学生能掌握人际交往中常用的鞠躬礼仪规范，提高社交沟通能力
实训要求	使用恰当的鞠躬礼仪，动作优雅得体
实训方法	2 人一组，学生分组练习；考试过程用摄像机全程拍摄；回放拍摄过程，学生根据视频做自我点评和小组间的点评；教师针对全体学生的共性问题和典型问题进行针对性点评

3. 实训方法

鞠躬礼实训方法如下。

行礼时，男士双手应贴放于身体两侧裤缝线处，女士则应双手相交放于腹前。如果戴帽，行礼时要脱帽，右手握住帽檐中央并将帽子取下，左手下垂，先问候对方，再保持上身前倾约 15°。

掌握不同度数鞠躬礼的使用场合并能熟练运用，分别进行 15°、30°、45°和 90°鞠躬礼的训练。

4. 实训考核

实训考核如表 2-33 所示。

表 2-33　鞠躬礼仪考核标准

班级：　　　　姓名：　　　　学号：　　　　得分：

考核项目	考 核 标 准	评价等级				分值
		A	B	C	D	
基本训练方法	准确掌握鞠躬礼的基本功，注重手位和表情配合，要求规范、熟练、优雅、得体					5
鞠躬礼仪	准确熟练展示 15°、30°、45°和 90°四种鞠躬礼仪规范，注重手位和表情配合，要求规范、熟练、优雅、得体					5
合　计						10

注：考核等级共分四等，A 等系数为 1.0，B 等系数为 0.8，C 等系数为 0.6，D 等系数为 0.4。

拓展阅读

拓展阅读：保持形体美的方法

拓展阅读：观仪态，知心理

思考与训练

1. 如何正确运用眼神？
2. 微笑在人际交往中有什么作用？
3. 微笑时应注意什么？

案例分析

请另谋高位

一次某公司招聘文秘人员，由于待遇优厚，应者如云。中文系毕业的小李同学前往面试，她的背景材料可能是最棒的：大学四年中，在各类刊物上发表了 3 万字的作品，内容有小说、诗歌、散文、评论、政论等，还为6家公司策划过周年庆典，一口英语表达极为流利，书法也堪称佳作。小李五官端正，身材高挑、匀称。面试时，招聘者拿着她的材料等她进来。小李穿着迷你裙，露出大腿，上身是露脐装，涂着鲜红的唇膏，轻盈地走到一位考官面前，不请自坐，随后跷起了二郎腿，笑眯眯地等着问话。孰料，三位招聘者互相交换了一下眼色，主考官说："李小姐，请下去等通知吧。"小李喜形于色道："好！"挎起小包飞跑出门。可想而知，小李的面试以失败告终。

思考并分析：

(1) 李小姐的应聘为什么会失败？

(2) 服装美的最高境界是外在美和内在美的统一，怎样理解这句话？

模块三　塑　职场魅力

君子以仁存心，以礼存心。

仁者爱人，有礼者敬人。

爱人者，人恒爱之；敬人者，人恒敬之。

——《孟子·离娄章句下》

项目要点

1. 掌握介绍礼仪规则并实践。
2. 掌握电梯引领、职场引领礼仪的技巧。
3. 熟悉名片的递接礼仪。
4. 掌握握手礼仪的规范及禁忌。
5. 了解接待与拜访的礼仪规范。
6. 了解馈赠礼仪、受礼礼仪规范及禁忌。
7. 熟练掌握接打电话的礼仪技巧。
8. 掌握餐桌礼仪行为规范及用餐技巧。

思政要点

通过对商务礼仪的学习，展现礼仪之邦的文化自信，在职场中践行社会主义核心价值观，具备良好的职业素养，进入职场后能够在自由、公平、文明、法治、平等的氛围中营造良好的职场风气，展现良好的职场风貌，进而达到职场魅力提升。

小故事　大礼仪

曾子避席

“曾子避席”出自《孝经》，是一个非常著名的故事。曾子是孔子的弟子，有一次他在孔子身边侍坐，孔子就问他：“以前的圣贤之王有至高无上的德行、精要奥妙的理论，用来教导天下之人，人们就能和睦相处，君王和臣下之间也没有不满，你知道它们是什么吗？”曾子听了，明白老师孔子是要指点他最深刻的道理，于是立刻从坐着的席子上站起来，走到席子外面，恭恭敬敬地回答道：“我不够聪明，哪里能知道，还请老师把这些道理教给我。”

在这里，“避席”是一种非常礼貌的行为，当曾子听到老师要向他传授知识时，他站起身来，走到席子外向老师请教，是为了表示他对老师的尊重。曾子懂礼貌的故事被后人传诵，很多人都向他学习。

思考：曾子的尊师之“礼”对我们有什么启发？

以尊重换尊重

在南北朝时期的齐国，有一个叫陆晓慧的人，他才华横溢，博闻强识，为人更是恭谨亲切。他曾在好几个王的手下当过长史，可以说是一个高高在上的人了，然而他却从来不把自己看得很高，前来拜见他的官员，不管官大官小，他都以礼相待，一点儿也不摆架子。如果客人离开，他更会站起身亲自将对方送到门外。

有一个幕僚看到这种情景，很难以理解，就对他说：“陆长史官居高位，不管对谁，哪怕对老百姓也是彬彬有礼，这样实在有失身份，更是什么也得不到，长史何必这样麻烦呢？”陆晓慧听了不以为然地轻松一笑，说道：“欲先取之，必先予之。我想要让所有的人都尊重我，那我就必须尊重所有的人。”

陆晓慧一生都奉行这个准则，所以得到非常多的人的尊重和支持，他的政绩也远远超过别人。

思考：陆晓慧践行的是礼仪原则中的哪一条？对我们有什么启发？

职场礼仪在我国社会政治文化生活中占有很重要的位置，早在先秦时期就建立了一套完备的宫廷礼仪。职场礼仪是人类历史发展积淀下来的一种文化，始终以某种精神的约束力支配着职场人的行为，是促进个人进步和成功的重要资本。

作家塞万提斯说过："礼貌不花钱，却比什么都值钱。"英国大哲学家约翰·洛克说："礼仪是人际关系的一把特殊的钥匙，使他尊重别人，和别人合得来……这是百科全书中的真正知识所赶不上的。"

大学生必须致力于自己的职场形象的打造，有效地展现个人修养、风度和魅力，体现出职场人对社会的认知水准、个人学识、修养和价值，最终形成成功理念。

项目一　介绍礼仪——海内存知己，天涯若比邻

任务一　自我介绍礼仪

自我介绍，就是在必要的社交场合，把自己介绍给其他人，以使对方认识自己。恰当的自我介绍，不但能增进他人对自己的了解，还可以创造出意料之外的商机。

微课：自我介绍礼仪

一、自我介绍的类型

（一）根据介绍人的不同分类

1. 主动型自我介绍

在社交活动中，在欲结识某个人却无人引见的情况下，即可自己充当自己的介绍人，将自己介绍给对方。这种自我介绍又叫作主动型自我介绍。

2. 被动型自我介绍

应其他人的要求，将自己的某些方面的具体情况进行一番自我介绍，这种自我介绍则叫被动型自我介绍。在实践中使用哪种自我介绍的方式，要根据具体环境和条件而定。

（二）根据不同场合、环境的需要分类

1. 应酬式的自我介绍

这种自我介绍的方式最简洁，往往只包括姓名一项即可。如"你好，我叫××""你好，我是××"。

它适合于一些公共场合和一般性的社交场合，如途中邂逅、宴会现场、舞会、通电话时，自我介绍的对象主要是一般接触交往的人。

2. 工作式的自我介绍

工作式的自我介绍的内容，包括本人姓名、供职的单位以及部门、担负职务或从事的具

体工作等三项。

(1) 姓名。应当一口报出，不可有姓无名，或有名无姓。

(2) 单位。供职的单位及部门，如有可能，最好全部报出，具体工作部门有时可以暂不报出。

(3) 职务。担负的职务或从事具体工作，有职务最好报出职务，职务较低或无职务，则可报出目前所从事的具体工作。如“你好，我叫××，是××公司的销售经理”“我叫××，在××学校读书”。

3. 交流式的自我介绍

交流式的自我介绍也叫社交式自我介绍或沟通式自我介绍，是一种刻意寻求交往对象进一步交流的沟通，希望对方认识自己、了解自己、与自己建立联系的自我介绍。它适用于在社交活动中，介绍的内容包括本人的姓名、工作、籍贯、学历、兴趣以及与交往对象的某些熟人的关系等。如“你好，我叫××，在××工作。我是××的同学，都是××人”。

4. 礼仪式的自我介绍

这是一种表示对交往对象友好、敬意的自我介绍，适用于讲座、报告、演出、庆典、仪式等正规的场合，介绍的内容包括姓名、单位、职务等项。自我介绍时，还应加入一些适当的谦辞、敬语，以示自己尊敬交往对象。如“女士们、先生们，大家好！我叫××，是××公司的公关部经理。值此之际，谨代表本公司热烈欢迎各位来宾莅临指导，谢谢大家的支持”“各位来宾，大家好！我叫××，是××学校的学生。我代表学校全体学生欢迎大家光临我校，希望大家……”

5. 问答式的自我介绍

针对对方提出的问题，做出自己的回答。这种方式适用于应试、应聘和公务交往。问答式的自我介绍，应该是有问必答，问什么就答什么。举例来说，对方发问：“这位先生贵姓?”回答：“免贵姓张，弓长张。”

二、把握自我介绍的时机

在商务、公务场合，如果遇到下列情况时，自我介绍就是很有必要的。

(1) 与不相识者相处 室。

(2) 不相识者对自己很有兴趣。

(3) 他人请求自己作自我介绍。

(4) 在聚会上与身边的陌生人共处。

(5) 介入陌生人组成的交际圈。

(6) 求助的对象对自己不甚了解，或一无所知。

(7) 前往陌生单位，进行业务联系。

(8) 在旅途中与他人不期而遇而又有必要与人接触。

(9) 初次登门拜访不相识的人。

(10) 遇到秘书挡驾，或是请不相识者转告。

此外，还有初次利用大众传媒(如报纸、杂志、广播、电视、电影、标语、传单)向社会公众进行自我推介、自我宣传时，利用社交媒介(如信函、电话、电报、传真、电子信函)与其他不相识者进行联络时，都需要进行自我介绍。

三、掌握自我介绍分寸

如果想要自我介绍恰到好处、不失分寸，就必须高度重视下述几个方面的问题。

1. 注意时间

(1) 进行自我介绍时，一定要力求简洁，尽可能地节省时间。通常以半分钟为佳，如无特殊情况最好不要超过1分钟。为了提高效率，在做自我介绍时，可利用名片、介绍信等资料加以辅助。

(2) 自我介绍应在适当的时间进行。最好选择在对方有兴趣、有空闲、情绪好、干扰少、有要求之时。如果对方兴趣不高、工作很忙、干扰较大、心情不好、没有要求、休息用餐或正忙于其他交际之时，则不太适合进行自我介绍。

2. 讲究态度

(1) 态度要保持自然、友善、亲切、随和，整体上讲求落落大方，笑容可掬。

(2) 充满信心和勇气，忌讳妄自菲薄、心怀怯意，要敢于正视对方的双眼，显得胸有成竹，从容不迫。

(3) 语气自然，语速正常，语言清晰。生硬冷漠的语气、过快过慢的语速，或含糊不清的语音，都会严重影响自我介绍的形象。

3. 追求真实

在进行自我介绍时所表达的各项内容，一定要实事求是，真实可信。过分谦虚，一味贬低自己去讨好别人，或自吹自擂，夸大其词，都是不可取的。

自我介绍内容包括三项基本要素：本人的姓名、工作的单位及具体部门、担任的职务和所从事的具体工作，应一口气连续报出，这样既有助于给人以完整的印象，又可以节省时间，不说废话。

总的来说，当本人希望结识他人，或他人希望结识本人，或本人认为有必要令他人了解或认识本人的时候，自我介绍就会成为重要的交往方式。自我介绍常常会成为商务活动的组成部分，承担着拓展交际范围的重任，所以，有关自我介绍的商务礼仪必须烂熟于心。

课堂小互动

自我介绍练习。

一、自我介绍的内容

(1) 姓名。

(2) 爱好、籍贯、学历或经历。

(3) 专业知识、学术背景。

(4) 优点、技能。

(5) 用幽默或警句概括自己的特点可加深他人的印象。

(6) 致谢。

二、自我介绍的注意点

(1) 应显示充分的信心(适度谦虚)。

(2) 应设法抓住听众的注意力(开好头,写自己最得意的、对方最关心的或共同点)。

(3) 力求"三突出":突出优点(可信度),突出个性(鲜明、具体,可借用别人的话),突出重点(有点——重点,有面——广度,以点为主)。

(4) 切记"两不可":不可夸张(用事实说话),不可无次序(合乎逻辑)。

三、自我介绍的评判标准

(1) 时间。应严格控制在规定时间内。一般短则 0.5~1 分钟,长则 1~3 分钟,最多 5 分钟。

(2) 字数。100~1000 字,以 200 字左右为宜。

(3) 评判标准。视不同场合而定,没有统一标准。但一般比例大致为语速 10%,语音 10%,清晰度 10%,神态 15%,重点 30%,艺术 25%(警句、格言或其他,加深印象)。

总之,一定要扬长避短地介绍自己,把问题往自己的优势方向引导。这样会给别人留下好的印象。自我评价并不等同于自我介绍,自我介绍可以非常详细地介绍自己的特点,篇幅可长可短。自我评价则篇幅短,具有概括力强、针对性强等特点。

任务二 为他人介绍礼仪

一、为他人介绍的定义

微课:他人介绍礼仪

为他人介绍是第三者为彼此不相识的双方引见的介绍方式。善于为他人作介绍,可以使你在朋友中享有更高的威信和影响力。

为他人作介绍,在不同场合由不同人承担,如正式活动中地位身份较高者、公务交往中的礼仪专职人员、单位领导、社交活动中的东道主、家庭聚会中的主人或与被介绍双方都相识的人,都是商务活动、接待贵宾和其他社交场合中的合适介绍人。

在进行介绍时,要懂得介绍的礼仪规范。

二、为他人介绍的顺序

介绍人在介绍之前必须了解被介绍双方各自的身份、地位以及双方有无相识的愿望,或衡量一下有无为双方介绍的必要,再择机行事。

为他人介绍应遵循"尊者优先知情"的规则。

(1) 介绍女士与男士相识时,先介绍男性,后介绍女性。

(2) 介绍年长者与年幼者相识时,先介绍年幼者,后介绍年长者。

(3) 介绍职位高者与职位低者相识时,先介绍职位低者,后介绍职位高者。

(4) 介绍已婚者与未婚者相识时,先介绍未婚者,后介绍已婚者。

(5) 介绍同事、朋友与家人相识时,先介绍家人,后介绍同事、朋友。

(6) 介绍客人与主人相识时,先介绍主人,后介绍客人。

(7) 介绍先到者与后到者相识时,先介绍后到者,后介绍先到者。

需要注意的是,若介绍的双方均不止一人时,先介绍位卑的一方,后介绍位尊的一方。

在介绍各方人员时，则由尊而卑，依次进行。这种介绍顺序的共同特点是“尊者居后”，以表示尊敬之意。

三、介绍人的神态与手势

作为介绍人，在为他人作介绍时，态度要热情友好，语言要清晰明快。在介绍一方时，应微笑着用自己的视线把另一方的注意力吸引过来。手的正确姿势应掌心向上，四指并拢，拇指微张，胳膊略向外伸，手势动作文雅，指向被介绍者，但介绍人不能用手拍被介绍人的肩、胳膊和背等部位，更不能用食指或拇指指向被介绍的任何一方。介绍人向谁介绍，眼睛就应该注视着谁。

四、介绍人的陈述

介绍人在作介绍时，要先向双方打招呼，使双方有思想准备。介绍人的介绍语宜简明扼要，并应使用敬辞。在较为正式的场合，可以说：“尊敬的欧阳先生，请允许我向您介绍一下……”或说：“王总，这就是我和你常提起的晏博士。”在介绍中要避免过分赞扬某个人，不要给人留下厚此薄彼的感觉。

在介绍别人时，切忌把复姓当作单姓，常见的复姓有“欧阳”“司马”“司徒”“上官”“诸葛”“西门”等，注意不要把“欧阳明”称为“欧先生”。当介绍人为双方介绍后，被介绍人应向对方点头致意，或握手为礼，并以“您好”“很高兴认识您”等友善的语句问候对方，表现出结识对方的诚意。介绍人在介绍后，不要随即离开，应给双方交谈提示话题，可有选择地介绍双方的共同点，如相似的经历、共同的爱好和相关的职业等，待双方进入话题后，再去招呼其他客人。当两位客人正在交谈时，切勿立即给其介绍别的人。

课堂小互动

请用正确的介绍方式，模拟示范表演。

小组一：沈天和朋友刘波一起去听李教授的讲座，刘波对讲座很感兴趣，想与李教授有进一步的交流。由于李教授给沈天班上上过课，认识沈天，因此，刘波想让沈天在会后把自己介绍给李教授。如果你是沈天，你会怎样介绍两人认识呢？

小组二：你的同学到你家做客，恰好你的姐姐也在家，你将怎样为他们相互介绍？

小组三：班上新来了一位转学生，恰好是你的高中同学，你怎样把她介绍给你的同班同学？

项目实训

自我介绍礼仪实训

1. 实训准备

自我介绍礼仪实训需要的场地和物料：礼仪训练室、普通教室或大屏幕教室、正装。

2. 实训安排

实训安排如表 3-1 所示。

表 3-1 自我介绍礼仪实训安排

实训学时	2 学时
实训目的	掌握自我介绍的正确表达方式
实训要求	熟练掌握介绍的方式方法，概括力强、针对性强
实训方法	4～6 人一组，学生分组考核；考核过程全程拍摄；回放拍摄过程，学生根据视频做自我点评和小组间的点评；教师针对全体学生的共性问题和典型问题进行针对性点评

3. 实训考核

实训考核如表 3-2 所示。

表 3-2 自我介绍礼仪考核标准

班级： 姓名： 学号： 得分：

考核项目	考核标准	评价等级				分值
		A	B	C	D	
声音	语速适中					1
	语音					1
	清晰度					1
神态	精神饱满，面带微笑、表情自然					1.5
重点	自我介绍内容是否完整					3
艺术	警句、格言或其他，加深印象的点					2.5
合计						10

注：考核等级共分四等，A 等系数为 1.0，B 等系数为 0.8，C 等系数为 0.6，D 等系数为 0.4。

项目二 引领礼仪——谦恭有礼，人人欢迎

引领礼仪是指在社交场合、工作场所等各种场合，通过自身言行、态度和行为习惯等方式，引导他人遵循礼仪规范和行为准则，并推动社交礼仪的进步和发展。一个懂得引领礼仪的人，不仅能够展现自己的文化修养和社交能力，更能够为他人树立良好的榜样，推动社会风气向更加文明、优美、和谐的方向发展。

引领礼仪是一个与职业发展密切相关的能力。在职场中，一个懂得引领礼仪的人往往能够更好地维护自己的职业形象和职业关系，更容易受到上司和同事的尊重和信任。同时，引领礼仪也是一种高尚的社会责任和道德担当。引领礼仪需要具备多种能力和素质，比如，需要具备一定的社交能力，能够与不同的人进行交流和互动，需要懂得礼仪知识和规范，能够根据不同场合和情况，运用不同的礼仪方式和行为准则。

引领礼仪是一个与职场发展和社会进步密切相关的能力。作为当代大学生或职场人士，应该重视礼仪素养的培养和提高，注重自身言行、态度和行为习惯，努力使自己成为受人

尊重、引领他人遵循礼仪规范和行为准则、推动社交礼仪和社会文明进步的人。

任务一 电梯引领礼仪规范

微课：引领礼仪（上）

电梯是大多数人生活和工作中密不可分的交通工具，好的电梯礼仪能让乘坐电梯时既安全又得体，给同乘者留下美好的印象，也能感染更多人遵守电梯礼仪，如图3-1所示。

图 3-1 引领仪态

一、电梯礼仪

（一）搭乘电梯的一般礼仪

（1）电梯门口处，如有很多人在等候，此时切勿挤在一起或挡住电梯门口，应先让电梯内的人出来之后方可进入，不可争先恐后。

（2）靠电梯最近的人先上电梯，然后为后面进来的人按住“开门”按钮，当出去的时候，靠电梯最近的人先走。男士、晚辈或下属应站在电梯开关处提供效劳，并让女士、长辈或上级先行进入电梯，自己再随后进入。

（3）在电梯里，尽量站成“凹”字形，挪出空间，以便让后进入者有地方可站，进入电梯后，正面应朝电梯口，以免造成面对面的尴尬。在前面的人应站到边上，如有必要应先出去，以便让别人出去。

（4）其他。

① 为了你和他人的方便，切忌为了等人，让电梯长时间停在某一楼层，这样会引起其余乘客的不满。但也不要让等在电梯门口的人刚上电梯就关门。

② 进出电梯要礼让，先出后进。遇到老幼病残孕者，应让他们先行。如果电梯里的人很多，不妨静候下一趟电梯。

③ 拎着鱼、肉等物品时，要包裹严密，尽量放在电梯角落，防止蹭在他人身上。

（二）共乘电梯需注意的礼仪

1. 与上级共乘电梯

（1）身为下属应站在电梯入口处，以便在开关电梯时为上级效劳。而上级的理想位置是在下属的对角处，以使两人的距离尽量最大化，并卸下下属的心理负担。

(2) 在电梯里讲话时，不宜盯着对方的眼睛不放，目光可适当下移，以嘴巴和颈部为限。

(3) 因电梯空间很小，所以讲话时，最好不要有手部动作，更不能指手画脚，动作过大。

(4) 打破沉默并不是下属的专利，上级也可利用这几十秒时间增进对下属的了解。

(5) 如果上级正在思考或明显不想开口，那也完全没必要非得找个话题。

(6) 酒后或吃大蒜后，最好嚼块口香糖再上电梯，而香烟应在上电梯前掐灭。

(7) 上下电梯时，长者、女士优先。

2. 与客人共乘电梯

(1) 出入有人控制的电梯，陪同者应后进去、后出来，让客人先进先出。

(2) 出入无人控制的电梯时，需要注意的礼仪如下。

① 站在客人的左前方引领宾客来到电梯厅门前时。先按电梯呼梯按钮。轿厢到达时，假设客人不止 1 人，可先行进入电梯，在右前方电梯按钮处一只手按“开门”按钮，另一只手按住电梯侧门，以免电梯门碰到客人，并礼貌地说“请进”，请客人进入电梯轿厢。

② 进入电梯后。帮客人按下他要去的楼层按钮。假设电梯行进间有其他人员进入，可主动询问要去几楼，帮助按下楼层按钮。电梯内可视状况寒暄，例如，没有其他人员时，可略作寒暄；有外人或其他同事时，可斟酌是否有必要寒暄，因为里面的每个人都在听你说话，话题太“公”不好，太“私”也不好，而且大家的距离非常近，说话、举止一定要注意。电梯内尽量侧身面对客人。

③ 到达目的楼层。一只手按住“开门”按钮，另一只手做出请出的动作，可说：“到了，您先请!”客人走出电梯后，自己立刻步出电梯，并热诚地引导其行进的方向。

3. 出电梯要注意的问题

(1) 注意平安。当电梯关门时，不要扒门，或是强行挤入。在电梯人数超载时，不要心存侥幸，非进去不可。当电梯在升降途中因故暂停时，要耐心等候，不要冒险攀援而行。

(2) 注意出入顺序。与不相识者同乘电梯，进入时要讲先来后到，出来时，应由外向内依次而出，不可争先恐后。与熟人同乘电梯，尤其是与尊长、女士、客人同乘电梯时，应视电梯类别而定。即进入有人管理的电梯，应主动后进后出；进入无人管理的电梯时，应先进去、后出来，先进去是为了控制电梯，后出来也是为了控制电梯。

4. 电梯礼仪十二项

(1) 较靠电梯门口处，为第二顺位。

(2) 进出不站在近门处。

(3) 面朝门的方向站立。

(4) 依序进出。

(5) 等待即将快步到达者。

(6) 帮助不便操作按键者。

(7) 不应当对镜整装。

(8) 尽量防止交谈。

(9) 绝不吸烟。

(10) 防止过度使用香水。

(11) 越靠近内侧,越是最尊贵的位置。

(12) 操作按键是晚辈或下属的工作,所以同乘电梯时,辈分最低的人站在此处。

5. 乘坐电梯十大陋习

(1) 站在近电梯门处,阻碍他人进出。

(2) 面朝门的方向站立,把脊背对着电梯里的其他人。

(3) 不依序进出电梯、插队,甚至冲撞他人。

(4) 不等待即将快步到达者而关闭电梯门。

(5) 不帮助不便操作按键者。

(6) 对着电梯里的镜子,旁若无人地整理头发或涂口红。

(7) 大声喧哗,打情骂俏,大声打闹。

(8) 吸烟和过度使用香水。

(9) 带宠物进入电梯。

(10) 电梯恶习中的最大恶习——性骚扰。这已经不是道德问题,而是违法行为了。

二、电动手扶电梯礼仪

手扶电梯在上电梯的时候,让上级或客人先上,引领者再上,站在上级或客人的下边。在下电梯的时候,正好相反,引领者应该站在上级或客人的前面。

【案例 3-1】

一天,一位客人在楼层乘坐酒店观光电梯准备下到大堂。当电梯行至酒店行政办公楼层时,走进两位着酒店制服,正准备去参加每月生日会的员工。两位员工边聊边随手按了一下电梯按钮,但随即发现错按了五楼,而员工生日会通常在三楼或二楼举办。于是员工改按了三楼的按钮。当到达三楼,电梯门打开后,员工发现三楼好似没有来参加生日会的人,那么生日会应该是在二楼举办,于是员工又按了二楼的按钮。员工的行为引起一同乘坐电梯的客人不快,当电梯到达大堂后,客人向大堂副理投诉,认为酒店员工不应该乘坐客用电梯,且员工乱按电梯完全不考虑客人的感受。

思政提示:由于员工在乘坐客用电梯时,无视客人的存在,不注意自己的行为标准和必要的电梯礼仪,以致引起客人的不快。员工因工作需要在使用电梯时,应礼貌向电梯内的客人问好,并按住电梯按钮,让客人先进、先出电梯;当电梯内客人较多时,应等候下一部电梯,绝不能和客人争抢电梯,应该按规范乘坐员工电梯。尊重客人,不仅要体现内心的“礼”,还要体现外在的“仪”。

任务二　职场引领礼仪规范

来宾的引领是指迎宾人员在接待来宾时,为之亲自带路或是陪同对方一道前往目的地。在一般情况下,负责引导来宾的人,多为来宾接待单位的接待人员、礼宾人员、专门负责此事者或是接待方与来宾对口单位的办公室人员、秘书人员。

引导礼仪三大基本要素:引导的位置、引导的手势、引导的语言。

一、引导的位置

微课：引领礼仪（下）

引导人员站在来宾的左前方，距来宾 0.5～1.5m，传达“以右为尊、以客为尊”的理念。同时要注意行走的速度，随宾客的速度来灵活调整。来宾人数越多，引导的距离也应该越远，以免照顾不周。

二、引导的手势

规范的手势标准是左手垂下，右手五指伸直并拢，腕关节伸直，手和前臂成直线。在做动作时，右手从腹前抬起，向右摆到身体的前方，肘关节既不要成 90°，也不要完全伸直，以弯曲 140°为宜。掌心斜向上方，手掌与地面成 45°，如图 3-2 所示。引导的手势类型有以下几种。

(a)

(b)

图 3-2 指引礼仪

1. 高位手势

直臂式手势，手臂向外侧横向摆动，手指伸直并拢，屈肘从身前抬起，向目标方向摆去，手臂抬至与肩同高并且与地面平行。适用于指示方向或物品的位置。

2. 中位手势

(1) 横摆式手势。开始做手势时应将手从腹前抬起，以肘为轴轻缓地向一旁摆出，到腰部的高度且与身体正面成 45°时停止，小臂要与地面平行。与此同时，头部和上身微微向伸出手的一侧倾斜，另一只手在腹前下垂或背在身后，目视来宾，面带微笑，表现出对来宾的尊重、欢迎。

(2) 屈臂式手势。动作要领是手臂弯曲，由体侧向体前摆动，手臂高度在胸以下。

(3) 双臂横摆式手势。当来宾比较多时，可以将表示“请”的动作做大一些，即采用双臂横摆式手势。两臂从身体两侧向前上方抬起，两肘弯曲向两侧摆出。

3. 低位手势

斜臂式手势常用于表示“请坐”。当请来宾入座时，要先用双手扶椅背将椅子拉出，然后一只手屈臂由前抬起，再以肘关节为轴，前臂由上向下摆动，使手臂向下成一条斜线。手在平位手势的基础上向下即可。

通过手势八位来进行练习，如图 3-3～图 3-10 所示。

图 3-3　一手位（高位指引）

图 3-4　二手位（中位指引）

图 3-5　三手位（低位指引）

图 3-6　四手位（左侧高位指引）

图 3-7　五手位（左侧中位指引）

图 3-8　六手位（左侧低位指引）

图 3-9　七手位（正前方指引）

图 3-10　八手位（正前方低位指引）

三、引导的语言

(1) 要有明确而规范的引导语,多用敬语"您好!""请",以表达对来宾的尊重。引路时要注意来宾,适当地做一些介绍。

(2) 作用。问候、提醒,确保来宾心情舒畅,并且能安全到达目的地。

四、引领训练

1. 走廊处

通过走廊时,引领者应以手势指引,伸左手,五指相贴,角度适中。引领者站在来宾的左边,一般情况下离来宾 1～1.5m,让来宾走在路中央,以示对来宾尊重。但是如果走廊太窄,一般请来宾走在前,遇到对面行人时,则面朝走廊、墙壁让路。引领者要始终与来宾步调保持一致。

2. 楼梯处

上、下楼梯的引领比较复杂,但是要掌握的一个原则是来宾在右,而且在上下楼时,来宾要始终处在楼梯的高处,也就是一旦有失足情况发生,就能提供保护。

楼梯引领要点:面带微笑、谦和行礼,手势指引、注意提醒,上楼时客在前、下楼时客在后,安全最重要。

3. 拉门和手推门

(1) 拉门。引导人员应先拉开门说:"请稍等。" 在靠近把手的手拉住门,站在门旁,用回摆式手势请大家进门,最后自己把门关上。

(2) 手推门。引导人员推开门说:"请稍等。"然后先进,握住门后把手,用横摆式手势请来宾进来。

4. 会议室

引领者需主动替来宾开门或关门,因此引领者可以先行一步,推开或拉开房门,当来宾走入会客厅后,接待人员用前摆式手势指示座位位置,同时要说"您请坐"等敬语。请来宾坐下,看到来宾坐下后,才能离开。

5. 出入轿车

与来宾一起出行,宾主不同车时,一般引导者坐在车的前排,来宾坐后排;宾主同车时,大都讲究引导者后登车、先下车,来宾先登车、后下车的原则。

课堂小互动

分组进行引领手势训练。

礼仪中手势是肢体语言的一种,正确使用肢体语言,需要学习,更需要反复练习。当把它变成习惯的动作、成为身体的一部分时,将为你的形象加分。根据以下基本要求进行正确练习。

1. 基本要求

(1) 动作舒展自然,需要配合面部表情,轻松地微笑,使用礼貌用语。

(2) 任何时候手势都不要幅度过大或迅猛,以轻巧明确为好。

(3) 引导来宾向前或入座等手势示意时,要做到“手到、眼到、说到”方能有效。

(4) 节奏缓和、协调柔美,气质优雅。

2. 引领手势训练

1) 女性引领者

(1) 在标准站姿的基础上,面对乘客45°,“双手腹前握指式”站立。

(2) 抬起大臂与小臂135°伸开,与身体成为一个夹角。

(3) 五指并拢伸直、手心向上与水平面成45°夹角。

(4) 身体略微前倾,另一只手臂自然下垂或置于腹前。

2) 男性引领者

(1) 在标准站姿的基础上,面对乘客45°,双手交叉相握站立。

(2) 抬起大臂,与小臂成135°伸开,与身体成为一个夹角。

(3) 五指并拢伸直,手心向上与水平面成45°夹角。

(4) 身体略微前倾,另一只手臂五指并拢,中指对准裤缝,拇指内收于手心,虎口向前或置于腹前。

项目实训

引领礼仪实训

1. 实训准备

引领礼仪实训需要的场地和物料:礼仪训练室、普通教室或大屏幕教室、正装。

2. 实训安排

实训安排如表3-3所示。

表3-3 引领礼仪实训安排

实训学时	2学时
实训目的	掌握引领手势
实训要求	熟练掌握引领的动作要领
实训方法	4～6人一组,学生分组考核;考核过程全程拍摄;回放拍摄过程,学生根据视频做自我点评和小组间的点评;教师针对全体学生的共性问题和典型问题进行针对性点评

3. 实训考核

实训考核如表3-4所示。

表 3-4 引领礼仪考核标准

班级： 姓名： 学号： 得分：

考核项目	考核标准	评价等级				分值
		A	B	C	D	
引领语言	语速适中					1
	语言亲切					1
	音量适中，吐字清楚、清晰，引领指示准确					1
神态	面带微笑、表情自然、充满自信					1.5
动作	站姿、手势位置、体态是否标准					3
节奏	节奏缓和、协调柔美、气质优雅					2.5
合计						10

注：考核等级共分四等，A 等系数为 1.0，B 等系数为 0.8，C 等系数为 0.6，D 等系数为 0.4。

项目三 名片礼仪——名片是礼仪的门面

名片成为人际交往、建立联系的重要手段，在中国已有 2000 多年的历史。秦汉时期，官方为了交往的便利和信任，使用一种叫“谒(yè)”的名帖，是用竹片或木片做成的；到汉末改名为“刺”，也是用“竹”或“木”做的；汉以后，改用纸做；到六朝时称为“名”；唐朝称为“膀子”“门状”；明朝称为“名帖”，清朝称为“名刺”或“名片”。交换名片是商业交往的第一个标准官式动作。

任务一 名片礼仪

微课：名片礼仪

一、名片使用的原则

名片礼仪要讲究以下三不准原则。

1. 名片不随意涂改

在国际交往中，名片譬如脸面，是不能随意涂改的。

错误的做法：手机号、地址或其他信息有变动的，直接用笔划掉，把新的号码或信息写在上面；制作名片的时候，特意将手机号码位置留空，等到给人派送的时候再手写添加，字迹龙飞凤舞。

2. 名片不提供私人住宅电话

名片的主要作用是用于商务和公务交往，而私人住宅电话严格意义上来说涉及个人隐私，不能公私不分。礼仪讲究保护个人隐私。

3. 名片不印两个以上的头衔

倘若一个名片上印的头衔较多，有三心二意、用心不专之嫌，一般只写一个头衔，这样对象化明显。因此，有身份、有地位的商务和公务人士可能一人准备多张名片，对不同的交往对象，使用不同的名片。

二、名片的内容与分类

名片的基本内容一般有姓名、工作单位、职务、职称、通信地址等，也有把爱好、特长等情况写在上面，选择哪些内容，由需要而定，但无论繁、简，都要求信息新颖，形象定位独树一帜。一般情况下，名片可分两类。

1. 社交类名片

社交类名片又称私用名片，指在工作之余，以私人身份在社交场合进行交际应酬时所使用的名片。一般而言，社交名片为个人名片，包括两部分：一部分是本人姓名，姓名之后无须添加任何公务性关衔；另一部分是联络方式，以较小字体印在名片右下方。

社交名片只用于社交场合，通常与公务无关，因此一般不印工作单位及行政职务，以示“公私有别”。

如果本人不喜欢被外界打扰，则可根据具体情况对自己的联络方式的内容有所删减，必要时可以不印任何联络方式，而仅留姓名一项。

2. 工作名片

标准的工作名片，其内容按惯例应由具体归属、本人称呼、联络方式三项基本内容构成，这称为“三三原则”。

三、名片的用途

名片是自我介绍辅助工具。初次见面时，除了必要的口头自我介绍，用名片辅助，不仅能向对方明确身份，还可以节省时间，强化效果。

四、名片的设计

名片的语言一般简明清晰、实事求是，传递个人的基本情况，从而达到彼此交际的目的。在现实生活中，可以看到有些名片语言幽默、新颖，别具一格。举例如下。

(1)“您忠实的朋友——×××”，然后是联系地址、邮编、电话，名片没有任何官衔，语言简洁，亲切诚实。

(2) 有人则写着：“家中称老大，社会算老九，身高一七八，自幼好旅游，敬业精神在，虽贫亦富有，好结四方友，以诚来相求。”

(3) 著名剧作家沙叶新的名片上有一幅自己的漫画像，自我介绍的文字很幽默、有趣，使人对其了解更加深刻：“我，沙叶新，上海人民剧作家——暂时的；上海人民艺术剧院剧作家——永久的；××委员、××理事、××顾问、××教授——都是挂名的。”在设计上，除了文字，还可借助有特色或象征性的图画符号等非语言信息辅助传情，增强名片的表现力，但不能有烦琐的装饰，以免喧宾夺主。

课堂小互动

(1) 根据本小节知识，给自己设计一款个性名片并分享设计理念。

(2) 同学互评设计,并说明原因。

五、名片的放置

一般来说应把自己的名片放在容易拿出的地方,不要将它与杂物混在一起,以免要用名片时手忙脚乱,甚至拿不出来。若穿西装,宜将名片置于左上方口袋。若有手提包,可将名片放在包内伸手可得的部位。不要把名片放在皮夹内、工作证内,甚至裤袋内,这是一种很失礼的行为。另外,不要把别人的名片与自己的名片放在一起,否则一旦慌乱中误将他人的名片当作自己的名片送给对方,这是非常糟糕的。

任务二 递名片礼仪

一、把握时机

(1) 发送名片要掌握适宜时机,只有在确有必要时发送名片,才会令名片发挥功效。

(2) 不要太早向对方递出你的名片,尤其是初次面对完全陌生的人和偶然认识的人时。

(3) 递名片一般应选择初识之际或分别之时,不宜过早或过迟。参加同业会议时,交换名片通常在会议开始时,有时在结束时进行。

(4) 不要在用餐、戏剧、跳舞之时递名片,也不要在大庭广众之下向多位陌生人递名片。

二、讲究顺序

1. 两人间顺序

(1) 男士先,女士后。

(2) 晚辈先,长辈后。

(3) 下级先,上级后。

(4) 主人先,客人后。

2. 多人间顺序

(1) 向多人递送名片,切勿按跳跃式进行派送。

(2) 熟悉对方人员的职务分布时,按照职位高低递送。

(3) 如果不熟悉对方职务高低,按照由近而远的原则递送,依次进行,切勿跳跃式地进行。

(4) 如果是在宴会或会议室内,对方人员呈圆桌状分布时,应按照顺时针方向旋转递送。

3. 动作规范

(1) 先打招呼,后递送名片。递上名片前,应当先向接受名片者打个招呼,令对方有所准备。

(2) 递送名片时,应该起身站立,走上前或身体适度前倾。注意:不要将名片举得高于胸部递送给人。

(3) 用双手或右手拿住名片的上角递送,切勿以手指夹着名片递给人,也不许用左手拿名片给人。

(4) 将名片正面对着对方,如对方为外宾,应该将名片上印有外文的一面对着对方。

(5) 递名片时，应面带微笑，稍欠身，注视对方，将名片正对着对方，切忌目光游移或漫不经心。用双手的拇指和食指分别持握名片上端的两角送给对方。如果是坐着的，应当起立或欠身递送，还应顺便说些客气词语，如“请多多指教”“我是×××，这是我的名片，请笑纳”“这是我的名片，请多关照”“多谢关照”“常联系”等。

(6) 递名片时应把握好时机。当初次相识，自我介绍或别人为你介绍时可出示名片；当双方谈得较融洽，表示愿意建立联系时就应出示名片；当双方告辞时，可顺手取出自己的名片递给对方，以示愿结识对方并希望能再次相见，这样可加深对方对你的印象。

任务三　接名片礼仪

一、态度谦和

接受他人名片时，不论有多忙，都要暂停手中一切事情，并起身站立相迎，面含微笑注视对方，双手接捧或以右手接过，并以客气语言表示感谢，绝对不要冷若冰霜、自命清高。

二、认真阅读

接过对方名片后，一定要认真阅读，这是对别人的尊重、待人友善的表现。认真通读浏览一遍名片，第一表示对别人的尊重，第二可以了解对方确切身份，在默读名片的过程中，如遇有显示对方荣耀的职务、头衔时，不妨轻读出声，以示尊重和敬佩。若对对方名片上的内容有所不明，可当场请教对方。

三、有来有往

接受他人的名片后，要当即回敬对方，同时递上自己的名片。国际交往中，在比较正规的场合，如果没有名片、名片用完了或忘了带名片时不要说出来，应采用委婉的方式向对方做出合理解释并致以歉意。例如，“不好意思，我的名片用完了，过几天我会亲自寄一张给您”“抱歉今天没有带”，切莫毫无反应。

四、精心收藏

接到他人名片后，切勿将其随意乱丢乱放、乱揉乱折，应该在现场收藏。一般将对方名片放在自己的名片包内，再放入公文包、办公桌或上衣口袋之内，且应与本人名片区别放置。名片的日后整理也非常重要，要养成及时整理名片的习惯，按照姓名、国籍、性别、单位、类别等输入计算机。

任务四　名片索取礼仪

一、直接索取法

一般来说，这种方法适用于比较熟悉的朋友间。在因工作变动、久未联系、电话变更等原因而需更新对方联络资料的情况下，可以直接向朋友索要新的名片。

二、礼貌互换法

礼貌互换法即以名片换名片，这一方法适用于大多数交际场合。将欲取之，必先予之，如果想讨要某位感兴趣人士的名片，最好的方式是将自己名片递上。即便大家不是特别熟悉，一般情况下，出于礼貌，对方都会乐意与你互换名片。如果担心对方不回送，可在递上名片时明言此意，例如，“能否有幸与您交换一下名片？”

三、谦恭索取法

跟名人、长辈或地位比较高的人讨要名片时，可以以一种委婉、含蓄、客气的语气，向对方表明自己的尊敬之意，同时给对方暗示。

四、如何拒绝别人

1. 尽量不拒绝

面对他人的索取，一般不应直接加以拒绝。如确有必要这么做，则特别需要注意分寸。一个有素养、有礼貌的人，会在适当的场合运用善意的欺骗。如果真的不想给的话，可说名片刚派完，或说出门忘带了。

2. 要自圆其说

如果自己手里正拿着名片或刚与他人交换过名片，再向对方表示自己的名片刚用完，或说自己忘了带名片，其结果会非常难堪，这时显然不说为妙。

接受他人递过来的名片时，应尽快起身或欠身，面带微笑，用双手的拇指和食指接住名片的下方两角，态度也要毕恭毕敬，使对方感到你对名片很感兴趣，接到名片时，要认真地看一下，可以说“谢谢！”“能得到您的名片，真是十分荣幸”等，然后郑重地放入自己的口袋、名片夹或其他稳妥的地方。切忌接过对方的名片一眼不看就随手放在一边，也不要在手中随意玩弄，不要随便拎在手上，或拿在手中搓来搓去，那样做会伤害对方的自尊，影响彼此的交往。

课堂小互动

（1）根据本节课知识，和同桌演练递接名片的动作要领。

（2）根据教师布置的不同场景，进行对话设计并与表情、动作结合。

（3）小组互评，并说明原因。

【案例 3-2】

某公司新建的办公大楼需要添置一系列的办公家具，价值数百万元。公司的总经理已做了决定，向 A 公司购买这批办公用具。这天，A 公司的销售部负责人打电话来，要上门拜访这位总经理。总经理打算，等对方来了，就在订单上盖章，定下这笔生意。

不料对方比预定的时间提前了 2 小时，原来对方听说这家公司的员工宿舍也要在近期内落成，希望员工宿舍需要的家具也能从 A 公司购买。为了谈这件事，销售负责人还带来了一大堆的资料，摆满了台面。总经理没料到对方会提前到访，刚好手边又有事，便请秘书让对方等一会。这位销售员等了不到半小时，就开始不耐烦了，一边收拾资料一边说：“我还是改天再来拜访吧。”

这时，总经理发现对方在收拾资料准备离开时，将自己刚才递上的名片不小心掉在地上，对方却并没发觉，走时还无意从名片上踩了过去。但这个不小心的失误，却令总经理改变了初衷，A公司不仅没有机会与对方商谈员工宿舍的设备购买，连几乎到手的数百万元办公用具的生意也告吹了。

思政提示：公司销售部负责人的失误，看似很小，其实是巨大而不可原谅的失误。名片在商业交际中是一个人的化身，是名片主人“自我的延伸”。弄丢了对方的名片已经是对他人的不尊重，更何况还踩上一脚，顿时让这位总经理产生反感。再加上对方没有按预约的时间到访，不曾提前通知，又没有等待的耐心和诚意，丢失了这笔生意也就不是偶然的了。职场中主要训练自己沉着稳重的职业气质，给人以值得信赖的感觉。

项目实训

递名片礼仪实训

1. 实训准备

递名片礼仪实训需要的场地和物料：礼仪训练室、普通教室或大屏幕教室、正装、名片、摄像机或手机。

2. 实训安排

实训安排如表3-5所示。

表3-5　递名片礼仪实训安排

实训学时	2学时
实训目的	掌握递送名片的要领
实训要求	熟练掌握递送的动作要领
实训方法	4～6人一组，学生分组考核；考核过程全程拍摄；回放拍摄过程，学生根据视频做自我点评和小组间的点评；教师针对全体学生的共性问题和典型问题进行针对性点评

3. 实训考核

实训考核如表3-6所示。

表3-6　递名片礼仪考核标准

班级：　　　　姓名：　　　　学号：　　　　得分：

考核项目	考核标准	评价等级				分值
		A	B	C	D	
递送暗示	先打招呼，让对方有所准备					1
动作规范	双手拿住名片上角递送					2
语言	内容表达清晰，礼貌					3
神态	面带微笑、注视对方、表情自然、充满自信					2
动作	站姿、欠身					2
合计						10

注：考核等级共分四等，A等系数为1.0，B等系数为0.8，C等系数为0.6，D等系数为0.4。

项目四 握手礼仪——用手传递温暖和尊重

鲁迅先生说:“中国欲存争于天下,其首在立人,人立而后凡事举。”“立人”的意思便是要完善人的思想和文明修养,人的文明修养并不是与生俱来的,而是靠后天不断完善的。要完善个人修养,首先要致力于读书求学,完善自身的认知水平;认知达到一定水平,就有了明辨是非的能力;有了明辨是非善恶的能力,就要端正自身的心态,不违背自己的良知,努力使自己的一言一行符合道德的标准,自己的修养便得到完善。

这就是前贤所言:格物、致知、诚意、正心、修身。完善个人道德修养,便有了推进社会公共文明的基础。而一个社会的文明氛围对他的民众也有莫大的影响。

握手作为一种礼仪,在人与人之间、团体之间、国家之间都被赋予丰富的内涵。一般来说,握手表示友好,是一种交流方式,可以沟通原本隔阂的情感,可以加深双方的理解、信任,可以表示一方对另一方的尊敬、景仰、祝贺、鼓励,也能传达出一些人的淡漠、敷衍、逢迎、虚假、傲慢。团体领袖、国家元首之间的握手则往往象征着合作、和解、和平。商务合作中,双方握手表示信任、真诚、祝贺等。握手的次数也许数也数不清,印象深刻的可能只有几次:第一次见面的激动,离别之际的不舍,久别重逢的欣喜,误会消除、恩怨化解的释然等。著名盲聋哑女作家海伦·凯特曾写道:“我接触的手,虽然无言,却极有表现力,有的人握手能拒人以千里之外,也有些人的手充满阳光,他们伸出手来与你相握时,你会感到很温暖。”

任务一 握手礼仪规范

握手礼是交际场合中运用最多的一种国际通行的交际礼节形式。初次见面、久别重逢、告别或表示祝贺、鼓励、感谢、理解、慰问等都可以行握手礼。图 3-11 所示为握手礼仪。

微课:握手礼仪

图 3-11 握手礼仪

一、握手礼的起源故事

1. 故事一

握手礼起源于遥远的“刀耕火种”的原始社会，人们用以防身和狩猎的主要武器就是棍棒和石头。传说当人们在路上遭遇陌生人时，如果双方都无恶意，就放下手中的东西，伸开双手让对方抚摸掌心，以示亲善。这种表示友好的习惯沿袭下来就成为今天的握手礼。

2. 故事二

握手礼源于中世纪，当时打仗的骑兵都身披盔甲，除了两只眼睛，全身都包裹在盔甲中，如果想表示友好、互相接近，就脱去右手的盔甲，伸出右手表示没有武器，消除对方的戒心，相互握一下右手，即为和平的象征，沿袭下来就演变成了握手礼。

二、握手礼的正确打开方式

1. 握手姿态要正确

行握手礼时，通常距离受礼者约一步的距离，立正，上身稍向前倾，伸出右手，四指并齐，拇指张开与对方手掌平行相握，一般持续1～3秒，微微抖动三四次，表情面带微笑，注视对方并伴有问候性语言，然后与对方的手松开，恢复原状。

与关系亲近者握手时，可稍加力度和抖动次数，甚至双手交叉热烈相握。

2. 握手必须用右手

如果恰好你当时正在做事，或手很脏很湿，应向对方说明，摊开手表示歉意或立即洗干净手，与对方热情相握。如果戴着手套，则应取下后再与对方相握，否则是不礼貌的。

3. 握手要讲究先后次序

一般情况下，由年长的先向年轻的伸手，身份地位高的先向身份、地位低的伸手，女士先向男士伸手，老师先向学生伸手。如果两对夫妻见面，先是女性相互致意，然后男性分别向对方的妻子致意，最后才是男性互相致意。拜访时，一般是主人先伸手，表示欢迎；告别时，应由客人先伸手，以表示感谢，并请主人留步。不应先伸手的就不要先伸手，见面时可先行问候致意，等对方伸手后再与之相握，否则是不礼貌的。许多人同时握手时，要顺其自然，最好不要交叉握手。

4. 握手要热情

握手时双目要注视着对方的眼睛，微笑致意。切忌漫不经心、东张西望，边握手边看其他人或物，或对方早已把手伸过来，而你却迟迟不伸手相握，这都是冷淡、傲慢、极不礼貌的表现。

5. 握手要注意力度

握手时，既不能有气无力，也不能握得太紧，甚至握痛对方的手。握得太轻，或只触到对方的手指尖，不握住整只手，对方会觉得你傲慢或缺乏诚意；握得太紧，对方则会感到你热情过火，不善于掩饰内心的喜悦，或觉得你粗鲁、轻浮而不庄重。这些都是失礼的表现。

6. 握手应注意时间

握手时，既不宜轻轻一碰就放下，也不要久久握住不放。一般来说，说完欢迎或告辞致意的话以后，就应放下。

任务二 握手禁忌

(1) 不要用左手相握,尤其是和阿拉伯人、印度人打交道时要牢记,因为在他们看来,左手是不干净的。

(2) 在和基督徒交往时,要避免两人握手时与另外两人相握的手形成交叉状,这种形状类似十字架,在他们眼里,这是很不吉利的。

(3) 不要在握手时戴着手套或墨镜,只有女士在社交场合戴着薄纱手套,或者晚礼服并戴着通花的长手套握手是被允许的。若实在来不及脱掉,应向对方说明原因,并表示歉意。

(4) 不要在握手时另外一只手插在衣袋里或拿着东西。

(5) 不要在握手时面无表情、不置一词或长篇大论、点头哈腰,过分客套。

(6) 不要在握手时仅握住对方的手指尖,好像有意与对方保持距离一样。正确的做法是握住整个手掌,即使对异性,也应这样。

(7) 不要在握手时把对方的手拉过来、推过去,或上下、左右抖个不停。

(8) 不要一只脚站在门外,一只脚站在门内握手,也不要连蹦带跳地握手,或边握手边敲肩拍背,更不要有其他轻浮不雅的举动。

握手虽然是一个再简单不过的动作,但它贯穿于各国人们交往、应酬的各个环节,因此,决不能忽视上述握手礼节。

学"礼"

同各国友人握手的禁忌

1. 欧洲国家

与欧洲人握手忌讳紧紧握住不放。欧洲人握手一般较轻。欧洲拉丁语系地区,握手时间较长,一般为5~7秒,是美国人握手时间的两倍。法国人握手时间短,是干脆有力的握一下。

2. 阿拉伯国家

与阿拉伯人握手忌讳只用简单的"喂"打个招呼,这会使人觉得缺乏善意和热情。典型的阿拉伯式招呼可能会很长,就像这样:"早晨好。你好吗?我的情况很好。我的身体不错,你呢?我希望也很好。是吗?啊!那好。再次见到你很高兴。今天天气很热,不是吗?你感到难受吗?我并不感到有什么不舒服的。刚才我在饭店里,现在我去。"就这样不断问候的同时不断地握手。与美国人握手正好相反,阿拉伯人握手轻而无力,握手动作很轻,只略微上下动动。与阿拉伯人握手忌讳使劲抖动。

3. 拉丁美洲国家

在大部分拉丁美洲国家,拥抱和握手一样普通。男士和男士之间、女士和女士之间都可拥抱。

4. 日本

日本人不大习惯身体上的接触,千万不要拍对方的背,表达问候时也不要用两只手搂住胳膊,这在中国人看来是合情合理的举动,而日本人却认为这是在公开表达喜爱之情,是令人讨厌的,虽然他们已经接受了握手,但觉得鞠躬更自在些。

5. 东南亚和南亚国家

在东南亚和南亚信奉佛教的国家见面时，多双手合十地说："愿菩萨保佑。"但是，双手合十时切忌点头，那样显得不伦不类。

6. 朝鲜

传统的朝鲜鞠躬是复杂的，握手是普遍的做法，或用稍微低头的办法来代替大部分的鞠躬。当别人把你介绍给一位朝鲜女士时，只有当她把手伸过来时，才可以同她握手。

项目实训

握手礼仪实训

1. 实训准备

握手礼仪实训需要的场地和物料：礼仪训练室、普通教室或大屏幕教室、正装、手机或摄像机。

2. 实训安排

实训安排如表 3-7 所示。

表 3-7 握手礼仪实训安排

实训学时	2 学时
实训目的	掌握正确的握手手势
实训要求	熟练掌握握手的动作要领
实训方法	4～6 人一组，学生分组考核；考核过程全程拍摄；回放拍摄过程，学生根据视频做自我点评和小组间的点评；教师针对全体学生的共性问题和典型问题进行针对性点评

3. 实训考核

实训考核如表 3-8 所示。

表 3-8 握手礼仪考核标准

班级：　　　　姓名：　　　　学号：　　　　得分：

考核项目	考 核 标 准	评价等级				分值
		A	B	C	D	
姿态	立正、欠身，距离受礼者一步距离					2
注意时间	持续 1～3 秒，微微抖动 3～4 次，及时放手					2
神态	微笑致意、注视对方、表情自然、充满自信					2
动作	四指并齐，拇指张开与对方手掌平行相握					2
顺序	讲究先后次序					2
合 计						10

注：考核等级共分四等，A 等系数为 1.0，B 等系数为 0.8，C 等系数为 0.6，D 等系数为 0.4。

项目五 接待与拜访礼仪——投我以木桃，报之以琼瑶

任务一 接待礼仪

一、仪容仪表礼仪

(1) 头发干净整齐、长短适当，发型简单大方。坚持洗脸，保持面部清洁，男性每天剃须，女性妆面朴实无华。保持嘴唇和牙齿的干净，消除口腔中的异味。

(2) 入座时应礼貌地请对方先入座，左侧入座。就餐时，男士应为女士拉开椅子。入座时避免发出大的响声。

(3) 离座时向周围人示意，再起身。注意尊卑先后次序，尊者先离座。起身动作缓慢，避免发出大的响声。左侧离座，站好再走。

(4) 避免不雅的行为，不要在公共场合剪指甲、掏耳朵、揉眼、搔头发、挖鼻孔和对人喷烟等不雅的举动。

二、着装礼仪

(1) 与顾客会谈、参加正式会议等，衣着应庄重考究，男士一般着西服或中山装，女士着职业装。出席正式宴会时，女士则应穿中国的传统旗袍或西方的长裙晚礼服；而在朋友聚会、郊游等场合，着装应轻便舒适。

(2) 穿双排扣西装上衣时，所有衣扣均应系上，敞开上衣乃失礼之举。穿单排扣西装上衣，起身站立时应系扣，就座后可以解开。

(3) 社交场合，领带可与衬衫同色，或较为鲜艳。喜庆场合，领带可为红色或紫红色系列，领带打好后，其下端应在皮带口附近。不必使用领带夹，与正装搭配的领带应为规范的几何图形，图案、颜色忌繁杂。

三、介绍礼仪

1. 自我介绍

先递名片，再介绍，内容要全面，包括单位、部门、职务、姓名。

2. 介绍的顺序

(1) 在普通场合，介绍人应由秘书、陪同、接待人员等专业人士或与双方均熟悉之人担任。

(2) 在重要场合介绍贵宾时，介绍人必须由在场之人中地位最高者担任。

(3) 介绍他人之前，应征得双方的同意，尤其要了解地位较高一方有无此种意图。

(4) 尊者居后。首先介绍其中地位较低的一方，然后介绍地位较高的一方。若一方拥有多位人士，则最标准的方式是由地位高者开始，并依次进行。

四、握手礼仪

握手是在相见、离别、恭贺或致谢时相互表示情谊、致意的一种礼节，双方往往是先打招呼，后握手致意(可参考前面关于握手礼仪的介绍)。

五、接待来宾

1. 确定迎送规格

主要的迎送人员应与来宾的身份相当或相应。为了简化迎送礼仪，主要迎送人员可在来宾下榻的宾馆迎接或送别，另由职务相当人员负责机场(或车站、码头)的迎送。

2. 迎送前的准备

(1) 了解来宾抵离的准确时间。接待工作人员应当准确了解来宾所乘交通工具的航班号、车次以及抵离时间，以便做好接站(或送站)准备。接站时，迎候人员应提前到达机场(码头或车站)，以免因迟到而失礼。

(2) 排定乘车号和住房号。事先排定乘车号和住房号，并打印成表格。在来宾抵达时，将乘车表发至每一位来宾手中，使之明确自己所乘的车号。同时，也便于接待人员清点每辆车的人数。

(3) 安排好车辆。根据来宾和迎送人员的人数，以及行李数量安排车辆。如果是车队行进，出发前应明确行车顺序，并通知有关人员，以免行进中发生错位。

3. 安排好迎送中的各个环节

(1) 提取、托运行李。如果来宾行李较多，应安排专门工作人员，负责清点、运送行李并协助来宾办理行李的提取或托运手续，以避免主宾及送行人员在候机(车)厅等候过久。

(2) 注意与宾馆(饭店)的细节协调。

(3) 提前安排好入住环节。为了避免来宾抵达后聚集在大厅长时间地等待，接待工作人员应与宾馆(饭店)主动联系，进行精心的安排。主宾入住客房，应有专人陪同引导。来宾进店时，应通知行李房，及时将来宾行李分送各人房间或集中送到某一房间。

(4) 为来宾留足休息时间，起码给对方留下更衣时间。

4. 参观项目

(1) 项目的选定。参观项目的选择，主要应考虑来宾来访的目的、性质，选定最具代表性的参观项目。此外，还要考虑参观时间的长短、路途的远近以及现场安全和食品安全等。

(2) 安排布置。项目确定之后，应作出详细计划，制定活动日程表。包括先参观什么，后参观什么，中间是否休息，在哪个点休息，参观前有无介绍，参观前后是否座谈，各参观点之间距离远近，徒步还是乘车前往等。接待重要来宾，必要时应先跑一遍，落实各个细节的安排。

(3) 陪同。来宾前往参观时，一般由身份相对应的人员陪同，并根据情况安排解说员。安排参观时，一定要注意轻车简从，陪同及随行的工作人员不可太多。

(4) 情况介绍。为了提高介绍效果，对于每个参观项目的基本情况，事先都应准备接待方案，在参观过程中发给来宾。如果来宾人数较多，而参观点上场地有限，可以采用集中介绍、分组参观的办法。

学“礼”

避免双关语、忌讳语、不当言词

表3-9列举了一些常见的双关语、忌讳语及不当言词，它们都是一般人平时较为忌讳的话语，当不小心触及这些话语，很有可能会令他人感觉不舒服，甚至对你产生厌恶感。对服务行业来说，了解哪些话语不能说非常重要，一旦因为一句话得罪了顾客，后果可能比较严重。

表 3-9 双关语、忌讳语、不当言词示例

序号	双关语、忌讳语、不当言词示例	原　因
1	“这边有一老先生在吃，没多久了。”	容易理解为“再吃没多久就要翘辫子了”
2	喜欢讲一些带有颜色的话语	容易脱口而出造成双关，给客户留下不良印象
3	当别人挂电话时，说“他挂了”	易让人理解成“他死了” 不能胡乱省略话语，否则易对别人造成伤害
4	别人结婚时说“死”； 办完丧事要离开的时候说“再见”	有不吉利之嫌
5	过节时面对长辈说话不注意	会影响长辈心情

公关润滑剂——赞美用语

没有人不喜欢被赞美，这是人的一种天性。所以，赞美用语就成为公关工作最好的润滑剂。对服务行业来说，做好对顾客的赞美工作就显得非常重要。所以，对不同对象要从不同的方面去赞美，才能取得良好的效果，如表3-10所示。

表 3-10 最受人欢迎的赞美用语

序号	年轻人	男　性	女　性
1	性格	努力过程	外形
2	能力	工作成果	能力
3	努力	实力	先生、小孩
4	仪容	社会地位	品位
5	判断力	事业	保养
6	工作	气度	事业成就
7	诚意	家庭	感觉
8	两性朋友	信用	智慧、贤能

任务二 位次礼仪

一、位次礼仪基本理念

内外有别，中外有别，遵循规则，灵活机智。

二、位次排序基本规则

以左为上(中国政府惯例);
以右为上(遵循国际惯例);
居中为上(中央高于两侧);
前排为上(适用所有场合);
以远为上(远离房门为上);
面门为上(良好视野为上)。

三、主席台的座次安排

首先是前高后低,其次是中央高于两侧,最后是左高右低(中国政府惯例)和右高左低(国际惯例)。

中国内事活动惯例(如接待国内上级领导视察等),以左为尊,即左为上、右为下。当领导同志人数为奇数时,1 号首长居中,2 号首长排在 1 号首长左手边,3 号首长排右手边,其他依次排列;当领导同志人数为偶数时,1 号首长、2 号首长同时居中,1 号首长排在 2 号首长的左侧,2 号首长排在 1 号首长的右边,其他依次排列。

(1) 主席台人数为奇数时(观众看主席台摆法),如图 3-12 所示。

(2) 主席台人数为偶数时(观众看主席台摆法),如图 3-13 所示。

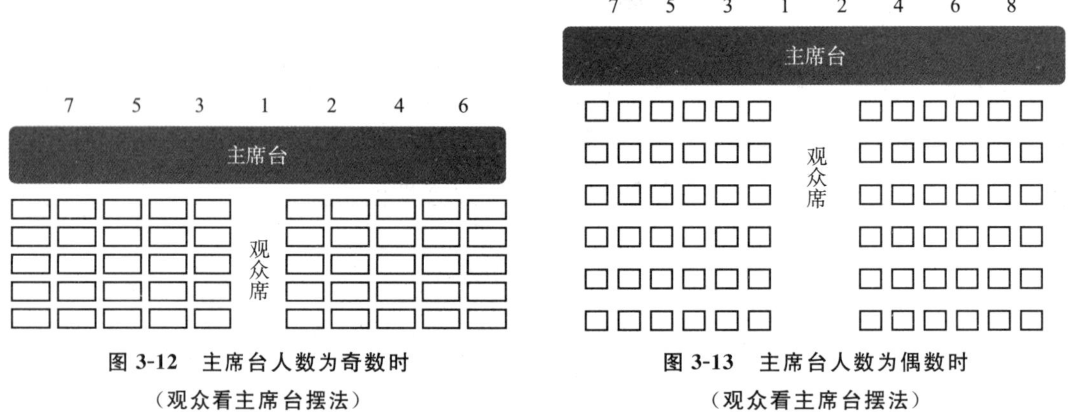

图 3-12 主席台人数为奇数时(观众看主席台摆法)

图 3-13 主席台人数为偶数时(观众看主席台摆法)

(3) 外事活动的座次安排与中国惯例相反。上主席台的领导同志能否届时出席会议,在开会前务必逐一落实。领导同志到会场后,要安排在休息室稍候,再逐一核实,并告之上台后所坐方位。如主席台人数很多,还应准备座位图。如有临时变化,应及时调整座次、名签,防止主席台上出现名签差错或领导空缺。还要注意认真填写名签,谨防出现错别字。

(4) 会见的席位安排。会见通常安排在会客室。设沙发座椅,来宾坐在主人右边,译员、记录员安排坐在主人和主宾的后面,其他来宾按礼宾顺序在主宾一侧就座,主方陪见人在主人一侧就座,座位不够可在后排加座,如图 3-14 所示。

四、会谈的席位安排

会谈通常用长方形、椭圆形或圆形桌子，宾主相对而坐，以正门为准，主人占背门一侧，来宾面向正门，主谈人居中(一般情况下，上级来宾坐上方位置，其他活动根据来宾情况灵活掌握)，如图 3-15 所示。

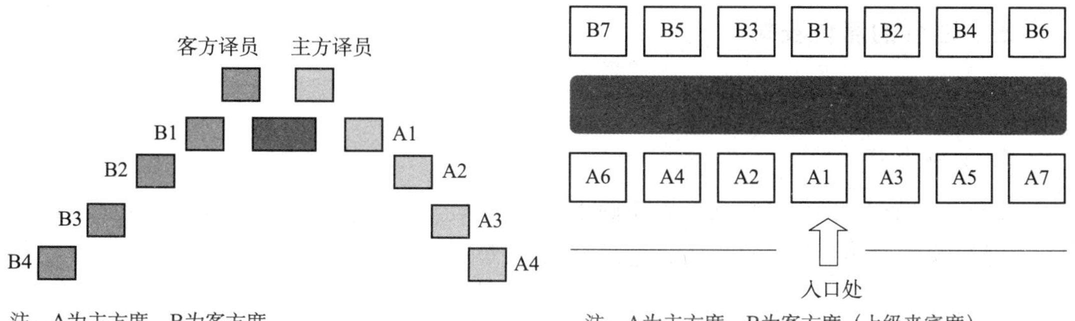

注：A为主方席 B为客方席

图 3-14 会见的席位安排

注：A为主方席，B为客方席（上级来宾席）

图 3-15 会谈长桌的位次安排

若是外事活动，译员安排在主谈人右侧，其他人按礼宾顺序左右排列。记录员安排在后面，如参加会谈人数少，也可安排在会谈桌就座。若双方人数较多，厅室面积大，要备话筒。

如会谈长桌一端向正门，则以入门的方向为准，右为客方，左为主方，如图 3-16 所示。

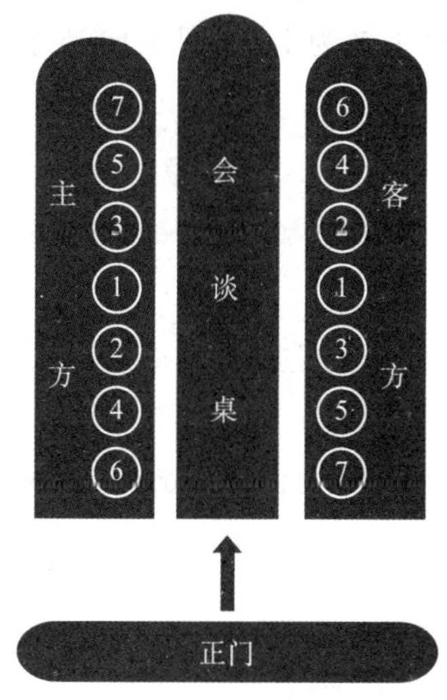

图 3-16 会谈长桌的位次安排

多边会谈，座位可摆成圆形、正方形等。小范围的会谈，也有不用长桌，只设沙发的，双方座位按会见座位安排。

安排各种活动的席位时，要准确掌握时间、地点、参加人员以及各种要求，必要时提前将名单等有关情况送领导阅知。

会见、会谈的几项具体工作要求如下。活动开始前，主人应提前到达。客人到达时，主人在门口迎接,可在楼正门迎接,也可在会客厅门口。如主人不在楼口迎接,则应由工作人员在楼门口迎接,引导人会客厅。如有合影,宜安排在宾主握手之后,合影后再入座。活动期间,除必要译员、记录员外,其他工作人员应退出。如摄影、摄像,也只是在正式谈话开始前3～5分钟,然后均需离开。谈话过程中,旁人不要随意进出。活动后,主人应送至门口或车前握别,目送客人离去后再退回室内。

五、宴会的席位安排

中餐宴会的席位安排,包括桌次安排与座次安排。

(一)桌次安排

举行正式的中餐宴会时,通常采用圆桌,各桌人数不宜超过10人,主桌可采用较大的圆桌,其他餐桌须大小一致。桌次安排应遵循以下三项规则。

1. *以右为上*

当餐桌有左右之分时,应以面向门的右侧餐桌为上桌,如图3-17所示。

2. *内侧为上*

当餐桌距离餐厅正门有远近之分时,一般以距门较远的餐桌,即靠内侧的餐桌为上桌。又称“以远为上”,如图3-18所示。

3. *居中为上*

当多张餐桌排列时,一般居中央者为上,如图3-19所示。

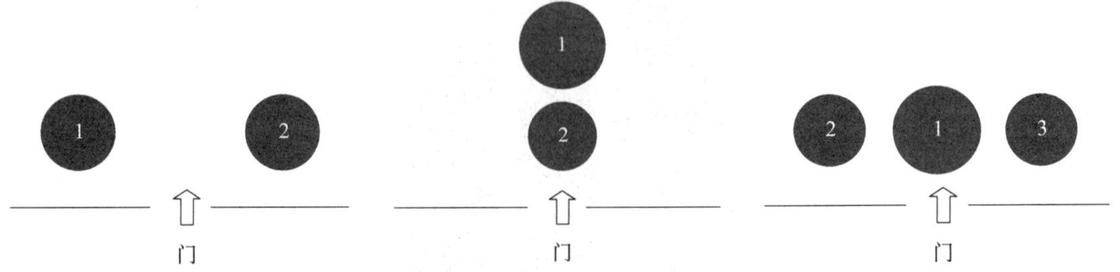

图3-17　以右为上的桌次排列　**图3-18　内侧为上的桌次排列**　**图3-19　居中为上的桌次排列**

4. *突出主桌*

通常情况下,以上三种桌次排列的常规做法往往是交叉使用的。以下几种排列为突出主桌排法,应根据场地而定,如图3-20所示。

次桌第一主人面向主桌主人,如图3-21所示。

(二)座次安排

在宴会上,座次是指同一张餐桌上席位的次序。中餐宴会上座位要以面门为主。

正式宴会时,主桌通常坐在面向餐厅主门、能纵观全局的位置;有两位主人时,第二位主人与第一位主人相对而坐。同桌上其他成员的席位安排依据礼宾次序,以远离主人座位远近而定,主宾双方交叉排列,如图3-22、图3-23所示。

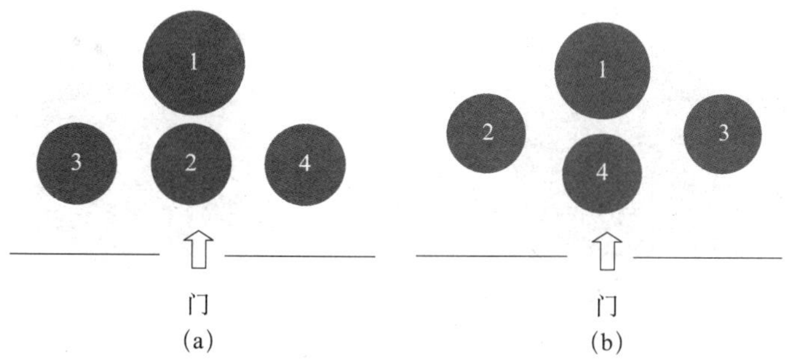

图 3-20　突出主桌的桌次排列

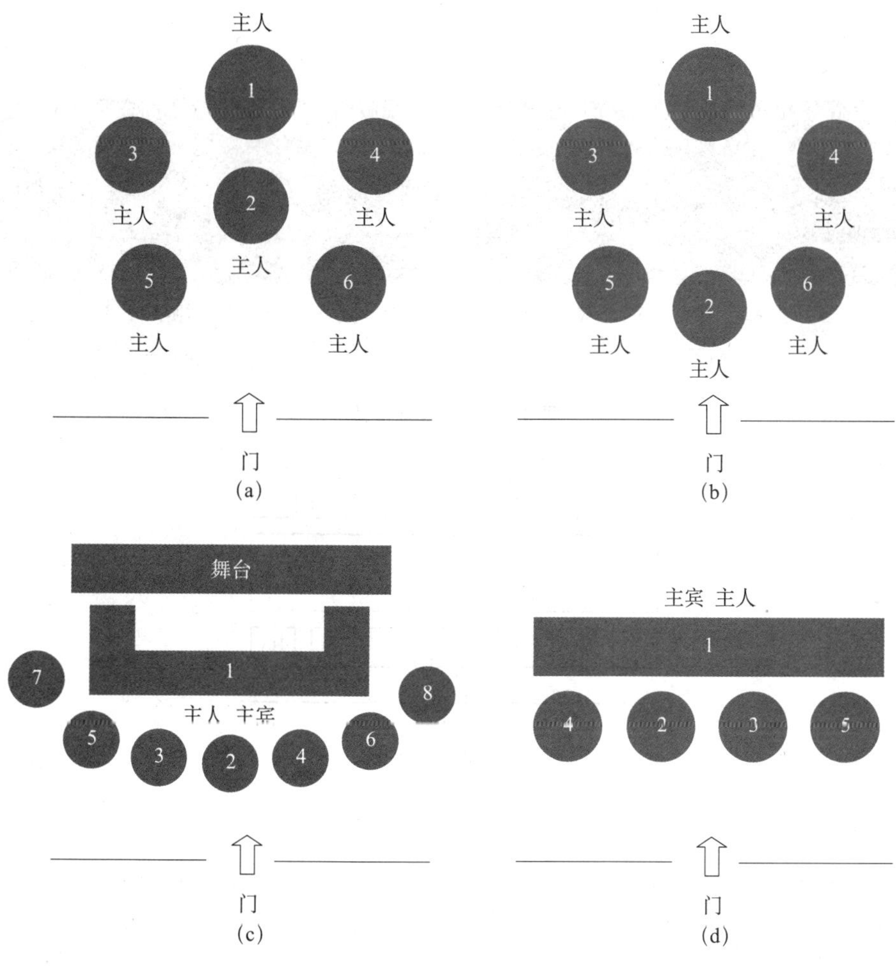

图 3-21　次桌第一主人面向主桌主人的桌次排列

条形桌有多种排法，一般主人的右侧安排第一宾客，左侧安排第三宾客，而第二主人的右侧安排第二宾客，左侧安排第四宾客。如桌子一面是单数时，主人和第二主人可以相对而坐；双数时，主人和第二主人交叉斜对而坐，谈话更方便，其他不变，如图 3-24、图 3-25 所示。

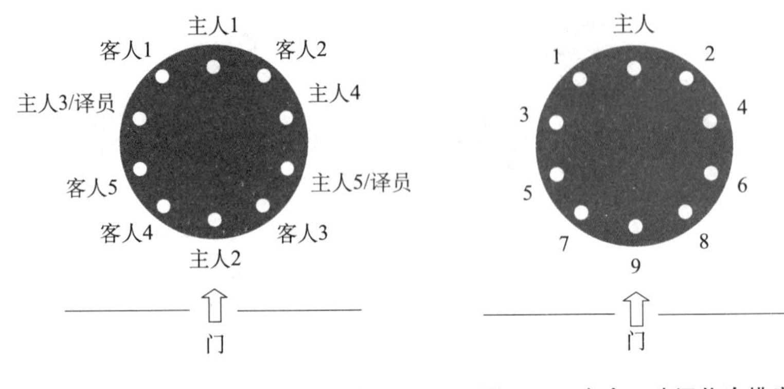

图 3-22　主人两头沉位次排序　　图 3-23　主人一头沉位次排序

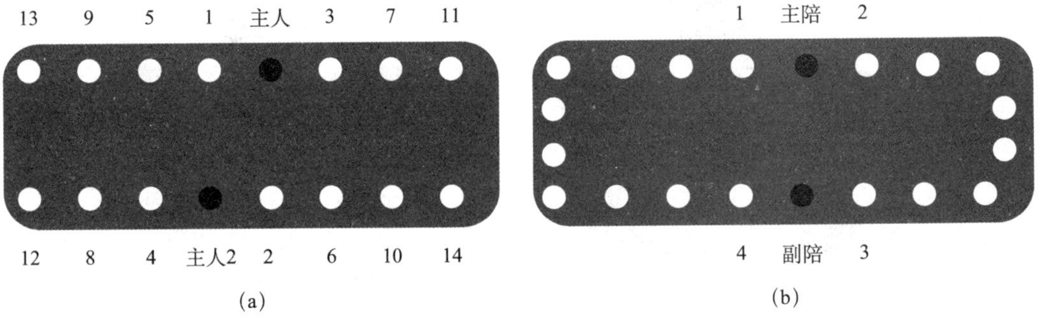

13 9 5 1 主人 3 7 11

12 8 4 主人2 2 6 10 14

(a)

1 主陪 2

4 副陪 3

(b)

图 3-24　条形桌排法

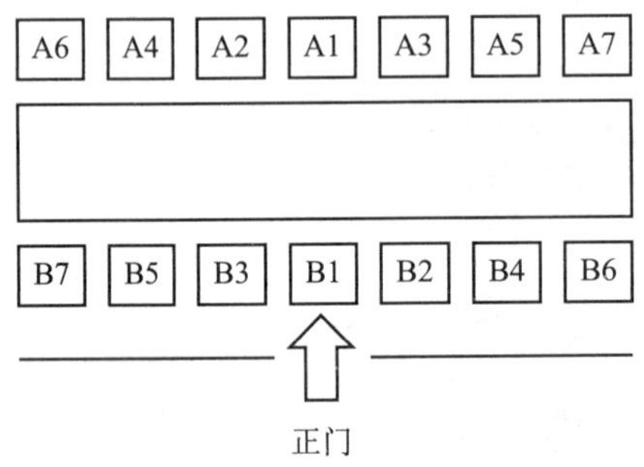

图 3-25　长条桌国际惯例排法

礼宾次序是排席位的主要依据，在排席位之前，要把已经落实出席的主、客双方名单，分别按礼宾次序排列出来，一般根据职务排列。译员一般安排在主宾的右侧。实际安排席位时，除依据礼宾次序外，对其余来宾，还要考虑其他一些因素，例如，语言相同、工作性质相同、性别相同或身份大致相同的可以安排在一起。

六、签字仪式的安排

签字仪式，通常是指与各省市建立战略合作关系，大的合资、合作项目达成协议，立责任状、捐款、捐物等，一般都举行签字仪式。签字仪式要简短、隆重、热烈、节俭。

(一) 准备工作

(1) 选好签字地点,即签字厅。

(2) 确定签字日期。

(3) 准备签字桌(长桌),一般隆重的签字仪式要铺深绿色台呢。

(4) 签字桌后一般要挂与签字内容有关的横标,横标形式可灵活。

(5) 两个国家间举行的签字仪式要备国旗和旗架。

(6) 视情况准备好音响设备,供领导讲话或致辞。

(7) 准备好酒水和双方的签字文本、签字笔。

(8) 选派两个助签人员和若干礼仪小姐,视情准备香槟酒或红酒(客人如是穆斯林,可不准备)。

(9) 通知有关方面人员出席仪式。

(二) 位次排列

签字时各方代表的座次,是由主方代表先期安排的。一般而言,举行签字仪式时,座次排列的具体方式有三种,即并列式、相对式、主席式。

1. 并列式

并列式排座是举行双边签字仪式时最常见的形式。它的基本做法:签字桌在室内居中面门横放。双方出席仪式的全体人员在签字桌之后并排排列,双方签字人员居中面门而坐,客方居右,主方居左,如图 3-26 所示。

2. 相对式

相对式签字仪式的排座与并列签字仪式的排座基本相同。两者之间的主要差别只是相对式排座将双边签字仪式的随员席移至签字人的对面。即签字桌在室内居中面门横放。双方签字人居内面门而坐,客方居右,主方居左。双方出席仪式的全体人员则在签字桌之前并排排列,如图 3-27 所示。

3. 主席式

主席式排座主要适用于多边签字仪式。其操作特点:签字桌仍需在室内横放,签字者座位设在桌后面对正门的位置,但只设一个,并且不固定其就座者。举行仪式时,所有各方人员,包括签字人在内,皆应背对正门、面向签字席就座。签字时,各方签字人应以规定的先后顺序依次走上签字席就座签字,然后即应退回原处就座,如图 3-28 所示。

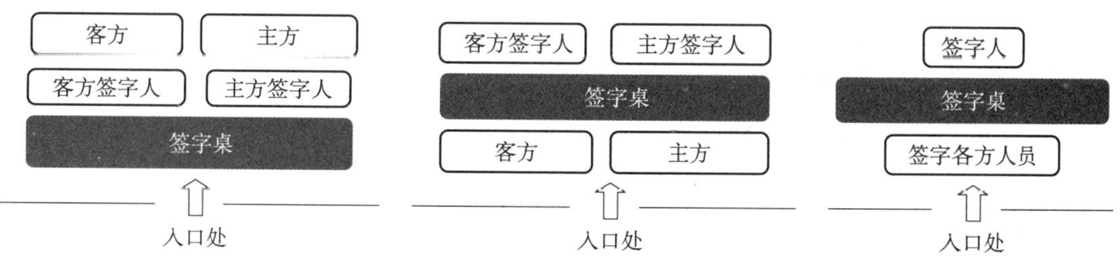

图 3-26 签字仪式之并列式排座 图 3-27 签字仪式之相对式排座 图 3-28 签字仪式之并主席式排座

（三）签字程序

(1) 请双方人员进入签字厅，司仪宣布签字活动开始，邀请签字人入座，正礼人就位。

(2) 签字人员入座，客右主左。

(3) 其他人各按顺序在己方签字人座位后面站立排好。

(4) 助签人员分别在两个外侧协助翻文本，指明签字处，协助交换文本，签两次字后，再交换文本各自保存。

(5) 礼仪小姐送上香槟酒或红酒，主客双方干杯相互祝贺。

(6) 双方简短致辞（主先客后）后合影留念。

七、谈判的席位安排

1. 双边谈判

(1) 使用长桌或椭圆形桌子，主宾分坐于桌子两侧。

(2) 若谈判桌横放，面门位置属于客方；背门位置属于主方。

(3) 若谈判桌竖放，以进门方向为准，右侧为主方，左侧属客方。

(4) 谈判时，主谈人员应在自己一方居中而坐，其他人员的席位安排，按照会谈的座位安排方法排列。

2. 多边谈判

参加谈判各方自由择座。面对正门设主位，发言者去主位发言，其他人面对主位，背门而坐。

八、合影的排位礼仪

正式的合影需要排列位次，与此同时，还应兼顾场地的大小、人数的多少、身材的高矮、内宾或外宾等。

正式合影的人数，一般宜少不宜多。在合影时，宾主一般均应站立。必要时，可安排前排人员就座，后排人员则可梯级站立。但是，通常不宜要求合影的参加者蹲着拍照。

合影时，若安排参加者就座，应先在座位上贴上名签。

1. 国内合影的排位

国内合影时的排位，一般讲究居前为上、居中为上和居左为上。具体来看，又有单数与双数之别。通常，合影时主方人员居右，客方人员居左。

2. 涉外合影的排位

在涉外场合合影时，应遵守国际惯例，宜令主人居中、主宾居右，令双方人员分主左宾右依次排开。简言之，就是讲究以右为上。

九、行进中的顺序礼仪

（一）陪同引导的标准位置

1. 左右界定

把墙让给客人。

2. 前后界定

(1) 如果客人不认识路，应是陪同人员在客人的左前方（1～1.5m 处），身体侧向客人。

(2) 如果客人认识路,客人应走在前面(客人有选择的权力)。

(二) 行进位次排序

1. 平面行进时

两人横向行进,内侧高于外侧;多人并排行进,中央高于两侧,内侧次之,外侧最低;对于纵向来讲,前方高于后方。

2. 上下楼梯时

纵向上下楼梯时,宜单行行进,以前方为上;男女同行时,一般女士优先走在前方,但遇到裙装(特别是短裙)的女士,上下楼时宜女士居后;横向行进时,陪同人员应该把内侧(靠墙一侧)让给客人,把方便留给客人。

3. 出入房间时

出入房间时,一般客人或位高者先出入,表示对宾客的尊重。坐时也是客人或位高者先坐先起。如有特殊情况,如双方均为首次到一个陌生房间,陪同人员宜先进入房间。

十、轿车的座次安排

(一) 出入轿车

如果引导者与来宾出行,宾主不同车时,一般应引导者座车在前,来宾座车居后;宾主同车时,则大都讲究引导者后登车、先下车,来宾先登车,后下车。

(二) 乘车的座次排序

1. 小轿车

(1) 小轿车的座位,如由司机驾驶时,以后排右侧为首位,左侧次之,中间座位再次之,前座右侧殿后。

(2) 如果由主人亲自驾驶,以驾驶座右侧为首位,后排右侧次之,左侧再次之,而后排中间座为末席。若同坐多人,中途坐前座的客人下车后,在后面坐的客人应改坐前座,此项礼节最易疏忽。

(3) 接送高级官员时,考虑乘坐者的安全性和隐私性,司机后方位置为汽车的上座位,通常也被称作 VIP 位置。轿车乘车座次安排如图 3-29 所示。

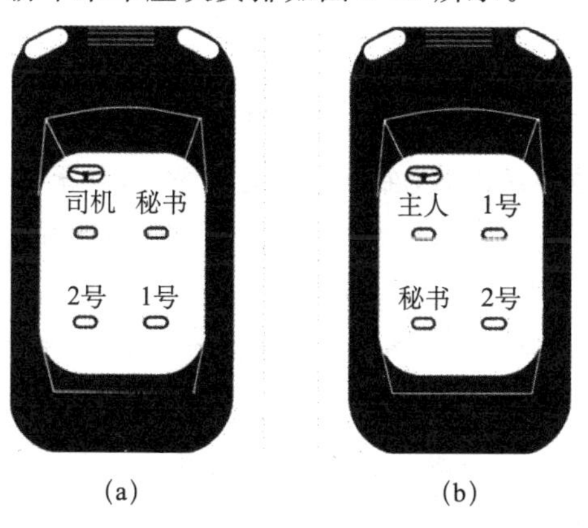

图 3-29 轿车乘车座次安排

2. 越野吉普车

吉普车无论是主人驾驶还是司机驾驶，都应以前排右座为尊，后排右侧次之，后排左侧为末席。上车时，后排位低者先上车，前排尊者后上。下车时，前排客人先下，后排客人再下车。

3. 旅行车或商务面包车

旅行车或商务面包车以司机座后第一排(即前排)为尊，后排依次为小。其座位的尊卑，依每排右侧往左侧递减。

课堂小互动

大家试着进行某一主题会议接待策划。

一、会议主题自拟

根据参加会议的人数不同、会议接待的准备工作的内容、会议接待的方式组织会议。

二、会议接待的步骤

(一) 会议的筹备工作

(1) 根据会议规模，确定接待规格。

(2) 发放会议通知和会议日程。

① 会议通知必须写明召集人的姓名或组织、单位名称，会议的时间、地点、会议主题，以及会议参加者、会务费、应带的材料、联系方式等内容。

② 会议日程是会议活动在会议期间每一天的具体安排。

(3) 选择会场。

选择会场，要根据参加会议的人数和会议的内容来综合考虑。

第一，大小要适中。会场太大，人数太少，空下的座位太多，松松散散，能给与会者一种不景气的感觉；会场太小，人数过多，挤在一起，不仅显得小气，而且根本无法开好会。所以，英国前首相丘吉尔曾说：绝对不用太大的房间，而只要一个大小正好的房间。

第二，地点要合理。

第三，附属设施要齐全。

第四，要有停车场。

(4) 会场的布置。

会场的布置包括会场四周的装饰和座席的配置。

一般大型的会议，根据会议内容，在场内悬挂横幅，门口张贴欢迎和庆祝标语，可在会场内摆放适当的盆景、盆花。为使会场更加庄严，主席台上可国旗、党旗或国徽、会徽。桌面上如需摆放茶杯、饮料，应擦洗干净，摆放美观、统一。

座席的配置要符合会议的风格和气氛，讲究礼宾次序，主要有以下几种配置方法。

① 圆桌型。这种形式一般使用圆桌或椭圆形桌子，与会者同领导一起围桌而坐，有利于消除不平等的感觉。另外，与会者能清楚地看到其他人的面容，因而有利于互相交换意见。这种形式适于10～20人的会议。

② 口字型。这种形式一般使用长形方桌，它比圆桌型更适用于较多人参加的会议。

③ 教室型。这是采用最多的一种形式,它适用于以传达情况、指示为目的的会议,这时与会者人数比较多,而且与会者之间不需要讨论、交流意见。

(5) 准备会议资料。

会务组应该准备有关会议议题的必要资料,这些资料在整理后放在文件夹中发放给与会者,方便与会者阅读和做好发言准备,并指定好负责人。

(二) 会议中的服务礼仪岗位设置和负责人拟定

(1) 会前检查,对考虑不周或不落实的地方进行补救。例如检查音像、文件、锦旗等是否准备齐全。

(2) 接待岗位设置并提前到岗。

① 签到台,配 1~2 名工作人员或派礼仪小姐。

② 由接待人员或迎宾礼貌引座。

③ 接待在与会者坐下后,及时递茶,或递上毛巾、水果,热情向与会者解答各种问题,满足各种要求,提供尽可能周到的服务。

(3) 会议进行中的服务要做到稳重、大方、敏捷、及时。

(4) 做好会后服务的准备。在会议进行中,就应为会后服务做好准备。例如会后合影、会后的用车等工作,要在会议结束前妥善安排好。

任务三 拜访礼仪

一、拜访的含义和作用

拜访是指个人或单位以客人的身份去探望有关人员,以达到某种目的的社会交往方式,它是人际交往中最基本、最常规的形式。通过拜访,人们可以交流信息、统一意见、发展友情。

一般而言,拜访主要有以下几个方面的作用。

(1) 增进感情,加强联络。可以通过拜访达到认识他人、结交朋友的目的,从而加强联系,增进互相之间的感情。

(2) 开阔视野,增长见识。在现代社会,许多知识和信息都是通过人际交往得以传播。拜访的过程不仅可以增进相互之间的情感,而且可以开阔视野,增长见识。

(3) 调节身心,寻求愉悦。通过拜访,可以调节疲惫之心,寻求理解,畅所欲言,消解烦恼。

二、拜访的类型

拜访可分为正式拜访、非正式拜访。

(1) 正式拜访。正式拜访是指有正式的拜访理由,通过事先预约,确定见面的时间和地点,并按时赴约的活动。例如,去某公司洽谈业务等。

(2) 非正式拜访。非正式拜访是指朋友间的往来。例如,周末去同学家做客。

三、拜访的礼仪

拜访是一种双向的活动。在拜访中,访问、做客的一方为客,称为“来宾”;做东、待客的一方为主,称为"主人"。对于宾主双方而言,在拜访中必须恪守本分,依照对应的礼仪规范行事。只有这样,才能让拜访的作用充分发挥。

(1) 事先预约,不做不速之客。拜访友人,务必选好时机,事先约定,这是进行拜访活动的首要原则。一般而言,当决定要去拜访时,应写信或打电话取得联系,约定宾主双方都认为比较合适的会面地点和时间,并把访问的意图告诉对方。预约的语言、口气应该是友好、请求、商量式的,而不能是强求命令式的。在对外交往中,未曾约定的拜会属失礼之举,是不受欢迎的。因事急或事先并无约定,但又必须前往时,则应尽量避免在深夜打扰对方;如万不得已,一定要在休息时间约见对方时,则应见到主人立即致歉,说"对不起,打搅了",并说明原因。

(2) 如期而至,不做失约之客。宾主双方约定了会面的具体时间,作为访问者应履约守时,如期而至,既不能随意变动时间,打乱主人的安排,也不能迟到或早到,准时到达才最为得体。如因故迟到,应向主人道歉。如因故失约,应在事先诚恳而婉转地说明。在对外交往中,更应严格遵守时间,有的国家安排拜访时间常以分为计算单位,如拜访迟到 10 分钟,对方就会谢绝拜会。准时赴约是国际交往的基本要求。

(3) 彬彬有礼,不做冒失之客。无论是办公室还是寓所拜访,一般要坚持"客听主安排"的原则。如是到主人寓所拜访,作为客人,进入主人寓所之前,应轻轻叩门或按门铃,待有回音或有人开门相让,方可进入。若是主人亲自开门相迎,见面后应热情向其问好;若是主人夫妇同时起身相迎,则应先问候女主人。若是不认识的人出来开门,则应问:"请问,这是××先生的家吗?"得到准确回答方可进门。当主人把来访者介绍给他的家人,或向来访者介绍家人时,来访者都要热情地向对方点头致意或握手问好,见到主人的长辈应恭敬地请安,并问候家中其他成员。当主人请坐时,应道声"谢谢",并按主人指点的座位入座。主人上茶时,要起身双手接迎,并热情道谢。对后来的客人应起身相迎;必要时,应主动告辞。如带小孩做客,要教其礼貌待人,尊敬地称呼主人家所有人。如主人家中养有狗和猫,不应表示害怕、讨厌,不应去踢它、赶它。

(4) 衣冠整洁,不做邋遢之客。为了对主人表示敬重之意,拜访做客要仪表端庄,衣着整洁。入室之前要在踏垫上擦净鞋底,不要把脏物带进主人家里。夏天进屋后,再热也不应脱掉衬衫、长裤;冬天进屋,再冷也应摘下帽子,有时还应脱下大衣和围巾,并切忌说"冷",以免引起主人误会。在主人家中要讲究卫生,不要把主人的房间弄得烟雾腾腾,糖纸、果皮、果核应放在茶几上或果皮盒内。身患疾病,尤其是传染病者,不应走亲访友。不洁之客、带病之客都是不受欢迎的。

(5) 举止文雅,谈吐得体,不做粗俗之客。古人云:"入其家者避其讳。"人们常说,主雅客来勤;反之,也可以说客雅方受主欢迎。在普通朋友家里,不要乱脱、乱扔衣服。与主人关系再好,也不要翻动主人的书信和工艺品。未经主人相让,不要擅入主人卧室、书屋,更不要在桌上乱翻、床上乱躺。做客的坐姿也要注意文雅。同主人谈话,态度要诚恳自然,不要自以为是地评论主人家的陈设,也不要谈论主人的家长里短和令人扫兴的事。交谈时,如有长辈在座,应用心听长者谈话,不要随便插话或打断别人的谈话。

(6) 惜时如金,适时告辞,不做难辞之客。准备商量什么事,拜访要达到什么目的,事先要有打算,以免拜访时跑"马拉松",若无要事相商,停留时间不要过长、过晚,以不超过半小时为宜。拜访时无谓地消磨时间是不礼貌的。拜访目的已达到,见主人显得疲乏、意欲他为,或还有其他客人,便应适时告辞。假如主人留客心诚,执意挽留用餐,则应在饭后停留一会儿再走。辞行要果断,不要说过几次"走了",却口动身不移。辞行时要向其他客人道别,并感谢主人的热情款待。出门后应请主人就此留步。如有意邀主人回访,可在同主人握别时提出邀请。从对方的公司或家里出来后,切勿在回程的电梯及走廊中窃窃私语,以免被人误解。

【案例 3-3】

王莉在某公司市场部工作,她准备去拜访信达公司的市场部经理刘波先生。王莉事先预约的时间是本周三下午三点。事先王莉准备好了有关的资料、名片,并对信达公司及刘波先生进行了了解。拜访前王莉对自己的仪容、仪表进行了精心、得体的修饰。到了周三,王莉提前五分钟到达信达公司。在与刘波先生的交谈过程中,王莉简明扼要地表达了拜访的来意,交谈中能始终紧扣主题,给刘波先生留下了很好的印象,最终促成了合作。

思政提示:尊重彼此,遵守时间,遵守拜访的规则,有助于在职场中事半功倍。

【案例 3-4】

陈宇是一位刚大学毕业分配到利华公司的新业务员,今天准备去拜访某公司的王经理。由于事前没有王经理的电话,所以陈宇没有进行预约就直接去了王经理的公司。由于陈宇刚进利华公司,还没有公司制服,所以他选择了休闲运动打扮。到达王经理办公室时,刚好王经理正在接电话,就示意他,让他在沙发上坐下等。陈宇便往沙发上一靠,跷起二郎腿,一边吸烟,一边悠闲地环视着王经理的办公室。在等待的时间里,陈宇不时地看表,不时地从沙发上站起来在办公室里走来走去,还随手翻了放在茶几上的一些资料。

思政提示:着装要根据场合和目的不同而区别对待,要遵守 TPOR 原则,重视仪容服饰仪态。只有遵守礼仪规则,才能在职场中立于不败之地。

任务四 待客之道

学"礼"

敲门礼仪

用右手食指或中指弯曲后敲门,不要用多个手指或手背、手掌用力拍打。

敲三下,相当于"有人吗""我可以进来吗"的意思。咚咚咚之间的间隔以 0.3～0.5 秒为宜。若频率太快,会让人感觉心烦;太慢会给人感觉散漫不自信。敲两下,表示自己与对方比较熟悉,相当于说"你好""我进来了"的意思。如果敲四下以上,则是很不礼貌的行为。敲门的力度应适中,要坚定并有一定力度。力度太大会让对方受到惊吓,给人以粗鲁没有教养的感觉;力度太小让人感觉你胆子太小,紧张过度。

一、宾客抵达后,主人要热情相待

1. 迎候

对于重要的客人和初次来访的客人,主人在必要时要亲自或派人前去迎候。迎候远道来访的客人,可恭候于其抵达本地的机场、车站,或是其下榻之处,并要事先告知对方。迎候本地的客人,宜在大门口、楼下,或是双方事先所约定之处。

对于常来常往的客人,虽不必事先恭候于室外,但一旦得知对方抵达,应立即起身,相迎于室外。不要让他人代为迎客,或是当客人抵达时依旧“岿然不动”。

如果客人随身所拿之物较重,主人应立即接过来,减轻客人的负担,但注意不要去接客人的手提包。

【案例 3-5】

李海明和吴鹏是中学同班同学,大学又同班,还同住一个寝室,甚是要好。大一寒假的正月初五,吴鹏打电话给李海明,说待会儿会和另一个老同学一起来拜年。李海明表示会在家等候。吴鹏等人到时,李海明的妈妈热情地开了门,并说李海明还在电脑上与同学聊天,过了十分钟,李海明才从房里出来,跟吴鹏等人见面。新学期,李海明感觉吴鹏渐渐与他疏远了,可他怎么也不明白这是为什么。

思政提示:相迎是让客人体会主人热情的方式,是迅速拉近彼此距离的手段;相反,即使是再好的朋友,如果不注意相迎,或将相迎视为“小事”,也会彼此疏远。本案例从日常小事揭示出礼由心生,在工作和生活中不但要有礼,还要有仪,要用恰当的方式把这份尊重、友好、真诚、热情等体现出来。待人接物真诚热情,也是一种内在素养的外化体现方式。

2. 致意

与来客相见之初,不论彼此是否熟悉,均应面含微笑,与对方热情握手。与此同时,还应该对对方真诚地表示欢迎,并致以亲切的问候。

在一般情况下,待客之初,握手、问候与表示欢迎,被视为必不可少的“迎宾三步曲”。随意对此有所删减,即为失礼。

如客人到来时,还有家人、朋友或其他客人在场,主人有义务为其进行相互介绍。要是任其互不搭理,或是自行进行接触,只能说明主人考虑不周,或是怠慢客人。

【案例 3-6】

有一次,著名美籍舞蹈家孟建华来上海参加国际艺术节,应邀来到金沙江大酒店,参加舞厅的开业仪式并表演节目。当他第一次到达大酒店时,站在门厅的迎宾服务员立刻向他微笑致意,说:“您好!欢迎您光临我们的酒店。”第二次孟先生来酒店时,服务员已经认出他来了,边行礼边热情地说:“孟先生,欢迎您再次光临,我们经理已有安排,请上楼。”随即陪同孟先生一起上了楼。时隔数日,当孟先生第三次踏入酒店大厅时,那位服务员脱口说出:“欢迎您三次光临,我们酒店感到十分荣幸。”事后,孟先生对酒店负责人说:“贵店的服务员很不错,不呆板也不机械,你们的服务水平很高!”

思政提示:这个事例告诫我们,无论对初到的顾客,还是多次光临的顾客,每次见面的第一句话,都要热情礼貌。而且,工作中要想出彩,务必做一个有心人,这有助于在职场中事半功倍。

3. 让座

客人如约到来之后,主人应尽快将其引入室内,并安排就座。若是把客人拦在门口聊个没完,通常是在向客人暗示其不受欢迎。

待客时让座很重要,一方面,要注意把“上座”让给来宾。所谓“上座”,通常是指:宾主并排就座时的右座;距离房门较远的位置;宾主对面就座时面对正门的位置;或是以进门者面向为准,位于其右侧的位置。另外,较高的座位或较为舒适的座位,往往也被视为“上座”看待。另一方面,为了表示对客人的敬意,主人应请客人先行入座。千万不要不让座,或是让错座。

4. 敬茶点

按照中国人的待客习惯,在客人落座后,应先送上一杯醇香扑鼻的茶水。同时注意茶具要清洁,茶水要至八分满。上茶时,一般应用双手,一手执杯柄,一手托杯底。用手指捏住杯口边缘向客人敬茶,既不卫生,也不礼貌。

准备好果点,事先去皮切块,并备好牙签,以便客人食用。

5. 交谈

客人进屋后,主人应专陪客人说话,并多把说话的机会留给客人。切忌让客人独坐,也不要东张西望,心不在焉,或再三看表、打哈欠、一边看电视一边与客人交谈,以免让对方误解你在下逐客令。

如自己确有急事要走开,应坦诚地向客人说明情况,深表歉意。

【案例 3-7】

小张刚从大学毕业,就顺利地找到了一份工作,在惠利公司担任前台接待秘书。一天上午,小张匆匆走进办公室,像往常一样进行上班前的准备工作。她先打开窗户,接着开饮水机开关,然后翻看前一天的工作日志。这时,一位事先有约的客人要求会见销售部李经理,小张一看时间,他提前了 30 分钟到达。小张立刻通知了销售部李经理,李经理说正在接待另一位重要的客人,请对方稍等。小张就如实转告客人说:“李经理正在接待一位重要的客人,请您等一会儿。”话音未落,电话铃响了,小张用手指了指一旁的沙发,没顾上对客人说什么,就赶快接电话去了。客人尴尬地坐下……待小张接完电话后,发现客人已经离开了办公室。

思政提示:俗话说:来者是客。待客礼仪很有讲究,热情、周到、礼貌,缺一不可。待客礼仪好的人自然而然会受到别人的尊敬。在待客时,要尽可能地顾及对方感受,同时注意沟通的艺术。

二、送客有讲究

送客是待客的最后一个环节,对待客的最终效果影响很大。大学生要特别关注这个环节。告辞的要求,应由来客提出。届时,主人应认真、盛情地加以挽留。倘若客人执意要走,主人也不可勉强,要主随客便。主人应待客人起身后,方可起身相送。切忌没等客人起身,主人先于客人起立相送,这是很不礼貌的。

送行的具体地点,对远道而来者,可以是机场、港口、车站或其下榻之处;对本地的客人,则应为大门口、楼下，或是其所乘车辆离去之处。至少，也要将客人送至室外或电梯门口，不然就算是对客人的失礼。切忌客人刚出门，就将门"砰"的一声关上，这也是十分失礼的。

与客人告别时，要与之握手，并道声"再见"。对难以谋面的客人，还应请其"多多保重"，并请其代向家人或同事致以问候。

在一般情况下，当客人离去时，应向其挥手致意。当对方离开后，主人方可离开。前往机场、车站为来宾送行时，对方所乘的交通工具若尚未开动，主人抢先离开是不应该的。如果送至电梯口，则要等客人进入电梯，在电梯关门后再离开。

【案例 3-8】

20 世纪 50 年代的一天，周总理前去机场欢送一位外国领导人离京。机场上，宾主双方笑容可掬、亲切握手、拥抱、告别，大家目送着这位领导人进了飞机舱门。机舱门还没关上，几位将军着急看球便迫不及待地往机场大门口走去。周总理突然发觉周围气氛异常，当即派人把他们叫回来，大家一起站在那里目送着飞机远远离去。待送走外交使节后，周总理面色冷峻："客人还没走，机场已经没人了，人家会怎么想？你们是不是不懂外交礼节？那好，我来给你们上课。按外交礼仪，主人不但要送外宾登机，还要静候飞机起飞，飞机起飞后也不能离开，因为飞机还要在机场上空绕圈，要摆动机翼……"周总理讲了足有 15 分钟，用这种少看半场球的办法，"惩罚"了失礼的将军们，使将军们都留下了深刻的印象。

资料来源：人民网-周恩来纪念网，http://zhouenlai.people.cn/n1/2020/0423/c409117-31685446.html.

思政提示：党的二十大向世界传递大国外交的"中国声音"——"变"与"不变"。不变的是从中华人民共和国成立到 21 世纪，中国一直贯彻维护世界和平、促进共同发展。外事活动中尊重交往国的风俗习惯。案例中送客也是待客的重要环节，在很大程度上影响待客的最终效果，周总理始终强调"关照小事，成就大事"，一直坚持外交无小事的严谨作风。当百年变局加速演进，"命运与共"既是中国的世界观，也是中国外交实践的缩影。从"一带一路"倡议搭建开放合作平台，到全球发展倡议与全球安全倡议应对现实问题，合作共赢的故事不断被讲述。

《诗经》云："投我以木桃，报之以琼瑶。"拜访的过程是互相的，个中礼节均应到位，不能马虎。在人际交往中，树立良好的形象直接决定着自己成功与否。而拜访的过程正是树立自身形象的关键过程。

项目实训

接待礼仪实训

1. 实训准备

接待礼仪实训需要的场地和物料：礼仪训练室、普通教室或大屏幕教室、正装、桌椅、手机或摄像机。

2. 实训安排

实训安排如表 3-11 所示。

表 3-11 接待礼仪实训安排

实训学时	2 学时
实训目的	掌握接待礼仪的基本内容
实训要求	熟练掌握待客的基本步骤
实训方法	4～6 人一组，学生分组考核；考核过程全程拍摄；回放拍摄过程，学生根据视频做自我点评和小组间的点评；教师针对全体学生的共性问题和典型问题进行针对性点评

3. 实训考核

实训考核如表 3-12 所示。

表 3-12 接待礼仪考核标准

班级： 姓名： 学号： 得分：

考核项目	考 核 标 准	评价等级				分值
		A	B	C	D	
迎候姿态	待客人抵达，立刻迎上接待					2
致意	面含微笑、热情握手、问候、表示欢迎					2
让座	安排合适的座位，尽快引宾客入室内					1
敬茶点	茶满八分，双手上茶，准备好果点等					1
交谈	热情，多把说话的机会留给客人					2
送客礼仪	由客人提出，热情挽留，客人起身后方可起身送客，并致辞，待客人离去后方可离开					2
合 计						10

注：考核等级共分四等，A 等系数为 1.0，B 等系数为 0.8，C 等系数为 0.6，D 等系数为 0.4。

项目六 礼尚往来——来而不往非礼也

任务一 馈赠礼仪

馈赠作为一种非语言的重要交际方式，是以物的形式出现，以物表情，礼载于物，起到寄情言意的“无声胜有声”的作用。

在经济日益发达的今天，人与人之间的距离逐渐缩短，接触面越来越广，一些迎来送往及喜庆宴贺的活动越来越多，彼此送礼的机会也随之增加。但如何挑选适宜的礼品，对许多人来说都是费解的问题。懂得送礼技巧，不仅能达到大方得体的效果，还能增进彼此感情。

一、馈赠原则

馈赠作为社交活动的重要手段之一，受到人们普遍肯定。得体的馈赠，恰似无声的使者，给交际活动锦上添花，给人们之间的感情和友谊注入新的活力。

1. 轻重原则——礼轻情意重

礼品有贵贱厚薄之分,有善恶雅俗之别。

礼品的贵贱厚薄,往往是衡量交往人的诚意和情感浓烈程度的重要标志。然而礼品的贵贱与其价值并不总成正比。因为礼物是言情寄意表礼的,是人们情感的寄托物,人情无价而物有价,有价的物只能寓情于其身,而无法等同于情。

也就是说,就礼品的价值含量而言,礼品既有物质的价值含量,也有精神的价值含量。“千里送鹅毛”的故事,在我国妇孺皆知,被标榜为礼轻情意重的楷模和学习典范。“折柳相送”也常为文人津津乐道。提倡“君子之交淡如水”“礼轻情意重”。一般情况下,既要注意礼轻情意重,又要入乡随俗,择定不同轻重的礼物。

2. 时机原则

就馈赠的时机而言,及时适宜是最重要的。中国人很讲究“雨中送伞”“雪中送炭”,即要注重送礼的时效性,因为只有在最需要时得到的礼物才是最珍贵、最难忘的。

我国是一个节日较多的国家,在传统节日相互赠送礼品,会使双方感情更为融洽。另外,在对方的某些纪念日,以礼品相送也会起到很好的效果。

因此,要注意把握好馈赠的时机,包括时间的选择和机会的择定。一般来说,时间贵在及时,超前或滞后都达不到馈赠的目的;机会贵在事由和情感及其他需要的程度。“门可罗雀”或“门庭若市”时,人们对馈赠的感受会有天壤之别。所以,对于处境困难者的馈赠,其所表达的情感就更显真挚和高尚。

3. 效用性原则

同一切物品一样,当礼以物的形式出现时,礼物本身也就具有了价值和实用价值。就礼品本身的实用价值而言,人们的经济状况不同、文化程度不同、追求不同,对于礼品的实用性要求也就不同。

一般来说,物质生活水平的高低,决定了人们精神追求的不同,在物质生活较为贫寒时,人们多倾向于选择实用性的礼品,如食品、水果、衣物、现金等;在生活水平较高时,人们则倾向于选择艺术欣赏价值较高、趣味性较强和具有思想性、纪念性的物品。因此,应视受礼者的物质生活水平,有针对性地选择礼品。

4. 投好避忌的原则

由于民族、生活习惯、生活经历、宗教信仰以及性格、爱好的不同,不同的人对同一礼品的态度是不同的,或喜爱、忌讳、厌恶等,因此要把握投其所好、避其禁忌的原则,馈赠前一定要了解受礼者的喜好,尤其是禁忌。

例如,中国人普遍有“好事成双”的说法,因而凡是大贺大喜之事,所送之礼,均好双忌单,但广东人则忌讳“4”这个偶数,因为在广东话中,“4”听起来就像是“死”,是不吉利的。再如,白色虽有纯洁无理之意,但中国人比较忌讳,因为在中国,白色常是悲哀之色和贫穷之色;同样,黑色也被视为不吉利,是凶灾之色、哀丧之色;而红色,则是喜庆、祥和、欢庆的象征,受到人们的普遍喜爱。另外,我国人民还常常讲究给老人不能送“钟”,给夫妻或恋人不能送“梨”,因为“送钟”与“送终”“梨”与“离”谐音,是不吉利的。这类禁忌,还有许多需要去遵循,这里就不一一列举了。

5. 几不送原则

(1) 不送过于昂贵的礼物。

(2) 不选择便宜的产品或伪劣产品。

(3) 不送不合时宜、不健康的礼物。

(4) 不送容易让对方产生误解的物品。

(5) 不送触犯对方禁忌的物品。

(6) 礼品上不要带有标签。

(7) 违法物品。涉及国家和商业秘密,涉黄、涉毒类物品,不能赠送予人。

(8) 废弃物品。废弃不要的物品是被视为垃圾的,绝对不可以当作礼品送人。

(9) 广告物品。广告物品是指带有广告标志或广告语的物品。

(10) 赠品。物品上有明显赠品标识。

学"礼"

给不同国家的人送礼小技巧

1. 给美国人送礼

"以玩代礼",邀请对方一起游玩,度过一个美好夜晚即可算作送礼。当然也可送葡萄酒或烈性酒,高雅的名牌礼物他们都很喜欢,尤其是尽量送一些具有浓厚乡土气息或别致精巧的工艺品,以满足美国人的猎奇心。送礼可在应酬前或结束时,不要在应酬中将礼物拿出来。

2. 给英国人送礼

礼要轻,可送些鲜花、小工艺品、巧克力或名酒。送礼一般在晚上。

3. 给德国人送礼

德国人喜欢价格适中、典雅别致的礼物,包装一定要尽善尽美。

4. 给法国人送礼

法国人最讨厌初次见面就送礼,一般可在第二次见面时才送,礼品常是几枝不加捆扎的鲜花。

5. 给日本人送礼

送礼是日本人的一大喜好,他们比较注重牌子,不仅喜欢名牌礼物,还喜欢礼品的包装,但不一定要贵重礼品。送礼通常送对其本人用途不大的物品为宜。送礼者不要在礼物上刻字作画以留纪念,因为他还会将此礼品转手送出去。

6. 给韩国人送礼

韩国人喜欢韩国本地出产的东西,因此在送礼时,只需备一份韩国当地特产作为礼品。

7. 给阿拉伯人送礼

阿拉伯人喜欢馈赠贵重物品,也喜欢得到贵重物品,喜欢名牌和多姿多彩的礼物,不喜欢纯实用性的东西。初次见面不能给他们送礼,不能送旧的物品和酒。

8. 其他

例如,朝鲜人喜欢花,斯里兰卡人喜欢茶,澳大利亚、新加坡人喜欢鲜花与美酒。一般外国人喜欢中国的景泰蓝、刺绣品等。

二、送礼的时机

赠送礼品的时机是指选择赠送礼品恰当的时机及具体时间。通常情况下，下列时机是比较恰当的。

1. 节假日

遇到我国传统节日（如春节）、法定节日（如元旦）等都可以送些适当的礼物表示祝贺。

2. 喜庆嫁娶

乔迁新居、结婚等，遇到这些喜庆日子，一般应备礼相赠，以示庆贺。商务上的交往中也有一些喜庆日子，如开业典礼、周年纪念等，备礼相送表示祝贺与纪念，可以增进社会交往关系。

3. 探视病人

亲友、同学、同事或领导生病，可以到医院或病人家中探望，顺便带去一些病人喜欢的水果、食品和营养品等，表示问候与关心。

4. 拜访、做客

这种时候可以备些礼物送给主人，特别是女主人或小孩。

5. 感谢帮助

当你在生活或工作中遇到困难得到别人的帮助时，为了表示感谢，可以送些礼品。在具体时间方面，一般当作为客人拜访他人时，最好在双方见面之初就向对方送上礼品，而当作为主人接待来访者之时，则应该在客人离去的前夜或举行告别宴会上，把礼品赠送给对方。

考虑赠送礼品的地点时，要注意公私有别。一般来说，工作中赠送礼品时应该在公务场合，如在办公室、写字楼、会客厅；在工作之外或私人交往中赠送礼品，则应在私人居所，而不宜在公共场合。

三、中西方送礼规则的差异

外国人在送礼及收礼时，很少有谦卑之词。中国人在送礼时习惯说“礼不好，请笑纳”，但外国人认为这有遭贬之感；中国人习惯在受礼时说“受之有愧”等自谦语，而外国人认为这是无礼的行为，会使送礼者不愉快甚至难堪。所以，当接受宾朋的礼品时，绝大多数国家的人是用双手接过礼品，并向对方致谢。

送礼花费不必太大，礼品不必太贵重。太贵重的礼物送人不妥当，易引起“重礼之下，必有所求”的猜测。一般可送点纪念品、鲜花或给对方儿童买件称心的小玩具。

外国人送礼十分讲究外包装精美，送礼一定要公开大方，把礼品不声不响地丢在某个角落然后离开是不适当的。西方人大都喜欢在收到礼品后立即打开，并说出感谢的话，以示对送礼人的尊重，你不用介意他是否真正喜欢。一般是不允许拒绝收礼的，若因故拒绝，态度应委婉而坚决。

学“礼”

馈赠礼仪之礼品禁忌

(1) 在中国的一些传统年节或喜庆日子里，到亲友家做客或拜访时，所送的花篮或花束的色彩要鲜艳、热烈，以符合节日的喜庆气氛。可选用红色、黄色、粉色、橙色等暖色调的花，切忌送整束白色系列的花束。

(2) 在我国广东、香港等地，由于方言的关系，送花时尽量避免采用以下的花：剑兰(见难)、茉莉(没利)；也不送雨伞，因为“雨伞”音同“给散”，若送雨伞会引起对方误解。

(3) 按我国风俗习惯，好事成双。因此，除非送女友远行，在她襟前别上一朵鲜花以表示惜别之意，一般不宜送孤零零的一朵花。

(4) 日本人忌“4”“6”“9”这几个数字，因为它们的发音分别近似“死”“无赖”和“劳苦”，都是不吉利的。给病人送花不能带根，因为“根”的发音近于“困”，使人联想为一睡不起。日本人忌讳荷花。

(5) 俄罗斯人送女主人的花束一定要送单数，将使她感到非常高兴。送给男子的花必须是高茎、颜色鲜艳的大花。俄罗斯人忌讳“13”，认为这个数字是凶险和死亡的象征，而“7”在他们看来却意味着幸运和成功。

(6) 在法国，当你应邀到朋友家中共进晚餐，切忌带菊花，因为菊花代表哀悼，只有在葬礼上才会用到。意大利人和西班牙人同样不喜欢菊花，认为它是不祥之花，但德国人和荷兰人对菊花却十分偏爱。

(7) 英国人一般不爱观赏或栽植红色或白色的花。

(8) 在德国一般不能将白色玫瑰花送给朋友的太太，也避免送郁金香。

(9) 瑞士的国花是金合欢花，瑞士人认为红玫瑰带有浪漫色彩。因此，送花给瑞士朋友时，不要随便用红玫瑰，以免误会。

(10) 欧美人在悲痛时，不以香花为赠物。

(11) 巴西人忌讳黄色和紫色的花，因紫色表示死亡及悲伤，黄色表示绝望。

(12) 一般情况下，只有男士送女士鲜花，而女士不要回送男士鲜花。

(13) 探望病人的花束或花篮不要香气过浓或色彩过于素淡，对病人恢复健康不利。

(14) 不送钟。在我国，“钟”与“终”谐音，尤其是老年人，更不能送钟。

(15) 不送梨。在我国，“梨”和“离”谐音，代表分离，给亲朋好友不能送梨。

(16) 在回族或信仰伊斯兰教的国度里禁食猪肉，不送猪肉类食物。

(17) 扇子是夏季用品，我国台湾俗称“送扇无相见”。

任务二 受礼礼仪

一、受礼礼仪注意事项

受礼，即接受赠予，对“礼”的物质和精神表达方式要一视同仁，不能厚此薄彼。具体说来，应注意以下几点。

1. 礼貌谦让

当他人有礼相赠时，不管自己在做什么事，都应立即中止，起身站立，面向对方，进而有所准备。在对方取出礼品，预备赠送时，不应伸手去抢，开口相询，或双眼盯住不放，但求“先睹为快”。

2. 双手捧接

在赠送者递上礼品时，要尽可能地用双手前去“迎接”。不要只伸出一只手去接礼品，特别是不要单用左手去接礼品。在接受礼品时，勿忘面含微笑，双目注视对方的双眼。如果接过来的是对方所提供的礼品单，则应立即从头至尾细读一遍。

3. 表示感谢

在双手接过他人礼品的同时，应向对方立即道谢。如果有条件的话，还应该即刻与对方握一下手，以示感谢之意。同时，要诚恳地向送礼者表示以后请不必这样客气，务必不要再破费等。你还可以找一些动听的话或至少是令人开心的话来说。例如，你可以说“你能想到我真是太好了”。

4. 当面拆封

如果对方送来的礼品包装相当考究，而现场人数不多，时间也比较充裕，那么，在接过他人相赠的礼品之后，应当尽可能地当着对方的面拆封。这表示自己看重对方，同时也很看重获赠的礼品。在启封时，动作要井然有序，舒缓文明，不要乱扯、乱撕、乱丢包装用品。

5. 表示欣赏

当面拆开包装之后，要以适当的动作和语言，表示你对礼品的欣赏。例如，可将他人所送的鲜花捧在身前闻一闻，随后将其装入花瓶，并置于醒目之处。要是别人送了一条围巾给自己，则可以马上围上，照一照镜子，并告诉赠送者及其他在场者：“这条围巾真漂亮，它很适合我”，或是“我很喜欢它的花色”。切记，千万不要拿礼物开玩笑，除非那是一件恶作剧的礼物。

6. 不要攀比

无论对方送你的是什么样的礼物，礼物的价值轻重如何，它都是一种象征性的意义，并非是什么“礼轻情意轻，礼重情意重”。因此，都应该欣然接受。而若是以礼品的轻重来衡量友谊的深浅，无疑使人情变味了，情谊扭曲了。

二、拒礼的礼仪

如果出于种种原因，不能够接受他人赠送的礼品，在拒绝时要讲究方式方法，处处依礼而行，要给对方留退路，使其有台阶下，切忌令人难堪。

（一）拒礼态度与表现

1. 态度坚决

拒收礼品，态度要坚决，不可半推半就。

2. 致以谢意

应先对对方的心意表示感谢，然后予以拒绝。

3. 当场进行

一般情况下，拒收要当场进行，确因某种原因未能当场拒绝时，一定要及时退还本人，并向他说明退回的理由。

（二）拒礼方式

1. 婉言相告

采用委婉的、不失礼貌的语言，向赠送者暗示自己难以接受对方的好意。如当对方向自己赠送手机时，可告知："我已经有一部了。"

2. 坦率拒绝

直截了当而又所言不虚地向赠送者说明自己之所以难以接受礼品的原因。

3. 事后退还

遇到不适合当场退还的情况时，可采用事后退还法加以处理，即当时接受下来礼品，但不拆启其包装。事后尽快地单独将礼品物归原主。需要强调的是，退还礼品的时间不宜拖延过久，最好应于自接受礼品之日起 24 小时之内付诸行动。另外，切勿将退还之物私下拆封，尤其不宜用过之后才去退还。

人们相互馈赠礼物，是人类社会生活中不可缺少的交往内容。中国人一向崇尚礼尚往来。《礼记·曲礼上》说："礼尚往来，往而不来，非礼也；来而不往，亦非礼也。"

馈赠，是与其他一系列礼仪活动一同产生和发展起来的。礼的内涵中，除了有表示尊敬的态度、言语、动作、仪式外，还有一个重要的含义，就是礼物。随着社会生活的进化和演变，物能传达情感的观念被大家接受和认同，从而使馈赠在内容和形式上，逐渐融会在五彩缤纷的社会交往中，并成为人们联络和沟通感情的最主要方式之一。

同时，要把馈赠礼物、正常交往中的送礼与收买贿赂、腐蚀拉拢区别开。在现代人际交往中，礼物是人们往来的有效媒介之一，它像桥梁和纽带一样直接明显地传递着情感和信息，深沉地寄托着人们的情意，无言地表达着人与人之间的真诚关爱。

项目实训

受礼礼仪实训

1. 实训准备

受礼介绍礼仪实训需要的场地和物料：礼仪训练室、普通教室或大屏幕教室、正装、自选物品、手机或摄像机。

2. 实训安排

实训安排如表 3-13 所示。

表 3-13 受礼礼仪实训安排

实训学时	1 学时
实训目的	了解接受礼物馈赠时的礼仪
实训要求	熟练掌握受礼礼仪的注意事项
实训方法	4～6 人一组，学生分组考核；考核过程全程拍摄；回放拍摄过程，学生根据视频做自我点评和小组间的点评；教师针对全体学生的共性问题和典型问题进行针对性点评

3. 实训考核

实训考核如表 3-14 所示。

表 3-14 受礼礼仪考核标准

班级： 姓名： 学号： 得分：

考核项目	考 核 标 准	评价等级				分值
		A	B	C	D	
礼貌谦让	起身，面对对方，待对方赠送时伸手接受					2
双手捧接	不可一只手或左手，面含微笑，注视对方双眼					2
表示感谢	立即道谢，或握手示意感谢					2
当面拆封	当面拆封表示看重对方和获赠礼品，动作舒缓					2
表示欣赏	适当的动作和语言					2
合 计						10

注：考核等级共分四等，A 等系数为 1.0，B 等系数为 0.8，C 等系数为 0.6，D 等系数为 0.4。

项目七 电话礼仪——正确接打电话你学会了吗

任务一 打电话礼仪

电话是一种常见的通信交往工具，打电话的礼仪大有讲究，可以说是一门学问和艺术。

一、电话形象三要素

(1) 时间和空间的选择。

(2) 通话的态度。

(3) 通话的内容。

二、如何给别人打电话

(一) 时间适宜

(1) 避开早上 7 点之前，晚上 22 点之后，无关紧要的事情不要打电话给对方，如果有很紧急的事情，也应该说一声："抱歉，这么早(晚)打扰了。"

(2) 就餐时间切勿打电话,影响他人消化。

(3) 节假日期间不是重要事情不要打电话,可以用短信、微信等方式联系。

(4) 一般的公务电话最好避开临近下班的时间,因为这时打电话,对方往往急于下班,很可能得不到满意的答复。公务电话应尽量打到单位,若确有必要往对方家里打时,应注意避开吃饭或睡觉时间。

(5) 给国外通话事先要了解一下时差,不要不明对方昼夜,造成骚扰。

(二) 空间适宜(不影响他人)

不在公众场合高声谈论电话内容,例如,会议中心、餐厅、商场、电影院。

(三) 通话长度

通话时间宜短不宜长,遵从电话三分钟原则、长话短说。

(四) 事先准备

每次通话前,要做好充分的准备工作,如事先核对对方的电话号码、单位名称、人名;写出通话的要点或询问的事项,斟酌一下用词;准备好在应答中需要记录用的备忘纸和笔,以及必要的资料和文件,这样通话时就不会临时忙乱,丢三落四。

有时需要估计一下对方的情况,再决定通话的时间。通话中说话应该务实,简明扼要,多为他人着想,长话短说。

(五) 注意礼节

打电话礼仪具体要求做到以下五点。

1. 主动问候

接通电话,应主动友好、恭敬地以“您好!”为开头问候,然后再言及其他,切忌一上来就“喂”对方,或者开口便道自己的事情。

2. 自报家门

问候完毕,接下来必须自报家门和证实一下对方的身份。可以先说自己是谁,或报出自己的单位、部门名称,态度要温文尔雅。如果你找的人不在,可以请求接电话者帮助转告。如说:“对不起,麻烦您转告……”如果对方允诺,转告后勿忘向对方道谢,并问清对方的姓名。

3. 要有喜悦的心情

打电话时要保持良好的心情,这样即使对方看不见你,但是从欢乐的语调中也会被你感染,给对方留下极佳的印象,由于面部表情会影响声音的变化,所以即使在电话中,也要抱着“对方看着我”的心态去应对。

4. 清晰明朗的声音

在打电话过程中,绝对不能吸烟、喝茶、吃零食,即使是懒散的姿势,对方也能够“听”得出来。如果你打电话的时候,弯着腰或躺在椅子上,对方听你的声音就是懒散的、无精打采的。若坐姿端正,所发出的声音也会亲切悦耳,充满活力。因此打电话时,即使看不见对方,也要当作对方就在眼前,尽可能注意自己的姿势。

5. 道别语

终止通话前，预备放下话筒时，应说“再见”或道谢的话语，因为这些一般是通话结束的信号，也是对对方的尊重。要注意声音给人愉快的感觉。

在打电话的过程中，应全神贯注地听或说，不要三心二意。例如手里在不停地转笔发出响声，或是不停地和旁边的人说上几句闲话，这都是很不礼貌的。作为拨打电话的一方，倘若通话在毫无预示的前提下突然中断，例如信号不好，或是手机没电，那么你都应该在处理完这些原因之后，立即给对方打电话，并说明理由，表示歉意。

在通话过程中，不论哪一方突然有紧急事情必须去办，都应告知对方“不好意思，我现在有事，一会儿我给您打过去”，并且一定要说到做到，等到忙完回来，就要主动给对方致电。

任务二　接电话礼仪

接听电话的人虽然处于被动的位置，可是也不能在礼仪规范上有所松懈。拨打电话过来的人可能是你的上级，可能是合作方，也可能是对你有帮助的友人，所以受话人在接听电话时，无论对方地位尊卑，都要待人以礼。

一、接听电话要求

(1) 所有来电，务必在电话铃声响声之内接答。

(2) 通话时，听筒一头应放在耳朵上，话筒一头置于唇下约 5cm 处，中途若需与他人交谈，就用另一只手捂住话筒。

(3) 必要时做好记录，要问清通话要点，然后向对方复述一遍。

(4) 对方挂断之后，方为通话完毕。任何时候都不得用力掷听筒。

(5) 工作中无特殊情况不得打私人电话，如果家有急事来电，应从速结束通话。

二、接听电话时的言谈要求

(1) 声调要自然、清晰、柔和、亲切，不要装腔作势，声量不要过高，也不要过低，以免对方听不清楚。

(2) 不准讲粗言，不使用蔑视和侮辱性、网络流行的语言。

(3) 不开玩笑。

(4) 多用敬语，注意“请”“谢谢”等字不离口。

(5) 任何时候不准讲“喂”。

三、特殊情况的处理

(1) 当你正在接听电话，有客人前来要求服务时，处理方式如下。

① 应面带微笑，点头示意，暗示客人你将尽快为其服务。

② 迅速结束电话交谈，中文讲：“对不起，让您久等了！”对外宾服务时讲：“Thank you for your waiting.”

(2) 当你正在为客人服务，有电话打进来时，处理方式如下。

① 应面带微笑，向暂时被中断服务的客人讲：“对不起，请您稍候。”

② 按照接听电话要求及程序接听电话，并尽快结束接听电话。

③ 放下电话后，应立即向被中断服务的客人致歉，讲："对不起，让您久等了！"对外宾服务时讲："Thank you for your waiting."

(3) 当来电要找的人不在时，应询问对方是否需要留言或回电话。

① 对不起，先生(女士)，某某现在不在这里，您是否需要留言服务。

② 请问您的电话号码、尊称。

③ 做好留言记录，并边记录边重复客人留言，最后复述一遍。

四、关于电话留言

1. 电话留言注意事项

(1) 电话边备有便笺、笔。

(2) 笔录牢记相关事项及对方的联络号码。

(3) 注意复述核查需要转告的事项。

(4) 在便笺上署上自己的名字、时间。

(5) 放到适当位置，防止丢弃并保密。

(6) 确认及时收到留言。

(7) 再次提醒当事人。

2. 电话留言备忘 5W2H

(1) Who：何人，来电人的姓名、性别。

(2) When：何时，来电提及的日期、时间和来电时间。

(3) Where：何处，来电提及的地点、场所。

(4) What：何事，来电提及的内容。

(5) Why：何故，来电提及的因由。

(6) How：如何，做方法、要求。

(7) How much：做多少数量。

课堂小互动

下面是有关接电话礼仪的测试题，可以对照自己平时接电话的实际表现，做一下评估。

(1) 电话铃声一响立即或响过四五声再从容地接起来。( )

(2) 如果不是本部门的电话，就没必要理，免得耽误正常的工作。( )

(3) 如果是其他同事的业务电话，要立即大声喊他来接。( )

(4) 手头工作实在太忙的时候，可以不接电话或是直接把电话挂掉。( )

(5) 如果两部电话同时响起来的时候，只能接一部，另一部不用管它了。( )

(6) 快下班的时候，为了能更好地解答客户咨询，让客户改天再打电话来。( )

(7) 接客户电话的时候，要注意严格控制时间长度，牢记"三分钟"原则。( )

(8) 若电话意外中断了，即使知道对方是谁，也不应该主动打过去，而是等对方打过来。( )

(9) 接到打错的电话,不用理会,马上挂掉,不能耽误工作时间。( )

(10) 在和客户谈事的时候,如果手机响了,应该避开客户到其他地方接听。( )

说明:如果你有两道以上的题答错了,说明到要注意自己电话形象的时候了。

如果错四个以上,说明你的电话形象已经影响到企业形象、公司业务的地步,改变已经刻不容缓了,否则你所在的企业只能很快更换接电话的人。

以上十道题的答案,全是"×"。

可见,接电话的时候一些不在意的小节,在致电者看来却是"不耐烦""敷衍"的代名词。在接电话的准备工作上,没有必要像打电话那么复杂,但应该在桌上准备好笔、纸,以准备随时做记录、备忘录。

学"礼"

接打电话的礼貌用语

接打电话的礼貌用语见表 3-15。

表 3-15　接打电话的礼貌用语

情　景	不当用语	礼 貌 用 语
向人问好	喂	您好
自报家门	我是美丽时光的	这里是香港美丽时光
问对方身份	你是谁	请问您是……
问别人姓名	你叫什么名字	能告诉我您的姓名吗
问对方姓氏	你姓什么	请问您贵姓
要别人电话	你电话是多少	能留下您的联系方式吗
要找某人	给我找一下××	请您帮我找一下××,好吗? 谢谢
问找某人	你找谁啊	请问您找哪一位
问有某事	你有什么事	请问您有什么事吗
叫别人等待	你等着	请您稍等一会儿
人不在	他不在	不好意思,他在另一处办公,请您直接给他打电话,电话号码是……
他不在	他现在不在这里	对不起,他现在不在这里,如果您有急事,我能否代为转告
待会儿再打	你待会儿再打吧	请您过一会儿再来电话,好吗
结束谈话	你说完了吗	您还有其他事吗,或您还有其他吩咐吗
做不到	那样可不行	很抱歉,没有照您希望的办,或说不好意思,这个我们可能办不到
不会忘记	我忘不了的	请放心,我一定照办
没听清楚	什么再说一遍	对不起,这边有些吵,或我这边可能信号不太好,请您再说一遍,好吗

项目实训

一、接听电话礼仪实训

1. 实训准备

接听电话礼仪实训需要的场地和物料：礼仪训练室、普通教室或大屏幕教室、正装、手机、摄像机、桌椅、便签纸、笔。

模拟在办公室上班时的情景。学生以秘书的身份模拟接听电话，内容如下。

(1) 通知部门经理开会的电话。

(2) 对方要找王总经理，秘书告知王经理不在的对话情景。

(3) 对方打错了电话，秘书的应对。

(4) 对方咨询本公司产品情况时，秘书需要查资料让对方等候的电话。

(5) 有一位客户的电话，经理交代秘书不要转给他。

(6) 有一位客户对产品不满意，打电话来，火气很大。

2. 实训安排

实训安排如表3-16所示。

表3-16 接听电话礼仪实训安排

实训学时	1学时
实训目的	了解接电话的基础步骤；具有接听各种来电情景的应对能力；培养话务方面的沟通与倾听能力
实训要求	要求学生能根据不同场合正确、合理、合适地接听电话。演示时要真正从角色的角度考虑，所演示的任务的措辞要认真斟酌，既要符合礼仪，又要有所创新
实训方法	学生8～10人一组，组内再自由分成2人一组；教师将要模拟的6个情景做成抽签条，由抽签决定每组演示哪个场景；学生分别演秘书和客户的角色，要轮换扮演一次；每组演示时间不超过6分钟

3. 实训考核

实训考核如表3-17所示。

表3-17 接听电话礼仪考核标准

班级：　　姓名：　　学号：　　得分：

考核项目	考核标准	评价等级				分值
		A	B	C	D	
穿着	得体、干净、符合个人气质					1.5
接听及时	三声必接，未及时接听需要致歉说明情况					1.5
状态	微笑接听、声音愉悦					2
接听过程	传递信息准确、声音清晰、记录内容、重复核实					3
挂电话	合理发送结束信号，注意挂电话顺序					2
合计						10

注：考核等级共分四等，A等系数为1.0，B等系数为0.8，C等系数为0.6，D等系数为0.4。

二、打电话礼仪实训

1. 实训准备

打电话礼仪实训需要的场地和物料：礼仪训练室、普通教室或大屏幕教室、正装、手机、摄像机、桌椅、便签纸、笔。

模拟在办公室上班时的情景。学生以秘书的身份模拟打电话，内容如下。

(1) 用餐或休息时间，有紧急事情要找王总经理。

(2) 拨错电话号码，如何应对和致歉。

(3) 拨打客服电话，解决新买产品货不对板事宜。

(4) 电话中，有另一通重要电话拨入，需要优先接听，如何处理。

(5) 第一次拨打张教授电话，想请教学科课程中遇到的难点。

2. 实训安排

实训安排如表 3-18 所示。

表 3-18　打电话礼仪实训安排

实训学时	1 学时
实训目的	了解打电话的基础步骤，培养话务方面的沟通与表达能力
实训要求	要求学生能根据设定情景背景来拨打电话。演示时要真正从角色的角度考虑，所演示的任务的措辞要认真斟酌，既要符合礼仪，又要有所创新
实训方法	学生 8～10 人一组，组内再自由分成 2 人一组；教师将要模拟的 5 个情景做成抽签条，由抽签决定每组演示哪个场景；学生分别扮演秘书和客户的角色，要轮换扮演一次；每组演示时间不超过 6 分钟

3. 实训考核

实训考核如表 3-19 所示。

表 3-19　打电话礼仪考核标准

班级：　　　　　　姓名：　　　　　　学号：　　　　　　得分：

考核项目	考核标准	评价等级				分值
		A	B	C	D	
穿着	得体、干净、符合个人气质					1.5
时间	遵从三分钟原则					1.5
状态	微笑拨打、声音愉悦					2
接听过程	传递信息准确、声音清晰、陈述简洁、重复核实					3
挂电话	合理发送结束信号，注意挂电话顺序					2
合　计						10

注：考核等级共分四等，A 等系数为 1.0，B 等系数为 0.8，C 等系数为 0.6，D 等系数为 0.4。

项目八 交通礼仪——让礼一寸，得礼一尺

现代社会人们的生活节奏越来越快，要求的效率也越来越高，人们每天都要跟交通工具打交道，无论乘坐何种交通工具，都必须有秩序意识、自律意识、互助意识、礼让意识。自觉遵守交通礼仪是人们起码的常识。

一、驾驶机动车的礼仪要求

如果亲自驾车，应当自觉遵守交通规则，文明开车，表现出良好的驾驶风度。

自觉遵守道路交通安全法规、交通信号和交通标志；保持车身整洁；不抢道，不抢行，不斗气，不做猛拐、来回穿插、别车等危险动作，遇车队、非机动车或行人时，主动礼让；雨天驾驶或趟过路面积水时，应缓慢行驶，防止把水溅至路人身上；夜间会车时，应主动转换成近光灯；不向车窗外吐痰或抛掷杂物；在允许或指定区域停放车辆；在没有明确禁鸣喇叭的区域，也应尽量少按、轻按喇叭，不应长时间按喇叭。

二、乘坐出租车的礼仪要求

路边招停，以不影响公共交通为宜；上车时，年长者或女士先上；下车时，年轻者或男士先下；保持车内卫生，不往车外吐痰、扔杂物，应将痰吐在纸巾里，下车时随其他杂物随身带走；在没有禁止吸烟的车上，如要吸烟，应征得司机同意，不可将烟灰弹落车内，不将烟蒂扔到窗外。

三、乘坐高铁的礼仪要求

高铁是重要的长途旅行交通工具之一。良好的乘车环境需要大家共同努力，因此在乘车过程中，要讲文明、懂礼貌，多一分宽容、多一分礼让，这样不仅能减少许多不必要的麻烦，还能保持良好的心情，减轻旅途疲劳。

1. 遵守秩序

上火车时要按秩序，事先拿好行李、火车票，以便乘务人员尽快检票，尽快对号入座。放置行李要相互礼让，主动帮助老、幼、病、残、孕等特殊旅客。

2. 讲究公共卫生

在火车上不要随地吐痰、乱扔废弃物；不要在车厢内抽烟；不要脱下鞋子，更不可把脚跷放到对面座位上；不可长时间占用卫生间和盥洗间；当乘务员打扫卫生时，要主动给予配合。

3. 注重个人形象

夏天酷热难忍时，男士也不要打赤膊、穿背心或短裤。在火车卧铺车厢脱衣就寝时，要背对其他乘客，女士切不可当着其他人的面化妆或整理衣裙；乘坐上、下铺位时要尽量避免弄出响声。

4. 言谈举止

不宜大声说笑，以免妨碍他人；不要随便打听别人，特别是女士的年龄、婚姻等个人隐

私;不要谈论不健康、不愉快的话题;不要过分热情,如果对方无交谈欲望,则不可勉强,不可强求别人留下地址,自己也不要轻易透露个人信息。

5. 火车饮食

乘坐火车尽量不要食用有异味的食品,以免影响其他乘客。

6. 礼貌道别

到达目的地时,与其他乘客有礼貌地道别,有序排队下车,应让老、弱、病、残、孕者先行。

四、乘坐公共汽车的礼仪要求

公共汽车是城市居民的主要交通工具。作为乘客,要讲究文明乘车,遵守文明的乘车规则。在站台候车区域安全候车,切勿站在行车道上;遵守"排队上车、先下后上"的文明礼仪规范;主动买票,自觉投币或刷卡;上车后尽量向中间走,不要停留在车门口,以免影响其他人上车;主动给老、弱、病、残、孕者让座;不在车内吸烟,也尽量避免在车内进食;不吐痰,不乱扔垃圾,维护车辆卫生,同时也维护城市环境;不要在车上大声喧哗或高谈阔论;不要把自己的随身物品放在座椅或通道上;雨天时,要收好雨具,以免弄湿其他乘客。

五、乘坐地铁的礼仪要求

1. 遵照惯例,文明乘梯

乘电梯时,应靠右侧站立,让出左边的通道,供赶时间的乘客行走。这也是乘自动扶梯的一种国际惯例,所以无论在哪里乘自动扶梯时,都必须遵守"靠右站立"的文明礼仪规范。

2. 保持安静,举止文雅

在月台上,要遵守"按线候车"的规则,切勿越过黄色安全线。同时也要注意自己的言行举止,不要在站内大声喧哗,不要在站台上奔跑。候车时,坐在车站提供的椅子上等候。如果没有椅子或座位已满,即使很想休息,也不要坐卧或蹲在站台上。有些人习惯于靠着墙休息,此时千万不要把脚踏在墙上,避免破坏或污染地铁的设施及环境。

3. 先下后上,注意礼让

排队上车时,如果遇到老人、病人、残疾人、孕妇和带小孩的妇女,应该让他们排到自己的前面。人多的时候,除注意遵守安全法规外,也别忘了遵守文明礼仪规范。拥挤的情况下,不要推撞他人。

六、骑车的礼仪要求

中国是自行车王国,文明骑车不仅能维护正常的交通秩序,而且能减少事故的发生,保证生命的安全。自觉遵守道路交通安全法规、交通信号和交通标志;礼让行人,红灯不越线,黄灯不抢行;进出有人值守的大门,下车推行,以示尊重;拐弯前先做手势示意;在动车专用道和人行便道行驶,勾肩搭背、相互追逐、曲折行驶,在市区骑车带人和带超长、超宽物品,都是常见危险行为。

七、行人步行的礼仪要求

无论外出到什么地方,借助何种交通工具,都离不开步行。在公共场所行走,更能体现一个人的文明修养程度。因此，有关步行的礼仪是交通礼仪的核心内容。要遵守行路规则，步行要走人行道，不走非机动车道和机动车道；过马路要走人行横道，如果是路口，一定要等绿灯亮了，再看两边没车时才通过；行人之间要互相礼让，马路上车水马龙，人来人往，比肩接踵，更要提倡相互礼让；遇到老、弱、病、残、孕，要照顾他们。问路态度要诚恳，语言要文明，问完要致谢。

八、乘坐飞机的礼仪要求

飞机是目前世界上最快捷的交通工具，具有速度快、时间短、乘坐舒适等特点，很适合人们的旅行。由于空中旅行和地面旅行有许多差异，因此需要注意以下事项。

1. 提前办理乘机手续

乘机手续，主要指购票和登记手续，它比较严格且较为复杂，应提前办理。乘坐飞机，至少应在飞机预定起飞时间前1～1.5小时到达机场，在这段时间里要核查机票，办理行李装运手续，还需进行一些必要的登记。时间充裕，才会从容不迫，忙而不乱。

2. 妥善处理携带的行李

携带行李应尽可能轻便。国际、国内航班对行李的重量均有严格的限制，行李超重不仅提取麻烦，而且需要缴纳费用，因此尽量少带为宜。随身携带的行李，登记后可将其放到置物架上，放置时应避免把置物架塞得过满，造成其他乘客行李无处可放。不可将行李放在座位上，更不能占用其他乘客的座位。

3. 遵守规定，文明乘机

飞机飞行期间，乘客应严格遵守飞机上宣布的有关规定。当“系好安全带”的信号灯亮时，要迅速系好安全带。如果你恰好正在盥洗室，应尽快回到座位上系好安全带。若正在吸烟、“请勿吸烟”的信号灯亮了，应立刻将烟熄灭。你的座位在“禁止吸烟”区，就应自觉遵守，自我克制。在飞机上使用盥洗室或厕所应尽量少占用时间，使用完毕要保持其清洁，任何地方也不要留下令人不愉快、不整洁的痕迹。要尽量避免做让人反感的事。例如，不要突然放下座椅靠背，放靠背前应先回头看一下后面的人，让后面的人有所准备；不要用力将托板推回原位，以免这种振动使前面的人吓一跳；不要不断地碰撞别人的座位；有跷二郎腿摇摆或颤动习惯的人，最好主动要求坐在靠通道的座位上，这样可避免影响他人。

4. 尊重乘务员的劳动

飞机飞行中，乘务员会为乘客提供服务，如送饮料、食物或报纸等。在接受服务后，应向乘务员道声“谢谢”或点头致意。无特殊事情，尽量不要麻烦乘务员，因为乘务员担负着为所有乘客服务的职责。如果有事确需乘务员帮助，可向乘务员招手示意，不可大声呼叫。

九、候车时的礼仪要求

候车时要在站台或指定地点等候车辆，不要站在车道上候车。排队候车，按先后顺序上车，不要拥挤。

项目实训

交通礼仪实训

1. 实训准备

交通礼仪实训需要的场地和物料：礼仪训练室、普通教室或大屏幕教室、正装、桌椅、手机或摄像机。

选择其中一种场景进行模拟，也可自由设置情景。

(1) 驾驶机动车。

(2) 乘坐出租车。

(3) 乘坐火车。

(4) 乘坐公共汽车。

(5) 乘坐地铁。

(6) 骑车。

(7) 行人步行。

(8) 乘坐飞机。

(9) 候车时。

2. 实训安排

实训安排如表 3-20 所示。

表 3-20 交通礼仪实训安排

实训学时	1 学时
实训目的	了解交通礼仪的基本知识
实训要求	熟练掌交通礼仪的实践技巧
实训方法	4～6 人一组，学生分组考核；考核过程全程拍摄；回放拍摄过程，学生根据视频做自我点评和小组间的点评；教师针对全体学生的共性问题和典型问题进行针对性点评

3. 实训考核

实训考核如表 3-21 所示。

表 3-21 交通礼仪考核标准

班级： 姓名： 学号： 得分：

考核项目	考 核 标 准	评价等级				分值
		A	B	C	D	
礼貌谦让	主动照顾老、弱、病、残、孕者					2
遵守秩序	按顺序，不拥挤					2
文明守法	遵守交通安全法规					2
公共卫生	文明礼仪规范的遵守					2
个人形象	穿着、言谈举止等					2
合 计						10

注：考核等级共分四等，A 等系数为 1.0，B 等系数为 0.8，C 等系数为 0.6，D 等系数为 0.4。

项目九　餐饮礼仪——你在品美食，别人在品你

餐饮礼仪之所以被提倡、受到社会各界的普遍重视，主要是因为它具有多种重要的功能，既有助于个人，又有助于社会。律己和敬人的行为，是餐饮活动中需要遵循的行为规范与准则。餐饮礼仪的培养和提高应该是内外兼修的。古语说得好：腹有诗书气自华。内在修养是提高餐饮礼仪最根本的源泉。

任务一　餐饮礼仪概述

餐饮礼仪是指人们在赴宴进餐过程中，根据一定的风俗习惯约定俗成的仪式和行为，在仪态、餐具使用、菜品食用等方面表现出的自敬和敬人的行为，是餐饮活动中需要遵循的行为规范与准则。

中华民族素有“礼仪之邦”的美称，讲礼貌是我国人民的传统美德。但一个人的餐饮礼仪不是天生具备的，也不是一朝一夕所能形成的，而是一个潜移默化、循序渐进的过程。

餐饮礼仪的培养和提高应该是内外兼修，长期坚持的礼仪习惯。

一、加强道德修养

餐饮礼仪作为一种行为规范，是多层次的道德规范体系中最基础的道德规范，属于道德体系中社会公德的内容。如文明举止、谦恭礼让、礼貌待人、与人为善、诚实守信、孝敬父母、尊敬师长、爱护公共卫生、尊重与爱护他人的劳动等，这些既是餐饮礼仪规范的要求，又是中华民族的传统美德。道德是礼仪的灵魂，礼仪是道德的表现形式。有德才会有礼，缺德必定无礼，餐饮礼仪修养要先修德，即应在加强道德修养上下功夫。

二、自觉学习餐饮礼仪

俗话说，知书才能达“礼”。明礼、行礼不仅需要良好的思想文化素养，还要学习基本的餐饮礼仪知识，掌握现代餐饮礼仪的规范要求。一个人懂得的礼仪知识越广博、越全面，他在待人接物时就越能应付自如、左右逢源。因此，对我国及其他国家的餐饮礼仪要注意搜集、学习、领会和实践。久而久之，自己的餐饮礼仪就能提升到新的高度。

三、躬行实践

“纸上得来终觉浅，绝知此事要躬行。”现代社会请人吃饭和被人请吃饭是经常做的事情。要养成良好的餐饮礼仪，就要多实践，不要怕出“洋相”，也不要自卑羞怯。通过不断锻炼，就能克服在讲究礼节礼貌时的羞怯、自卑、妄自尊大等，增强自己的礼仪修养。

对一个人来说，培养餐饮礼仪的过程，实际上是在高度自觉的前提下使自己整体素质提高的过程，所以这不是一朝一夕的事。但是只要肯下功夫，就能够达到理想的境界。

任务二　中餐礼仪

中国的餐饮文化源远流长，博大精深。因此，餐饮礼仪在中国人传统用餐中是非常重要

的。中国的餐饮礼仪号称始于周公，经千百年的演进，形成了一套现今大家都普遍接受的进餐礼仪，它是中华饮食文化的重要组成部分，也是对古代饮食文化的继承和发展。了解中餐礼仪，不仅可以使自己在迎来送往的社交过程中不失礼，还能树立起良好的形象，避免尴尬。

一、宴会礼仪

筹备中式宴会具体要做好以下几个方面的工作。

（一）时间安排

确定宴会的具体时间时要讲究主随客便。主人不仅要从自己的客观能力出发，更要优先考虑被邀请者，特别是主宾的时间情况。如果可能，应先和主宾协商一下，最好能提供几种时间上的选择，以显示自己的诚意。商定后应尽早通知客人，通常在宴会的前两星期或再提前些。切记不要在当天请客时再去通知客人，这样会使参加的人感觉不舒服，是一种不敬之举。

另外，如果有外宾，宴会日期最好不要订在周末或假日。

（二）地点安排

宴请地点的选择也很重要。选择地点有三大基本要素：第一是环境，环境要优雅，因为宴请不仅是为了“吃东西”，也要“吃文化”，一定要选择清净、优雅的地点用餐；第二是卫生，宜选择卫生条件良好的餐厅，否则会破坏用餐者的食欲；第三是交通，要考虑用餐者的交通是否方便，有没有停车场、是否要为用餐者预备交通工具等一系列具体问题。

（三）确定宴会事宜

1. 发出邀请

各种宴请活动，一般都要发请柬，这既是礼貌，也可对客人起提醒之用。便宴经约妥后，可发也可不发请柬，工作餐一般不发请柬。有些国家，邀请最高 6 人作为主宾参加活动，需单独发邀请信，其他宾客发请柬。请柬一般提前一至两周发出，有时需提前一个月，以便被邀请人及早安排。已经口头约妥的活动，仍应补送请柬。对于需安排座位的宴请活动，为确切掌握出席情况，往往要求被邀者答复能否出席。请柬内容包括活动形式、举行的时间及地点、主人的姓名(如以单位名义邀请，则用单位名称)。请柬行文不用标点符号，所提到的人名、单位名、节日名称都应用全称。中文请柬行文中不提被邀请人姓名(其姓名写在请柬信封上)，主人姓名放在落款处。请柬可以印刷，也可以手写，若手写，字迹要美观、清晰。

2. 确定菜单

宴请的酒菜根据活动形式和规格，在规定的预算标准内安排。确定菜单要结合宴请的形式和档次、时间和季节，以及宴请对象的喜好和禁忌。选菜不以主人的爱好为准，主要考虑主宾的喜好与禁忌。如果宴会上个别宾客有特殊需要，也可以单独为其上菜。确定菜单既要注意通行的常规，又要照顾地方特色。尤其是在地方上，宜用有地方特色的食品招待，用本地产的名酒。一桌宴席的菜单，应安排有冷有热、有荤有素、有主有次。菜单以营养丰富、味道多样为原则。无论哪一种宴请，均应事先开列菜单。正式宴会上，菜单至少每桌一份，讲究的也可每人一份。

3. 席位安排

正式的宴会均应事先安排好桌次和席次，并事先通知，使参加人员心中有数。有的宴会只安排宾客席位，其他人只排桌次或自由入座。一般而言，中国习惯于按职位的高低排列，以面对庭院、背向墙壁为上座；西方按男女参差排列，以背向壁炉、正中间的座位为女主人，女主人对面的正中座位为男主人，离入口最近的地方为末席。

4. 现场布置

宴会厅主要根据宴请的目的、宴会厅的形状和使用面积，以及传统礼仪习俗进行布置和装饰，其目的是为参加者营造一个优美和谐的就餐环境。为了突出宴会的气氛和效果，可以摆放大型吊饰花篮。宴会厅的四周可适当摆放一些花卉，以烘托整体气氛，如席间配有音乐，音乐声音应轻。

二、开宴礼仪

当宾客相继赴宴后，宴会要及时开席，在整个宴会过程中，主人要热情好客，让宴会的气氛热烈融洽，期间应注意以下几点。

1. 门前迎客

开宴前，主人应站立在门口迎接宾客。重要的宴会，可由主人率领其他人员排列成行迎宾，或派专车接请贵宾。客人到达后，主人应迎上前去握手，互相问候，对来宾表示欢迎，不要疏忽冷落了任何一位客人。根据客人到达的先后，由工作人员分批陪送到休息厅小憩或直接进入宴会厅，由专人负责接待。主宾到达，由主人亲自陪同，进入休息厅同在座的客人见面后，再一起步入宴会厅。

2. 引客入座

大型宴会可在宴会厅门前陈列“桌次排列简图”，让来宾依据请柬提示对号入座，也可以由工作人员或服务人员分别引座。一般先把非主桌上的来宾引入宴会厅就座后，再领主宾进入宴会厅。主人与客人互作介绍，增进交流。如发现有人坐错座位，若无大碍，一般将错就错，不做更正。如果必须进行调整，要以适当的方式，不可伤来宾的自尊心。

3. 准时开席

按约定的时间准时开席，是宴请礼仪的基本要求，不能因个别来宾延误而影响整个宴会的进行。如是主宾或重要来宾延误，应尽快取得联系，弄清情况后，采取应急措施，向到场的来宾表示歉意。一般来说，宴会延迟 10～15 分钟是允许的，但最多不能超过 30 分钟，否则会冲淡来宾的兴致，影响宴会气氛。宴会主办人必须提前到达，否则是严重的失礼行为。

4. 致辞敬酒

正式宴会中，待主、宾双方入席后、用餐开始前，由主人与主宾分别致辞，并由主人向全体宾客敬酒，提议为某种事由干杯。

5. 介绍菜肴

服务人员每上一道菜，一般要用转盘转至主人与主宾之间并报出菜名。对于有些具有鲜明特色的菜，服务人员可从菜肴的香、味、形方面的特点和关于菜名由来等做详细介绍。上菜完毕，主人应举筷盛情请大家品尝。当来宾相互推让，迟迟不肯下筷时，主人可起身用公筷、公匙，亲自为来宾分菜。

6. 亲切交谈

宴会从介绍来宾开始，到介绍菜肴，向来宾敬酒以及引导亲切和谐的交谈，都是席间主人应主动做的。一般情况下，每桌的主人要不时地提出一些能让双方都感兴趣的话题，如气候季节、体育赛事、文体时尚、烹饪技巧等，也可以就本次聚会的主旨做一些交谈，但不必深入、具体，更不要涉及实质性内容，切不可将餐桌变成谈判桌，引起双方不快。

7. 宴会结束

一般宴会应掌握在 90 分钟左右，最多不超过 2 小时。过早结束，会使来宾感到意犹未尽，对主人的诚意表示怀疑；时间过长，会使主、宾双方感到疲惫，影响宴会的效果。主人要掌握时机，适时结束宴会，给赴宴来宾留下美好的回忆。宴会结束后，主人、副主人等应亲自把来宾送至门口，再次真诚感谢众来宾的光临，热情握手告别，目送来宾离去。对乘车前来的来宾，主人应送客上车，待车开动后，再挥手致意。

三、餐桌安排

1. 桌次座次安排主次有别

详细图文请参见模块三项目五任务二“位次礼仪”。

2. 餐具摆放有讲究

中餐餐具的具体摆放方法如下。

(1) 座位卡。置于酒杯前或平摆于餐具上方，但不得置于餐盘内。

(2) 盘。骨碟会依据到席人数而定，以相等距离、标志朝上、离桌约二指宽放置桌面上。小调味碟则会间隔一指排在骨碟左上方，让宾客依自己的口味喜好放入调味料。

(3) 餐巾。折成花插在水杯中或平放在骨碟上。

(4) 汤匙。汤匙和汤匙架排在骨碟右上方与小调味碟平行，匙凹朝左。

(5) 筷子。正式的餐宴上，筷子应设筷架，以利于宾客放置筷子，筷架间隔一指宽，横置于汤匙架的右上方，筷子则平置于筷架上，标志文字朝上。

(6) 杯子。数量和式样应配合酒和饮料的种类，放置于小调味碟右上方。中餐通常每桌还会放置公杯，摆在转台边缘约一指宽处，杯嘴朝左。

(7) 佐料壶。内装酱油和醋的小佐料壶会放置在公杯的正对方，壶嘴朝左。

(8) 牙签。牙签盒通常摆在佐料壶右边。

(9) 服务叉匙。主人位置右方，放置一底座，斜置服务叉匙。

(10) 盆花。盆花摆在转台的中心点上。

【案例 3-9】

破损的餐具

一位导游带领 4 位游客走进了某三星级饭店的中餐厅。入座后，服务员开始让他们点菜。客人要了一些菜，还要了啤酒、矿泉水等饮料。突然，一位客人发出诧异的声音。原来他的啤酒杯有一道裂缝，啤酒顺着裂缝流到了桌子上。导游急忙让服务员过来换杯。另一位客人用手指着眼前的小碟子让服务员看，原来小碟子上有一个缺口。导游赶忙检查了一遍桌上的餐具，发现碗、碟、瓷勺、啤酒杯等物均有不同程度的损坏，上面都有裂痕、缺口和瑕疵。导游站起身把服务员叫到一旁说："这里的餐具怎么都有毛病？这可会影响宾客的情绪啊！""这批餐具早就该换了，最近太忙，还没来得及更换。您看其他桌上的餐具也有毛病。"服务员红着脸解释着。"这可不是理由啊！难道这么大的饭店连几套像样的餐具都找不出来吗？"导游有点火了。"您别着急，我马上给您换新的餐具。"服务员急忙改口。导游和游客交谈后又对服务员说道："请你最好给我们换个地方，我的客人对这里的环境不太满意。"经过与餐厅经理商洽，最后将这几位客人安排在小宴会厅用餐，餐具也更为精美。望着桌上精致的餐具，喝着可口的啤酒，这几位宾客终于露出了笑容。

思政提示：本案例从表面上看，只是因为没有及时更换残破的餐具客户产生不满。但透过现象看本质，这其实是由于在服务过程中缺乏责任心，没有做到全心全意为顾客服务，所以客户体验感差。接待无小事，事事是大事。细节决定成败，服务的品质和企业的口碑，就是用一个个优质的细节构成的。在工作岗位上，要践行社会主义核心价值观：爱岗、敬业、诚信、友善，做一个有担当、有责任感的职场人。

四、餐具使用

（一）主餐具的使用

中餐的主餐具是指进餐时主要使用的、必不可少的餐具。主餐具主要有筷、匙、碗、盘等。

1. 筷

微课：中餐餐具使用礼仪

筷又叫筷子，主要是为了在用餐时夹取食物或菜肴。

在长期的生活实践中，筷子的使用也有一些礼仪上的忌讳。

一忌敲筷。即在等待就餐时，不能坐在餐边，一手拿一根筷子随意敲打，或用筷子敲打碗盏、茶杯。

二忌掷筷。在餐前发放筷子时，要把筷子一双双理顺，然后轻轻地放在每个人的餐桌前；筷子距别人较远时，可以请人递过去，不能随手掷在桌上。

三忌叉筷。筷子不能一横一竖交叉摆放，不能一根是大头、一根是小头。筷子要放在碗的旁边，不能搁在碗上。

四忌插筷。在用餐中途因故需暂时离开时，要把筷子轻轻搁在桌子上或餐碟边，不能插在饭碗里。

五忌挥筷。在夹菜时，不能把筷子在菜盘里挥来挥去，上下乱翻，遇到别人也来夹菜时，要有意避让，谨防"筷子打架"。

六忌舞筷。在说话时，不要把筷子当作刀具在餐桌上乱舞，也不要在请别人用菜时把筷子戳到别人面前，这样做是失礼的。

七忌含筷。不能把筷子的一端含在嘴里，来回嘬，并不时地发出声响。不论筷子上是否残留着食物，都不要去舔。用舔过的筷子再去夹菜，多少都有些让人倒胃口，而且也会被人视为一种缺少家教的行为。

2. 匙

匙又叫勺子。在中餐中，主要是用于舀取菜肴、食物。

在用勺子取食物时，不要舀取过满，以免溢出弄脏餐桌或衣服。在舀取食物后，可在原处暂停片刻，等汤汁不再往下流时，再移过来享用。

用餐期间，暂时不用勺子时，应把勺子放在自己身前的碟子上，不要把勺子直接放在餐桌上，或让勺子在食物中“立正”。用勺子取完食物后，要立即食用或是把食物放在自己碟子里，不要再把食物倒回原处。若是取用的食物太烫，则不可用勺子舀来舀去，也不要用嘴对着勺子吹，应把食物先放到自己碗里等凉了再吃。还要注意不要把勺子塞到嘴里，或是反复舔食吮吸。

3. 碗

中餐的碗可以用来盛饭、盛汤，进餐时，可以手捧饭碗就餐。拿碗时，用左手的四个手指支撑碗的底部，拇指放在碗端。吃饭时，饭碗的高度大致和下巴保持一致。

4. 盘

盘又叫盘子。中餐的盘子有很多种，稍小点的盘子叫碟子，主要用于盛放食物，使用方法和碗大致相同。用餐时，盘子在餐桌上一般要求保持原位，且不要堆在一起。

下面重点介绍一种用途比较特殊的盘子——食碟。食碟在中餐里主要用于暂时放从公用菜盘中取来享用的菜肴。使用食碟时，一般不要取放过多的菜肴，那样看起来既杂乱不堪，又十分不雅。不吃的食物残渣、骨头、鱼刺不要吐在饭桌上，而应轻轻取放在食碟的前端，取放时不要直接从嘴吐到食碟上，而要使用筷子夹放到碟子前端。如食碟放满了，可示意服务员更换食碟。

（二）辅助工具

中餐的辅助工具可有可无，在用餐时起辅助作用。主要有以下几种。

1. 汤盅

汤盅是用来盛放汤类食物的。用餐时，使用汤盅时需要注意：将汤勺取出放在垫盘上，并把盅盖反转平放在汤盅上，就是表示已经喝完汤。

2. 水杯

中餐的水杯主要用于盛放清水、果汁、汽水等软饮料。注意不要用水杯来盛酒，也不要倒扣水杯。另外，需注意喝进嘴里的东西不能再吐回水杯里，这样是十分不雅的。

3. 牙签

牙签也是中餐餐桌上的必备之物。它有两个作用：一个作用是用于扎取食物；另一个作用是用于剔牙。但是用餐时尽量不要当众剔牙，非剔不可时，要用另一只手掩住口部，剔出来的食物残渣，不要当众“观赏”或再次入口，更不要随手乱弹、随口乱吐。剔牙后，不要叼着牙签，更不要用其来扎取食物。

4. 餐巾

中餐用餐前，一般服务员会为每位用餐者上一块湿毛巾。这块湿毛巾的作用是擦手，擦手后应该把它放回盘子里，由服务员拿走。而宴会结束前，服务员会再上一块湿毛巾，和前者不同的是，这块湿毛巾是用于擦嘴的，不能用其擦脸或抹汗。

五、中餐宴会的座次排列

中餐宴会视参加人数的多少设桌次或座次，座次是指同一餐桌上的席位高低。

中餐宴会座次排列的原则和方法：按我国习惯，席位安排通常以主人为中心，主人对面是副主人位置，主人的右边为主宾，左边为第二副主宾，副主人位置的右边为第一副主宾，其余按先右后左的顺序依次排列。

具体原则如下。①以右为尊。当客人分别位于主人左右两侧，通常主人右侧客人的身份高于左侧客人，这是因为中餐上菜时多以顺时针为上菜方向，居右者比居左者优先受到照顾。②面门为上。倘若有人面对正门而坐，有人背对正门而坐，依照礼仪惯例则应以面对正门者为上座，背对正门者为下座。③观景为佳。在一些高档餐厅用餐时，其室内外往往有优美的景致或高雅的演出供观赏，此时应以观赏角度最佳处为上座。④临墙为好。在某些中低档餐厅用餐时，为了防止过往侍者和食客的干扰，通常以靠墙之位为上座，靠过道之位为下座。⑤以远为上。以距离宴会厅正门的远近为准，距门越远，位次越高。图 3-30 所示为座次安排。

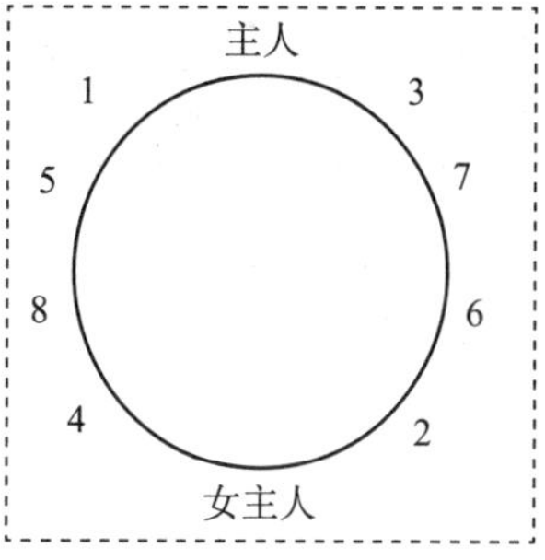

图 3-30 座次安排

六、中餐宴会的餐具摆放

中餐宴会中使用的餐具主要有筷、匙、碗、盘、碟、酒杯等，这些餐具的摆放位置如图 3-31、表 3-22 所示。

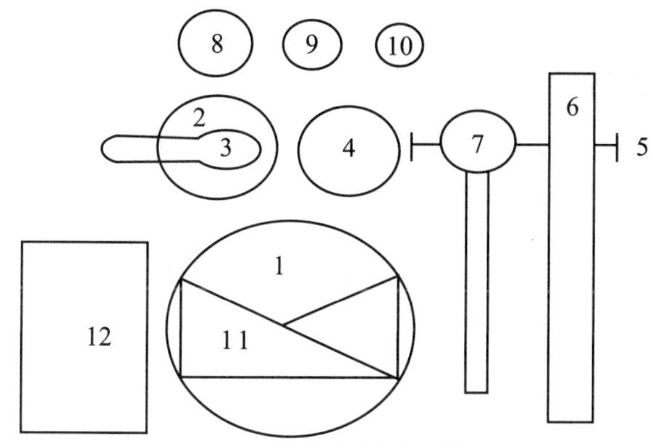

图 3-31 中餐餐具摆放

1—餐碟；2—汤碗；3—汤匙；4—调味碟；5—筷架；6—筷子；7—银匙；8—水杯；9—红酒杯；10—白酒杯；11—餐巾；12—菜单

表 3-22 中餐宴会的餐具摆放

项　目	具体摆放位置
餐碟	正对座位，碟边离桌边 1.5cm，有酒店标志的要注意统一方向；要求每个餐碟定位均匀，主位、副主位的餐碟应压在中线上
汤碗、汤匙	汤碗摆放在餐碟的左上方，碗边离碟边 1cm；汤匙放在汤碗内，勺把朝左
调味碟	摆放在汤碗的右边，距离碗边 1cm 处，与汤碗平行
筷架、筷子	筷架横放在味碟的右边，距离碟边 1m 处；筷子入套后垂直放在筷架上，与餐碟平行，筷子尾部离桌边 1.5cm
饮料杯	摆放在红酒杯的左边，杯口间的垂直切口距离 1cm

续表

项　目	具体摆放位置
红酒杯	摆放在汤碗与味碟之间的上方，压桌布中间折痕线上
白酒杯	摆放在红酒杯的右边，杯口间的垂直切口距离 1cm，与饮料杯、红酒杯成一直线
公用餐具	摆放在圆桌半径的中心线上，筷架位于水杯的正前方约 5cm 处，公用勺的中心落在明线上

学“礼”

中餐宴会的上菜顺序

中餐上菜的程序自古就很有讲究。清朝乾隆年间，才子袁枚在其著名的《随园食单》上，就曾对上菜程序做过如下论述：“上菜之法，盐者宜先，淡者宜后；浓者宜先，薄者宜后；无汤者宜先，有汤者宜后。度客食饱则脾困矣，须用辛辣以振动之；虑客酒多则胃疲矣，须用酸甘以提醒之。”

袁枚的这段话，总结了中餐宴会上菜的一般程序。一般来说，中餐上菜的程序是基本固定的，即冷盘→炒菜→大菜→汤菜→炒饭→面点→水果。上菜的原则：先冷后热；先菜后点；先咸后甜；先炒后烧；先清淡后肥厚。

七、中餐宴会的就餐方式

根据餐具的使用情况，中餐可分为合餐式、分餐式、自助式和公筷式四种具体形式。

1. 合餐式就餐方式

合餐式就餐方式（也叫混餐式）是指用餐者各执自己的餐具，围坐在一起，取同一份菜肴。它的优点是易产生和睦、温馨的气氛。其缺点是不够卫生。一般来说，它仅适合家人在一起用餐，不适宜在正式的宴会上使用，尤其是宴请外国友人时，是非常不合适的。

2. 分餐式就餐方式

分餐式（有时，人们称为中餐西吃）是指在用餐时，人们使用自己专用的餐具独享自己的食物。它的主要优点是既卫生，又公平。举行小型正式宴会时，它是一种最佳的选择。

3. 自助式就餐方式（通常也叫自助餐）

在国外，酒会、茶会、冷餐会等其实与自助餐大同小异。它的方法是，菜肴与主食被统一放置在一起，所有用餐者须排队，并按照自己的口味、食量自由取用。这种方式节省开支、节省人力，不排座次、不拘礼仪，这些都是其明显的长处。在举行大规模涉外活动时，应优先考虑这种就餐方式。

4. 公筷式就餐方式

公筷式就餐方式是指用餐者在用餐时仍享用同一份菜肴，但与混餐式就餐方式不同，必须在取用时采用公用的餐具，如公筷、公匙等。安排此种就餐方式的时候，公用餐具必须有明显的标志，免得用餐者将它混同于自己的餐具。由于它既文明，又有中餐宴会的亲密气氛，因此可用于款待外宾的家宴。

八、中餐宴会就餐礼仪

微课：中餐用餐礼仪

在用餐过程中，偶尔会出现落菜、餐具坠落、酒杯倾倒等意外事件，遇到这类事件，不要慌张，应从容应对。

(1) 如果夹菜的时候不小心掉到桌面，切不可趁没人看到的时候赶紧把它扔掉。又如，餐具掉落可以请服务员帮忙拾起，并换一套即可，不可用餐巾擦拭后再继续使用。

(2) 如不慎将酒水、汤汁等溅到他人衣物，表示歉意即可，不必恐慌赔罪，反而让对方难为情。

(3) 如吃到不洁或异味食物，不可吞入，应将入口食物用拇指和食指轻巧取出，放入骨碟中。

(4) 如果发现盘中的菜肴有昆虫或碎石，不要大惊小怪，可以等服务员走近，轻声告知服务员更换，避免做出不雅行为。

(5) 在用餐过程中，应当尽量避免当众剔牙，非剔不可时，切忌用手指掏牙，应用牙签，同时用手或餐巾遮掩住口鼻。剔出来的东西不要当众观赏或再次入口，也不要随手乱弹。牙签用完放在盘中即可，不要长时间叼着牙签说话、走动，更不要拿用过的牙签来扎取食物。

(6) 遇鱼刺、骨头等不宜吃的部分，不能直接吐在餐盘或餐桌上，应吐在手上，再放在备用盘上。

(7) 避免在餐桌上咳嗽、打喷嚏。万一不经意间打了喷嚏，应立即说声对不起。若只是暂时性咳嗽、打喷嚏，可以用餐巾掩口将污染减至最低；若咳嗽、喷嚏不止，则可离席到无人处进行处理。

(8) 不要玩弄碗筷、手机等，或用筷子指向别人，也不要将手伸进嘴里乱抠。

(9) 打嗝无法控制时，可喝水、屏吸使症状减轻。若仍无效，则最好去洗手间，待打完嗝后，再返回座位。

(10) 不要在餐桌上化妆，补妆应该在洗手间或无人处进行。公开场合补妆就好比是在众人面前梳头发、穿衣服等，无视他人的存在，实为不雅。

课堂小互动

聚会用餐时不小心打翻了自己的汤碗，小组成员演示应如何得体处理。

任务三 西餐礼仪

随着我国对外交往的日益频繁，我们接触西餐的机会也越来越多。西餐是西式饭菜的一种约定俗称的统称，大致可分为欧美式和俄式两种。西餐菜肴主料突出、营养丰富、色彩鲜明、味道鲜香。西方人用餐，一是讲究吃饱，二是享受用餐的情趣和氛围。西餐的烹饪和食用方法同中餐都有很大的不同，体现了一种西方文化，因此学习和了解西餐知识十分必要。

一、西餐宴会的座次排列原则

同中餐相比，西餐的席位排列既有许多相同之处，也有不少区别，因此要多加注意。

在绝大多数情况下，西餐的座次更多地表现为位次，一般涉及较少桌次，因此这里主要介绍西餐的位次。排定西餐的位次，应依照一些惯例和人所共知的常规进行。

1. 恭敬主宾

在西餐中，主宾极受尊重，即使用餐的来宾中有人在地位、身份、年纪方面高于主宾，但主宾仍是主人关心的重点。在排定位次时，应请男、女主宾分别靠着女主人和男主人就座，以便其进一步受到照顾。

2. 女士优先

在西餐礼仪里，女士处处备受尊重，在排定用餐位次时，主位一般应请女主人就座，而男主人需退居第二主位。

3. 以右为尊

在排定位次时，以右为尊依旧是基本原则。例如，应安排男主宾坐在女主人右侧、女主宾坐在男主人右侧。

4. 面门为上

面门为上有时又叫迎门为上。它所指的是，面对餐厅正门的位子，通常在排位次的序列上要高于背对餐厅正门的位子。

5. 距离定位

一般来说，西餐桌上位次的尊卑，往往与其距离主位的远近密切相关。在通常情况下，离主位近的位子高于距主位远的位子。

6. 交叉排列

商界人士出席正式的西餐宴会，要遵守交叉排列的原则，即男女应交叉排列，生人与熟人也应当交叉排列。因此，一个用餐者的对面和两侧，往往是异性，而且有可能与其不熟悉。这样做的最大好处是可以广交朋友。不过，这也要求用餐者最好是双数，并且男女人数各半。

二、西餐宴会座次排列方法

在西餐用餐时，人们所用的餐桌有长桌、方桌和圆桌。有时，还会用餐桌拼成各种图案。不过，最常见、最正规的西餐桌当属长桌。

1. 长桌

以长桌排位，一般有两个主要排列方法：一是男、女主人在长桌中央对面而坐，餐桌两端可以坐人，也可以不坐人；二是男、女主人分别就座于长桌两端，图 3-32 所示为长桌的位次安排。

2. 方桌

以方桌排列位次时，就座于餐桌四面的人数应相等。一般情况下，一桌共坐 8 人，每侧各坐两人的情况比较多见。在进行排列时，应使男、女主人与男、女主宾对面而坐，所有人均与各自的恋人或配偶坐成斜对角。

3. 圆桌

在西餐里，使用圆桌排位的情况并不多见。在隆重而正式的宴会里，则尤为罕见。其具体排列，基本上是各种规则的综合运用。

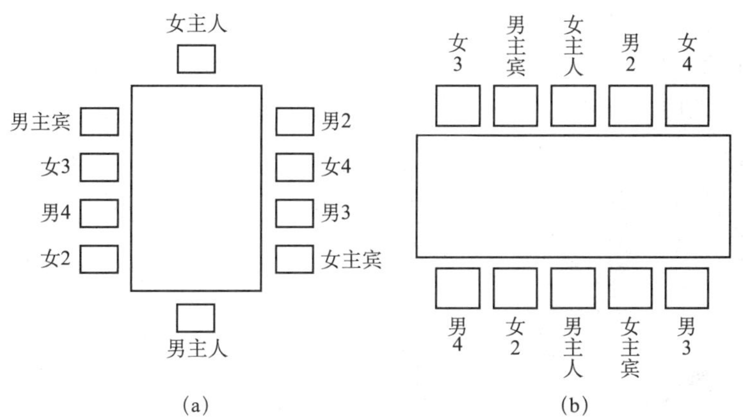

图 3-32 长桌的位次安排

三、西餐餐具摆台

餐具的摆法如下。垫盘放在餐席的正中心，盘上放折叠整齐的餐巾或餐纸(也有把餐巾或餐纸拆成花蕊状放在玻璃杯内的)。两侧的刀叉、匙排成整齐的平行线，如有席位卡，则放在垫盘的前方。所有的餐刀放在垫盘的右侧，刀刃朝向垫盘。各种匙类放在餐刀右边，匙座朝上。餐叉则放在垫盘的左边，叉齿朝上。一个座席一般只摆放三副刀叉。面包碟放在客人的左手边，上置面包刀(即黄油刀，供抹奶油、果酱用，而不是用来切面包)一把，各类酒杯和水杯则放在右前方。如有面食，吃面食的匙、叉则横放在前方。图 3-33 所示为西餐的餐具摆放。

图 3-33 西餐的餐具摆放

四、西餐的餐具及使用礼仪

(一) 西餐的餐具

广义的西餐餐具包括刀、叉、匙、盘、杯、餐巾等，如图 3-34 所示。其中盘又有菜盘、布丁盘、奶盘等；酒杯更是讲究，正式宴会几乎每上一种酒，都要换上专用的玻璃酒杯。

狭义的餐具则专指刀、叉、匙三大件。刀分为食用刀、鱼刀、肉刀(刀口有锯齿,用于切牛排、猪排等)、黄油刀和水果刀。叉分为食用叉、鱼叉、肉叉和虾叉。匙则有汤匙、甜食匙、茶匙。公用刀、叉、匙的规格明显大于餐用刀叉。

图 3-34　西餐餐具

（二）餐具的用法

1. 刀叉的用法

使用刀叉进食是西餐的重要特征之一,正确使用刀叉应注意以下几点。

(1) 要正确识别刀叉。在正规的西餐宴会上,菜肴是一道一道分别上桌的,而吃每一道菜肴,都需要更换一副刀叉,即每吃一道菜肴时,都要配以专用的、不同类别的刀叉,绝不可以从头到尾只用一副刀叉,也不可以不加区分地胡乱使用刀叉。一般的西餐厅会按照西餐的菜序将需要使用的刀叉摆放在其相应的位置。

吃黄油有专用的黄油刀,但没有与之匹配的餐叉。它的正确位置是横放在用餐者左手的正前方。

吃鱼和吃肉所用的刀叉摆放通常应当是右刀、左叉,分别纵向摆放在就餐者面前的餐盘两侧,餐叉处于吃黄油所用餐刀的正下方,就餐者依次分别从两边由外向内取用。

吃甜品所用的刀叉应最后使用,一般被横向放在用餐者面前的餐盘的正前方。

(2) 刀叉持法。用刀时,应将刀柄的尾端置于手掌之中,以拇指抵住刀柄的一侧,食指按在刀柄上,但需注意食指绝不能触及刀背,其余三指则顺势弯曲,握住刀柄。叉如果不是与刀并用,叉齿应该向上。持叉应尽可能持住叉柄的末端,叉柄倚在中指上,中间则以无名指和小指为支撑。叉可以单独用于叉餐或取食,也可以用于取食某些头道菜和馅饼,还可以用于取食那种无须切割的主菜。

(3) 要正确使用刀叉。正确持刀的方法:右手持刀,指抵刀柄一侧,食指按于刀柄上,其余三指弯曲握住刀柄。

正确持叉的方法:餐叉不与餐刀并用时,右手持叉取食,叉齿向上;刀叉并用时,右手持刀,左手持叉,叉齿向下叉住食物,食物被切下后,先把刀放下,将左手的叉换至右手,用叉子叉上食物送到嘴里。

(4) 要知道刀叉的暗示意义。通过刀叉的不同放置形式,就餐者可以向侍者暗示本人是否还想再吃某一道菜肴。

暗示尚未吃完:在进餐期间,就餐者将刀叉摆放为刀右叉左、刀刃朝内、叉齿向下,两者呈"八"字形摆放在餐盘之上。

暗示可以撤掉:就餐者如果吃完了某一道菜肴,或因为其口味不适合而不想再吃,则可以刀右叉左、刀刃朝内、叉齿向上并排纵放在餐盘上,或是刀上叉下并排横放在餐盘上。

此外,还有不同摆放暗含其他含义,图 3-35 所示为餐具摆放的暗示意义。

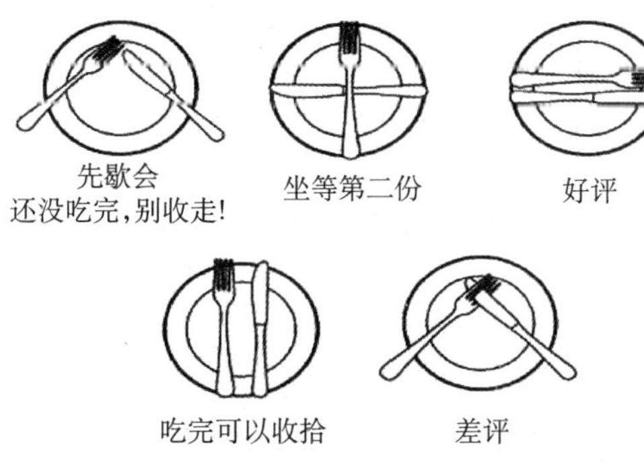

图 3-35　餐具摆放的暗示意义

需要注意的是,不可将刀叉交叉摆成"十"字形,这在西方被认为是一种忌讳的图案;同时刀刃一侧一定要朝向自己,刀刃朝向他人是一种敌意的表现。

2. 餐匙的用法

餐匙又称调匙,是一种不可缺少的主要餐具。在西餐的正餐里,餐匙主要有两种。分别是汤匙和甜品匙。持匙用右手,持法同持叉,但手指务必持在匙柄顶端,除喝汤外,不用匙取食其他食物。

(1) 汤匙,形状较大,通常被摆放在就餐者右侧最外端,并且与餐刀并列排放。正确使用汤匙的方法是右手拇指与食指持汤匙柄,使其侧起,同时注意不要使汤滴在汤盘外面。

(2) 甜品匙,形状相对汤匙要小。通常情况下,被摆放在吃甜品所用刀叉的正上方,并与之并列。

另外,餐桌上的小匙是用来调饮料的。无论喝什么饮料,用毕应将其从杯中取出,放入托盘。

3. 餐巾的用法

餐巾在西餐中主要起到保持衣服整洁、擦拭口部的作用,同时还有暗示的作用。

(1) 餐巾的铺放。点完菜后,在前菜送来前的这段时间把餐巾打开,往内折 1/3,让剩余的 2/3 平铺在自己并拢的腿上,盖住膝盖以上的双腿部分。需要注意的是,一定不要把餐巾塞入领口、围在脖子上,或塞进衣襟内。

(2) 餐巾的用途。吃西餐时,如果要跟别人交谈,一定要用餐巾先把嘴沾一沾,再跟别人说话。餐巾可以擦嘴，但是不能用来擦拭刀叉，也不能擦汗。

(3) 餐巾的暗示。暗示用餐开始：按照惯例，享用西餐时，就餐客人均向女主人自觉看齐，当女主人为自己铺上餐巾时，一般等于正式宣布用餐开始。

暗示暂时离开：用餐时若中途需要暂时离开，一会儿还要返回继续用餐，往往不必大张旗鼓地向主人通报，只要将餐巾放置于本人座椅的椅面上即可。

暗示用餐结束：当女主人把自己的警巾放在餐桌上时，意在宣布用餐结束，其他客人见此情景均应自觉地告退。其他用餐者用餐完毕，也可以用此方法示意。

学“礼”

西餐桌上的调味瓶

西餐宴会中摆在桌上的瓶瓶罐罐大有用途，它们分别装着不同的调味料，对于不同口味的顾客大有帮助。一般来说，餐桌上有两瓶东西，就是胡椒粉和盐。有些餐厅的胡椒粉罐内装的是一颗颗的胡椒，把瓶盖转一下，胡椒粉就磨出来了，更添一份乐趣。而盐一般与米混合装起来，起到防潮防结块的作用。放糖的盒子中，糖包一般分为三种：白糖包、黄糖包（用于咖啡）、专为爱美女士和糖尿病患者而设的低脂低卡怡口糖包。

（三）西餐餐具使用礼仪

微课：西餐餐具使用礼仪

1. 刀叉使用礼仪

(1) 英国式。在就餐时，右手持刀，左手持叉，一边切割，另一边叉而食之。

(2) 美国式。同样左叉右刀，先将餐盘中的食物全部切割好之后，双手交换刀叉，右手持叉而食。

(3) 注意事项。

① 在切割食物时，不可弄出声响。

② 进行切割时，要切记双肘下沉，不要左右开弓。

③ 切制好的食物，应刚好适合一口吃下。切忌叉起它之后，再一口一口地咬着吃。应当用叉铲着吃，不能用刀扎着吃。

④ 要注意刀叉的朝向，将餐刀临时放下时，不可刀口向外。

⑤ 掉落到地上的刀叉切勿再用，可请服务员另换一副。

2. 餐匙使用礼仪

(1) 餐匙除可以饮汤、吃甜品外，绝对不可直接舀取其他主食、菜肴。

(2) 已经开始使用的餐匙，切不可再放回原处，也不可将其插入菜肴、主食，或是令其“直立”于甜品、汤盘和红茶杯中。

(3) 使用餐匙时，尽量保持其周身的干净清洁。

(4) 用餐匙取食时，动作应干净利索，切忌在甜品、汤或红茶之中搅来搅去。

(5) 用餐匙取食时，忌过量，而且一旦入口，就要一次将其用完，不要将一餐匙里的东西，反复品尝好几次。餐匙入口时，应将其前端入口，而不是将它全部塞进嘴里。

(6) 不能直接用茶匙取红茶饮用。

3. 餐巾使用礼仪

(1) 西餐餐巾都应被平铺于自己并拢的大腿上。

(2) 使用正方形餐巾时，应将其折成等腰三角形，并将直角朝向膝盖方向；使用长方形餐巾，则可将其对折，然后折口向外平铺。

(3) 打开餐巾，并将其折放的整个过程悄然在桌下进行，不可临空一抖。

(4) 餐巾可用于擦拭口部，或在吐出食物或剔牙时用来遮掩，以及暗示用餐开始或结束。

五、西餐的上菜次序

西餐分为正餐和便餐。

(一) 正餐的上餐顺序

1. 前菜

前菜又称开胃菜，是在正式餐食前为增进食欲供应的小菜。前菜通常带有地方色彩，以时令菜为主。如鱼子酱、鹅肝酱、熏鲑鱼、鸡尾杯、奶油鸡酥盒、焗蜗牛等。

2. 汤

西餐中，汤是一道菜，而不是饮料。

西餐汤匙的使用多采用英式的由内往外(由外往内为法式)，汤匙横拿，略略倾斜前靠近嘴边喝汤。当汤喝得差不多时，应用左手轻轻地将近身的汤碟边提起，再由里向外用汤匙盛汤，并注意不可发出汤匙和盘子摩擦的声音。

3. 主食

主食又称中间菜，基本菜色包括牛肉、羊肉、猪肉、各种家禽、蛋类和鱼贝类。在进食中应注意：肉类料理咀嚼时，要注意将嘴巴合起来，避免发出声音，在将口中食物吞下后，再送新的食物入口；咀嚼食物时不要讲话，如有人想交谈，可点头表示意，待咽下食物，喝口饮料顺口，并用餐巾擦拭后再对答；禽类(如鸡肉)的食用方法是用刀将胸脯及腿肉切为小块，正式的场合不可用手取食；意大利面及米饭料理大多当配菜使用，有时也会当主菜。

4. 附餐

附餐通常有奶酪、甜点、水果等。奶酪一般在正餐中甜点和水果未出前上；甜点是蛋糕类，直接用小叉子分割取食，较硬的甜点需用刀切割后，再用小叉子分割取食；块状的硬饼干可以直接用手取用；冰淇淋、布丁及奶酪等甜点，则可用小汤匙取食。

水果一般有梨、苹果、柿子、西瓜、柚子等。水果不可用手拿起来大口大口地咬，应用水果刀切成多瓣后，用刀去皮去核，然后用叉取食。多汁的水果用匙取食，西瓜因多籽不被列入正式餐宴的菜单，因为籽太多，客人吃的时候必须不断吐籽，再用手将西瓜籽放到盘子里，不太雅观，所以一般选用无籽西瓜。香蕉用手剥皮后，放置盘内，用刀切片取食。草莓通常放在小碟中，用匙或叉取食均可。新鲜菠萝可用一把利刀切去菠萝头尾两端及外皮，再将剩下的果肉分切成圆形的薄片，可用吃甜点的叉子和汤匙食用。

西餐宴会上所用的酒水分为餐前酒、佐餐酒和餐后酒三种。作为正式西餐宴会的主角，酒水十分讲究与菜肴的搭配，这已成为西餐礼仪的一部分。

餐前酒又称开胃酒，一般又浓又香，能刺激胃口的威士忌、香槟酒、味美思、朗姆酒都是不错的选择。餐前酒一般在用餐之前或在吃开胃菜时饮用。

佐餐酒是在正式用餐期间饮用的酒水。西餐的佐餐酒多选葡萄酒，“红酒配红肉，白酒配白肉”，即红葡萄酒配猪、牛、羊肉等肉类、禽类菜肴，白葡萄酒配鱼肉、海鲜等菜肴。喝汤时，宜选颜色较深的雪利酒或玛德拉酒。食干酪时，配带甜味的红葡萄酒。食核桃等坚果时，宜配浓度较高的强力酒等。

餐后酒是用餐后有助于消化的酒水，常用的餐后酒有利口酒、白兰地等浓、香、烈酒。

(二) 便餐的上菜顺序

便餐又称工作餐，主要以头盘、汤、主菜为主，其他可省略。

便餐的上菜顺序：开胃菜、汤、主菜、甜品、咖啡。

学“礼”

厨师戴白高帽的由来

传说200多年以前，法国有位名厨叫安德范·克莱姆。他是18世纪巴黎一家著名餐馆的高级主厨。安德范性格开朗且很幽默，又爱出风头。一天晚上，他看见餐厅里有位顾客头上戴了一顶白色高帽，款式新颖奇特，引起全餐馆人的注目，便刻意模仿，立即定制了一顶白高帽，而且比那位顾客的还高出许多。他戴着这顶白色高帽，十分得意，在厨房里进进出出，果然引起所有顾客的注意。很多人感到新鲜好奇，纷纷赶来光顾这间餐馆。这一效应竟成为轰动一时的新闻，使餐馆的生意越来越兴隆。后来，巴黎许多餐馆的老板都注意到这顶白色高帽的吸引力，也纷纷为自己的厨师定制同样的白高帽。久而久之，这白色高帽便成了厨师的一种象征和标志，演变到今，几乎世界各地的厨师都戴上了这白色的帽子。白色高帽便成了厨师维护食品卫生的工作帽。

六、西餐礼仪

微课：西餐礼仪

(一) 西餐礼仪的基本要求

吃西餐，尤其是在参加正式的西餐宴会时，礼仪方面的要求更多、更严格。一般来说，在吃西餐时，需要谨记以下四点基本礼仪要求。

1. 举止优雅

由于正统的西餐礼仪出自古代宫廷，并且相传已久，因此其程式化的规定较多。其中最重要的是就餐者必须严格约束个人行为举止，力求使之优雅动人。

2. 衣着考究

吃西餐时，特别是赴宴时，西方人非常讲究个人的衣着打扮，如果不谙此道，或明知故犯，既会被人轻视，也会失礼于人。

3. 尊重女士

尊重女士是西餐礼仪的一大特点。西餐礼仪里所讲的尊重女士，并非纸上谈兵，而是吃西餐的基本风度。

4. 积极交际

参加西餐宴会除品尝美食之外，不要忘记进行适当的交际活动。根据西餐礼仪，西餐宴会的主旨就是促进人们的社交活动。

（二）西餐的进餐礼仪

（1）准时赴宴。不能迟到，也不要太早到。

（2）女士优先。入席时，男士应替身边的女士拉开椅子，进餐时也要随时照顾女士。

（3）在西方家庭中，餐巾常塞在领口，但在宴会上，餐巾应平铺在自己并拢的大腿上，餐毕离席后，可随意搁在餐桌上。

（4）吃肉菜，有英式吃法和美式吃法两种。

（5）谈话时，无须将刀叉放下。若放下，会被理解为吃完那道菜了。

（三）西餐餐桌上的注意事项

（1）在高级西餐厅用餐，男士应穿西装，并系上领带或领结；女士应着礼服，穿戴整齐。正式晚宴场合，男性应穿无尾晚礼服，女性应穿晚礼服或小礼服出席。

（2）就座时，身体要端正，手肘不要放在桌面上，不可跷足，与餐桌的距离以便于使用餐具为佳，餐台上已摆好的餐具不要随意摆弄，将餐巾对折轻轻放在膝上即可。

（3）入座后，主人发出用餐邀请后，即开始进餐。如由服务员分菜，需添菜时，待服务员送上时再取。对于不能吃或不爱吃的菜肴，当服务员上菜或主人夹菜时，不要拒绝，可取少量放在盘内，并表示感谢。

（4）使用刀叉进餐时，从外侧往内侧取用刀叉，要左手持叉，右手持刀；切东西拿叉按住食物，右手执刀将其锯切成小块，然后用叉子送入口中。使用刀时，刀刃不宜向外。进餐中放下刀叉时，应摆成“八”字形，分别放在餐盘两边。刀刃朝向自身，表示要继续吃。每吃完一道菜，将刀叉并拢放在盘中。不用刀时，也可以用右手持叉，但要做手势时，就应放下刀叉，千万不可手执刀叉在空中挥舞摇晃，也不要一只手拿刀或另一只手拿餐巾擦嘴，也不可一只手拿酒杯，另一只手拿叉取菜。切记任何时候都不可将刀叉的一端放在盘上，另一端放在桌上。

（5）吃西餐时应和别人轻松自由地交谈。说话时嘴里不嚼食物，通常说话前或喝酒前要用餐巾擦一下嘴。每次送入口中的食物不宜过多，在咀嚼时不要说话，更不可主动与人谈话。

（6）喝汤时不要啜，吃东西时要闭嘴咀嚼，不要咂嘴发出声音。如汤菜过热，可待凉后再吃，不要用嘴吹。喝汤时，用汤勺从里向外舀，汤盘中的汤快喝完时，用左手将盘的外侧稍稍翘起，用汤勺舀净即可。吃完汤菜时，将汤匙留在汤盘（碗）中，匙把指向自己。

（7）吃鱼、肉等带刺或骨的菜肴时，不要直接往外吐，可用餐巾捂嘴轻轻吐在叉子上，再放入盘内。如盘内剩余少量菜肴时，不要用叉子刮盘底，更不要用手指相助食用，应以小面包或叉子相助食用。吃面条时要用叉子先将面条卷起，然后送入口中。

（8）用左手拿取餐包（即面包），用右手将面包掰成大小合适的小块送入口中，不要拿着整块面包去咬。抹黄油和果酱时，也要先将面包掰成小块再抹。

（9）吃鸡时，欧美人多以鸡胸脯肉为贵。吃鸡腿时应先用刀将骨去掉，不要用手拿着吃。吃鱼时不要将鱼翻身，要吃完上层然后用刀叉将鱼骨剔掉后再吃下层。吃肉时，要切一块吃一块，块不能切得过大或一次将肉都切成块。

(10) 吃梨、苹果等水果时,应先用水果刀切成四至六瓣,再用刀去皮、核,然后用手拿着吃。削皮时刀口朝内,从外往里削。吃香蕉时应先剥皮,用刀切成小块吃。吃橙子时一般用刀切成块吃。橘子、荔枝、龙眼等则可剥了皮直接吃。吃西瓜、菠萝等水果时,通常可用水果刀切成小块后用叉取用。嘴里若有果核,应先轻轻吐在叉子上,再放入盘内。

(11) 食用豆类,如青豆时,不能用叉子扎着或兜着食用,应用叉背将豆子压扁,右手持刀将豆泥拨到叉背上,再送入口中。

(12) 不可在餐桌边化妆,或用餐巾擦鼻涕。用餐时打嗝是最大的禁忌,万一发生此种情况,应立即向周围的人道歉。取食时不要站立起来,坐着拿不到的食物应请别人传递。

(13) 就餐时不可狼吞虎咽。对自己不愿吃的食物也应要一点放在盘中,以示礼貌。有时主人劝客人添菜,如有胃口,添菜不算失礼,相反,主人也会引以为荣。

(14) 不可在进餐时中途退席。如有事确实需要离开,应向左右的客人小声打招呼。干杯时,即使不喝酒,也应该将杯口在唇上碰一碰,以示敬意。当别人为你斟酒时,如不要,可简单地说一声“不,谢谢!”或以手稍盖酒杯,表示谢绝。

(15) 在进餐尚未全部结束时,不可抽烟,直到上咖啡表示用餐结束时方可。如在其左右有女客人,应有礼貌地询问一声:“您不介意吧?”

(16) 进餐时应与左右客人交谈,但应避免高声谈笑。不要只同几个熟人交谈,左右客人如不认识,可先进行自我介绍。别人讲话时不可插嘴搭话。

(17) 喝咖啡时,如添加牛奶或糖,添加后要用小勺搅拌均匀,将小勺放在咖啡的垫上。喝时应右手拿杯把,左手端垫碟,直接用嘴喝,不要用小勺一勺一勺地舀着喝。

(18) 进餐过程中,不要解开纽扣或当众脱衣。如主人请客人宽衣,男客人可将外衣脱下搭在椅背上,不要将外衣或随身携带的物品放在餐台上。

(19) 用水盂洗手时,应轮流沾湿指头,轻轻涮洗,然后用餐巾或小毛巾擦干。

(20) 如碰到餐具落地、够不到餐桌调味品等情况,请示意服务员帮忙。

【案例 3-10】

司马小姐至今都记得自己第一次吃西餐的情形。走进餐厅,就看到豪华而气派的装饰,而且整个餐厅很静,若有若无的音乐轻轻回荡,让司马小姐心动,同时也不免紧张。她走到餐桌边,伸手去拖餐椅,而侍从赶紧过来,帮她轻轻挪动椅子,司马小姐同时发现自己站在了椅子的右边,脸一下子就红了。接下来进餐的过程中,她牢记左叉右刀的原则,但是其实她是左撇子,而且第一次用,心里很紧张,更显得笨拙。整个进餐,司马小姐觉得像是在受罪,音乐、环境对她而言都不曾留下什么印象,只有紧张与小心翼翼,以及小心翼翼后的笨拙,令她终生难忘。

思政提示:司马小姐事先没有对西餐礼仪进行了解,导致第一次吃西餐有些尴尬。由于东西方文化不同,要秉承互相尊重、入乡随俗、入境问禁的原则。因此,在参加西餐宴请时,要注意西餐礼仪与中餐礼仪的不同。在走到餐桌旁时,应站在餐椅的左边位置,由侍者拉开餐椅。而司马小姐事先没有对西方餐桌礼仪进行了解,导致出现了失礼行为。在使用刀叉感觉不方便时,是可以换右手拿叉的,但不宜频繁更换位置。司马小姐虽知晓左叉右刀的原则,却不知道变通而让自己处境尴尬。因此,学好中西餐礼仪,有助于在职场和社交中形成良好的个人形象,也有助于展现个人风采和内在素养。

任务四 自助餐礼仪

一、自助餐简介

微课：自助餐礼仪

自助餐有时也称冷餐会，它是目前国际上通行的一种非正式的西式宴会，在大型的商务活动中尤为多见。图 3-36 所示为自助餐场景。

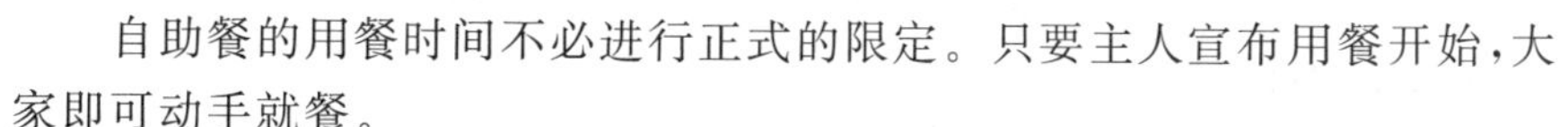
自助餐的用餐时间不必进行正式的限定。只要主人宣布用餐开始，大家即可动手就餐。

图 3-36　自助餐场景

在整个用餐期间，用餐者可以随到随吃，大可不必非要在主人宣布用餐开始之前到场恭候。在用自助餐时，也不像正式的宴会那样必须统一退场。

用餐者只要自己觉得吃好了，在与主人打过招呼之后，随时都可以离去。通常，自助餐是无人出面正式宣告其结束的。

一般来讲，如果主办单位预备以自助餐来招待来宾，最好事先以适当的方式对其进行通报。同时，必须注意一视同仁，即不要安排一部分来宾用自助餐，而安排另一部分来宾去参加正式的宴请。

二、自助餐用餐礼仪

【案例 3-11】

小黄第一次和朋友去吃自助餐，进到餐厅后，看到取餐台上摆满了琳琅满目的菜肴，小黄既好奇又开心，这里看看、那里瞧瞧，还时不时用取菜夹夹起食物来看一看。周围的宾客纷纷投来不满的眼光。小黄取菜时也是把餐盘装得满满的，结果用完餐后发现盘子里还有好多菜肴没吃完。小黄顿时觉得有点尴尬。

思政提示：自助餐是一种由宾客自行挑选、选取或自烹自食的就餐形式，可以免去宾客点菜的麻烦，不受约束地挑选自己喜欢的食物，并且不用顾及别人的口味，打破了传统的就餐形式，被越来越多的人接受。吃自助餐虽然自由，但作为一种交际活动，在满足个性的同时，也要注重礼仪。同时也要明白，爱惜粮食，光盘行动，人人有责。

1. 排队取菜

在享用自助餐时，尽管需要就餐者自己照顾自己，但这并不意味着可以不讲规矩。

实际上，在就餐取菜时，由于用餐者往往成群结队而来，大家都必须自觉地维护公共秩序，讲究先来后到，排队选用食物。不允许乱挤、乱抢、乱加队，更不允许不排队，人多时可礼貌地在一旁等一会儿。

用餐者进餐厅后，先看一圈，对菜点的摆布和服务设施有一个了解，这样取菜时可做到心中有数。在取菜之前，先要准备好一只食盘。轮到自己取菜时，使用公用餐具将食物装入自己的食盘，然后迅速离去。

切勿在众多的食物面前犹豫再三，让身后的人久等，更不应该在取菜时挑挑拣拣，甚至直接下手或以自己的餐具取菜。取菜点时要依菜点原来摆放的样子按顺序取，不要在盘中翻来找去，这样既不美观，又不礼貌。

2. 循序取菜

在自助餐上，如果想要吃饱吃好，那么在具体取用食物时，就一定要首先了解合理的取菜顺序，然后循序渐进。

按照常识，参加一般的自助餐时，取菜时的标准顺序应当是冷菜→汤→热菜→点心→甜品和水果。因此在取菜时，最好先在全场转上一圈，了解一下情况，再去取菜。热菜、冷食要分开放入自己盘中，切勿堆成一团。取到自己盘内的菜点，即使不爱吃，也绝不能再倒回去，可剩在盘中，放在边桌上，待服务员取走。

如果不了解这个取菜的先后顺序，而在取菜时自行其是，乱装乱吃一通，难免会本末倒置，咸甜相克，令自己吃得既不畅快又不舒服。例如，在自助餐上，甜品、水果本应作为“压轴戏”，最后吃。可要是不守此规矩，为图新鲜，先来大吃一通甜品、水果，那么立即就会饱了，等到后来才见到自己想吃的食物，很可能心有余而力不足，只好“望洋兴叹”了。

3. 量力而行

自助餐不限数量，保证供应，这正是自助餐大受欢迎的地方。因此，商务人士在参加自助餐时，大可不必担心别人笑话自己，爱吃什么，只管去吃就是了。

不过，应当注意的是，在根据本人的口味选取食物时，必须量力而行。切勿为了吃得过瘾，而将食物狂取一通，结果是自己“眼高手低”，力不从心，从而导致食物的浪费。尽量做到吃什么取什么，吃多少取多少，不够再取，避免浪费。如不当心取多了菜点而没吃完，可待服务员收盘时道声“对不起”。

严格地说，在享用自助餐时，多吃是允许的，而浪费食物则绝对不允许。这一条被大家称为自助餐就餐时的“少取”原则，又称“每次少取”原则。

4. 多次取菜

在自助餐上遵守“少取”原则的同时，还必须遵守“多次”的原则。“多次”的原则，是“多次取菜”原则的简称。

它的具体含义是：用餐者在自助餐上选取某一种类食物，允许其再三再四地反复去取。每次应当只取一小点，待品尝之后，觉得它适合自己的话，那么还可以再次去取，直到自己感到吃好了为止。

换言之，这一原则其实是说，在自助餐选取某食物时，去取多少次都无所谓，一添再添都是允许的。

相反，要是为了省事而一次取用过量，装得太多，则是失礼之举，必定会令其他人瞠目结舌。“多次”的原则与“少取”的原则其实是同一个问题的两个不同侧面。

“多次”是为了量力而行，“少取”也是为了避免造成浪费。所以，两者往往也被合称为

“多次少取”的原则。

会吃自助餐的人都知道，在选取食物时，最好每次只为自己选取一种。待吃好后，再去取用其他的品种。要是不谙此道，在取菜时乱装一气，将多种食物盛在一起，导致五味杂陈，相互窜味，则难免会暴殄天物。

5. 避免外带

所有的自助餐，不论是待客的由主人亲自操办的自助餐，还是对外营业的正式餐馆里经营的自助餐，都有一条不成文的规定，即自助餐只允许在用餐现场里自行享用，而绝对不允许对方在用餐完毕之后携带回家。

商界人士在参加自助餐时，一定要牢记这一点。在用餐时不论吃多少东西都不碍事，但是千万不要偷偷往自己的口袋、皮包里装一些“心爱之物”，更不要要求服务员替自己“打包”。那样的表现，必定会使自己见笑于人。

6. 送回餐具

在自助餐上，既然强调用餐者以自助为主，那么用餐者在就餐的整个过程之中，就必须将这一点牢记在心，并且认真地付诸行动。

在自助餐上强调自助，不但要求就餐者取用食物时以自助为主，而且要求其善始善终，在用餐结束之后，自觉地将餐具送至指定之处。

在一般情况下，自助餐大都要求就餐者在用餐完毕、离开用餐现场之前，自行将餐具整理到一起，然后一并将其送回指定的位置。在庭院、花园里享用自助餐时，尤其应当这么做。

不允许将餐具随手乱丢，甚至任意毁损餐具。在餐厅里就座用餐，有时可以在离去时将餐具留在餐桌上，而由服务员负责收拾。

虽然如此，也应在离去前对其稍加整理。不要弄得自己的餐桌上杯盘狼藉，不堪入目。自己取用的食物，以吃完为宜，万一有少许食物剩了下来，也不要私下里乱丢、乱倒、乱藏，而应将其放在适当位置。

7. 照顾他人

商界人士在参加自助餐时，除对自己用餐时的举止表现要严加约束之外，还需与他人和睦相处，对他人多加照顾。例如对于自己的同伴，需要特别关心，若对方不熟悉自助餐规则，不妨向其扼要地进行介绍。

在对方愿意的前提下，还可向其具体提出一些有关选取食物的建议。对于在自助餐上碰见的熟人，也应如此加以体谅。

不过，不可以自作主张地为对方直接代取食物，更不允许将自己不喜欢或吃不了的食物“处理”给对方。

在用餐过程中，对于其他不相识的用餐者，应当以礼相待。在排队、取菜、寻位以及行动期间，对于其他用餐者要主动谦让，不要目中无人，蛮横无理。

8. 积极交际

一般来说，参加自助餐时，商务人士必须明确，吃东西往往属于次要之事，而与其他人进行适当的交际活动才是自己最重要的任务。

在参加由商界单位主办的自助餐时，情况就更是如此。所以，不应当以不善交际为由，只顾自己躲在僻静之处一心一意地埋头大吃，或者来了就吃，吃了就走，而不同其他在场者进行任何形式的正面接触。

在参加自助餐时，一定要主动寻找机会，积极地进行交际活动。首先，应当找机会与主人攀谈一番。其次，应当与老朋友好好叙一叙。最后，应当争取多结识几位新朋友。

在自助餐上，交际的主要形式是几个人聚在一起进行交谈。为了扩大自己的交际面，在此期间不妨多换几个类似的交际圈。只是在每个交际圈，多少都要待上一会儿，不能只待上一两分钟马上就走，好似蜻蜓点水一般。

三、自助餐的特点

自助餐是一种非正式的西餐宴会，它与西餐相比存在着一定的差异，具有自己的一些特点。例如，形式上不安排座次，接待客人多，经营管理方面节约费用，降低成本。以客人为中心，满足个性化需求。

（1）以冷食为主。自助餐也称冷餐会，主要是因其提供的食物以冷食为主。当然也会适当提供一些热菜或半成品，由用餐者自己进行再加工。

（2）免排座次。自助餐的基本特点是不安排座次，免除座次排列的辛劳；不讲上菜的顺序，各种菜肴都陈列在餐柜上，由大家在现场自由取菜，让人吃饭比较放松。正规的自助餐往往不固定用餐者的座次，甚至不为其提供座椅，这样一来，可以便于用餐者自由地进行人际交往和沟通。

（3）节省费用。自助餐多以冷食为主，不提供正餐，不上高档的菜肴、酒水，大幅节约主办者的开支，并避免浪费。

（4）各取所需。用餐者根据各自的喜好取食。

（5）招待多人。每逢需要为众多的人士提供饮食时，自助餐不失为一种首选。它不仅可以款待数量较多的来宾，而且可以较好地处理众口难调的问题。

四、自助餐的作用

1. 尽情享受谈话

自助餐形式的好处不只是可以依靠自己的喜好拿取食物，最大的好处就在于能跟主办者以及所有宾客轻松地进行交流。若总是聚集在某些特定人群间，并不是一件很好的事，正因为站立式餐会能够自由地活动，所以请别将重点放在餐点上，融入交际的气氛中才是餐会的目的。

2. 得体取餐

虽说自助餐可以凭个人的喜好拿取食物，然而并不赞成一次拿过多的量。拿取食物的次数多寡并不会有什么影响，每次应适量选取。

当你拿取食物时，也要多为接下来的人着想，别把食物搅得乱七八糟；也不要把已经夹入餐盘里的食物放回去，并且在拿完食物之后尽快离开食物供应桌。食物未吃完或已经用完餐点的盘子，应放置于餐盘回收处。

五、拿餐具的方法

在站立式餐会的场合，餐盘和叉子原则上都要用单手持拿。而一般的拿法就是将叉子放在靠自己手边最近的盘缘上再用大拇指压住即可。

项目实训

一、中餐礼仪实训

1. 实训准备

中餐礼仪实训项目需要的场地和物料：中餐实训室、中餐餐桌、中餐餐具等。

2. 实训安排

实训安排如表3-23所示。

表3-23 中餐礼仪实训安排

实训学时	4学时
实训目的	掌握中餐用餐礼仪
实训要求	熟练掌握中餐桌次和座次的安排顺序；用餐过程中能规范使用餐具
实训方法	4人一组，分组练习；学生做自我点评和小组间点评；教师针对全体学生的共性问题和典型问题进行针对性点评

3. 实训考核

实训考核如表3-24所示。

表3-24 中餐礼仪考核标准

班级： 姓名： 学号： 得分：

考核项目	考核标准	评价等级				分值
		A	B	C	D	
桌次安排	主桌及其他餐桌排放准确、合理					3
座次排序	每一桌的主人位、主宾位及其他客人的座位安排准确、合理、有序					3
餐具使用	各种餐具使用及用餐礼仪规范					2
中餐礼仪	面带微笑，每个动作自然、大方、得体、优雅；席面文化把握得当，筷子运用得当，桌椅没有异响					2
合　计						10

注：考核等级共分四等，A等系数为1.0，B等系数为0.8，C等系数为0.6，D等系数为0.4。

二、西餐礼仪实训

1. 实训准备

西餐礼仪实训项目需要的场地和物料：西餐实训室、西餐餐桌、西餐餐具等。

2. 实训安排

实训安排如表3-25所示。

表 3-25　西餐礼仪实训安排

实训学时	4 学时
实训目的	掌握西餐用餐礼仪
实训要求	熟练掌握西餐桌次和座次的安排顺序;用餐过程中能规范使用餐具
实训方法	9 人一组,分角色练习,1 人饰演服务生,8 人饰演宾客;学生做自我点评和小组间点评;教师针对全体学生的共性问题和典型问题进行针对性点评

3. 实训考核

实训考核如表 3-26 所示。

表 3-26　西餐礼仪考核标准

班级：　　　　姓名：　　　　学号：　　　　得分：

考核项目	考 核 标 准	评价等级				分值
		A	B	C	D	
座次排序	每一桌的主人位、主宾位及其他客人的座位安排准确、合理、有序					3
上菜顺序	按照西餐的上菜顺序上菜,动作得体					3
餐具使用	用餐时能分清每一种餐具的功能,并正确使用					2
西餐礼仪	面带微笑,每个动作自然、大方、得体、优雅;刀叉运用自如,餐具不掉落,桌椅没有异响					2
合　计						10

注:考核等级共分四等,A 等系数为 1.0,B 等系数为 0.8,C 等系数为 0.6,D 等系数为 0.4。

三、自助餐礼仪实训

1. 实训准备

自助餐实训项目需要的场地和物料:西餐实训室、西餐餐桌、自助餐台、餐具等。

2. 实训安排

实训安排如表 3-27 所示。

表 3-27　自助餐礼仪实训安排

实训学时	4 学时
实训目的	掌握自主餐用餐礼仪
实训要求	熟练掌握自助餐取用时的规矩及原则
实训方法	2 人一组,分组练习;学生做自我点评和小组间点评;教师针对全体学生的共性问题和典型问题进行针对性点评

3. 实训考核

实训考核如表 3-28 所示。

表 3-28 自助餐礼仪考核标准

班级： 姓名： 学号： 得分：

考核项目	考核标准	评价等级				分值
		A	B	C	D	
取餐礼仪	遵循自助餐取餐原则					3
用餐礼仪	体现节约粮食的优良传统，少取多次，不剩菜，光盘行动，有礼有节					3
餐具使用	用餐时能分清每一种餐具的功能，并能正确使用					2
自助餐礼仪	面带微笑，每个动作自然、大方、得体、优雅；餐具不掉落，桌椅没有异响					2
合计						10

注：考核等级共分四等，A 等系数为 1.0，B 等系数为 0.8，C 等系数为 0.6，D 等系数为 0.4。

拓展阅读

拓展阅读：职场中的“白金法则”和“三 A 法则”

拓展阅读：筷子的来源

思考与训练

1. 根据所学内容，浅谈学习职场礼仪的心得体会。
2. 为什么拜访讲究事先有约？
3. 赠送和接受礼品时应该注意哪些方面的问题？
4. 在社交场合问候西方人士应注意哪些方面？
5. 接听他人电话时应注意哪些礼节礼仪？
6. 中餐餐具如何摆台？
7. 西餐进食时有哪些注意事项？
8. 自助餐用餐时有哪些礼仪要求？

案例分析

（一）为何不辞而别

武汉市与日本某市缔结友好城市，在某著名饭店举办了一场大型的中餐宴会，邀请本市最著名的演员到场助兴。这位演员到达后，费了很多时间才找到自己的位置。当他入座后发现与其同桌的许多客人都是接送领导和客人的司机，演员感到自尊心受到了伤害，没有同任何人打招呼就悄悄离开了饭店。当时宴会组织者并没有觉察到这一点，一直等到宴会进行中主持人拟邀请这位演员演唱时，才发现演员并不在现场。幸好主持人灵活，临时改换其他演员顶替,才算没有出现“冷场”。

思考并分析:

(1) 演员为何不辞而别?

(2) 座次安排有何不妥?应怎样避免类似事件发生?

(3) 情况发生后该如何处理?

(二) 突然的造访

周日早晨,小张夫妇正要带小孩去公园,突然有人敲门,打开门一看,门口站着的竟然是几年未见的高中同学小李。原来小李前天中午出差到本地,为了给小张一个惊喜,他决定早上来个突然袭击。看到小张一家三口惊奇、惊讶的表情,小李很开心。在客厅坐下后,小李从包里拿出两瓶酒和两条烟,说是他们那里的特产,一点小见面礼不成敬意。聊了两个小时后,小李提出要参观一下房间,每个房间看完后,小李提出了很多装修方面的不足,并说:“这么大的房子装修没搞好,有点可惜。有时间你们去我那儿看看,很气派的。”

思考并分析:

(1) 小李的突然造访有无不妥?为什么?

(2) 在与人交谈时,应注意什么?

(三) 超值的酒店消费体验

著名的国际培训大师俞先生,讲述了一段他入住A大酒店的亲身经历。清晨他推开酒店房间大门,一名漂亮的迎宾微笑着和他打招呼:“早上好,俞先生。”“你怎么知道我姓俞?”“俞先生,我们每一位值层的服务员都要记住每一个房间客人的名字。”他心中很高兴,乘电梯到了一楼,门一开,又一名服务员站在那儿:“早,俞先生。”“啊,你也知道我姓俞,你们也要求背客人的名字,怎么可能?”“俞先生,上面打电话说你下来了。”原来她们腰上挂着对讲机。于是她带俞先生去早餐厅,餐厅服务人员替他上菜,都用“俞先生”来称呼。这时上了一盘样子很奇怪的点心,他问服务员:“中间这个红红的是什么?”这时他注意到一个细节——服务员看了一下,就后退一步说那个红红的是什么。“那么旁边这一圈黑黑的呢?”她又上前看了一眼,然后再退一步说那个黑黑的是什么。这个后退一步的动作是为了防止她的口水溅到菜里。俞先生退房离开的时候,服务员将所有收据折好放入信封里递到他手中,并说:“感谢你俞先生,真希望第七次再看到您。”第七次再看到?原来那次是俞先生第六次去。三年过去了,俞先生再没去过那个地方。有一天俞先生收到一张卡片,发现是A酒店寄来的,卡片上有这样一段话:“亲爱的俞先生,3年前的4月16日您离开以后,我们就没有再看到您,酒店员工都非常想念您,希望您下次经过本地时一定要来看看我们。最后祝您生日快乐,生活幸福。”原来写信的那天刚好是俞先生的生日。

思考并分析:从上述案例中,你感受到酒店怎样的优质服务?

模块四　练　礼仪运用

人无礼则不生，

事无礼则不成，

国无礼则不宁。

——《荀子·修身》

项目要点

1. 掌握校园公共礼仪的要求。
2. 了解公共场所的礼仪要点。
3. 熟悉同事交往的礼仪原则。
4. 熟悉求职面试前的心理和材料准备。
5. 掌握求职沟通与礼仪要点。
6. 熟悉各种类型面试的技巧。
7. 掌握有效沟通的方式、原则及倾听技巧。
8. 熟悉人际沟通的技巧并灵活运用于职场。

思政要点

推进高等职业教育高质量发展，让学生具备良好的职业素养，知行合一，懂得将礼仪的原则运用于实际生活中，尊重对方，诚信互赢，文明有礼，把发展高等职业教育作为培养有礼、有为青年，展示国人文明礼仪新风尚的重要途径。

小故事　大礼仪

尊　师

伟大领袖毛泽东尊师重教的事迹家喻户晓。1959 年，已是国家主席的毛泽东重回故里，他亲自向小时候的私塾老师毛宇居敬酒。毛宇居说："主席敬酒，岂敢，岂敢！"毛泽东说："尊老敬贤，我应该，应该！"

毛泽东青年时代听过徐特立先生的课。当徐特立 60 岁寿辰时，他特意写信向徐老祝贺。信中说："您是我 20 年前的先生，您现在仍然是我的先生，将来必定还是我的先生。"

伟大领袖毛泽东不忘恩师的故事，给我们留下美谈，为我们做出榜样。我们应该用自己的实际行动写好历史的续篇，这样才无愧于辛勤培养我们的老师，无愧于伟大时代。

资料来源：中国共产党新闻网，http://dangshi.people.com.cn/n/2015/0126/c85037-26449624.html.

思考：伟人尚且尊师重教，你从这则故事中得到什么启发？

项目一　校园公共礼仪——校园礼仪伴我行

众所周知，礼仪是中华民族传统美德宝库中的一颗璀璨明珠，是中国古代文化的精髓，是人们步入文明社会的"通行证"。礼仪是一个国家，一个民族开化、进步和兴旺的标志。我国素有"礼仪之邦"的美誉，身居礼仪之邦，应为礼仪之民，知书达礼，以礼待人。

礼仪是人类文明的标志，是每一个生命旅途的一门必修课，知礼懂礼、守礼行礼是一个人立足社会的基本前提，成为走向社会后获得口碑与自信、理解与支持的重要手段，也是成就事业、获取成功的重要条件，是现代人的做事根本，立业之基。"不学礼，无以立"，孔子的这句名言告诉我们，礼仪是中华民族优秀传统美德的一部分。

什么是礼仪？同学们学到这个章节应该已经掌握了礼仪的核心。众所周知，礼仪涉及穿着、交往、沟通、情商等方面，礼仪就是律己敬人的一种行为规范，是表现出对他人尊重和理解的过程和方式。校园是社会的一个重要组成部分，对于学生来说，也是一个小社会，礼仪在校园中有着不可替代的作用，具有重要的影响，是校园文化建设的一个重要组成部分。校园文化是指校园中的物质文化和精神文化，良好的校园文化，具有催人奋发向上、积极进取、开拓创新的教育力量。它可以促进学生在一种无形的巨大力量推动下，在积极向上的氛围中受到激励、鞭策、健康成长。下面将从校园礼仪、食堂礼仪、手机礼仪、图书馆礼仪等方面为大家阐述校园礼仪要点，帮助同学们在校园生活和学习中与他人建立良好的人际关系，形成和谐的心理氛围，促进学生的身心健康。

任务一　校园礼仪

一、尊重教师

微课：校园礼仪

学生对教师应该虚心诚实，言行有礼，在行动上应按照规范认真去做。例如，早晨见到老师，不管是不是自己的任课教师，都应含笑问好、问早。平时在校园内与老师相遇，也应该打招呼问好，如遇楼道狭窄处，应向旁边跨出一步，给老师让道。

韩愈曾说："人非生而知之者，孰能无惑？惑而不从师，其为惑也，终不解矣！"这里提醒学生到课堂上课的主要目的，就是从师解惑，一个学生不遵守课堂纪律，就是对老师的不尊重。

（一）课堂礼仪

教师走进教室，班长或课代表应喊"起立"，声音洪亮。全体学生应立即站直（教室条件空旷时，应在行距中站立，起立时不要让桌椅发出很大的声响），向老师行注目礼并问好，待老师回礼后再坐下（坐下时动作要轻），然后以饱满的情绪听好每一节课，并认真、按时、独立地完成课堂及课后的作业。

在课堂上学生应该着装整齐，姿势端正，夏天不能赤脚穿拖鞋，不能穿无袖背心，也不应敞胸露怀，听课时不应扇扇子。冬天不应戴帽子、手套，课堂上不能随意下位子走动，也不应在课堂中吃东西、喝水。

学生如遇到特殊情况，不得已在老师开始上课后才进入教室，应特别注意举止文明和礼仪周到。在教室门口应先停下脚步，首先喊"报告"，如教室门关着，那就应该先轻轻叩门；在得到老师允许后，才能进入教室，尽可能向老师说明迟到原因，说话态度要诚实，应该在得到老师的谅解和允许后，方可入座，同时注意在走向自己的座位时速度要快，脚步要轻，动作幅度要小；走到座位前，放下书包和课本，尽量不要发出太大的响声，更不能有任何滑稽可笑的举止；待坐下后应该注意力集中，坐姿端正，认真静听老师讲课。

总之，迟到的学生要把由于自己迟到而对课堂秩序造成的影响降到最低。

（二）答题礼仪

教师在上课时向学生提问，是教师检验自己教学效果的最迅速、最直接的方法，教师通过提问，一方面可以了解学生对自己执教的内容是否理解和接受，同时又可以启发学生积极的思维，使学生的注意力集中。而学生的答话反过来又能启发教师的思维活动，达到教学相长的目的。因此，教师提问是一种必要的教学手段。正因如此，每个学生都应当懂得教师提问的积极意义，并要正确、礼貌地对待教师的提问。

学生在回答问题时，首先应该举手，在教师点到自己的名字时，方可站起来答题，切不可坐在座位上就七嘴八舌地发言，在老师未点到自己名字时，也不要抢先回答；在起立回答问题时，站姿、表情自然大方，不要搔首弄姿或故意做出滑稽的举止引人发笑；说话声音要清晰，音量适中，不要过高或过低，使老师、同学都能听清楚；同时注意在别人回答教师问题时，不应随意插话，如果别人回答错了，或回答不出时，切不可在旁边讥笑嘲讽，当老师发问“还有哪个同学能回答这个问题”时，自己可以再举手，在得到教师允许后，起立回答有关问题。

在课堂上还应注意，当对老师讲述的内容有异议时，最好下课后单独找老师交换意见，共同探讨，但尽量不要在无关紧要的细节上纠缠，当老师精力不济时，应主动停止交谈，老师若还有上课任务，应留意给老师一点儿休息的时间，若在课堂上或公共场合非提问不可，也要注意方式方法，态度要诚恳谦恭，不可无礼冲撞，更不可扰乱课堂秩序。

（三）办公室礼仪

1. 礼貌敲门，征得允许

在校园中，应注意不要在办公室门口大声喧哗，以免影响老师工作。在征得老师同意后，方可进入老师的居所或办公室，进出办公室动作要轻。和古代相比，今天学生学的学科更加复杂，学校范围更大了，老师人数也更多了。一间办公室里往往有几位甚至十几位老师共同办公。办公室是老师们精心工作的地方，随便进出打扰老师显然是不礼貌的行为。老师们在办公室里要处理的事情繁多，可能在看书、批作业、研究教材、拟测试卷和考试卷，也可能在写信。在这种情况下，一个学生贸然闯进教师的办公室，不仅有失礼貌，而且可能影响甚至妨碍其他老师的工作。因此，学生进入老师办公室前，必须先敲门，征得老师的同意后方可进入，进入后应先与看到自己的老师点头微笑致意。

2. 听从安排，不随意翻找

得到老师的允许后，方可坐在指定的位置，不要贸然坐在其他老师的座位上，不要四处张望，更不可随便乱翻办公室里的东西。例如，教材、参考书、备课本、教学摘记、学生作业、考试卷、学生成绩单，或日记、钱等其他私人物品。有些文件是保密的，如被泄露，会造成不良后果，翻找老师私人的物品，也是对老师的不尊重、不礼貌。

3. 注意音量，礼貌离开

与老师交谈时，应注意说话时的音量，尽可能不打扰其他正在办公的老师；事情办完后，应及时离开办公室，不在办公室内长时间逗留也是对老师休息时间的尊重，应注意离开时礼貌地与老师告别，告别一般是先谢后辞，如“谢谢老师，再见!”注意关门时面朝老师，然后轻轻地将门关上。

二、友爱同学

（一）校园中的同学相处

1. 注意礼貌

在校园中与同学相见时，应互相致意问好。同学之间可以彼此直呼其名，但不能用“喂”“哎”等不礼貌的用语称呼同学。在有求于同学时，须用“请”“谢谢”“麻烦啦”等礼貌用语。借用学习和生活用品时，应先征得同意后再拿，用后及时归还，并致谢。

2. 文明礼让

在教室要随时保持安静、整洁，维护教室的良好学习环境，课间不要追跑打闹，在楼梯走廊内要靠右慢行，不要快速奔跑，遇到同学应放慢脚步，慢行礼让。

3. 关心关爱

对同学的不幸、偶尔的失败、学习上暂时的落后等，不应嘲笑、冷落、歧视，而是应该热心帮助。既可帮助对方分析原因，总结经验教训，也可以用安慰、同情、鼓励的话去抚平对方的难过，还可以不说话，陪对方散散步、打打球，也不失为友爱的方式。

4. 尊重隐私

对同学的相貌、体态、衣着不能评头品足，也不能给同学起带侮辱性的绰号，绝对不能嘲笑同学的生理缺陷。在这些事关隐私和自尊的问题上更应该尊重对方，同学忌讳的话题不要谈起、同学厌恶的事情不要故意去做，千万不要“哪壶不开提哪壶”。

（二）同学交谈的礼仪

古人云：“慧于心而秀于言。”与同学说话，能使心灵得到交流，能使同学之间增加了解，增进情谊和增长知识。但是要起到这样的作用，就应该注意与同学交流的礼仪，通过说话也能推断出这位同学的品性教养、思想面貌和文化水平。因此，同学之间进行交谈时应该注意以下这些方面。

1. 说话态度

与同学说话要态度诚恳、谦虚；语气平和，不可装腔作势；同时应注意细心留意同学当下的兴趣和情绪。听同学说话时，态度要认真，不可边同对方交谈边做其他的事情，不可以打哈欠或着急地看手表，更不可以轻易打断别人说话，插话或提问时一定要先打招呼；若同学说得欠妥或说错了，应在不伤害同学自尊心的情况下，恳切、委婉地指出。

2. 说话内容

与同学说话的内容要真诚实在，要实事求是地谈出自己对事物的看法。不随意恭维，也不轻易说伤害别人的话，更不能说污言秽语。

古人说：“言，心声也。”一个学生说话的态度和内容若是美的，那他的心灵也一定很美好。

（三）学习生活中的同学相处之道

在学习上，同学之间要互相帮助。学习好的同学在保持谦虚、戒骄戒躁的同时，应主动真诚地帮助学习差的同学；学习较差的同学应虚心求教，独立思考。

同学之间天天相处，难免会有一些磕磕碰碰的事或意见上的分歧。这时要克制自己、尊重别人，心平气和地讲道理，不能使气任性，也不能用不文明的语言辱骂同学，更不能粗暴地动手打架。对同学如果有意见或不满，应以委婉的口气妥善地沟通，不要随便在大庭广众之下议论同学的不是。向同学询问事情，实际上是麻烦别人对自己进行帮助和指导，应该注意以下几点。

1. 选对人

有问题需要麻烦同学时，应尽可能选择能答复自己的同学进行询问，不要故意为难他人。

2. 选对时间

在需要帮助时，应尽可能选择被询问同学空闲或方便的时间，不可打扰或影响同学休息。

3. 打好招呼

开始询问之前，一定要先打招呼示意。例如，“同学，对不起，打扰你一下，向你请教一个问题。”在被询问的同学同意后，再询问。

4. 避免尴尬

若被询问的同学一时回答不上来，自己应当尽快为其解除尴尬。例如，“不要紧，这个问题是比较难回答，耽误你时间了，谢谢你。”

5. 礼貌感谢

若被询问的同学把所询问的事情告诉了自己，应该向其道谢，之后再离去。例如，“谢谢你的帮助，不继续打扰你了，再见！”

（四）异性相处

1. 以礼相待

异性同学之间，应特别注意以礼相待，互相平等，相互尊重，互相帮助；男同学应彬彬有礼，女同学应文雅大方。异性同学之间的接触，事前应得到女同学的许可，接触的地点要公开，举止、谈吐要大方、高雅、有礼貌，在校外偶遇或久别重逢，一般情况下，男生不宜先伸手要求握手；同时注意异性同学之间，不能相互起绰号，不能讲粗话、脏话和庸俗的传闻，不能久久凝视对方，不能打打闹闹。

2. 帮助弱者

对于异性同学的容貌、身材和衣着，不应评头品足，也不应伤害对方的自尊心；面对异性同学的弱点、缺点或残疾，不可嘲讽，而应热心提供帮助；在体力劳动等方面，男同学应主动关心、帮助和照顾女同学。

3. 维护自尊

在校园或班级举办的娱乐活动中，异性同学之间的接触面不可太窄，不可总是盯住某人；对异性中长相俊美的同学，不可庸俗化地赞美和恭维。同时注意在学校里拒绝异性同学的追求时，所采取的措施要文明、要有分寸，不可讥笑对方，不可公开异性的求爱信函，更不可伤害对方自尊。

4. 拜访有度

尽可能不到异性同学的宿舍串门，如在特殊情况下到异性同学的住宿处，一定要注意时间。不可选择在多数同学要处理生活问题的时候，更不可选择在夜间同学准备休息时到访。

（五）宿舍礼仪

东汉时期，有一个叫陈蓉的人，他年轻时很想干一番大事业，立志要“扫除天下”。可是，他却从来不肯动手把自己家里的环境打扫干净。当时就有人批评他说：“一屋不扫，何以扫天下！”陈蓉不愿意做扫地这样具体的事情，说明他的大志是不实在的，从精神文明的角度来说就是空想。同样，一间学生寝室里，如果床铺乱糟糟，地上布满垃圾，这些学生就是嘴上口号喊得再漂亮也没什么用。人们从寝室这个窗口，可以一眼看出住在这间寝室里的学生既缺乏劳动和好的生活习惯，也不讲究精神文明。

住校学生生活在一个大家庭里，学习、生活及其他活动都是集体进行的。因而除要求学生自觉遵守学校规定的住校守则，还应特别注意以下礼节。

1. 恭而有礼

“与人恭而有礼”，早晨起床，初见老师、同学，应主动礼貌问好，晚上就寝前应主动道别；使用公物，特别是在公共场所用水或晒衣时，要“先人后己”，礼让三分。尊重集体和集体生活秩序，不随便使用、翻弄或移动别人的东西；个人用物安放在一定的地方，如遗失物品，不胡乱猜忌别人；平时在宿舍里不高声谈笑，夜间就寝后，上下床动作要轻，并尽可能用微型手电筒照明，以免影响别人休息；听录音或看视频时，尽量使用耳机或把音量调轻。

关心他人，重视公共安全；如有同学病了，要主动关心和照顾；公共场所的清洁卫生，要自觉维护和主动打扫，一般不随便去其他宿舍串门，尤其是异性宿舍；也不随便把外人带进校园和宿舍；用电、用火都要随时注意安全。

遵守作息时间，起床、入寝、自习、用餐、熄灯等，应按照学校的作息时间进行；爱惜公共财物，随手关灯，节约用水，不浪费粮食，不损坏集体宿舍的各种设备，如无意损坏了公物，要主动承认并自觉赔偿。

2. 卫生整洁

保持寝室整洁人人有责，每个人都应定期清理宿舍地面、桌子、门窗卫生；被褥要折叠得整齐美观，衣服、鞋帽要整齐地放置在一定的地方；毛巾等悬挂整齐，不与别人的堆靠在一起，以免相互感染，脸盆等洗漱用品应规律整齐地安放在固定的地方；重要书籍、笔记本、收音机等用品，不乱丢乱放，安全可靠地放在自己的书桌或抽屉内；点心、食品、碗筷，不仅要摆放整齐，还要注意密封，确保卫生，已变质的食物要及时清理干净；寝室内的簸箕、扫帚等公共用品，用后要及时放回原处，不随意乱放，开门、关窗要轻，注意随手关灯，若寝室有花草，要注意爱护；借用他人的东西，虽是同室，也要得到物主的同意，用后及时归还。东西若有损坏，应及时向物主道歉并照价赔偿；在寝室内，应与在别的地方一样，不可乱叫同学绰号，讲话要文明礼貌；在宿舍内与同学相处，除应该尊重他人以外，不可过分热衷于关注别人的私事，否则会导致侵犯他人隐私，令他人不悦。

课堂小互动

(1) 谈谈你在校园中见到的引人发笑的不合乎礼仪的趣事。

(2) 根据本任务中提到的知识点，反思自己在校园礼仪的实践过程中，还有哪些可以改进的地方？

任务二 食堂礼仪

中华饮食文化源远流长，自古就有“民以食为天”的俗语。而对于校园中的大学生来说，食堂是生活中的重要场所，也是学校精神文明建设的重要窗口。食堂就餐要吃得端庄，在餐桌上要尊重别人。食堂应该是早、中、晚餐学生最喜欢的场所，其实也是最能体现一个人人文素养的场所。

微课：食堂礼仪

想一想，你有没有在别人井然有序排队的时候插过队呢？这时，你是选择满足自己的肚子，还是尊重别的同学呢？要学会在点点滴滴中尊重他人，学会尊重是每个大学生的必修课。

因此在食堂就餐时应该注意以下几点。

一、按规就餐，文明礼让

应按照学校规定的三餐时间进入食堂就餐，在餐厅看见老师、同学时应主动问好。进入食堂后到达指定的窗口自觉排队，中途不得奔跑，不得争先恐后，不得随意插队；同学之间相互礼让，不随意抢占座位，不争抢饭菜，不能私自到别人碗里夹菜，也不要将自己不喜欢吃的菜随意夹给别人，不将碗端到食堂外面吃。

二、保持安静，注意安全

就餐时保持安静，文明就餐，不得大声喧哗、打闹或敲打碗筷，不离开座位，随意奔跑走动，注意安全，以免相互碰撞而烫伤；就餐时细嚼慢咽，有助于健康，不东张西望，拖延时间，更不得含饭说话，以免发生意外。

三、珍惜粮食，爱护公物

珍惜粮食，不挑食，不厌食；添饭时少量多次，按需添加；保持食堂卫生，不随地吐痰，乱扔杂物，不将其他零食带到食堂里吃，不将饭菜掉到餐桌上或洒到地上，如果吃饭时不小心掉落到餐桌上，用餐后应及时清理；爱护食堂公物，不在墙上、餐桌上乱刻乱画，不准损坏食堂的餐具和设施；不随意挪动食堂的桌椅，如有特殊情况，应及时恢复原位。

四、尊重他人，适时感谢

尊重工作人员的劳动成果，适时对他们的服务表示感谢，有什么问题可及时向老师提出，禁止在就餐时与食堂工作人员发生争执；就餐完毕后，将餐具放在指定的位置，不随意乱放，更不可随意乱丢在餐桌上，给工作人员带来麻烦。图 4-1 所示为食堂就餐礼仪。

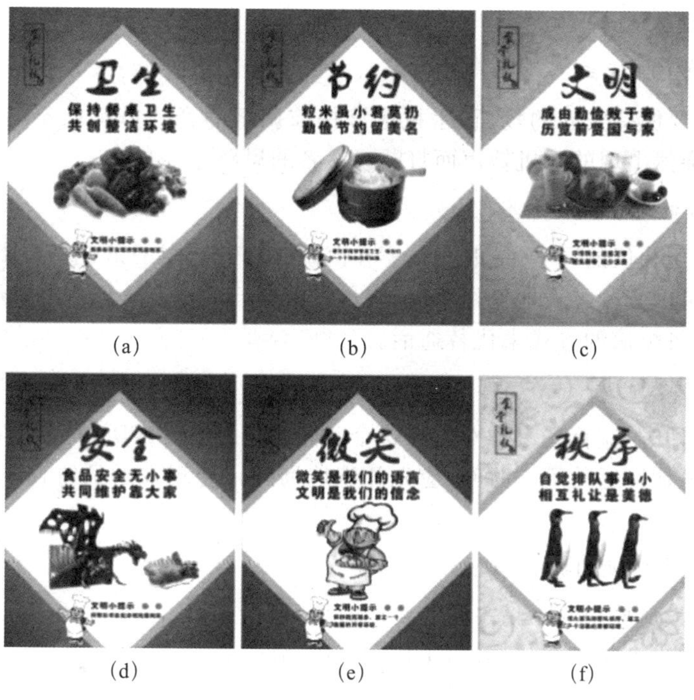

(a) (b) (c)

(d) (e) (f)

图 4-1 食堂就餐礼仪

课堂小互动

根据本节课所学知识，谈一谈在食堂就餐时看到过哪些不文明的现象。

任务三 手机礼仪

微课：手机礼仪

随着科学技术的发展和人们生活水平的提高，手机的普及率越来越高，手机作为一种现代的沟通工具，已经打破了传统的使用范围，无论是在社交场所，还是在工作和学习场合，毫无顾忌地使用手机，已经成为文明礼仪的最大威胁之一。因此，“手机礼仪”作为礼仪的特殊部分，也越来越受到人们的关注。

一、使用手机的基本礼仪

1. 手机的摆放位置

在一切公共场合，手机的摆放位置都应该合乎礼仪，不要在没有使用手机时，一直将手机拿在手里。一般来说，放手机的常规位置有随身携带的公文包、上衣的内袋里或其他不起眼的位置上。例如，手边、带靠背的座椅背后等，但尽可能避免放在特别显眼的位置或有碍于和对方交谈的位置。

2. 手机铃声的选择

手机不断推陈出新，除功能不断更迭外，手机彩铃也五花八门。在公共场所，铃声的设置直接体现使用者的公共文明素质，在设置手机铃声时应注意以下几点：不设置搞怪、噪声很强或具有刺激性的铃声；不使用免提功能接听或拨打电话；不在接电话时大声喧哗；特殊电话要预约回复。

3. 会谈时的手机模式

在会场等需要保持安静的场所，手机应该提前调至静音或震动状态，以示对会议的尊重，也不要因为突然出现的手机铃声而打断谈话者的思路。

4. 特殊场合的手机使用礼仪

注重手机使用礼仪的同学，应时刻注意在医院、电影院、图书馆、电梯、楼梯口、人行道或狭窄的路口，不可以旁若无人地使用手机，应尽量将自己的声音压低一些，以免干扰他人，必要时也可以用手机短信的方式来代替通话。

5. 避免唐突的通话

给对方打电话时，应首先考虑对方在这个时间段是否方便接听，特别是在给老师、长辈、领导打电话时，电话接通的第一时间，应先礼貌地询问："您现在通话方便吗?"得到允许后，再进行沟通。

6. 用餐时的手机使用礼仪

一日三餐是人最放松和尽情享受美食的时候，假设此时一个工作电话打进来，会影响用餐体验。所以，在进入餐厅前，最好将手机调至震动状态。

7. 手机信息的使用礼仪

尽量避免和别人交谈时查看和回复手机信息，也不要将自己的手机暴露在对方的视线内，让对方对你的手机一览无余，要注重保护自己的隐私，信息编辑和转发应像通话一样注重文明用语。

二、校园中手机使用的注意事项

1. 公开自己的课表

在校园的社团或同学之间可以公开自己的课表，避免在上课或举行社团活动时，同学突然打来电话影响正在进行的活动。校园中给老师、同学打电话时，可以先发信息询问对方是否方便，尽量避开对方休息、用餐及上课开会的时间，而且最好别在节假日打电话，以免打扰对方。

2. 掌握通话时间

打电话前，最好先想好要讲的内容，以便节约通话时间，不要现想现说、"煲电话粥"，通常一次通话也不应长于三分钟，即所谓的"三分钟原则"。

3. 要态度友好

通话时要对老师、领导、尊长使用尊称，对同学不要称呼其小名，更不要大喊大叫，震耳欲聋。

4. 用语要规范

通话之初，应先进行自我介绍，不要让对方"猜一猜"。当需要找人或代转时，应说"劳驾"或"麻烦了"，不要认为这是理所当然的事情。

三、打电话的基本礼仪

1. 重要的第一声

当打电话给某人时，若电话一接通就能听到对方亲切、优美的招呼声，心里一定会很愉快，双方对话也能够顺利地展开。电话中只要稍微注意一下自己的行为，就会给对方留下完全不同的感受，同样说"你好，我是×××"，声音清脆、悦耳、吐字清晰，会给对方留下好印象。因此要记住，接电话时，要能在"未见其人，先闻其声"时，给对方留下好的第一印象。

2. 迅速准确地接听

很多同学在校园中，参加了很多社团活动或各类的比赛，时间安排得比较紧。校园和职场有相近之处，要逐渐适应快节奏的生活方式，对于手机的使用也应该遵循三声之内接听的原则，长时间无人接听电话，或让对方久等都是很不礼貌的，对方在等待时心里会十分急躁，因此听到手机铃响后，应该用最快的速度拿起手机。若在特殊情况下，手机响铃许久才接起电话，应该先向对方表示歉意，以免给对方留下不好的印象。

3. 要有喜悦的心情

接打电话时，要保持良好的心情，不可以吃东西、喝茶、吃零食。即使是以慵懒的姿势接打电话，对方也能够听到你的声音是懒散、无精打采的。若坐姿端正，所发出的声音也会亲切悦耳，充满活力。因此接打电话时，即使对方看不见，也要尽可能注意自己的姿势。

4. 认真清楚地记录

随时牢记5W1H技巧，5W是指When(何时)、Who(何人)、Where(何地)、What(何事)、Why(为什么)、How(如何进行)。这些信息十分重要，对打电话、接电话有相同的重要性。在接到老师、领导打来的电话时，应顺手拿起纸笔按照5W1H法则做好记录，避免电话刚刚挂断，谈话过程中的时间、地点等重要信息就已经遗忘的尴尬。

5. 挂电话前的礼貌

在结束电话交谈时，一般应当由打电话的一方或长辈先提出，然后彼此客气地互道"再见"，再挂断电话，不可只管自己讲完就将电话挂掉。

课堂小互动

(1) 观察你的手机此时此刻是静音状态吗？

(2) 大学生带手机进课堂和不带手机进课堂，你支持哪一种观点？说说理由。

任务四 图书馆礼仪

微课：图书馆礼仪

图书馆是人类智慧的宝库，也是同学们查阅资料、借阅图书、自修学习和交流知识获取信息的场所，它与教室一样，是知识的殿堂，也是公共场所。但是图书馆与商场、网吧、餐厅这样的公共场所截然不同，它提供的是知识服务，要求大家必须遵守一定的行为规范，保证环境严肃庄重。

一、图书馆礼仪六个字

图书馆礼仪可以概括为六个字：轻、静、洁、净、雅、敬。图4-2所示为图书馆。

(a)

(b)

图 4-2 图书馆

（一）轻、静

一个"静"字，常作为警示，贴在图书馆的高墙正中，也凝练了图书馆应遵守的礼仪。保持图书馆内的安静，就要求读者做事轻手轻脚、说话轻声细语。

进入图书馆时，走路要轻，入座起座要轻，翻看书刊要轻，在图书馆要尽量少说话，遇到朋友最好以点头微笑的方式打招呼；如果确实需要与学友交流意见，应简单明了，附耳低语，较长时间的讨论应到室外进行，在安静的学习环境里，任何旁若无人的谈笑、喋喋不休地说话都是很失礼的行为；如果携带了手机或其他通信设备，应主动调成震动、静音或关机，以免影响他人学习。

（二）洁、净

1. 注重个人仪表的整洁

仪表就是人的外表，包括容貌、服饰和姿态。进入图书馆就要遵守公共场所的穿着礼仪。夏天不能穿背心拖鞋来图书馆看书，同时注意面容清洁，头发梳理整齐，给人留下生机勃勃、精神饱满的好印象；保持双手干净，没有油腻污渍，这样才不至于翻书时把书弄脏；着装整洁得体，每个纽扣都要扣好，不要披衣散扣。

2. 保持馆内环境的干净

图书馆是全校师生共同学习的场所，学生到图书馆有义务讲究卫生，保持整洁。雨雪天进入图书馆时，应注意把雨具放在指定地点，还要把鞋底的泥土弄干净，以免溅到其他读者身上或弄脏图书馆的地面。

在图书馆阅读书籍时，不要乱扔纸屑，不随地吐痰，不大声咳嗽，不吃零食或嚼口香糖；生病时不进图书馆，如果感冒了，咳嗽、流鼻涕不仅破坏安静的氛围，还有可能把病毒带入馆内，传染给他人；杜绝在图书馆阅览室吃东西，边看书边吃东西，不仅影响他人阅读，破坏学习氛围，还容易弄脏图书。

离馆时要把书刊放回原处，不能随便放在桌子上。自己的纸笔要记得带走，废弃的纸张应自觉扔到馆内的垃圾桶或带到馆外扔到垃圾箱内，离开时自觉把桌椅恢复原位。

（三）雅、敬

雅指的是自我举止文雅，敬指的是对人恭敬礼让。进入图书馆时，应自觉排队，不随意抢占座位，不在座位上躺卧；借还图书时，应双手将书递到工作人员的手中，并注意使用"您好""请""帮""谢谢"等礼貌用语；如果借还书的人很多，要耐心等待，不可连声催促工作人员，也不可走来走去，否则言行失当会遭到别人的鄙视和侧目。

爱护图书馆里的公共财物和设备。不摇动桌椅，不在桌、台上乱刻乱画。“窃书不算偷”，孔乙己的名言请不要带到图书馆来，将公共图书据为己有，或将书中有精美插图、段落的书页撕下来，太失读书人的体面，得不偿失。现在多数图书馆已经提供了复印服务，如果你确实需要某种资料的话，可征得工作人员同意后，到指定处复印，绝不可为了占有资料而损坏图书。至于有的学生在书上画线、做标记或折页、写字，甚至做出为蒙娜丽莎添上胡须、为莎士比亚带上帽子、太阳镜之类的恶作剧，同样应该受到谴责。

礼让是中华民族的传统美德，在所有公共场所中都要有一种“礼让”精神。进入图书馆阅览室，自己找个座位就行，不应为别人占座。如果临时走开，回来时发现座位上坐了别人，不应该赶走他。倘若确实需要这个座位，而且临时走开时留下了书本，但仍被他人占据，此时不妨轻声商量，互相谅解。图书馆作为公共场所，有空位人皆可坐，但欲坐在别人旁边的空位时，应有礼貌地询问旁边是否有人。

在借图书时，如果与别人同时看中一本图书，不要争夺，可向工作人员询问有无复本或别的版本。如果实在没有，二人应相互谦让，急需者先借，另一人在工作人员那里做预约登记。

借阅的图书读完后要及时归还，“热门书”更应该速看速还。

二、入图书馆礼仪规范五要三不要

不要多说话；不要打电话；
不要偷走书；仪表要整洁；
服饰要得体；站姿要美观；
交流要礼貌；借书要排队。

项目实训

图书馆礼仪实训

1. 实训准备

图书馆礼仪实训需要的场地和物料：教室、笔、白纸等。

2. 实训安排

实训安排如表4-1所示。

表4-1 图书馆礼仪实训安排

实训学时	2学时
实训题目	请为学校图书馆设计一条文明礼仪标语
实训目的	掌握礼仪文化知识，提升大学生礼仪文明素养，培养设计及审美能力
实训要求	要求学生能在10分钟内提炼出图书馆礼仪文化要点，为读者设计一条精炼易懂的实用性标语
实训方法	4～6人一组，标语设计完成后，小组自评和互评，教师点评并打分

3. 实训评价

实训评价如表4-2所示。

表 4-2　图书馆礼仪实训评价

班级：　　　　姓名：　　　　学号：　　　　得分：

实训目的	操 作 标 准	基 本 要 求	分值(100 分)
参与度	① 参与讨论 ② 给出相应思路	能够积极参与小组讨论，提炼出图书馆阅览的注意要点，并发散思维认真地参与到小组的讨论中来	40
完成度	① 以小组的形式完成标语设计 ② 既可以是文字形式，也可以是图画形式	设计的标语大方易懂，涵盖重点，意思表达准确，读者容易理解	60

项目二　公共场所礼仪——小礼仪，大文明

中国上下五千年历史，传统文化博大精深、源远流长，对后世影响甚远。例如，先师孔子提倡“克己复礼”，倡导学习周礼而促进社会安定；如今党和国家积极培育和践行社会主义核心价值观，推动社会文明和谐。不难看出，“学礼”不仅是中国传统文化的沿袭，更是当下时代发展的内在要求。因此，唯有大力推崇“学礼”，才能让国民、社会乃至民族更好地发展。

学习道德礼仪，有利于提升全民的文化素养。毫无疑问，学习道德礼仪，培养文明意识，是切实提升国民文化素养的必然要求。纵观当下，不文明现象屡有发生，如不遵守公共场所秩序大声喧哗，乱扔垃圾，随地吐痰。显而易见，这不仅反映出国民素质教养的缺失，而且在损害个人形象的同时，也会误导他人跟风此类不文明行径。因此，本项目将从博物馆参观的礼仪、剧院观影礼仪、旅游景区游览礼仪等方面带领大家一起学习公共场所的行为规范，帮助大家规范公共场所言行，提升自身的文明素养。

任务一　博物馆参观礼仪

微课：博物馆参观礼仪

博物馆是收藏、研究、展示能够充分反映中华文化代表性物证的机构，是历史、文化、艺术的殿堂，也是每个人的文化客厅。博物馆珍藏着中华民族的集体记忆，传承着国家的文化基因，荟萃了世界文明成果，也时刻引导大家提高文化自觉，增强文化自信，不断推动中外文明交流互鉴。它珍藏着那些在历史长河中可歌可泣的，需要集体铭记的人和事。无论是中国古代的四大发明，还是中医、中国传统建筑、水利工程技术，我们都能够从博物馆觅得这些优秀文明成果的实物见证。那么作为一名观众，应该遵守哪些博物馆参观礼仪呢？

一、观众的形象礼仪

参观前，首先，应注意仪容仪表，进行适度的清洁和修饰，不能蓬头垢面，即使在夏天也不能有强烈的汗味、体味，否则会给他人带来不适之感。其次，应选择得体的服装，相对保守、正式的衣服会更加得体，不能衣冠不整，也不能过于随意。不受欢迎的着装包括：夏天穿

背心、超短裤、拖鞋，冬天穿沾满雨雪泥浆的靴子等。这样的形象会破坏博物馆的参观环境，给他人带来不良的感受。另外，在参观博物馆时，应注意选择走路时不会发出很大声响的鞋子，佩戴的饰品也不要叮咚作响。

二、寄存行包的礼仪

为方便观众参观，博物馆一般都设有专门的存包处；观众在入馆时应自觉接受安全检查，不能将限禁物品及宠物带入博物馆。观众存包时应注意：危险品、违禁品和贵重物品都是不可以存放的，也不要故意隐瞒存放；如需要存放电子产品、艺术收藏品等特殊物品，应告知工作人员，征得其同意后再进行登记，并妥善存放。

三、使用卫生间的礼仪

公共场所使用卫生间，应该从大门口开始排队，这样不管里面哪个格子的人先出来，排队的人都能按照顺序进去；不要因为大门里面的小格子没有站人，就理所应当地冲到前面去，进入卫生间时应小心台阶，锁好门并自觉把垃圾放进纸篓里；遇到非自动冲水装置，一定要自觉冲水，如果自动冲水装置出现故障，也应第一时间通知工作人员进行维修，不要直接走掉，把麻烦留给后面的人；离开时检查自己的物品是否带齐；洗手时注意节约用水，洗手液也要注意节约使用，否则会连同冲洗的水一起浪费掉；卫生间里免费的纸更要节约使用，不要浪费，不能因为没有人监督就悄悄带走，注意擦手的纸一次使用一张，杜绝浪费。

四、参观博物馆的注意事项

1. 维护展厅环境

在博物馆参观时，应自觉维护博物馆内的环境卫生，在展厅内尽量不要吃东西或喝水，以免食物残渣招致蚂蚁、蟑螂，从而破坏文物。更不要随意丢垃圾、杂物，垃圾应按照分类提示丢进相应的垃圾桶里；同时注意保持安静，不要大声讲话，以免打扰他人参观。

2. 手机调至静音

进入展厅前，应自觉将手机铃声调至静音，不要在展厅里接打手机，更不能因为展厅信号弱而对着手机大声说话。很多博物馆的重要展厅会屏蔽手机信号，需要接打手机时，应自觉到展厅外面的休息场所操作。

3. 尊重展厅工作人员

在讲解员进行解说时，不要打断讲解员，更不能与之争论、抬杠；当对某个展品特别感兴趣时，可以等讲解员休息时，征得其同意之后，再向其请教。

4. 注意举止文明

时刻做一名礼貌的好观众，在场馆内参观时，不要有奔跑、打闹、攀爬、躺卧等不雅举止。在参观者众多时，应该顺着人流缓慢行进，不要试图强行越过前面的人，也不要长时间在一个展品面前停留驻足，这样会影响他人，甚至造成安全隐患。

5. 遵守拍摄规范

别人在观赏或拍摄某件展品时，尽量不要从其面前走过，以免挡住其视线，影响他人观赏拍摄。如必须从他人面前经过或超越他人时，应注意和对方“打招呼”征得对方的同意，并且注意不要触碰他人。博物馆内大部分展品是可以拍照的，也有些展览不可以拍照，在观赏时应遵循展厅及相应的提示标识或在拍照前咨询展厅服务人员是否可以拍照，不允许拍照的展品坚决不拍照。

6. 注意参观安全

发生突发事件时，不要慌张猛跑，一定要听从工作人员的指挥，有序撤离，这样才能以最快的速度安全撤离现场；在博物馆内需要乘坐自动扶梯或上下楼梯时，应注意遵守公共场所行进的礼仪。

泱泱大国上下五千年的历史文明，收藏在博物馆中，礼仪之邦文明古国的优秀文化，需要大家用心守护。遵守礼仪，爱护文物，做一个文明参观的好公民。

【案例 4-1】

“观众文明参观”是一个老生常谈的问题，尤其是《我在故宫修文物》《国家宝藏》等大型文博节目的推出更使博物馆成为参观的热点。但是，与“博物馆热”相伴而来的是急剧增加的接待压力，不仅如此，参差不齐的观众参观素质也为博物馆规范文明参观带来不少阻力，“熊孩子”“熊爸妈”在博物馆也并不少见。

其实，对于此类不文明参观行为，博物馆早已做出了很多应对措施。例如，张贴文明参观须知，发放文明参观手册，加强工作人员管理和博物馆参观礼仪宣传。但是针对这些屡禁不止的乱象，未来博物馆还可以从哪些方面更好地引导观众文明参观呢？

思政提示：

(1) 开发更易于观众接受的引导方式。进一步提高服务意识，为观众提供文明舒适的引导服务，开展观众调查，了解观众需求，在解决休息设施、安保等常规问题的基础上，针对不同观众的年龄、性别、兴趣偏好等特征，结合博物馆的定位和藏品特色，利用科技、艺术等多种元素及创新形式开发更易于观众接受的引导方式。

(2) 完善文明参观的引导工作。博物馆可以向观众说明文明参观的区域，通过提示和艺术性引导的方式培养观众的文明参观意识。例如，通过轻音乐加广播的形式进行提醒或模仿当下较热的卡通人物形象对观众进行宣传引导。

(3) 联合社会力量加强宣传普及。除做好本馆基础服务外，博物馆还可以联合学校、家庭、艺术教育机构、媒体等社会力量，加强对文明参观的宣传普及。例如，充分利用馆校合作的方式，将观展礼仪引入课堂教学环节，通过正式教育传达文明观展的理念，开展这一主题的亲子或幼儿教育活动，邀请父母与孩子共同接受文明参观的教育，发挥家庭教育的作用。另外，社交媒体也应该加强观众文明引导，进行正向引导和反向制止，发布观众须知，加大文明观展礼仪宣导，让观众在讨论的过程中自省，提高文明观展意识，养成“文明参观，从我做起”的好习惯，发挥从众心理的积极效应。

任务二　剧院观剧礼仪

微课：剧院观剧礼仪

中国话剧诞生已有百年历史，小剧场话剧也已经走过了 30 多个年头。俗话说“台上一分钟，台下十年功”，每一场精彩的演出都是演职人员精心打磨后为观众奉献的诚意之作，饱含了他们的心血和汗水，因此理应得到观众的尊重。

而作为一名观众，遵守相应的观剧礼仪，全情投入欣赏一场演出，也是对自己最好的回馈，因为“观众也是演出的一部分”。那么在观看话剧时，应该遵守哪些观演礼仪呢？图 4-3 所示为剧院。

图 4-3 剧院

(1) 根据年龄段选择合适的剧目。对于大学生来说，观看剧院表演，聆听音乐会，不仅是节假日的一种休闲娱乐方式，也是陶冶情操，展示个人文明礼仪的过程。观看演出时，应根据年龄段选择适合自己的剧目。例如，高雅的音乐会、舞剧等，既能符合大学生的审美，剧目表演的内容也能易于理解，但如果进入儿童专场，可能就会感觉有点儿幼稚了。

(2) 看演出应提前到场，以免迟到影响他人。观众进入剧院需要检票，应预先留出时间以免迟到。通常情况下提前 60 分钟进入大剧院，演出前 30 分钟进入剧场，这样可以提前感受剧场的艺术氛围，也可以从容地做好观影前的各项准备工作。例如，准备好安静的心情，认真阅读一下节目单，了解剧情、演出团体简介等。

(3) 如果迟到，请等候待曲间入场，就近入座。对于迟到的观众来说，如果演出开始后，还在众目睽睽之下走进剧场，不仅自己看不到精彩的开场，得不到完美的艺术享受，还影响了多数按时入场的观众。所以，不管因为何种原因迟到，请等待曲间(幕间)，按照场务人员的指引，轻声入场，就近入座，待中场休息时，可以回到自己的座位。

(4) 注意着装礼仪，进入剧场前，不酗酒，不吃有异味的食品。剧场是欣赏文艺表演的艺术殿堂，也是重要的社交场所，在观看演出时，着装应整洁大方，不酗酒，不吃有异味的食物，特别是不宜穿背心、短裤、拖鞋入场。对于观看交响乐、芭蕾舞等高雅艺术的观众，仪表着装更应讲究，为表示对艺术家的尊重，一般应着较正式的服装。

(5) 进入剧场要对号入座，不要将食品、饮料、塑料袋等带入场内。进入剧场时凭票入场，对号入座。频繁地调整座位会影响他人的观影体验，也会对剧场的秩序造成一定的影响。此外，不要将食品、饮料、塑料袋等带入剧场，尤其是塑料袋摩擦的声音非常刺耳，所以不能将以上物品带入剧场是国际惯例，观众可在开演前或中场休息时，在剧院外食用食品、饮料。

(6) 将摄影器材寄存，未经允许，演出过程中不可拍照、录像。观看演出过程中不可拍照、录像，因为闪光灯和快门会影响表演者的表演和观众的完整观看体验。不允许拍照、录像也是对版权的一种保护，绝大多数艺术家和艺术团体对版权是非常看重的，为了保证演出的顺利进行，保护演员和大多数观众的利益，在演出期间未经允许谢绝私自录像、录音、拍照和使用闪光灯。

(7) 乐章之间不要鼓掌。欣赏芭蕾舞和听音乐会的鼓掌方式，在国际上有着完全不同的惯例。看芭蕾舞时，观众的掌声时常能起到推波助澜的作用。例如，在男女主人公跳完一段双人舞的慢板之后，大家最好尽力鼓掌，因为此时掌声能够让他们有更多的时间休息。欣赏古典音乐会时则刚好与之相反，在每个乐章结束后不要鼓掌，因为古典音乐像一首诗，有其自身独特的连贯性，观众的鼓掌会把这种连贯性打破，影响演奏者和聆听者的情绪。待演奏完毕指挥明确示意后，请你对艺术家报以热烈的掌声。

(8) 演出期间保持安静，不要交谈或接打手机。进入剧场后，将手机调至震动或关闭，这是对艺术家的尊重，也是对其他观众的体贴，不要在演出中随意走动和交谈。如有任何问题，请示意场务人员。

(9) 谢幕时不要提前离场，这是对演员的尊重。演出剧目结束后，演员谢幕是整个演出活动的重要组成部分，是演员表达对观众谢意的一种高雅艺术礼仪，作为观众也应以礼相待，向艺术家表示敬意和感谢。在谢幕过程中，观众应该在最后一个节目谢幕时热烈鼓掌，待演员退场后或大幕关闭时，再按照顺序退场。

课堂小互动

(1) 你看过的印象最深的话剧是什么？

(2) 剧场观剧和电影院观影给你带来了怎样不同的体验？

(3) 根据前面所学内容，思考去剧院观看古典音乐、红色话剧、儿童音乐剧、戏剧时，着装有哪些不同的变化？

任务三　旅游景区游览礼仪

一、言行文明

在旅途中，应该懂礼貌、知礼仪、重礼节、讲文明，举手投足得体大方，谈吐文雅礼貌，避免不文明的言语和行为；与他人沟通时多用“请”“谢谢”“打扰了”“对不起”“请原谅”等文明用语。

游览时观众的服饰应整洁美观，不敞胸露怀，不蓬头垢面，不在公共场所脱鞋，根据旅游项目和旅游场所(如登山、博物馆、教堂、寺庙等)选择合适的着装。

旅行途中不随地吐痰和口香糖，不乱扔废弃物，不随地大小便，抠鼻孔、剔牙、咳嗽、打喷嚏等行为应注意遮掩避人。

遵守游览礼仪，不在禁烟场所吸烟，不在有禁止拍照标志的地方拍照，不攀爬禁止攀爬的物体，不涉足禁止涉足的场所，不穿越踩踏不宜穿越踩踏的绿地。

在公共场所遵守秩序，不拥挤抢先，不喧哗吵闹，排队遵守秩序，不在公共座椅上躺卧；不强行与人合照，不长时间占用公共设施；尊重服务人员的劳动，尊重各地区、各民族的宗教信仰、风俗禁忌，展示文明素养，避免无知冒犯，引发冲突。

二、住宿文明

在入住酒店时注意秩序，不争抢，不大声喧哗，不在禁烟大堂吸烟。尊重服务员，当有服务员主动向你问好时应友善回应，注意维护客房和公共空间的设施、设备及整洁卫生。酒店就餐时注意文明礼貌，谦让老人、长者、残疾人和妇女，照顾儿童。同时注意吃自助餐时选用食品适量，不熟悉的先少取，尽可能将所取餐饮品用完，不高声说话，以维护餐饮品的卫生。

不在禁烟餐厅或其他区域吸烟，在可以吸烟的餐厅吸烟时，要注意其他客人的感受。

三、交通文明

应时刻注意遵守交通规则，不随意横穿马路，不在马路和人行横道上停留、交谈。乘坐飞机、轮船、火车等交通工具时，按要求提前抵达办理相关的手续，积极配合安全检查，不携带禁带物品，遵守秩序，不抢先，不插队，文明礼让，不大声喧哗，注意维护公共环境。乘坐公共交通工具时，礼让和照顾老人、小孩、身患病痛的人、残疾人、孕妇和抱小孩的人。

乘坐景区观光游览车时，按时到达不要迟到，以免让他人等候，耽误行程计划。年轻游客尽量坐到车厢后面，把前面的座位让给老人和妇女、儿童。

四、观光文明

注意保护生态环境，不随意踩踏绿地，不攀折花木和果实，不追捉、殴打和随意投喂动物。保护文物古迹，不随意涂刻、攀爬、触摸文物，拍照摄像遵守规定；在景区拍照时，要主动谦让，不要争抢，不要妨碍他人拍照，请他人拍照要有礼貌并道谢，多为他人提供方便，如行经曲径小路或小桥山洞时，要主动为老弱妇孺让道，不争先抢行。

不乱丢垃圾，要把果皮纸屑、杂物等废弃物丢进垃圾桶，不要弃置在地上或抛入水池中，并注意垃圾按照要求分类投放；参观博物馆、教堂、艺术殿堂、寺庙时，要遵守禁烟、禁食、禁饮、禁用闪光灯等规定，不随意触摸展品、文物和其他器物。

五、娱乐文明

作为新一代的有礼中国人，在旅行时提倡健康娱乐，抵制封建迷信活动，拒绝黄、赌、毒。观看电影或演出，应提前进场，如果因故迟到，可以请导位员协助就座，同时注意保持安静，不要影响他人。

观看体育比赛时，应尊重比赛双方和裁判，遵守赛场规定和秩序，不失态狂呼乱叫，不辱骂裁判和运动员，不往比赛场地投掷杂物，禁止私自闯入比赛场地。

人们喜欢以自己喜欢的方式享受假期、放松身心，但与此同时，一部分人对文明的"习惯性忽视"、对自身行为的过度放纵，也为原本快乐的旅行徒增了不少烦恼。在旅行的背包里，还应装着文明，只有文明一路随伴，旅途风景才会更加美好。

【案例 4-2】

某国学生小 A 在埃及神庙的浮雕上刻上了一个小人儿图形。一经曝光，这名学生的个人信息马上被"人肉"了出来，他的学校官网也受到了攻击，点进官网最先显示的就是一个小人儿图形的弹窗。网友的愤怒可见一斑。

微课：旅游景区游览礼仪

小 A 的父母主动站出来发声，在为孩子的行为道歉的同时，也恳请得到网友的谅解，并透露，事件发酵后，孩子哭了一整夜。

思政提示：出门旅游本是一件寻找美、发现美、体验美的事，休闲游玩的过程也是一个展现自我的过程，游客的一言一行、一举一动反映了个人的文明素养。当然，文明素养不是与生俱来的，需要自内而外的自我修炼。出游时，要自我检点、率先垂范，自觉把文明收入行囊，在旅游过程中时刻注意自己的言谈举止，做一个文明有礼的游客，为旅途营造文明氛围。旅游中的不文明行为，很多都源于自私的心理，是不文明者对规则的漠视和公德意识的缺失。倡导文明旅游，是希望旅行中的个体都能收敛一己私欲，为公共利益让渡一部分权利。其实，文明是一种约定俗成的礼仪，是一种文化涵养的体现，是一种谦让、一种感同身受、一种易地而处的理解。只有明白了文明的意义，才会有文明的行为。

项目实训

旅游景区游览礼仪实训

1. 实训准备

旅游景区游览礼仪实训项目需要的场地和物料：教室或空旷的形体房，分角色扮演导游、酒店前厅接待、旅行社接待人员、游客等，场景自设，要求服饰、仪容、语言、体态等方面尽量贴近自己扮演的角色。

2. 实训安排

实训安排如表 4-3 所示。

表 4-3　旅游景区游览礼仪实训安排

实训学时	2 学时
实训目的	充分发挥想象力，让学生在实训中感受到文明旅游的重要性
实训要求	学生能够及时进行文明礼仪引导，酒店、旅行社接待时，使用文明礼貌用语，对游客的不文明行为能够合理规劝
实训方法	4～6 人一组，学生分组考核；考试过程用摄像机全程拍摄；回放拍摄过程，学生根据视频做自我点评和小组间的点评；教师针对全体学生的共性问题和典型问题进行针对性点评

3. 实训考核

实训考核如表 4-4 所示。

表 4-4　旅游景区游览礼仪考核标准

班级：　　　　　　姓名：　　　　　　学号：　　　　　　得分：

考核项目	考 核 标 准	评价等级				分值
		A	B	C	D	
语言	使用文明礼貌用语					2
表情	与人沟通时，注意眼神注视的时间和位置，保持微笑，尊重他人					2
规劝方法	规劝情景模拟中出现的不礼貌行为，方式得当、有力					2
情景呈现	整组呈现的情景完整，大方自然，有故事性					2
连贯性	整组同学对自己的角色有一定的理解，活灵活现，整个表演具有逻辑上的连贯性					2
合　计						10

注：考核等级共分四等，A 等系数为 1.0，B 等系数为 0.8，C 等系数为 0.6，D 等系数为 0.4。

项目三 同事交往礼仪——以礼相伴，从容职场

人际关系是指人与人之间通过交往和相互作用而形成的直接的心理关系，主要表现为人们心理上的距离远近、个人对他人的心理倾向，等等。人际关系在人们的社会生活中具有十分重要的作用。由于人际关系归根结底是一种社会关系，因此每一个人的人际关系状况都对其他人产生着重要的影响。

某著名杂志编辑每年都会受到邀约参加单位的杂志评审工作，这份工作虽然报酬不多，但确实是一项荣誉，很多人想参加却找不到门路，也有人只参加了一两次，就再也没有机会了。而这位编辑年年都能获此殊荣，让大家羡慕不已。在他接近退休时，有人问了他其中的缘故，他微笑着向人们揭开谜底。他说："我的眼光并不是关键，职位也不是关键，之所以能年年被邀请，是因为我比较会给人面子而已。"

他说，他在公开的评审会议上一定会把握一个原则：多称赞、多鼓励、少批评。但是会议结束后，他会主动找杂志编辑人员，私底下告诉他们编辑上的缺点。因此每个人都保住了面子。也正是因为他顾及到别人的面子，承办该业务的人员和杂志编辑人员都很尊敬他、喜欢他，当然也就每年都请他当评审了。给对方面子，包容对方的不足就是他成功的奥秘。

"修身、齐家、治国、平天下"是一个人实践礼仪的基础，礼仪是一个普通人修身养性、持家立业的基础，也是一个领导者管理好公司、治理好国家的基础。同事交往是商务礼仪中必不可少的重点，本项目将从与上级相处的礼仪、与平级相处的礼仪和与下级相处的礼仪三个方面阐述同事交往过程中的注意事项。

任务一 与上级相处礼仪

与上级的相处礼仪，是一种学问和艺术，无论你与你的上级私下里是多好的朋友，在工作场合说话和办事都要把握分寸，随时把他当作上级对待，保持他的权威感。

在办公室如何与上级相处，最重要的就是"尊重和体谅上级"。不管人前人后，对于上级的态度都要心存敬重，对于上级的询问都要回答得清晰有力，而且要马上回应。

在接受上级指令时，如果对指令有疑问或认为有错误之处，一定要委婉陈述，并提出自己有建设性的看法和建议；如果建议没有被采纳，就按照上级吩咐的指令去做，并努力完成，这样不但能赢得上级的信任和好感，也是磨炼自己、增强工作能力的机会。

要学会与上级相处的艺术，首先要懂得与上级相处的礼仪，这些礼仪简单易懂，把它作为你应该会的且在工作中必须遵守的一种日常规范，会有利于你不断进取。如果不懂得与上级相处，又怎么让上级信任你呢？

一、与上级相处的礼仪要点

1. 见面问候要得体

见到上级，应该趋前打招呼。如果距离不方便，可注视上级，目光相遇，点头示意即可；近距离相处则用礼貌用语打招呼；如果在公司走廊、大厅等公共场所遇见上级，不要表示出

特别的热情，礼貌地大声打招呼就可以了，千万不要在公共场合下嘘寒问暖；在公共汽车或地铁遇见上级，要主动打招呼并让位，下车别忘记说“再见”，但是在特别拥挤而且狼狈的公共场所遇见上级，请一定巧妙躲开，让他认为你没有看见他。

2. 谈话内容要适度

注意不要在上级面前搬弄同事之间的是非；也不要在公司电梯里或办公室有第三者的情况下与上级谈家常，特别是上级的家事；偶尔碰到上级的隐私时，应假装没看见或看不懂，不要触及上级的隐私；更不要再次提起，或在公司同事间传播。

3. 工作态度要认真

工作中充分理解上级的命令和要求的意图，切莫机械行事；出了错不要找借口，更不能说“是你让我这样做的呀”等，上级说话时不要插嘴，更不要在挨批评的时候插嘴；要学会自我检讨，不能推卸责任。

4. 餐饮礼仪要谨慎

工作酒会上，一定要等上级举杯，你才能举杯。千万不要拿起酒杯一句话不说一饮而尽，这样上级会以为你对工作有不满情绪，更不要在上级面前喝醉酒失态。

5. 出差礼仪要遵守

与上级一起出差，绝不要订同一间客房，上级进入房间后，宾馆的客房便成为上级暂时的私人空间，如果要找上级谈工作，必须打电话联系，不要贸然去敲门，更不能直接进入房间。

二、向上级汇报工作时应遵守的汇报礼仪

1. 遵守时间

汇报工作要提前和上级打招呼，选择对方方便的时间进行汇报，并遵守约定时间，不提早也不迟到。

2. 注意礼貌

进入上级办公室应先敲门，经允许后再轻轻推门进入办公室。进入上级办公室应遵守礼节，不东张西望，不随意乱动办公室内的陈列品，得到允许后坐在指定的位置，汇报时要注意仪表、姿态，做到文雅大方、彬彬有礼。

3. 语言精练

汇报时吐字清晰，声音适当，语言精练，条理清晰。汇报结束后，应该等到上级示意后，方可告辞离开，告辞时应整理好自己的物品和用过的茶具、座椅。当上级送别时，要主动说“谢谢”或“请留步”。

三、上行沟通的目的

上行沟通与礼仪分为后辈对前辈以及下级对上级两类。后辈与前辈之间的沟通与礼仪只要遵从和坚持真诚、礼貌和尊敬的规范及方法，两者的交往就会比较顺畅。相较于后辈与前辈之间的上行沟通与礼仪，上下级之间的人际关系就比较微妙和复杂，沟通和礼仪实行起来也困难得多。若处理失当，影响上下级人际关系，处于下位的弱势一方前途命运可能会受到一定的影响。因此，对于上下级之间的上行沟通与礼仪，要特别谨慎地对待。图 4-4 所示

为上行沟通四种常见的目的。

四、上行沟通的技巧

1. 尊重上级的权威

上级要有威信，没有威信就不能实行真正的领导。作为下属，应首先尊重和服从上级。

2. 把握沟通时机

下级在跟上级沟通时选择恰当的时机也非常重要，图 4-5 所示为如何把握恰当的沟通时机。

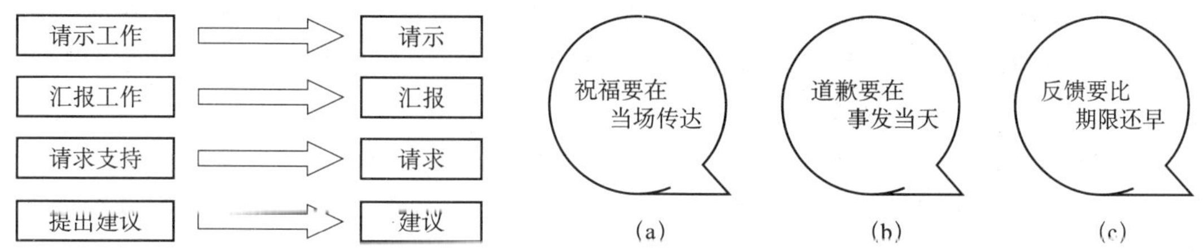

图 4-4 上行沟通四种常见的目的

图 4-5 如何把握恰当的沟通时机

3. 主动沟通

作为下属，不仅工作态度要认真，更重要的是要有良好的沟通能力，要争取让自己的才能得到上级的认可，受到上级的器重。通过主动沟通充分展示自己，让上级对你“刮目相看”，这样可以轻松打通你与上级之间良好关系的路径。

任务二 与平级相处礼仪

平行沟通与礼仪是指沟通双方社会地位平等、辈分相当的人际沟通与礼仪。平行沟通与礼仪在日常生活中的使用频率是最高的，在与兄弟姐妹、同伴、同事，特别是情投意合的亲朋好友相处时都要用到平行沟通与礼仪。很多古代名篇佳句都与平行沟通与礼仪有关，例如李白的“桃花潭水深千尺，不及汪伦送我情”，苏轼的“但愿人长久，千里共婵娟”，高适的“莫愁前路无知己，天下谁人不识君”等。

在平辈、平级和朋友之间，人们在沟通与礼仪上往往忽视了“彼此有别”，不存敬畏之念，于是率性而为，口不择言，以致“情感的小船说翻就翻”。因此在兄弟姐妹之间、情侣或夫妻之间、妯娌或姑嫂之间、同事之间的交往中常常出现危机和芥蒂，有的最终行同路人，甚至反目成仇。那么，平行沟通时，怎么做才能永葆高山流水，确保亲情、友情常青呢？

秘诀就是坚持以诚相待和给对方面子。具体来说就是多为对方着想，不说伤人自尊的话，不做不给人面子的事，给予及时、准确、真诚的理解、赞美和帮助，同时保持适当的距离，给对方一定的空间。

这对于身在职场中的每个人来说，无不是一种有益的启示。职场中，同事之间的沟通是一门学问，也是一门艺术。同事相处你来我往，你求我应，都要为自己和他人留有回旋的余地，话不可以说满，事不可以做绝，这是一种沟通艺术。当同事之间由于各种原因出现矛盾、产生摩擦之时，适时赞美对方，能有效地消除一些隔阂。“良言一句三冬暖”，同事之间的矛盾、摩擦就是在赞美对方时解决的。同事相处只有讲究沟通艺术与礼仪，才能在职场上善结同事缘，而不会四处碰壁。

【案例 4-3】

这里宝玉又说："不必温暖了，我只爱吃冷的。"薛姨妈忙道："这可使不得，吃了冷酒，写字手打飐儿。"宝钗笑道："宝兄弟，亏你每日家杂学旁收的，难道不知道酒性最热，若热吃下去，发散的就快；若冷吃下去，便凝结在内，以五脏去暖他，岂不受害？从此还不快不要吃那冷的了。"宝玉听这话有理，便放下冷酒，命人暖来方饮。

黛玉嗑着瓜子儿，只抿着嘴笑。可巧黛玉的丫鬟雪雁走来给黛玉送小手炉，黛玉因含笑问他："谁叫你送来的？难为他费心，那里就冷死了我！"雪雁道："紫鹃姐姐怕姑娘冷，使我送来的。"黛玉一面接了，抱在怀中，笑道："也亏你倒听他的话。我平日和你说的，全当耳旁风；怎么他说了你就依，比圣旨还快些！"

思政提示：本故事中是宝玉和黛玉在薛宝钗家里吃饭的场景，他们三人是平行沟通，宝钗笑着劝宝玉不要喝冷酒，先夸赞他"每日家杂学旁收"，意思就是博学多闻，很给宝玉面子，再说道理，最后以真诚和关切的口吻劝说他"从此还不快不要吃那冷的了"。宝玉立马"放下冷的，命人暖来方饮"，真诚地给了宝钗面子。黛玉和宝钗在对宝玉的情感上有"瑜亮情结"，所以黛玉心里吃醋，表面笑着，却借丫头雪雁奉紫鹃之命送手炉的下行沟通，运用"双关"修辞的"对象双关"(指桑骂槐)婉转地讽刺宝玉不听自己的话，薛宝钗不过小题大做，宝玉却言听计从。虽然黛玉"抿着嘴笑""含笑""笑道"，在这样的场景下，她也考虑到了对方的面子问题，但她还是借题发挥，婉转讽刺，发泄自己的不满，难免伤了宝玉和宝钗的自尊心。

如果黛玉真诚地正面借题发挥，"难为紫鹃体贴我，这么关心我冷不冷"，让宝玉和宝钗略有冷落黛玉的反省和内疚，就能以自己的真诚激发对方的真诚，不会让对方产生负面的抵触情绪。

一、善结同事缘的礼仪与艺术

梁静是一家知名房地产公司的媒介主管，最主要的工作就是同报社电视台打交道，宣传公司形象，性格有些内向的她平时很少和同事交流。某年，一次重流感让她离开职位两周多，而此时正是公司新楼盘包装宣传的重要时期，上级把工作临时交给了男同事小刘。梁静觉着自己已经请了病假，就没必要在休假期间再想工作上的事，专心养病就是了，于是她把手机关掉了，期间也不再跟单位的同事打电话了解情况。可是在同媒体打交道方面，小刘毕竟是新手，很多报社、电视台的记者他也不熟悉。梁静在休病假前，也没有跟小刘进行工作上的交接，现在小刘又联系不上梁静，这让他非常着急，大幅影响了工作效率和质量，为此遭到了上级的批评。

小刘不敢向上级抱怨，便把怨气撒在了刚回来上班的梁静身上：梁大小姐终于康复了，恭喜呀！只是这两周你可害苦我了，每天加班到晚上 10 点，还备受上级责难……得到这样的挖苦和抱怨，梁静心理委屈极了。

梁静如果在休假前，和小刘好好沟通，做好工作交接，期间和同事保持联系，让同事有事情可以直接找到她，这份抱怨自然也就不会发生。

这个小故事让我们明白在职场中与同事相处时，要懂得沟通之道。

1. 懂得尊重

同事之间是以关系为纽带的，职场中尊重同事最重要的体现是尊重他人隐私。如果随意散布同事的流言八卦，制造闲话，引起不必要的争端，不仅影响同事的和谐相处，甚至会引起冲突，制造伤害。

尊重也是对同事缺点的一种包容。同事相处中，针对缺点、不足给予包容，既给足了对方面子，又维护了对方的尊严，这自然会得到同事的喜欢和敬重，加深同事之间的关系。

“水至清则无鱼，人至察则无徒。”同事相处不能钻牛角尖，只要原则上不出现过错，许多小过失都可以包容，要给对方留面子。懂得这样的尊重，就会处处受到欢迎，广泛赢得同事缘。

2. 学会拒绝

职场相处中，同事有求自己是常有的事，力所不及时，应认真对待而不能马虎应付，这就要学会拒绝的礼仪与艺术。那种简单的否定，不、不行、不去、做不到……留给同事的是一种冷冰冰、硬邦邦的感觉，不利于和谐相处。如何不得罪同事又能维护彼此的关系，那就要有行之有效的拒绝方法。

职场上，巧妙拒绝讲究方法，既能达到拒绝的目的，又能保持正常的同事关系。下面就是可以参考的几种拒绝方法。

(1) 但是法。首先肯定对方的意见，然后转说“但是……”把对方没有考虑到的几种情况摆出来，说明你的具体意见。虽然你并没有明确地拒绝对方，但是已经达到了拒绝的效果。

(2) 商量法。在拒绝对方时，不使用过于生硬的语句，而代之以商量的口吻。例如，“你看这样是不是更好一些……”“我们能否换个角度考虑一下问题……”

(3) 让对方自我否定。让对方自己否定自己，也不失为一种拒绝的办法。通过帮助对方分析其不合理之处，指出不良后果，让对方主动收口。

(4) 借助别人的力量。当自己无法直接拒绝时，可以借助别人的力量加以拒绝。但注意不要让对方对你产生缺少诚意、推诿卸责的感觉。

二、同事相处坚持四不原则

1. 理解不误解

平级之间既合作又竞争，这种复杂的关系往往容易导致各种各样的误解。要避免这些问题就要摒弃以自我为中心的思想，多站在对方的立场去考虑问题。平级相处最忌讳的是总认为个人的贡献大、工作累、付出多，别人都不如自己。

2. 补台不拆台

成功的团队没有失败的个体，失败的团队没有成功的个体。平级之间隶属一个大的团队，有着共同奋斗的目标。其他人出现的失误也是这个团队的失误，所以要及时地补台，而不是去看笑话或故意拆台，否则会被别人认为你缺乏大局意识，心胸狭隘，为了抬高自己而去踩低别人。如果给人留下这种印象，即使你个人能力再突出，在团队中也很难立足。

3. 分工不分家

平级之间肯定是各有分工，相互协作，平时很多工作都有相互交叉的现象，很难分得一清二楚。所以平级相处切莫斤斤计较，不要把这不归我管、那不归我干时刻挂在嘴边，不仅影响个人形象，还耽误工作。

4. 交心不多心

在单位，平时在一块玩的都是同级别的人，要好的朋友也通常在这些人里产生，所以大家沟通起来相对容易。要想在同级别的人中获取更多的朋友，只要以真心换真心，多站在对方的立场上考虑问题，真诚地多为对方着想，才能换取真心，切记以自我为中心，对人对事疑心太重。

【案例 4-4】

一家报社刚刚推出周刊，总面临工期紧张、不能按时出版的困境。编辑部主任决定解决这个难题，亲自找到设计部主管，诚恳地说："严经理，现在这个问题，我觉得我们有必要商量一下，共同寻找解决办法，保证周刊如期出版，您说呢？"

严经理认同地说："我也正想跟您商量这事儿，编辑部的交稿时间能不能提前呢？常规是周五交稿，周六、周日大家休息。可是周二就要印刷，时间根本来不及，您有什么办法呢？"

编辑部主任说："我有一个想法，编辑部的采稿大部分是根据客户和读者的时间定的，从周一采稿到周三基本结束，编辑部最早将交稿日期提前到周四，这样周四就开始版面设计，如果能调整休息时间，周六、周日不休息，改为周二、周三休息，就能保证工期，您看行吗？"

严经理点头说："这倒是个好办法，但咱们需要和总编商量，我们下午一起去找总编沟通，如果他同意，我来跟员工协调。"

下午，他们找到总编，说明了问题，总编表态，只要能够保证工作，修改流程和时间没有问题。从此周刊准时出版，再也没耽误过。

思政提示：目标一致、齐心协力就容易成事。从以上案例中可以看到，在团队合作中良好的沟通协调会起到举足轻重的作用。同时，在职场和同事的交往中，说话不应令对方不快、反感。塑造职场魅力要重视提升语商，说话有礼有节、真诚、婉转，不仅会给他人留下好印象，也会收获良好的人缘。

任务三　与下级相处礼仪

下行沟通与礼仪是指人际交往中主动的一方在社会地位和伦理辈分上高于对方的沟通与礼仪。中国的人际交往中或显或隐地讲究"以长必尊""位上必谨"，所以有尊长敬上的习俗。下行沟通与礼仪相对容易，可直来直往，也可委婉表达。

在现代社会，年轻人更容易接受多方面的信息，他们思想独立，个性突出，相互也更加包容，逐渐摒弃了上下尊卑，追求相互平等，特别是在现代企业人际沟通与礼仪中，大家都互相激励、支持和尊重，除了企业高层，对一般团队管理者都以"张哥""李姐"称呼。而前辈和团队管理者在下行沟通与礼仪中，如果不顾及晚辈或团队成员的接受程度和感受深浅，如果不应用一定的技巧和方式方法，则往往使"后浪一代"口服心不服，尽管表面上听从和顺从，内心却全是不满和怨气。

下行沟通与礼仪的成功关键在于要使被沟通者心悦诚服，这就要遵从尊重、赏识、扶持对方的原则，时时、处处考虑对方的面子和自尊。例如，表扬时直接、公开，批评时则旁敲侧击、委婉含蓄等，都是必要的沟通与礼仪规则。

上级与下级的分工不同，他们是领导与被领导的关系。同时，上下级也是合作关系。如何做到精诚合作，工作卓有成效，妥善处理好上下级之间的关系至关重要。作为上级，在处理与部下之间的关系时，要讲究科学，也要讲究艺术；作为老板，与下属相处，千万不能因为自己拥有一定的权力就处处高人一等，处处以严肃的面孔出现，这样会给下属居高临下之感，使下属觉得上级面目可憎，从而与之疏远，上级与下属也就很难建立融洽和谐的关系了。

【案例 4-5】

晏子将使楚。楚王闻之，谓左右曰："晏婴，齐之习辞者也。今方来，吾欲辱之，何以也？"左右对曰："为其来也，臣请缚一人，过王而行。王曰：'何为者也？'对曰：'齐人也。'王曰：'何坐？'曰：'坐盗。'"

晏子至，楚王赐晏子酒，酒酣，吏二缚一人诣王。王曰："缚者曷为者也？"对曰："齐人也，坐盗。"王视晏子曰："齐人固善盗乎？"晏子避席对曰："婴闻之，橘生淮南则为橘，生于淮北则为枳，叶徒相似，其实味不同。所以然者何？水土异也。今民生长于齐不盗，入楚则盗，得无楚之水土使民善盗耶？"王笑曰："圣人非所与熙也，寡人反取病焉。"

思政提示：本故事中楚王是主人，为楚国君主，晏子是客人，是齐国之臣，齐楚两国是平等的国家，楚王接待晏子虽然是高规格接待，但在伦理地位上二人有上下尊卑之分，楚王对晏子施行的是下行沟通与礼仪。楚王理应对晏子以礼相待，亲切平等地沟通，让使臣感受到善意，但楚王却心存戏弄之意，故意给晏子制造难堪和尴尬。对楚王的不怀好意，晏子不意气用事，而是忍辱负重，始终坚持和遵从上行沟通与礼仪的原则，舍弃了硬碰硬的反驳策略，明智地选择了比喻修辞中"就近取譬"的手法，生动形象地驳回了楚王的羞辱之词，楚王只好笑着真诚致歉。

一、博得下属爱戴的沟通礼仪与艺术

1. 任人唯贤

作为领导者，不仅应长于科学决策，而且要努力做到知人善任，要了解下属的经历、素质、脾气、性格、作风，了解下属的长处与弱点，用其所长，避其所短，量才而用，调动其积极性，充分发挥其聪明才智。

作为领导者，还应该避免感情用事，任人唯贤，而不要任人唯亲；对下属，不要亲者近，疏者远，而应当从工作出发，一视同仁，唯才是举，提拔、重用有才干的下属。

2. 言而有信

作为领导者，讲话要谨慎，说话算数，言必行，行必果，不要信口开河，更不要随意封官许愿；切忌用官话训人，用大话吓人，用假话哄人；对下属承诺的事，应该认真地兑现，若遇特殊情况一时解决不了，则应坦诚说明原因。一位不放"空炮，哑炮"的领导者，才会有威信，才有可能赢得下属的信赖。

3. 尊重下级

作为领导者要清楚，领导者在职务上高于下属，仅是分工不同。在人格尊严上，上下级之间是完全平等的，上级尊重下属，是一种美德。对于这一点，领导者在任何时候都不应该忘记。

在工作中，领导与下属保持适当的距离是必要的；对于下属进行必要的批评、监督，也是管理的职责所在。但是，不论在任何情况下，都不要忘记对下属以礼相待，要尊重下属的人格。

4. 善用权威

一位称职的领导者必须令行禁止，拥有权威，但是要善用权威。聪明的领导者要学会分权、授权，调动下属的积极性；要在尊重的前提下，树立权威，而不能对下属冷、硬、卡、压，或欺上压下地“发威”。

5. 以身作则

领导者要在下属面前树立权威，塑造领导者的良好形象，以身作则很重要。不要说一套、做一套，背后还“下套”。领导者只有恪尽职守，廉洁奉公，在工作中身先士卒，言行一致，在下属面前才会受到拥戴，才能拥有真正的权威。

6. 秉公办事

领导者要形成团队凝聚力，就要秉公办事，无论是立规矩、出主意、用干部，都要注意尽可能地做到公平、公正、公开，不能以权谋私、假公济私，搞“一言堂”。

7. 宽宏大量

俗话说：“将军额上能跑马，宰相肚里能撑船。”作为领导者，应严于律己，宽以待人。“金无足赤，人无完人”，对下属不要横挑鼻子竖挑眼，而应该多看其优点，对做出成绩的下属要予以表扬和奖励，而不能嫉妒或贬低。领导者也应尊重和爱护下属，不要专横傲慢；对心直口快、敢于提意见的下属，应持欢迎的态度，虚怀若谷的领导者更容易与下属打成一片。

8. 怀有爱心

领导者关怀下属可以调动其积极性，可以与其进行情感上的沟通，融洽关系。领导者对下属的关心，应当重在行动，并且应当将重点放在支持下属、保护下属、体贴下属、帮助下属发展等几个方面。

9. 巧妙批评

职场上，很少有人喜欢批评。批评往往使人难堪，甚至恼火、生气，有些人对批评耿耿于怀，有些人对批评会消极抵抗、伺机找茬……因此，批评需要勇气，更需要讲究礼仪与艺术。老板批评下属讲究礼仪与艺术，会给下属敲响警钟，在使其改正错误的同时，赢得下属对自己的好感与钦佩，能让下属加倍努力，干好分内的工作。

二、赢得老板好感的沟通礼仪与艺术

职场中，当你出色地完成工作老板却拒绝升职加薪，当你任劳任怨地工作却未引起老板的注意，当你的能力出类拔萃却不被老板重用，当诸如此类的困难摆在面前时，作为下属，应该考虑积极、主动地去沟通、改善和调整与老板的关系了。

下属学会与老板沟通是工作中的一门必修课。只有掌握与老板沟通的礼仪与艺术，才能帮助你成为老板的左膀右臂，才能让你百倍努力得到千倍的回报。如何与老板沟通，并赢得老板的好感？主要阐述以下几点。

1. 察言观色

在与老板相处的过程中，下属要善于从老板的言谈举止中察言观色，才能及时准确又机动灵活地处理好各种事务。例如，及时读懂老板下达的指示和命令，准确领会老板部署的工作任务，甚至通过老板的一个眼神、一个笑容、一个动作、一句话，就能知道哪些是应该做的、哪些是不该做的。那么，作为老板，对待这样的下属，自然是发自内心的喜欢并委以重任。

2. 谦虚待人

管理学上有一个著名的帕金森定律：多数领导都希望自己的下属在才能方面低于自己，这样才能便于管理，容易使下属服从自己的命令。如果一个下属的才能超越领导，并且表现得明目张胆，那么这个下属就是领导潜在的威胁，早晚有一天会被领导“请出”。因此在职场中，作为下属，在老板面前应有谦虚的态度、谦虚的行为，不能顶撞领导，特别是在公开场合，即使与领导的意见相左，也应该在私下与领导沟通。不仅如此，在日常交往中，对待老板也要做到谦虚、礼貌。

“满招损，谦受益。”谦虚是一种态度，也是一种美德。对上级谦虚，是一种责任；对同事谦虚，是一种礼遇；对部属谦虚，是一种尊贵。作为下属，谦虚地对待老板，是一种态度、一种责任；作为老板，对待谦虚的下属，不但给予接纳，也会予以欢迎。

3. 不卑不亢

老板与下属在身份地位上是有差别的，但在人格上是平等的。不卑不亢就是不卑躬屈膝也不高傲自大。作为下属，无论是接受棘手的工作还是完成艰险的工作，无论是受到表扬还是得到批评，无论是升职加薪还是降职降薪，无论是与老板的想法观点不谋而合还是与老板的观点产生分歧，都能表现出不卑不亢，那么，老板会认为这样的下属是值得欣赏的。下属对老板一味地随声附和、唯唯诺诺的，会让老板认为是缺乏主见、毫无独立意识；对老板自高自大，目中无人，会让老板认为是不可靠的、危险的。只有值得欣赏的下属，才会得到老板的青睐。

4. 学会“转身”

学会“转身”就是当下属与老板有不同意见的时候，或老板的意见让下属难以接受的时候，作为下属，不妨先对老板的意见给予肯定，然后找一个适当的机会，委婉地表达自己的想法。这样既不会让老板丢了面子，也合理地维护了自己的发言权。

学会“转身”就是当下属遭到老板批评，不管批评是对还是错，尤其是在公众场合，都要当面接受，然后找个机会和老板私下里表明、探讨你的内心想法。千万不要当众顶撞老板，当面顶撞是最不明智的做法，既让自己下不了台，也让老板下不了台。

作为老板，面对下属的“转身”，也会有一种感激之情，或认可之情。

【案例 4-6】

著名的马斯洛需求理论，把人类的需求分成生理需求、安全需求、归属需求、尊重需求和自我现实需求五类。每个人都希望被关注，虽然不同的人看重的关注点不同，但是都十分憎恶被忽视，特别是被自己的上级忽视。所以，成功的管理者都会采用不同的沟通方式，让自己的员工感受到自己在组织中的重要性，尤其重视与明星员工进行沟通，更好地激发其潜力，为组织多作出贡献。

对下属的尊重有一些技巧，例如，记住下属的名字，对于中高层管理人员而言，特别是要记住那些“明星”员工的名字，见面的时候，可以称呼其姓名，让员工感觉受到重视。再如，学会倾听，高效率的管理者能够避免对下属做出武断的评价，不会受过激的言语影响，不急于做出判断，而是感同身受下属的情感，带着理解和尊重倾听下属的心声。

思政提示：除记住下属的姓名、学会倾听外，嘘寒问暖，聊聊家常，都可以体现出老板对下属的重视。外国有句名言："用十秒时间讲，用十分钟时间听。"无独有偶，我国古代也有"愚者善说，智者善听"之说。这些都道出了"听"在言谈交流中的重要位置。注意聆听是老板与下属沟通的一种艺术与礼仪。

一般来说，语言交往中，当双方地位相同或谈话者地位高于聆听者时，听者都能认真聆听对方的谈话，双方较容易建立良好的关系。当聆听者地位高于谈话者时，如上级对下级，长辈对晚辈，作为聆听者要建立双方良好的关系就必须注意聆听的态度。

一般情况下，下属找上级谈话，一定是有原因的，上级以关心真诚的态度认真聆听，是表明愿意了解他的一切，关心他的事情。由此，下属会启开自己的心扉，向上级倾吐心中的真情实意。上级聆听的态度和诚意会使下属产生感激之情，也会博得下属的好感和信赖。每个人都认为，上级肯花时间聆听下属的谈话，这样的上级是值得爱戴信赖的。上级要对下属生活上的困难给予及时的关注，但一定要避免给其他下属造成自己和某位下属私交很好的印象。

【案例 4-7】

晏殊十四岁时，张知白以"神童"的名义将他推荐给朝廷。宋真宗主持进士考试，晏殊挥笔立成，宋真宗非常欣赏他，赐他进士出身。两天后，再试诗、赋、论，晏殊发现考题是自己练习过的题目，便如实说："皇上，这试题我练习过，请皇上另外出题。"宋真宗笑着对群臣说："晏殊品质多好，你们学学。"群臣们不作声。晏殊连忙跪下说："不是的，皇上。其实我就是年轻点儿，记性好。这些前辈大臣们才是我学习的榜样。"晏殊的一席话，既赢得了皇帝的信任，更赢得了群臣的心。晏殊接过皇上的另选题目后，在短时间内便将试题做完，宋真宗看后十分满意，便留他在朝中跟班。

太平盛世下的官员都喜欢吃喝玩乐，而晏殊则不同，他拼命读书。晏殊的行为传到了皇帝的耳中，宋真宗连说："像这样自律自爱的臣子不多啊！"于是，就把晏殊提升为陪太子读书的贴身秘书。宋真宗说："你们玩游戏时，晏殊在拼命读书；你们通宵狂欢时，晏殊在拼命读书。你们自己说说，朕提拔的有没有道理？"宋真宗的一席话将晏殊推向了群臣的对立面，晏殊意识到这一点，便连忙站出来说："皇上，其实我也爱玩，只是我家里穷，没有钱让我玩。要是我有钱，也早晚跑出去游山玩水了。"晏殊的话，给了大臣台阶，赢得了人缘，最终成为一代名相。

思政提示：晏殊讲究沟通艺术，不仅赢得了皇帝的信任，也赢得了群臣之心。对职场中奋力拼搏的下属来说，从晏殊的沟通艺术中或能有启示，或能有感悟，或能有收获。与老板相处讲究沟通之道，更会赢得老板的好感和信任。

项目实训

同事交往礼仪实训

1. 实训准备

同事交往礼仪实训项目需要的场地和物料：教室或空旷的形体房，分角色扮演领导、同事、初入职场的小白、老板等,要求服饰、仪容、语言、体态等方面的礼仪尽量贴近自己扮演的角色。

从以下情境中任选一个情景进行模拟。

(1) 职场中的你觉得自己的工作量和工资不匹配,想要加薪,于是来到老板的办公室……

(2) 初入职场的你,总是被同事叫去帮他倒水、取快递、打印文件,严重耽误了你的工作效率,导致你在员工大会上被领导点名批评,心里很是委屈,于是你准备找同事和领导沟通……

(3) 身为老板的你,最近给到小组领导安排了一个时间紧、任务重的新项目,原计划一周内让其提交方案,可是一周时间过去了,却迟迟没有收到任何有效方案,因为下面的员工做事不尽如人意,作为老板的你可能意识到这个来之不易的项目即将面临投标失败,心里非常生气,于是你决定召集全体员工开会……

2. 实训安排

实训安排如表 4-5 所示。

表 4-5 同事交往礼仪实训安排

实训学时	2 学时
实训目的	充分发挥想象力,让学生身临其境,思考与上、中、下级之间沟通时应该注意的要点
实训要求	掌握进入上级办公室的礼仪礼貌及沟通的注意事项 掌握同事间相处时委婉拒绝的方式方法 掌握与下级相处的沟通要点及巧妙批评的方法
实训方法	2~6 人一组,学生根据所选择的情景,进行分组考核;考试过程用摄像机全程拍摄;回放拍摄过程,学生根据视频做自我点评和小组间的点评;教师针对全体学生的共性问题和典型问题进行针对性点评

3. 实训考核

实训考核如表 4-6 所示。

表 4-6 同事交往礼仪考核标准

班级: 姓名: 学号: 得分:

考核项目	考 核 标 准	评价等级				分值
		A	B	C	D	
语言	使用文明礼貌用语,注意不同级别之间沟通的方式方法,能够合理解决情景中的问题					3
表情	与人沟通时,注意眼神注视的时间和位置,保持微笑,尊重对方					1
人物形象	整组呈现的情景完整,每位同学的角色扮演形象到位					2
情景呈现	整个表演大方自然,将情景与故事完整呈现					2
整体感受	整组同学对自己的角色有一定的理解,表演活灵活现,最终能达到实训目的					2
合 计						10

注:考核等级共分四等,A 等系数为 1.0,B 等系数为 0.8,C 等系数为 0.6,D 等系数为 0.4。

项目四　求职礼仪——物竞还知适者雄

任务一　求职准备

劈柴、喂马，只关心柴米油盐酱醋茶，是有的人想拥有的生活的模样；修篱种菊，诗与远方，是多数人心中的梦想。但是，每个人在这个社会上立足，都要有立身之本，工作对一个成年人的重要性不言而喻。那么，在求职过程中，如何运用礼仪做好形象经营，给面试官留下良好的第一印象？

物竞还知适者雄！从校园到职场，从一个单位到另一个单位，从单位的一个岗位到另一个岗位，常常都要经过求职面试的环节。随着社会的发展和进步，人才流动越来越快，求职面试也将成为人们进入某个职业岗位的必经之路。

与过去的人才招聘录用相比，现在求职面试的场景还在不断优化，常用的包括结构化面试、情景面试、无领导小组面试，有些单位根据招用人才的类型也会采用行为面试、STAR 行为面试和压力性面试等。

无论什么样的面试方式，除自己的专业、经历、成就等方面的实力外，积极、自信和灵活的求职沟通表达，以及良好的形象礼仪展示，也是必不可少的。

【案例 4-8】

微课：面试准备

几个刚毕业的学生来公司参加面试，这家公司给几个初入社会的学生一场“特别”的面试，把面试的地点选在离公司较远的地方而不是在公司里。面试的时候，面试官对应聘者提出奇怪的要求：“现在你们都用手机给经理发一条署名的短信，向经理询问公司的地址，经理会告诉你们是否被录取。”大家照做了，他们都用毕恭毕敬的语气给经理发了短信，很快也都收到了公司的地址，应聘者感到莫名其妙，拿起手机问面试官：“就是这样吗？”面试官面带微笑告诉大家：“请大家再等十分钟，十分钟后经理就会宣布录取结果。”十分钟后，面试官宣布录取人员的名字，只有一个人被录取了，其他人感到很奇怪，都纷纷询问自己哪里做得不好，面试官告诉大家：“如果你们在收到短信后，能像她这样，多花一毛钱给经理发个短信致谢的话，或许就被录取了。”

思政提示：在现代社会中，每个人都经历着种种考验，接受着种种挑战，同样也会遇到各种各样难得的机遇。要想在职场中脱颖而出，从应聘之前就要做好充分准备，懂得职场礼仪，巧妙地运用礼仪规范，将是在职场中力挫群雄的宝贵财富。

一、求职面试前的心理准备

（一）研究自己

求职面试前心理的准备中最重要的是研究自己，把握好自己，这样才能有良好的面试心态和状态。

1. 自我心理准备的“四具备”

(1) 具备充足的信心。一个求职者,只有坚信自己有实力胜任某项工作,才能表现出坚定的态度和从容不迫的风度,才能赢得招聘者的信任和赏识。

(2) 具备积极主动的求职意识。求职者要积极主动了解自己所学专业的培养目标,特别是关于本专业的用人信息,跟上社会发展变化的步伐。

(3) 具备竞争意识。一个人如果不主动“推销”自己,不善于捕捉一切有利于自己的时机,那么机会势必会和他擦肩而过。

(4) 具备顽强的意志。决定任何事情成功与否的关键是每一个人的意志品质。

2. 几种不良心理应对

(1) 焦虑状态。绝大多数的求职者在面试时会出现焦虑情绪,这是正常的。求职者要学会运用以下方式来缓解自己的焦虑状态。一是积极的自我暗示。求职者必须习惯于多给自己积极的评价、积极的暗示。二是利用“暴露冲击法”消除过度焦虑。利用自己不看重的面试机会,多练几次兵,经历几次成功或几次碰壁,求职的时候也就坦然多了。

(2) 恐惧心理。很多求职者一见到决定自己命运的主考官就脸红、紧张、说不出话来。消除恐惧的方法有四种:一是面试的时候,适当提高自己的服装档次;二是公开说出自己的紧张之处;三是发现对方的弱点,减轻心理压力;四是深呼吸。

(3) 自卑心理。参加面试的人很注意别人对自己的评价。当他们发现自己的缺点时,在面试过程中就会表现出自卑的倾向。求职者可以从以下几方面强化自己的自信心:①暗示自己在陌生人面前,你不了解对方,对方同样也不了解你;②保持和对方谈话中的沉默间隔,不要迫不及待;③如果对方声音超过你,你可以突然把声音变轻,但要清晰,这种音量差会给对方造成心理压力,使对方更想细心地听你说;④盯住对方的眼睛讲话,如果对方回避你的目光,就说明你比他坚强;⑤经常考虑这样一个问题:人各有长短,都存在着有求于人和被人所求的可能,不能因为有求于别人就感到自己低人一头。

(4) 羞怯心理。每个人都有不同程度的羞怯心理。在羞怯心理的影响下,由于心情紧张,往往呈现出非常不自然的面部表情或姿态。求职者事先有意识地加强社交方面的训练是很有必要的。

(5) 迎合心理。具有迎合心理的人,在面试过程中会不失时机地向主考官恭维几句。大多数情况下,会出现事与愿违的结果。

(二) 研究主考官

第一,主考官往往凭借求职者的衣着、仪态和行为举止等,形成对求职者的第一印象。

第二,主考官对求职者的专业知识、口才、谈话技巧进行整体考核。

第三,主考官会从面谈中来了解求职者的性格和人际关系,并从谈话过程中了解求职者的情绪状况以及人格成熟的程度。

应对六种主考官如下。

(1) “谦虚”型的主考官。这种主考官一见到求职者,立即上前边握手边寒暄,让求职者感到轻松愉快,其实这是假象。这类主考官表面看起来很好打交道,可是内心相当苛刻,他们洞察能力强,喜欢用表扬的话语来观察你的反应。

面对这种类型的主考官,求职者必须保持高度的警惕,应该老老实实地介绍自己的简历、发表自己的想法,不用一味地去迎合他,切记不可表现出妄自尊大。

(2)"老练"型的主考官。这类主考官做事情非常讲礼节,但礼节中却蕴涵着距离感。例如,你和他们握手时,他们只是象征性地轻轻碰一下你的手。他们不会主动打破沉默讲第一句话,问话总是话中有话,不会对你的谈话做出明确的回答。

面对这类主考官,你需要的是沉稳、坚定,把你精明能干、责任心强、追求细节的印象留给他就行了。回答他们提出的问题时,一定要慎重,最好说具体点。

(3)"唯我独尊"型的主考官。这类主考官故意摆出一副唯我独尊的样子,眼神傲慢,表情冷漠,谈话时经常用"哦""嗯"来应付你,甚至对你不予理睬。

遇上这类主考官,从心理上不能打败仗,还有必要和他说一些客气话,表明你能客观冷静地应对他。回答问题时,将必要的情况简明扼要地交代一下就行了,即使他说了一些难听话,你仍然不愠不怒才行。

(4)"演讲家"型的主考官。这种类型的主考官很爱表现自己,遇到任何话题张嘴就说,谈话范围抓不着重点。

对付这类主考官,你只需要认真做一个好听众,表现出对他的"演讲"抱有浓厚的兴趣,不要随便插话就可以了,促使他始终处于自我兴奋状态。这样,你被录用的可能性就很大了。

(5)"死板"型的主考官。当你走进面试的房间,他对你的出现不做任何反应,好像在想别的心事。就算你很客气地和他打招呼、寒暄,他也不会做出你所预想的反应来。这类主考官性格内向,坚持原则,他面试的经验完全来自书本。

对付这类主考官,你只需要按部就班地来应对,不做过多发挥,就可以获得成功。

(6)"迟滞症"型的主考官。这类主考官做事迟缓,让人感觉其工作效率很低。他们会让你先把准备好的材料递上去,仔仔细细看一遍后,仍然要问一些材料已做交代的问题。

求职者对这类主考官一定要稳住性子,说话一定要保持温和谦虚的口吻,耐心、详细地回答问题,多作补充说明,少作辩解。

(三)研究企业

1. 研究企业的哪些情况

求职者必须研究和这家企业相关的各种资料,例如企业的成立背景、创立时间,企业规模及总部所在地,近几年的成长概况及经营业绩,所处的行业地位,遵循的经营理念,今后的发展趋势,企业生产的产品类型、定位、市场占有率、主要大客户,甚至包括企业负责人和组织成员的名单、最近有关媒体对该机构的报道等。

2. 通过哪些途径搜集企业资料

第一,查找该企业的原始广告。

第二,查看有关报纸、杂志的报道。媒体报道往往会涉及该企业最近的经营动向、经营业绩、人事变动等内容。

第三,通过网络搜索来搜集企业资料。只要在搜索网站上输入该企业的名称,就会列出所有相关的资料。

二、求职面试前的材料准备

求职面试前需要准备的材料包括推荐信、个人简历、成绩单、毕业证书、相关的技术等级证书、职业资格证书、各级荣誉证书、其他相关的资料等。其中简历的撰写最有技术含量，也最需要被掌握。

（一）简历的特点

（1）要尽可能简短。

（2）求职意向集中于一个特定领域或行业。

（3）用自我推销的心态去写。

（二）简历的格式

简历的结构由标题、正文、署名和日期三个部分组成。下面是几种常见的正文的结构形式。

1. 图形表格式

表 4-7 所示为图形表格式简历。

表 4-7 图形表格式简历

<table>
<tr><td>姓名</td><td>张×</td><td>性别</td><td>女</td><td>年龄</td><td>22</td><td rowspan="4">贴照
片处</td></tr>
<tr><td>地址</td><td colspan="5">河南省××市××区××路×××号</td></tr>
<tr><td>邮政编码</td><td>45××××</td><td>电子邮件</td><td colspan="3">123@163.com</td></tr>
<tr><td>电话</td><td>1234567</td><td>传真</td><td colspan="3"></td></tr>
<tr><td>应聘职位</td><td colspan="6">销售经理</td></tr>
<tr><td rowspan="6">教
育
背
景</td><td>时间</td><td colspan="5">学　　校</td></tr>
<tr><td></td><td colspan="5"></td></tr>
<tr><td></td><td colspan="5"></td></tr>
<tr><td></td><td colspan="5"></td></tr>
<tr><td></td><td colspan="5"></td></tr>
<tr><td></td><td colspan="5"></td></tr>
<tr><td>所获
奖励</td><td colspan="6"></td></tr>
</table>

2. 分段式

分段式简历适用于经历比较丰富的人。可以总述自己的经历之后，再分段叙述每个阶段的主要经历。

3. 一段到底式

从姓名、出生地、籍贯、出生年月、民族等写起，按时间顺序叙述主要的学习经历、主要才能、贡献以及学习、生活中有典型意义的事件等。

范例 1：

简　历

姓名：（略）　　性别：□　　出生年月：□□　　民族：汉

政治面貌：□□　　学历：□□　　专业：□□□□

毕业学校：□□□□□□

本人性格开朗、有活力、爱好广泛，待人热情、真诚，工作认真负责，积极主动，能吃苦耐劳。有较强的组织能力、实际动手能力和团队协作精神，能很快适应各种环境，并融入其中。擅长交际、组织、管理、写作、计算机、文学、足球、音乐等。英语基础知识比较扎实，具备一定的听、说、读、写及翻译能力。熟悉计算机网络，熟练掌握办公自动化，对各种硬件安装及各种软件的运用有着丰富的实践操作经验。

联系电话：□□□□□　　手机：□□□□□

E-mail：□□□□□□　　通信地址：□□□□□□□

其他培训情况：

全国□□□□级证书、□□□技能证书、□□□资格证书等。

本人有驾驶执照。

学习经历：

□□□□年□□月—□□□□年□□月，□□学校，班长。在此期间工作认真负责，深受老师和同学的好评。□□□□年□□月至今，□□学校，学生会主席。负责学生会的管理工作、文书写作等，协助团委进行重要日程安排，做好沟通工作。

范例2：

简　历

尊敬的主管领导：

您好！

当您翻开这一页的时候，您已经为我打开了通往机遇与成功的第一扇大门。首先，非常感谢您在百忙之中抽空阅读我的材料，希望它不同于您手中若干份雷同的求职材料，并且能够有助于您在激烈的市场竞争与知识经济的大潮中寻求到综合型的跨世纪人才。敬请留意后面的内容，相信您一定不会失望的。

□□□□□□□□

谢谢！

□□(姓名)

□□□□年□□月(时间)

联系电话：□□□□□　手机：□□□□□

E-mail：□□□□□□　通信地址：□□□□□□□

（三）简历撰写的四原则

1. 针对性

求职目标要明确，简历要围绕一个求职目标来写，含糊的、笼统的、毫无针对性的简历会使求职者失去很多机会。

2. 战略性

好的简历不应该只是自己曾经拥有的职位和干过的工作的简单罗列，而应该让用人单位看到求职者的潜力和发展优势，甚至想象求职者正在他们单位工作的情形。

3. 广告性

求职者在简历中要展现自己的技能，用自己所取得的成果证明它们，并强调能为用人单位带来哪些利益。

4. 趋利性

求职者要凸显对自己有利的信息，不要涉及负面的和不相关的信息，因为这会影响用人单位对自己的看法。

（四）简历常见的问题

1. 简历内容不够翔实

从招聘者的角度来看，一张纸的超级简化的简历往往不细看就扔掉了，这种简历说明求职者对招聘不重视，这样的人即使再有本事也是非常难以管理的。而过于花哨的简历（尤其是带个人生活照甚至写真照的简历）给人感觉不庄重，这样的人不会进入中高级职务的选择范围。

2. 信息过于繁杂

几乎每一家公司在招聘营销类职务时都会有若干的条件要求，例如年龄、教育程度、工作经验、行业经验、熟悉区域等，许多求职者在简历中也都表达了这些信息，但是却分散在整个简历不同的地方，给公司人力资源部的简历检索工作带来很大的麻烦。因为每次招聘的简历浏览量都很大，要在长达好几张的简历里来找这些对应的招聘信息是很麻烦的，而这些招聘人员的耐心在翻阅大量简历后已经消磨得差不多了。

建议求职者按照公司招聘的几点要求条件做一个简单的信息摘要，这个简历摘要就是根据公司的应聘条件进行逐一回答，放在简历的封面上，这样可以大幅缓解公司人力资源部的筛选工作，而你的简历初审通过率将大幅提高。

3. 简历流程误区

一般来说，求职者的简历首先是公司人力资源部文员或部门人事助理这样的工作人员先看，他们看中的不是你的这些独特见解和观点，而只是一些基本的条件要求是否具备，例如学历、基本行业经历、目前职务状况等。同样面试也是一样的流程，求职者首先得通过人力资源部的初步面试，在基本条件符合要求后，才会进行用人部门或老板的面试。也就是说在与人力资源部人员见面时，求职者没必要大谈你对行业的理解深度和独特观点，这些专业的东西留着和用人部门或老板谈。在人力资源部的初试时，只要表达清楚你目前具备的基本条件即可。

4. 避免简历中个性化的口号

许多求职者喜欢在简历的封面和个人介绍中引用或自创一些口号类的字眼，似乎是用来表达个人的价值观、事业观和行为准则之类。但是，这在中高级职务的招聘中却是一个忌讳，尤其是外资企业人力资源部的初审中，往往会认为这类人员资历尚浅且过于情绪化，难以融合到团队中去，总之对此类简历中动辄使用口号标语的求职者通过率相对要低一些。

建议求职者在进行撰写简历时，注意将所引用的理论和观点与你实际的经历相结合，做到有理有据，塑造出既有理论认识，又具备相关的实际操作经验的形象。

5. 终身学习

许多求职者的学习经历只是到学校毕业，参加工作后就很少再进行学习或只是简单地把企业的一些基本入职培训写进来，其实这容易让用人部门或老板感觉你不善于学习。市场千变万化，不保持再学习的习惯就意味着故步自封，也很难有大作为。

课堂小互动

(1) 说说做好求职准备对现代职场的意义。

(2) 撰写一份求职简历。

任务二　求职沟通与礼仪准备

一、沟通与礼仪需要的准备工作

求职面试是谋求一个职业岗位必须面对和挑战的场景，是通过言语表达使用人单位了解自己的资历和能力，并争取录用的一种诉求行为。从用人单位的角度来说，这是伯乐相马和慧眼识才，是挑选自己需要的人才的一种考察手段。从求职者的角度来说，这是尽其所能推销自己、挑战竞争、争取胜出的一种机遇。因此，这种沟通不是简单的问答，它需要求职者在有限的时间里用语言巧妙地展示自己的才华、品质和素养，是求职者与用人单位进行的一次信心博弈。求职面试前沟通与礼仪方面的准备是非常必要的，那么，求职者该如何做好面试前沟通与礼仪方面的准备呢？

1. 恰当的形象礼仪十分重要

先了解面试单位的企业文化，确定自己的形象和举止，同时穿着装扮要符合自己的个性气质，自然得体，相得益彰。做好形象管理，通常男生穿西装打领带，整理好发型，修好脸；女生化个明媚的淡妆，给自己信心，给面试官尊重。不要背着背包去面试，可以考虑提一个公文包，公文包中再多备几份简历，并带好笔和记事本。这样既显得亲近，又不失职业风范。面试的仪容仪表礼仪请参考相关章节内容，这里不再赘述。总之，对于仪容仪表，宁可过于正式，也不要过于随便。

2. 准时到达

面试当天做好时间管理。至少提前 15 分钟到达，早到可以浏览一下之前做过的笔记、做一做深呼吸等。千万不要迟到，也不要匆匆忙忙冲进面试房间。否则，面试官对你的评价就是计划性很差。而且守时也可以适当调整情绪，避免因赶时间而使面试时心情紧张。

3. 独立自信，淡定从容

独立从容去应聘，结伴而行不自信。无论应聘什么职位，独立性、自信心都是招聘单位对每位应聘者的基本素质要求。另外，求职者在应聘时若有举棋不定的态度是不明智的，这会让面试官感到你是一个缺乏自信的人，难免怀疑你的工作作风和实际能力，求职者可能会因此丧失一次良好的机遇。

4. 斯文有礼，称呼得当

斯文有礼打招呼，仪态大方不冒失。进门前应先敲门示意，得到允许后方可进入。见面时要主动向面试官问好致意，并且称呼得当。坐下来后应保持良好的体态，不要大大咧咧，左顾右盼。

5. 不卑不亢，有问必答

有问必答凝神听，恰如其分不卑亢。要逐一回答面试官的问题，时刻保持斯文有礼。面试官介绍情况时，要认真聆听。听对方讲话时，要不时点头，表示自己听明白了，或正在注意听。同时，要不时面带微笑，也可以适时地回答"嗯"。在面试过程中，谈到自己比较熟悉的领域，千万不能讲起来就滔滔不绝，应适时地留给对方一些讲话的机会，同时，在对方讲话的时候，千万不能打断对方，这是一种很不礼貌的行为。

求职面试的过程实际上是一种人际交往的过程，求职双方都应用平和平等的心态去交流。求职是一个双向选择的过程，在面试过程中应坦诚自信，大方自然，不卑不亢，既不能过分迎合面试官，也不能太过高傲、目空一切。同时，不要耍小聪明。例如，面试官让面试者说一下个人缺点，回答说最大的缺点是没有缺点，这样的小聪明是很让人反感的，是减分项。

6. 仪态大方，克己复礼

求职者举手投足中应自然优雅，不拘束，从容不迫，显示良好的风度。大方的举止往往会给人留下自信、有风度、光明磊落的印象。假如提前到达面试地点，不要随便碰触办公室物品或翻阅文件，应该坐姿端正挺拔，在指定位置静候面试官到来。在面试场合，要注意细节。例如，不要玩纸、笔，不要乱摸头发、胡子或耳朵，不要不停地抖脚，不要用手捂嘴说话，这些都是紧张的表现。

对答时目光要注视着对方，正确的做法是，目光可以停留在两条眉毛的中心处，其间可以偶尔扫视一下别的地方，或轻轻地点头示意以示尊重。手势不要太多，这样会分散别人的注意力。在面试前，可以照着镜子，或通过录像了解自己与人讲话时是否有"手舞足蹈"的现象。试想一下，如果自己是面试官，看到面试者有过于丰富的肢体动作，是不是也会觉得不太美观。如果有必要的手势，最好不要高过胸前，否则会给人混乱的感觉。

7. 注重细节，谦虚有礼

傲慢不羁不可取，谦虚有礼重细节。有些求职者，自恃学历高，或有经验、有能力，不愁用人单位不用，在求职时傲慢不羁，不拘小节，这是不可取的。

8. 检点言行，积极阳光

积极阳光职场人，检点言行不失礼。注意面试中的形体语言，让自己的整个行为看起来稳重大方。对方的一举一动，虽然无言，却可能有意。要善于察言观色。例如，自己说得太多了，就要注意一下是不是自己太啰唆了，没有掌握好时间。自己的肢体语言不要太多，否则会让面试官感觉你不踏实，或有紧张的情绪。

形体语言往往可以体现一个人的内在品质，大方得体的形体语言往往会给人留下光明磊落、积极阳光的良好印象。在求职面试时，一定要注意自己的形体语言，展现自己的青春活力和积极向上的精神面貌。最好在面试前检查好自己的仪容仪表，避免脱妆或衣装不整。

9. 知"己"知"彼"

从各个渠道收集面试单位的信息，细致浏览它们的网页，或阅读有关的各类报道，对其企业文化、经营哲学、财务状况等做到心中有数，并知晓该单位最近有何热点话题。最好能够对面试官姓名、职位和角色有所了解。面试现场你能熟练地称呼考官，并恰当地透露你对企业的了解和看法，会给面试官留下良好的印象。

10. 准备好回答考官提问

除了与应聘职位有关的专业性问题，以下问题在面试中也常会遇到，不妨提前做好准备：你怎么评价自己？为什么对这个职位感兴趣？你的职业目标是什么？你的优点和缺点是什么？为什么你觉得自己能胜任这个工作？以前的同事是如何评价你的？为什么选择我们公司或为什么要辞去上一份工作？你有什么业余爱好？如果对方要求，比如去外企应聘，还要准备好用英语应试。回答提问时要牢记：保持优雅从容、灿烂微笑、自信又谦虚。此外，还有很重要的一点：表明加入求职公司的愿望，表明自己的诚意。

【案例 4-9】

一天，陈林在报纸上看到一家大公司的招聘信息，所招聘的职位、待遇都符合他心目中的标准，就投送求职资料给该公司。一星期后，他接到该公司招聘面试的通知。经过一番精心准备，第二天，陈林就带着个人简历去了公司。刚到面试的会议室，只见一名约 50 岁的中年女子推门而出。陈林马上扯了一下对方的袖子大声问道："哎，今天是在这里面试吗？"对方看了他一眼，点点头，没作声。面试开始后，陈林发现，刚才遇见的那位女士是主要的招聘领导。想起之前缺乏礼貌的表现，陈林越来越紧张，失去了平日的自信，语无伦次，面试最终以失败结束。

思政提示：求职面试前除了准备一定的专业方面的问题，还要准备好灵活沟通和礼貌待人，把每一个能想到的细节都考虑周全，万一出现沟通不当和言行失礼的情况，也不必紧张，可以表示抱歉或自我检讨一下，化危机为生机。案例中陈林面试失败的原因显然是他没有在面试前做好沟通和礼仪方面的充分准备。

二、实践训练与评估

虽说"礼多人不怪"，但要保持自然，不可客套太多，也不能过于随便，要把握好度。而把握好度，就像炒菜把握火候一样，高明的厨师往往能将火候掌握得当，炒出一盘好菜，然而这都离不开过往经历中的勤学苦练和不断揣摩学习。因此，如何在面试中有礼有节，将自己最好的一面展示出来，一方面需要多学习礼仪知识，先做到"知礼"；另一方面要在实践中不断练习、修正。只有这样，才能真正将"礼"融于自身，最终实现"有礼行天下"。

【案例 4-10】

裔某生于四川成都，1992 年获得 A 国文学博士学位。可是她所学的专业在 A 国很难求职，毕业后一直找不到工作。为了生存，她不得不到餐馆打工。

她积极准备金融业的知识和信息，决定重新找工作，期望进入 A 国最让人羡慕的行业——金融业。于是她给著名的金融市场信息与人才管理咨询公司打电话，但招聘经理要么在开会，要么已经外出。一连七天，她几乎每天都打电话，她的声音接线员都听烦了，可经理仍没有时间。裔某没有灰心和放弃，有一天，她忽然灵机一动，直拨总机让接线员转接公司总裁。裔某把准备了一个多星期的话有条不紊地讲了出来。她如实告诉总裁:“我没有商学院的学位,但是有文学博士学位。文学是人学,我善解人意;在获得博士学位的过程中,我知道怎样发现问题、解决问题。我经受了很多艰难困苦,它们都没有使我倒下,反而使我变得更加坚强。我相信您可以了解到我的决心和勇气。”

最后她又补充说:“虽然我没有银行工作经验,但恳请公司先让我试试,为我提供一个成功的机会,或者至少让我获得一份除教书和餐馆打工以外的主流社会的工作经验。您完全不必付我薪水。”

裔某和总裁通完电话后半小时,招聘经理的秘书打来电话,让她第二天到公司面试。通过六次面试,她终于凭自己锲而不舍的精神成功入职。三年后,她成为当地排名前三位的猎头公司的副总裁。后来,裔某创建了属于自己的A国集团公司。

思政提示:获得文学博士学位的裔某在确定自己想从事金融业的求职目标后,虽然在求职之初屡遭碰壁,但凭借不屈不挠的精神和精心的准备,争取到了面试机会。因为对求职面试准备充分,她及时抓住机会通过了面试,顺利进入了自己想去的行业。

大家在求职中应树立正确的择业观、职业观,科学地确立就业方向,在求职中积极主动、把握机会。只要开动脑筋、付出努力、调动资源、把握技巧,就没有打不开的职场大门。

课堂小互动

举例说明求职礼仪对现代职场的意义。

任务三　求职沟通技巧

求职沟通技巧是一种很重要的能力,在自我推销时,要打破语言的呆板,尽可能把话说得生动活泼、富有情趣。你可以从名字、所学专业或用人单位特色、见闻等入手,只要能扣紧话题,不妨即景生情或睹物思意,来一点创意,巧妙地展示自己的能力和特长,增加被录用的筹码。在求职面试的场景中要做到自信而不自夸,言谈举止彬彬有礼,优雅大方而不自傲。各种类型面试技巧如下。

(一)结构化面试

结构化面试是指对面试的内容、形式、程序、评分标准及结果的合成与分析等构成要素进行严格的规定,按统一制定的标准和要求进行评价和考核的面试,结构化面试的技巧如下。

1. 思路正确

正确理解题意,能抓住要点进行论述。而不是千言万语,离题万里,或抓住一点皮毛,不着边际。

2. 论述严密

论述内容的完整性、理论高度、逻辑严谨度、言语流畅度、措辞恰当性都会直接影响考官的印象。分清主次和头尾,分条列项把要点阐述完整,这样会让考官很容易明白你在说什么,使你的回答有结构性,内容完善。但一定要论述到问题的各个方面。只分析问题的一个方面，这只能体现你思维的片面性；辩证地分析问题，充分阐述问题的两面并提出看法，也只能算是一般水平的回答；最高的层次是你不仅辩证地分析了问题，还能把问题的两面统一起来论述。例如，就“天下兴亡，匹夫有责”与“匹夫兴亡，天下有责”谈谈看法，大部分人都能从两方面来说明，但是真正高明的思路是“天下兴亡，匹夫有责”说明了每个人作为公民都负有振兴国家、为国做贡献的责任，而“匹夫兴亡，天下有责”则说明了国家有责任保障每个公民的幸福生活。因此，公民不仅要把建设国家的责任放在自己心中，同时更要明白建设国家是为了让人民过上更好的生活。

理论如果有一定的高度，则会直接拉高考官对你的评价。例如，在开头部分，站在马克思主义辩证法高度思考，或从政治经济学角度提出观点，抑或，从社会学、心理学等视角思考等；在结尾部分，可以国家大政方针进行升华，如果用得恰当，会很好地显示出你的政治理论高度和广博的学识。而如果你只是就事论事，就显得水平一般。另外，在中间的陈述中也可以恰当地运用一些经济学、管理学、心理学等理论知识，有利于显示出你分析问题的深度和理论水平的高度。当然，上述问题一般与求职面试岗位的专业有关。

逻辑严谨度则是要求你有理有据、论证严谨。你阐述每一个观点时都不能是信口开河，必须有出处、有论证，这样才能提高回答的说服力，同时展示出自己的能力和水平。如果逻辑不够严谨，你的回答会很像是在为了回答而回答，为了说话而说话。

言语流畅度也是很关键的一点，要让人感觉你胸有成竹，如果是结结巴巴、想一会儿说一句、语速时快时慢，则会影响考官对你的整体印象，让人觉得你慌张，根本没想清楚要说什么，自然评价就不会太高。声音要稍大些，方便考官听清，并且显得有自信；语速以稍慢为佳，一方面听起来比较镇静理性，另一方面有利于争取思考时间。

措辞恰当则是最难做到的，需要在平日的学习生活中训练有素，千锤百炼。在短时间内可以理出要点并列出提纲，保证主题明确，结构清晰，思路富有逻辑，论述方式方法鲜明，在训练时绝不能用充足的时间去思考一句话要怎么措辞，要锻炼迅速提炼一两句出彩话语的能力。这是最考验一个人平时沟通水平的。平时沟通表达有水平的人，关键时候自然措辞恰当，让人感觉点石成金。

3. 巧妙互动

单纯的你问我答，显得枯燥乏味。当然，现在的结构化面试一般不允许面试官说题本之外的话，这样就限制了面试官除问题外与你互动的其他沟通途径。但面试者可以用非言语信息跟面试官互动交流。正确的坐姿，恰当的表情，适当时候的微笑、点头等都可以是一种交流。每当面试官读完一段话，不要完全面无表情甚至都不看他，而是关注双方之间的气氛，配合面试官让面试很自然地进行下去。

4. 礼仪恰当

礼仪包括着装和现场礼仪两个部分。着装方面，尽量穿正装，正装不要买质量差的，质量太差显得人没精神。现场礼仪方面，该鞠躬的时候鞠躬，该问好的时候问好，该致谢的时候说谢谢，该走的时候致意再见就可以了。

对于结构化面试，做好上面四点后，关键还要把握细节。某一个方面的细节做好了，可能对你不会有多大帮助，但是所有或大部分细节都做好了，就会产生质的变化。

【案例 4-11】

微课：面试技巧

小黄到应聘公司面试行政助理一职，最后一轮是结构化面试，由于单独面对几个面试官，小黄难免有点紧张，发挥得不是太好。这时一个领导模样的人走进考场和人事经理耳语了几句，小黄听到那个领导走时，人事经理站起来客气地小声说："王总慢走！"刚好那个王总走时顺便看了面试者小黄一眼，小黄灵机一动，礼貌地站起来说："王总您好！王总慢走！"王总微笑地点了点头，小黄看到人事经理和其他两位面试官也都会意地笑了。

思政提示：结构化面试的场景是一名应聘者应对多名面试官，是对心理素质、经验经历、知识结构、能力特长等的全面考查。面试中，应聘者小黄可能由于面试经验和经历不足，造成了自己紧张，没有发挥好，直接影响了自己的面试成绩和结果。

小黄有没有翻盘的机会呢？当然是有的，这需要面试者沉着而灵活，洞察和及时抓住一切可能给自己加分的机会，取得各位面试官的认可和肯定。小黄没有因为自己前面表现不好就放弃努力，而是通过观察领导到来和离去时面试官的反应，判断出了领导的姓氏和职位，然后不失时机地对领导准确称呼和问好，无疑给自己争取了加分。

恰当的时机、合适的称呼，往往会有峰回路转或柳暗花明的效果。

（二）非结构化面试

非结构化面试是指没有既定的模式、框架和程序，面试官可以"随意"向被测者提出问题，而对面试者来说，也没有固定答题标准的面试形式。面试官提出问题的内容和顺序都取决于其自身的兴趣和现场面试者的回答。非结构化面试多用于管理层面人才的招聘，应对非结构化面试，要注意倾听和互动，回答问题抓住要点，展示出自己的优势和特长。现代企业常常将结构化面试和非结构化面试结合起来招录自己所需要的人才。

（三）情景面试

情景面试又叫情景模拟面试或情景性面试等，是面试的一种类型，也是目前最流行的面试方法之一。情景模拟面试的目的是给面试者设置一系列将来工作中可能会遇到的事件，并让面试者沟通和处理，以此来鉴别面试者与工作相关的行为意向。面试者对他将来会怎么做的回答与他将来真实的行为之间有非常高的相关性。所以，情景模拟面试就是通过设置工作中的各种典型情景，让面试者在特定情景中扮演一定的角色，完成一定的任务，从而考查其多方面实际工作能力的一种面试方法。情景模拟面试主要考查面试者的思维灵活性与敏捷性、语言表达能力、沟通技能、处理冲突的能力、组织协调能力、人际关系处理能力等。总体上看，它是一种低成本但很有效的模拟工作相关事件的面试方法。应对情景面试，面试者需要做到以下几点。

1. 职位调研

所谓"知己知彼，百战不殆"。模拟的场景通常是工作中的一些问题，所以面试者一定要做好职位调研。提前了解所应聘职位的岗位职责、工作内容、相关法律法规等，做到心中有数，面试中遇到工作场景的问题才不会无的放矢。

2. 阳光心态

人际关系或工作困难都是职场人在日常工作中会遇到的问题，妥善地解决这些问题是一个职场人应具备的能力之一。面对这样或那样的问题，一定要做到沉着冷静。面试时，会将面试者置身于一个矛盾重重、困难多多的环境，容易引起面试者的紧张。适度紧张是必要的，但过分紧张必然会影响面试者的发挥，毕竟面试官要观察面试者的行为表现。消除紧张的办法通常有两个：一是要对这类题目的答题思路和方法非常熟悉，这是工具，有了工具才可以从容应对；二是多加练习，从心理学角度而言，人们通常对陌生的东西感到恐惧继而紧张，如果面试者反复地练习，提高对该类型题目的熟悉程度，则可以减少紧张情绪。

无论面试题目多么复杂，解决问题的前提都是要摆正心态，心平气和，沉着冷静，不因难题或难关乱了阵脚。态度决定高度，不要轻言放弃、随便退缩。

3. 沟通顺畅

语言要流畅，说话要有逻辑性。在回答过程中，要剔除“嗯”“哦”等口头禅。在情景模拟过程中，要灵活运用前面学到的沟通技巧。

4. 沟通协调

模拟的场景通常是工作情境中的一系列人际关系和工作问题，所以解决人际关系问题是很重要的一部分内容，同时要熟练把握沟通协调类题目的解题思路。

5. 守法创新

对问题的解决必须建立在遵守法规的基础上，例如，处理问题的原则是不能够更改的。此外，在遵守法规的基础上还要进行创新，重点体现自己解决问题的能力。

6. 角色入戏

很多面试者认为情景模拟题较难，其实主要是因为面试者无法进入角色，常常是会“说”不会“做”。例如，你所在单位的一位老同志最近经常占用公家电话打私人电话，业务电话打不进来，问题得不到解决，领导让你去和老同志交谈（面试官就是该老同志）。面试者往往会说应该怎么做，但是难以进入角色，无法把面试官当作老同志，现场表演自己的做法。所以在备考过程中，一定要多加练习，提高自己进入角色的能力。

7. 准确运用体态语

在情景模拟的答题过程中，可以适当地运用体态语，特别是眼神交流。

（四）无领导小组面试

无领导小组面试是一种采用情景模拟的方式对面试者进行集体面试的考查方式，面试官可以通过面试者在给定情景下应对危机、处理紧急事件以及与他人合作的状况来判断该面试者是否符合岗位需要。近几年来，无领导小组面试得到越来越多单位的认可，无论是公务员面试还是知名企业面试，都倾向于采用这种形式。无领导小组讨论给面试者提供了一个充分展现个人才能与人格特征的舞台，这类面试对面试者而言其实更有利，在既定情景下，通过对问题的分析、论述，可以给面试官留下良好的印象。

无领导小组讨论中，面试官评价的标准包括：参与有效发言的次数；是否善于提出新的见解和方案；是否敢于发表不同的意见，或支持、肯定别人的意见，能否在坚持自己正确意见的基础上根据别人的意见发表自己的观点；是否善于消除紧张气氛，说服别人，调解争议，创造一个使不大开口的人也想发言的气氛，把众人的意见引向一致；能否倾听他人意见，是否尊重别人，是否侵犯他人发言权；语言表达能力、分析能力、概括和归纳总结不同意见的能力;发言的主动性、反应的灵敏性等。在无领导小组面试中,面试者要做到以下几点。

1. 用沉稳的语调提出深刻见解

面试开始后,许多面试者抢先亮出自己的观点,这样做不一定能给面试官留下深刻的印象,最初不要力图引导和左右其他考生的思想和见解,不要总是把他们的注意力吸引到自己的观点上来,不要争当最初的领导,不要锋芒毕露地对每个发言者的言论逐一进行点评。

有很多面试者总是寻找充当意见领袖的机会,成为小组讨论的主导者,以展示自己引导讨论及总结的才能,尤其是当某个发言者所说的话没有什么突出见解时,自己仍不顾一切地进行总结。其实,正确的做法是,在讨论结束之前,你对各成员所谈的要点一一进行点评,分析优劣,并适时拿出自己令人信服的观点,这时的语调一定要舒缓平和,进入讨论的中心要显得不露痕迹,无形中使自己成为领导者的角色。这需要平时多积累相关经验,还要注意提高自己协调与整合方面的能力。对于每个面试者来说,机会都不多,如果胆小怯场,不敢发言,就等于失去了被面试官考查的机会。这种面试得分最高者大多是那个以沉稳的语调提出深刻见解的最后发言者。

2. 协调人际关系,建构团队精神

其实每个人的想法都是差不多的,影响个人是否接受别人观点的首要因素就是人际关系,即别人会先考虑与你的熟悉程度和友善程度,彼此的关系越亲密,就越容易接受你的观点。

如果他人认为你们之间是敌对关系,那么多半会反对你的观点。所以在充分展现自己才华的时候,不要对队友恶语相向、横加指责或无端攻击对方观点,这样的人往往只会导致自己最早出局。试图说服对方时要看好时机,不要在对方情绪激动的时候改变他的观点。因为在情绪激动时,对方的情感多于理智。所以要找准时机,找到与对方言语里共同的观点,引申出自己的观点,让对方在一定程度上能感觉到他的观点与你的观点有相同之处,然后在对方对你稍稍放下敌对心理、情绪有所放松时,你合理地提出自己的观点及充分的理由。

特别要注意的是,自己在发言的时候,要尽量做到论证充分,辩驳有力。在小组讨论中,当然不是谁的嗓门大谁就得高分,考官是借此考查一个人的语言能力、思维能力及业务能力,夸夸其谈、不着边际、胡言乱语,只会在大庭广众中出丑,将自己的不利之处暴露无遗。语不在多而在精,要观点鲜明、论证严密、有的放矢,尽量能够一下子说到点子上,这样可以起到一鸣惊人的效果。

及时表达与别人不同的意见和反驳别人先前的言论,也不要恶语相加,要做到既能够清楚表达自己的立场,又不令别人难堪。因为如今的竞争日趋激烈,单凭一个人的智慧很难在竞争中取胜,成功需要大家的共同努力,所以每个单位都很重视合作,都不会聘用没有团队意识的人。

3. 观点明确,交谈技巧娴熟

面试者应该有自己的观点和主见,即使与别人意见一致时,也可以阐述自己的论据,补充别人发言的不足之处,而不要简单地附和说:某某已经说过了,我与他的看法基本一致。这样会让人觉得你没主见、没个性,缺乏独立精神,甚至还会怀疑你其实根本就没有自己的观点,有欺骗的可能。

当别人发言时，应该用目光注视对方，认真倾听，不要有下意识的小动作，更不要因对其观点不以为然而露出轻视、不屑一顾的表情，这样不尊重对方，会被面试官认为是涵养不够。对于别人的不同意见，应在其陈述之后，沉着应付，不要感情用事，怒形于色，言语措辞也不要带刺，保持冷静可以使头脑清晰，思维敏捷，更利于分析对方的观点，阐明自己的见解。要以理服人，尊重对方的意见，不能压制对方的发言，不要全面否定别人的观点，应该以探讨、交流的方式，在较缓和的气氛中充分表达自己的观点和见解。

4. 有气度、讲礼仪

当你选择的话题过于专业，或自己发起的话题众人并不感兴趣，或对自己介绍得过多的时候，可能会使听者感到疲惫，当听者露出厌倦的神色时，自己就应当立即止住，最不适宜在这个时候我行我素。当有人突然出来反驳自己时，不要恼羞成怒，而是应心平气和地与之讨论。发现对方有意寻衅滋事时，则可不予理睬。

谈话时目光应保持平视，仰视显得谦卑，俯视显得傲慢，均应当避免。应用眼睛轻松柔和地注视对方，但不要将眼睛瞪得太大，或直愣愣地盯住对方不放。在谈话的时候要温文尔雅，不要恶语伤人，讽刺谩骂，不能高声辩论，纠缠不休。不要做出某些不尊重别人的举动，例如揉眼睛、伸懒腰、挖耳朵、掏鼻孔、摆弄手指、活动手腕、用手指向他人的鼻尖、双手插在衣袋里、看手表、玩弄纽扣、抱着膝盖摇晃等。

总之，在言谈中要以礼待人，给予每个人同样的尊重，在平凡中见神奇、温和中见真知，让面试官在细微处感受到你的魅力。

（五）行为面试

行为面试是指通过要求面试者描述其过去工作或生活中的某种经历的具体情况，了解面试者素质特征的方法。行为面试法一般是以一对一的形式进行，也可以多对一，即多位面试官考查一位面试者。场地设置一般较为简单，可以是专门的场地，也可以是办公室或小型会议室，要尽量安静、免受干扰。行为面试法可以看作是传统面试法的升级，最大限度地消除了面试官提问的随意性。行为面试的问题设置不是一成不变的，面试官主要根据简历中的疑问之处、模糊之处、想深入了解之处进行提问；也有面试官会根据面试场景，临时要求面试者就一些问题进行分析。

（六）STAR 行为面试

STAR 是 situation（背景）、task（任务）、action（行动）和 result（结果）四个英文字母的首字母组合。通常求职者的应聘材料上写的都是一些结果，描述自己做过什么、成绩怎样，比较简单和宽泛。通过 STAR 面试要素发问的四个步骤，可以一步步将求职者的陈述引向深入，一步步挖掘出求职者潜在的信息，为企业更好地做出录用决策提供正确和全面的参考。这既是对企业负责（招聘到合适的人才），也是对应聘者负责（帮助他尽可能地展现自我，推销自我），以实现双赢。

（七）压力性面试

压力性面试是指将面试者置于一种人为的紧张气氛中，让其接受诸如挑衅性、非议性和刁难性的刺激，以考查其应变能力、压力承受能力、情绪稳定性等的面试形式。压力性面试时，面试官往往先提出一个不甚友好的问题，一开始就浇你一盆冷水，让你在委屈和激愤中露出本色。通过此种“压力发问”方式，逼迫面试者充分表现出对待难题的机智灵活性、应变能力、思考判断能力、气质性格和修养等方面的素质，从而探究面试者真实的能力与个性。

项目实训

一、求职实训（纸质资料）

思考并分析自己将来打算在什么类型单位的什么岗位就业和发展，以及如果获得面试机会，自己将针对就业单位和岗位做哪些准备。有了思考和分析结果并梳理清楚后，主动与大家分享。

1. 实训准备

求职实训（纸质资料）项目需要的场地和物料：形体训练室、同学们需准备好自己的相关资料。

2. 实训安排

实训安排如表 4-8 所示。

表 4-8　求职实训（纸质资料）安排

实训学时	2 学时
实训目的	掌握求职知识；提升求职技巧；培养以礼待人的意识
实训要求	学生能在 7 分钟之内完成陈述
实训方法	4～6 人一组，陈述完毕后，进行小组自评和互评，教师点评，并打分

3. 实训评分

实训评分如表 4-9 所示。

表 4-9　求职实训（纸质资料）评分

班级：　　　　　　　姓名：　　　　　　　学号：　　　　　　　得分：

组别评分标准	仪表（10 分）	气质、涵养（20 分）	礼节（20 分）	综合思维（20 分）	语言表达（30 分）	总分
第一组						
第二组						
第三组						
第四组						
第 n 组						

二、求职实训（视频资料）

在影视作品或其他节目中查找并剪辑 3 分钟左右关于求职面试的典型视频案例，小组模拟视频中求职面试的场景进行演示拍摄。

1. 实训准备

求职实训（视频资料）项目需要的场地和物料：形体训练室或大屏幕教室、落地穿衣镜、西装、套装、职业装、摄像机等。

2. 实训安排

实训安排如表4-10所示。

表4-10 求职实训(视频资料)安排

实训学时	2学时
实训目的	掌握求职知识;提升求职技巧;培养以礼待人的意识
实训要求	要求学生能在3分钟之内完成视频案例模拟
实训方法	2~4人一组,模拟完毕后进行小组自评和互评,教师点评,并打分

3. 实训评分

实训评分如表4-11所示。

表4-11 求职实训(视频资料)评分

班级: 姓名: 学号: 得分:

组别评分标准	仪表(10分)	气质、涵养(20分)	礼节(20分)	综合思维(20分)	语言表达(30分)	总分
第一组						
第二组						
第三组						
第四组						
第n组						

小组按照时间要求将视频成果上传至学习通平台,学生根据视频做自我点评和小组间的点评,教师最后针对全体学生的共性问题和典型问题进行指导。

项目五 人际沟通礼仪——言有物而行有恒

任务一 有效沟通

一、沟通的概念

微课:人际沟通的意义和方法

沟通是人与人之间、人与群体之间思想与感情的传递和反馈的过程,以求达成思想的一致和感情的通畅。这种过程主要有三种方式,不仅包括口头语言沟通和书面语言沟通,也包括形体语言沟通。图4-6所示为沟通的三种方式。

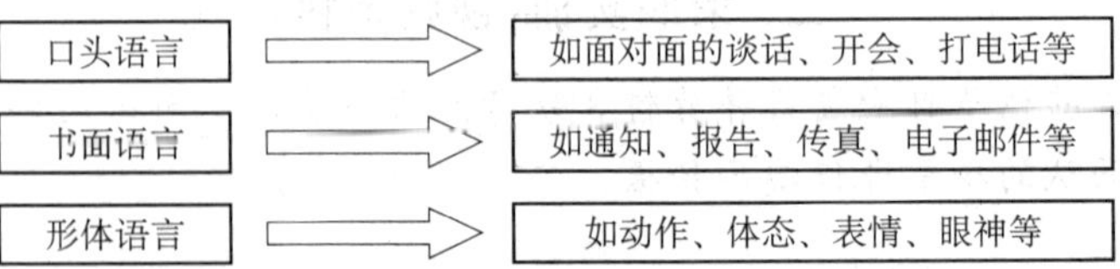

图4-6 沟通的三种方式

良好的沟通可以让生活更幸福、工作更轻松,沟通是人类生存必须掌握的一课。说话谁都会,但如何把话说得艺术,如何跟他人进行很好的沟通,建立良好的人际关系,就不是每个人都能做好的了。

二、礼仪与沟通的关系

沟通和礼仪是人际交往和生活、学习以及工作中都必须掌握的基础能力。礼仪和沟通,两者相互依存,又互相促进。礼仪是外在形式,也是与人进行友好交际往来的重要前提和基础。而沟通则是礼仪的补充和延伸,没有良好的沟通能力,即使外在形象和礼仪规范都到位,那么也无法达到理想的交流和沟通效果。因此,无论在生活中还是工作中,沟通和礼仪缺一不可。

三、信息沟通与交流

目前,一种通用的说法是,一个渴望成功的人必须掌握沟通技巧、管理技巧和团队协作技巧,其核心就是沟通技巧。因为管理和团队协作都必须以沟通为基础,没有沟通,管理和团队协作都无从谈起。经验证明,一个管理或团队协作技巧很高超的人,其沟通技巧肯定很好。

所谓沟通,就是为了达到设定的目标,把信息、思想和情感在个人或群体间传递,并达成共同协议的过程。因此,沟通的三大要素就是有一个明确的目标,达成共同的协议,沟通信息、思想和情感。

(一)沟通的双向性

发送者与接收者之间存在双向性。双向沟通中,发送者和接收者之间的位置不断交换,发送者是以协商和讨论的姿态面对接收者,信息发出以后,还需及时听取反馈意见,必要时可进行多次重复商谈,直到双方共同明确和满意为止,如交谈、协商等。图 4-7 所示为沟通的双向性。

(二)沟通的三种行为

双向沟通的优点是信息准确率高,接收者有反馈意见的机会,产生平等感和参与感,增加自信心和责任心,有助于双方建立感情。沟通时存在:说、听、问三种行为,图 4-8 所示为沟通的三种行为。

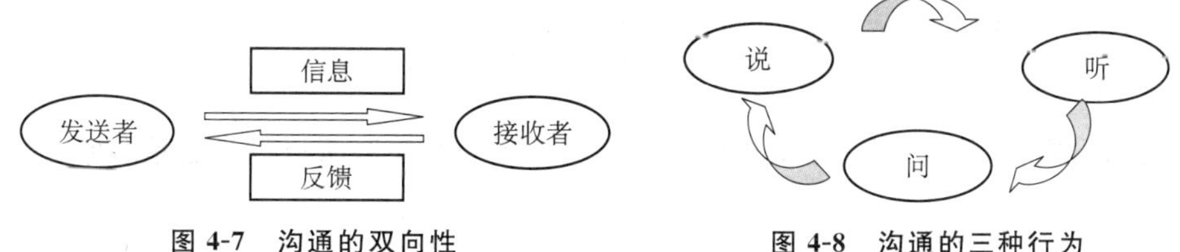

图 4-7 沟通的双向性　　图 4-8 沟通的三种行为

(三)沟通的两种方式

方式一:表 4-12 所示为语言的沟通渠道。

表 4-12　语言的沟通渠道

口　头	书　面	图　片
一对一(面对面) 小组会 讲话 电影 电视/录像 电话(一对一/联网) 无线电 录像会议	信 用户电报 发行量大的出版物 发行量小的出版物 传真 广告 计算机 报表 电子邮件	幻灯片 电影 电视/录像 投影 照片/图表/曲线图/画片等 与书面模式相关的媒介定量数据

方式二:肢体语言的沟通渠道。表 4-13 所示为肢体语言的表述及各行为含义。

表 4-13　肢体语言的表述及各行为含义

肢体语言表述	各行为含义
手势	柔和的手势表示友好、商量;强硬的手势则意味着“我是对的,你必须听我的”
脸部表情	微笑表示友善礼貌;皱眉表示怀疑和不满意
眼神	盯着看意味着不礼貌,但也可能表示兴趣,寻求支持
姿态	双臂环抱表示防御,开会时独坐一隅意味着傲慢或不感兴趣
声音	演说时抑扬顿挫表明热情,突然停顿是为了造成悬念,吸引注意力

(四) 有效沟通三原则

1. 谈行为,不谈个性

第一,对事不对人。

第二,针对事件,分析原因,找出解决办法,不评价事情执行者个人怎么样。

第三,在与人打交道时,不随便评价某人,不在一个人面前评价另一个人的为人等。

第四,提建议时,不要因为上级的决定不符合你的价值观,就去评价上级的为人。

2. 明确沟通

第一,主题明确(最好是一个)。

第二,鲜明、资料齐全、有说服力。

第三,思路与条理清晰,即提出问题→分析问题→解决问题。

3. 积极聆听

聆听的层次:听而不闻→假装聆听→选择性聆听→专注聆听→设身处地聆听。

(五) 沟通中的态度

(1) 沟通中的表情与沟通者的态度息息相关,态度决定行动。

(2) 在沟通中没有一个好的态度,是不可能有好的表情和语气的。

沟通中的合作态度是最有效的沟通态度,它意味着平等、双赢。

（六）有效沟通技巧

1. 有效沟通的八点启示

微课：人际沟通的技巧

（1）有效的双向沟通的先决条件是和谐气氛。

（2）沟通的方式不能一成不变。

（3）应给别人一些空间。

（4）沟通的意义取决于对方的回应。

（5）不要假设。

（6）直接对话，坦而言之。

（7）共同信念与共同价值是达到良好沟通的重要保证。

（8）坚持找出新的解决方法。

2. 沟通效果的来源

沟通效果的来源有潜意识来源和有意识来源，一般情况下，潜意识来源占99%、有意识来源占1%。

3. 接收与抗拒的信号

接收与抗拒的信号如表4-14所示。

表4-14 接收与抗拒的信号

接收的信号	抗拒的信号
足够的眼神接触(50%)	没有足够的眼神接触(30%)
眼神接触时，你点头及微笑，对方跟从配合	眼神接触时，你点头及微笑，对方不跟从配合
相近的身体姿势，包括一同坐或站立	不协调的身体站姿，包括坐立，或突然改变身体姿势而没有明显的理由
声调相近，包括快慢、声音大小等	声调不协调，包括快慢、大小等，或越说声越大
对你说的感兴趣(至少部分如此)	不支持的文字，或多次说题外话
话中带有支持性的文字	否定或质疑你所说的内容
邀请你分享食物或饮料等	频频看表，或做其他无关的事

四、人际交往中的公关心理学常识

心理构架决定着你的人际交往，而包容于群体之中是人际交往需求的根基。心理学家马斯洛曾指出，如果一个人被别人抛弃或拒绝于团体之外，他便会产生孤独感，精神会受到压抑，严重的还会产生无助、绝望的情绪。而他的学生舒茨则在《人际行为三维理论》一书中，提出了人际交往的三种基本心理需求倾向：包容、情感和控制，并在人格特质观点的基础上阐明了这种人际交往的三维倾向，呈现主动型和被动型人格特质的行为表现。这一观点对指导人们的人际交往行为模式具有非常关键的意义。为了在人际交往中顺利沟通，有必要学习一些公关心理学的基本常识。

（一）公众心理

1. 公众心理的基本特征与一般倾向

公众心理的基本特征与一般倾向包括公众的角色心理特征（如性别角色心理特征、年龄角色心理特征、职业角色心理特征等);公众的社会认知、社会感情、社会态度、利他行为、侵犯行为等内容。研究、把握公众心理的基本特征与一般倾向,对有针对性地开展公共关系活动具有重要作用。

2. 公众心理变化的基本动因

公众心理变化的基本动因包括公众的需要、动机、价值观等内容。公众的需要是指公众生理和心理上的匮乏状态,即感到缺少什么,从而想获得它们的状态。马斯洛将人类需要按由低级到高级的顺序分成五个层次(或五种基本类型):生理需求、安全需求、归属需求、尊重需求、自我实现需求。

3. 公众的心理效应

公众的心理效应包括几种常见的心理效应(如首因效应、晕轮效应、经验效应、移情效应等)、影响公众心理效应的因素(如公众的自我意识、刻板印象、地缘心理、民族心理、时尚心理等)等内容。正确把握公众的心理效应,积极引导公众的信任、支持,有利于公共关系活动的开展。

4. 对公众心理的认知

对公众心理的认知包括对不同类型公众的认知(如对内部公众、社区公众、政府公众、消费者公众、媒介公众等的认知)。认知公众心理的方法,如观察法、实验法、心理换位法、参与实践法、调查统计法等内容。对公众心理的认知,是和公众心理进行沟通以及对公众心理施加影响的前提,具有十分重要的意义。

(二) 传播、沟通心理

1. 对公众行为的影响与沟通

影响公众心理的常用方法有浸润法、劝导法、榜样法等。浸润法就是以周围的舆论持续长久地影响公众心理的方法,其特点是作用缓和而持久,不易形成表面对抗,在潜移默化中对公众心理产生影响;劝导法是劝说和引导,也就是通过对公众的劝说来引导公众了解自己的组织及产品,从而使公众达到心理认同的一种方法;榜样法是指组织在开展公共关系活动中,通过活生生的典型人物和事件来积极影响公众心理,争取公众与组织的良好合作,从而达到公关目标。

与公众沟通的方式有导引式沟通、疏浚式沟通等。导引式沟通是指一个组织通过有效的公关活动及广泛的沟通渠道,积极引导公众,使公众将更多的注意力投向组织,从而扩大组织的影响力和知名度。疏浚式沟通是指组织通过广泛的公关活动,并通过恰当的沟通方式、技巧,疏通、排除组织与公众之间的沟通障碍,化解组织与公众之间的误解、矛盾,从而达到加强与公众的关系,提高组织美誉度的目的。

2. 不同传播类型的心理基础

(1) 人际传播。个人与个人之间的直接的、面对面的信息沟通和情感交流活动。人际传播具有明显的社会性特征。人际传播的语言是具有社会性的语言。每个人都是信息的发出者,同时又是信息的接收者,既在影响别人的同时,也受到他人的影响。人际传播是CI传播的主要形式,表现在企业内部成员之间的沟通和企业外部公众之间的沟通。

(2) 组织传播。组织所从事的信息活动。它包括两方面:一是组织内传播;二是组织外传播。这两方面都是组织生存和发展必不可少的保障。基本过程包括社会化过程、行为控制、决策控制、冲突管理。

(3) 大众传播。一种信息传播方式，是特定社会集团利用报纸、杂志、书籍、广播、电影、电视等大众媒介向社会大多数成员传送消息、知识的过程。这一定义仅指传播的单向过程，不包括反馈。随着大众媒介的发展，大众传播将成为双向过程。

当然，人与人之间必须发生一些事件或连续不断的来往，才会形成一个个交往的经历，同时也会相应地产生许多交往的感受。与读书学习的单向感受不同，交往感受是双向或多向的。一个人与他人的交往顺利或别扭，不仅与他的交往经历有关系，还与他当时的情绪、气质以及阅历、经验、个性和能力有关联。提高与人交往的心理素质，需要通过不断地积累经历与刺激感受，从而使交往的认知意象一步步强化来得以实现。

【案例 4-12】

《三国演义》中，刘备逃离了蔡氏兄弟的"鸿门宴"，跃马过檀溪，来到了南漳水镜庄，得遇水镜先生。

玄德视其人，松形鹤骨，器宇不凡。慌忙进前施礼，衣襟尚湿。水镜曰："公今日幸免大难!"玄德惊讶不已。小童曰："此刘玄德也。"水镜请入草堂，分宾主坐定。玄德见架上满堆书卷，窗外盛栽松竹，横琴于石床之上，清气飘然。水镜问曰："明公何来?"玄德曰："偶尔经由此地，因小童相指，得拜尊颜，不胜万幸!"水镜笑曰："公不必隐讳。公今必逃难至此。"玄德遂以襄阳一事告之。水镜曰："吾观公气色，已知之矣。"因问玄德曰："吾久闻明公大名，何故至今犹落魄不偶耶?"玄德曰："命途多蹇，所以至此。"水镜曰："不然。盖因将军左右不得其人耳。"玄德曰："备虽不才，文有孙乾、糜竺、简雍之辈，武有关、张、赵云之流，竭忠辅相，颇赖其力。"水镜曰："关、张、赵云，皆万人敌，惜无善用之人。若孙乾、糜竺辈，乃白面书生，非经纶济世之才也。"玄德曰："备亦尝侧身以求山谷之遗贤，奈未遇其人何!"水镜曰："岂不闻孔子云：'十室之邑，必有忠信。'何谓无人?"玄德曰："备愚昧不识，愿赐指教。"……水镜曰："今天下之奇才，尽在于此，公当往求之。"玄德急问曰："奇才安在? 果系何人?"水镜曰："伏龙、凤雏，两人得一，可安天下。"玄德曰："伏龙、凤雏何人也?"水镜抚掌大笑曰："好! 好!"玄德再问时，水镜曰："天色已晚，将军可于此暂宿一宵，明日当言之。"……候至天晓，玄德求见水镜，问曰："昨夜来者是谁?"水镜曰："此吾友也。"玄德求与相见。水镜曰："此人欲往投明主，已到他处去了。"玄德请问其姓名，水镜笑曰："好! 好!"玄德再问："伏龙、凤雏，果系何人?"水镜亦只笑曰："好! 好!"玄德拜请水镜出山相助，同扶汉室。水镜曰："山野闲散之人，不堪世用。自有胜吾十倍者来助公，公宜访之。"

思政提示：本故事中，刘备为皇室落魄后裔，于乱世中扛起了匡扶刘家汉室之大旗，志向高远，坚定不移。但他因不得其人便不得其志，所谓不得其人，是说他在知人识人上有所不足，例如后面对关云长镇守荆州的人事安排造成了关羽大意失荆州、败走麦城的局面。刘备在人际沟通和礼仪方面也显得急促，当然正面可以理解为他对人才的求贤若渴。相比而言，司马徽(水镜先生)这等高人，虽身处江湖之远，却尽知天下事，偶遇刘备，三言两语，便知晓其过去、当下和未来，他在和刘备沟通时，恰如其分，直指要害，处处占据主动，时时引导话语，话藏玄机，因为涉及卧龙、凤雏等第三方，便处处留有余地，即使刘备相求，也不指名道姓或言之凿凿，不轻于允诺。司马徽推荐卧龙、凤雏，既对刘备有相助之心，又稳妥地轻轻点染，是给刘备的智慧和眼界出的一道考题，真正做到了知人而论事。

任务二　有效倾听

著名励志大师戴尔·卡耐基说过:“专心听别人讲话的态度是我们所能给予别人最大的赞美,也是赢得别人欢迎的最佳途径。”由此可见,倾听对别人、对自己都是有好处的。人在内心深处,都有一种渴望得到别人尊重的愿望。倾听是一项技巧、是一种修养,甚至是一门艺术。学会倾听应该成为每个渴望事业有成的人的一种责任、一种追求、一种职业自觉。

一、倾听的重要性

沟通的四大媒介(听、说、读、写)中,花费时间最多的是在听别人说话。有人统计,工作中每天有70%以上的时间花在各种形式的沟通上,而用于沟通的时间中有45%是用来倾听的。绝大多数人天生就有听力(听得见声音的能力),但听得懂别人说话的能力,则是需要后天学习才会具备的。倾听的四个要点如下。

1. 准确了解对方

对下属、同事、上级和客户,通过倾听对方的讲话,推断对方的性格、以往的工作经验、对工作的态度和想法,借此在以后的工作中有针对性地进行接触。

市场部的小郭近来工作业绩一直不理想,而且还常常迟到、请假,市场部马经理找小郭进行了一次谈话。“小郭,最近工作感受怎么样?”小郭避开马经理的眼睛,低下头说:“还可以。”“真的吗?”马经理继续问,“怎么近来总迟到? 上个月的销售额也完成得不好啊。”小郭看了一眼经理,“哎,我这个月努努力吧。”“有什么问题?”马经理想知道个究竟,“没什么……”小郭欲言又止,马经理鼓励道:“有什么困难就讲出来,千万别放在心里面。”小郭看了一眼经理,又说了起来,“上个月……”小郭谈了十几分钟,马经理明白了。

根据掌握的情况和信息,进行分析和思考,最终找出问题的答案,从而使问题得到解决。

2. 能使他人感到被尊重和欣赏

每个人都有这样的心理,当他对某事感兴趣时,会充满热情地关注。因此,在别人讲话时你认真倾听,对他来说是最好的关注,让他知道你对他的话很感兴趣。如此,他就有了被尊重和赏识的感受,哪个人对一个尊重和赏识自己的人会没有好感呢? 不管是对待亲人和朋友,还是对待上级和下属,倾听都有同样的效果,倾听他人谈话的好处之一是别人将以热情和感激来回报你的真诚。

3. 能提高沟通效率

无论是在日常生活中闲谈趣事,还是在生意场上向人推销商品,有效的说话方式是自己只说1/3的话,把说2/3的机会留给别人。在对方说话的时候,你需要做的只是认真倾听,倾听使你了解对方的想法,以及对方对你的产品的反应,这样就能很好地避免误解,使沟通的效率大幅提高。

有些人喜欢滔滔不绝、夸夸其谈,不喜欢听别人说话,常常在没有完全了解对方想法的情况下盲目下结论,这样就容易误解别人,出现沟通障碍,甚至产生矛盾和冲突。

4. 多听少说可以保守你的秘密

夸夸其谈的人容易说漏嘴,把自己不该说的说了出去,这些话有可能是他们对别人的成见,有可能是他们的隐私,一旦说了出去,就可能带来不良后果。

总的来说，倾听有很多好处，能让你赢得别人的好感，获得更好的人际关系。

【案例 4-13】

有这样一则笑话，某人请五个人吃饭，还有一个左等右等也没到。见此情景，主人说道："该来的怎么还不来?"客人甲听了，心想：这不是说我们不该来的倒来了吗? 真气人! 于是说："对不起，我有点儿事，得先走了!"主人见他走了，很着急，就说道："不该走的怎么走了呢?"客人乙心想：这分明是暗示我该走却赖着不走。于是说："我有点儿事，失陪了。"主人更着急了，脱口而出："哎，他俩真多心，我说的又不是他们!"客人丙、客人丁大怒，想：那你说的肯定是我们俩了! 于是他们铁青着脸一言不发，拂袖而去。一场宴席就这样还没开始就不欢而散了。

思政提示：交谈是双向沟通的活动，而不是一方发表演说或"独白"。见面后第一印象往往决定着交往的成败，除仪容仪表、举止以外，最重要的因素就是交谈，与人交谈时要时刻注意自己的谈吐，注意在交谈过程中的礼仪。在社交过程中，因为不注意交谈的语言艺术，或多说了一句话，或用错了一个词，或不注意词语的色彩等，都会影响人际关系，使人产生误解。

二、倾听的原则

(1) 倾听者要适应讲话者的风格。

(2) 倾听不仅要用耳朵听，用眼睛看，还要用心感受。

(3) 在倾听的过程中，要站在对方角度看问题，理解对方。

(4) 表现出倾听的兴趣，鼓励对方表达自己。

(5) 要聆听全部信息。

课堂小互动

汤姆开了一辆公交车，车上有 28 名乘客，到了第一站，上了 5 名，下了 3 名；又到一站，上了 10 名，下了 2 名；下一站没上人，下了 4 名；又到一站，上了 2 名，下了 7 名；下一站，上了 3 名，没有下车的；下一站就是终点站。请问公交车一共经过多少站? ……(停顿 10 秒)

分析：

(1) 你能准确回答出问题吗?

(2) 为什么大家都认真听了，却回答不出培训师的问题?

(3) 对于抢答的同学，为什么你没有耐心听完培训师的问题?

(4) 倾听有什么重要性?

三、倾听的层次

1. 第一层次：心不在焉地听

这个层次的倾听者主要具有以下特征：心不在焉，几乎不注意说话者所说的话，心里盘算或考虑着其他毫无关联或关联不大的事情，或心里只是想着如何辩驳对方。这个层次的倾听者真正感兴趣的不是听，而是说，他们虽然表面上在听，心里却迫不及待地想要说话。

这个层次的倾听往往会导致人际关系的破裂,是一种非常危险的倾听方式。

2. 第二层次:被动消极地听

这个层次的倾听者只是被动消极地听说话者所说的内容,常常忽视或错过说话者通过表情、眼神等肢体语言所表达的意思。这个层次的倾听常常导致倾听者出现误解或错误的反馈,从而失去进一步交流的机会。另外,这个层次的倾听者经常通过点头示意来表示自己正在倾听,这往往会导致说话者误以为自己所说的完全被听懂了。

3. 第三层次:选择性地听

这个层次的倾听者确实在倾听对方说话,也能够了解对方,但他们往往过分沉迷于自己喜欢的话题,只留心倾听自己感兴趣的部分,不合自己口味或与自己意思相左的内容一概过滤掉。

4. 第四层次:主动积极地听

这个层次的倾听者主要具有以下特征:主动积极地倾听对方说的每一句话,很专心地注意对方的一举一动。这个层次上的倾听虽然能激发对方的注意,但是很难引起对方的心理共鸣。

5. 第五层次:运用同理心听

这个层次的倾听不是一般的倾听,而是用心去倾听。这个层次的倾听者主要具有以下特征:善于在说话者的信息中寻找自己感兴趣的部分,因为他们认为这是获取有用信息的契机;在倾听过程中不急于做出判断,而是感同身受对方的情感,并且能够设身处地地看待事物;善于分析和总结已经传递出的信息,质疑或者权衡听到的话;能够有意识地注意到很多非语言线索;善于向讲话者发出询问和反馈,而不是质疑讲话者。这个层次的倾听者是带着理解和尊重积极主动地倾听,这种有感情注入的倾听方式有利于引起讲话者的心理共鸣,在形成良好的人际关系方面起着极其重要的作用。

每个人都应该重视倾听,提高自身的倾听技巧,学会做一个优秀的倾听者。倾听不是被动地接受,而是一种积极主动的行为。倾听者不是机械地"竖起耳朵",在听的过程中还要转动脑子,不但要跟上说话者的语言,还要跟上说话者的思想内涵和情感深度,并在适当的时机提问、做出反馈,从而使交谈能够步步深入。

四、正确的倾听方式

正确倾听的五种方式如下。

1. 集中精神

倾听时要选择适宜的环境,营造轻松的气氛。随时提醒自己交谈到底要解决什么问题,倾听时应保持与谈话者的眼神接触。

注意适当把握时间的长短,如果没有语言上的呼应,而只是长时间地盯着对方,会使对方感到不安。要努力维持头脑的清醒,不仅用耳朵,而且要用整个身体倾听对方说话。

2. 采取开放式姿态

开放式的态度意味着要控制自身偏见和情绪,克服先入为主的想法,在开始沟通之前,培养自己对对方的感受和意见的兴趣,做好准备,积极适应对方思路,理解对方的话。

3. 积极预期

努力推测谈话者可能想说的话，有助于更好地理解和体会对方的感情。但是"预期"并不等于"假设"，并不是你假设了对方的想法，然后就真的以为对方就是这样想的，如果你真的相信自己的假设，就很难再认真倾听了。

4. 鼓励对方

使用带有"鼓励性"的语言使对方能够尽可能地把自己的真实想法说出来，以便了解更多的信息，采取相应的策略。例如，"您说得非常有价值，我觉得受益匪浅，请您继续讲！"

5. 恰当的身体语言

给予表达方恰当的身体语言，表明你准备或正在倾听，倾听的身体语言如下。

(1) 做出示意，使周围的环境安静下来。

(2) 身体坐直，拿出笔记本。

(3) 身体前倾。

(4) 稍微侧身面对对方。

(5) 眼睛集中在对方身上，显示你给予表达方的充分注意。

(6) 突然有电话打进来，你可以告诉对方一会儿再打过来。

(7) 不要东张西望，若有所思。

(8) 不应跷起二郎腿，双手抱胸，这样容易使对方误以为你不耐烦、抗拒或高傲。

课堂小互动

马莉和海璐做同事几年了，马莉相信自己知道海璐接下来要说什么。

海璐：我不知道应如何选择，如果没有至少三个人来回复求助电话的话……

马莉：你应该转移所有的电话到服务器，保留号码，这样就会少处理一些电话了。再说我们今年没有招新人的计划，其他岗位的同事也很忙！

海璐：你让我说完，我是说我们至少需要三个人在岗位上接电话以保证客户服务的信息能准时接听，现在上午人员安排超过5个人，而过了下午5:00就没人接电话了。我们是否可以尝试将人员分开安排两个班次，这样就没问题了。

分析马莉的倾听存在什么问题？如何改进？

五、倾听的技巧

倾听是沟通的基础，可以使同事、下属或上级乐意讲述甚至倾诉，令对话持续不断，有利于消除隔阂、减少误会。倾听还可以了解上级、同事与下属的感受、观点与需要。通常，人都很自我，总是喜欢说，喜欢表达，而忘了别人也有同样的需要。因此，懂得倾听不失为一种艺术。而在倾听的过程中，也要掌握一定的技巧。倾听的八种技巧如下。

1. 保持适当的视线接触

在倾听时要保持适当的视线接触，目光对视是对别人的基本尊重。有的人说话的时候，喜欢看着没人的地方，虽然他的本意不是轻视对方，但给别人的感觉就是不舒服。别人说话时，你不仅要用耳朵去倾听，更要用目光去关注，才能鼓励别人敞开心扉。

2. 不要随便打断对方

在倾听的过程中，注意不要随便打断对方，应该让对方将自己想表达的意思说完整以后，再表达自己的想法。如果别人刚说一句话，甚至一句话未说完，你就开始讲述自己的观点，经常如此的话就不是倾听，而是讨论甚至是争论了。

3. 适当重复

听别人说话时，听完之后，最好将对方所说的话进行简单的概括，并且复述给对方听，以表明你在用心听别人说话，而且还在和他一起思考，这样做会让对方感觉找到了“知音”，产生了共鸣。注意：在简要复述对方所述内容时，尽量避免出现多个否定词。

4. 适时地展示赞许的表情

职场交流沟通时，不仅需要听对方谈话，有时还要根据对方讲话的内容适时表现自己的赞许或意见。但是在对方讲话时又不适合打断对方，这时面部表情很重要。在倾听对方谈话时，适当展示赞许的表情，不仅能表达自己的观点，还能鼓励对方说下去。这样更有利于职场沟通的顺利进行。

5. 不要做一些分心或不恰当的举动

在职场与人沟通时，要全身心地投入，特别是一些重大的谈判时，更需要打起十二分的精神。所以，在倾听时，不要做一些分心或不恰当的举动，这些举动不仅会影响对方说话，还会直接影响自己的职业形象和职业素养。

6. 不要以自我为中心

在良好沟通的几大要素中，话语占 7%，音调占 38%，而 55%则完全是非言语信号。通常，人们在沟通时，会在不知不觉中纠结于自己的想法，而错失别人透露的语言和非语言信息。所以，沟通时千万不要以自我为中心，这是有效倾听的最大障碍。

7. 抱着负责任的态度

负责任的态度能增加你与他人对话成功的概率。参加任何会议前，都要妥善准备，准时出席，不要随意退席或离席，而且要集中注意力，不要坐立不安、抖动或看表。如果你能决定会议的场地，就选一个不会被干扰、噪声少的地方。如果在你的办公室，抛开妨碍沟通的办公桌，站或坐在你谈话对象的身旁。如此做，会让对方觉得你真的有诚意倾听他说话。

8. 不要有预设立场

如果你一开始就认定对方很无趣，你就会不断地在对话中设法验证你的观点，结果你所听到的往往都是无趣的内容。

六、正确的发问

其实，倾听不仅需要听，关键时候也需要提出问题，因此必须掌握正确的发问方法，获取更多信息。正确发问的六种技巧如下。

1. 开放式发问

开放式发问能够给予对方发挥的余地，讨论范围较大的问题以便获取信息。即使你不想要答案，也要提问。这样可以使你借此观察对方的反应和态度的变化。

常用词语包括谁、什么时候、什么、哪里、为什么、怎么样、请告诉我等。例如，“从哪里开始的？”“你想这为什么会发生呢？”“你认为有什么其他的原因吗？”

2. 清单式发问

清单式发问提出可能性和多种选择的问题，目的在于获取信息，鼓励对方按对方优先顺序进行选择。例如，“目前，公司员工士气低落，您认为是什么造成的？市场环境恶劣，工作压力太大？还是待遇不理想？”

3. 假设式发问

假设式发问让别人想象，探求别人的态度和观点，其目的在于鼓励对方从不同角度思考问题。例如，“假设你们事先考虑了这个问题，结果会怎样？”

4. 重复式发问

重复式发问重复信息以检验对方的真实意图，其目的在于让对方知道你听到了这样的信息，并检查所得到的信息是否正确。例如，“你谈到的想法是？”“你刚才说的是？”“如果我没有听错的话？”“让我们总结一下好吗？”

5. 激励式发问

激励式发问的目的在于表达对对方信息的兴趣和理解，鼓励对方继续同自己交流。例如，“您说的是……这太有意思了，当时您是……”“这刚才提到……真是太有挑战性了，那后来……”“这太令人激动了……您可不可以就有关……”

6. 封闭式发问

封闭式发问的目的在于只需要得到肯定和否定的答复。常用的词语包括：是不是、哪一个、或是、有没有、是否。例如，“过去是否发生过类似的情况？”“对于这两种方案，你更倾向于哪一个？”

课堂小互动

人数：8～10 位组员。

时间：30 分钟。

材料：眼罩及贴纸。

场地：空地。

游戏方法：

(1) 让每位组员戴上眼罩。

(2) 工作人员给予每位组员一个号码贴纸，组员不得告诉他人自己的号码。

(3) 让组员根据每人的号数，按从小到大顺序排成一条直线。

(4) 整个过程不能说话，只要有人说话或脱下眼罩，工作人员即宣布游戏结束。

讨论题目：

(1) 组员之间如何通知对方有关自己的位置及号数？

(2) 沟通中遇到了什么问题，组员是怎样解决这些问题的？

(3) 组员觉得有什么更好的沟通方法？

任务三　谈吐优雅，礼节有度

一、交谈的态度

交谈时所表现的态度，往往是其内心世界的真实反映。若想使交谈顺利进行，就务必对自己的谈话态度予以准确把握、适当控制。态度诚恳、亲切、友好，才能建立起双方的相互信任与好感，也才能使谈话融洽、和谐、愉快。反之，如果与人交谈时缺乏诚意、态度傲慢、油腔滑调，就会使交谈难以继续下去，更难以获得交往的成功。图 4-9 展示了真诚友好的态度是成功交谈的前提。

图 4-9　真诚友好的态度是成功交谈的前提

（一）神情自然

人们在交谈时所呈现出来的种种神情，往往是个人心态、动机的无声反映。为了体现自己的交谈诚意和热情，应当对表情予以充分注意。

1. 交谈时目光应专注

眼珠一动不动，眼神呆滞，甚至直愣愣地盯视对方，都是极不礼貌的。目光游离，左顾右盼，则是对对方不屑一顾的失礼之举，也是不可取的。如果是多人交谈，就应该不时地用目光与众人交流，以表示交谈是大家的，彼此是平等的。

2. 交谈时可适当运用眉毛、嘴、眼睛在形态上的变化

表达自己对对方所言的赞同、理解、惊讶、迷惑，从而表明自己的专注之情，并促使对方强调重点、解释疑惑，使交谈顺利进行。

3. 交谈时的神情应与说话的内容相配合

当对别人的不幸予以安慰时，表情一定要同情、专注；当对别人予以祝贺时，表情则要真诚、热情和愉快。

4. 交谈时的表情应与交谈的对象相协调

如与领导和长者谈话，应当恭敬而大方；与朋友谈话，应当亲切而温和等。

（二）动作得当

人们在交谈时往往会伴随着做出一些有意无意的动作，即肢体语言。肢体语言通常是自身对谈话内容和谈话对象的真实态度的反应。因此，交谈过程中要对自己的举止予以规

范和控制。适度的动作既可表达敬人之意，又有利于双方的沟通和交流。如发言者可用适当的手势来补充说明其所阐述的具体事由，倾听者则可以点头、微笑来反馈“我正在注意听”“我很感兴趣”等信息。同时在交谈时应避免过分、多余的动作。交谈过程中，不要手舞足蹈、拉扯拍打，也不要左顾右盼、双手置于脑后或是高架“二郎腿”，甚至剪指甲、挖耳朵等。交谈时还应尽量避免打哈欠，如果实在忍不住，也应侧头掩口，并向他人致歉。尤其应当注意的是，不要在交谈时以手指指人，因为这种动作有轻蔑之意。

（三）善于倾听

常言“愚者善说，智者善听”。一个出色的聆听者能够很好地激发谈话者的谈话兴致，并创造出一种与谈话者心灵交融的交谈氛围，这些在前面章节已有具体的介绍。

二、交谈的语言

语言是交谈的载体，是双方信息沟通的桥梁、双方思想感情交流的渠道。语言在人际交往中占据着最基本、最重要的位置。语言作为一种表达方式，能随着时间、场合、对象的不同，表达出各种各样的信息和丰富多彩的思想感情。在日常生活中，人们运用语言进行交谈，表达思想，沟通信息，交流感情，从而达到建立、调整和发展人际关系的目的。中国人讲究“听其言，观其行”，把语言谈吐作为考察人品的一个重要内容。语言在人际交往中占据着最基本、最重要的位置。

（一）文明礼貌

日常交谈虽不像正式发言那样严肃郑重，但也要注意用语的文明礼貌，应该做到以下几点。

1. 多用礼貌用语和雅语

微课：礼貌用语的使用

雅语是指一些比较文雅的词语。雅语常常在一些正规的场合以及一些有长辈和女性在场的情况下，被用来替代那些比较随意，甚至粗俗的话语。多使用雅语，能体现出一个人的文化素养及尊重他人的个人素质。

常在一些正规的场合以及一些有长辈或女性在场的情况下，被用来代替那些比较随便甚至粗俗的话语。语言是个人素养的直接体现，一句不雅的话出口，很可能会被人看低三分；而多使用雅语，能体现出一个人的文化素养和个人修养。常见的雅语如“久仰”“久违”“指教”“包涵”“打扰”“拜托”“高见”“劳驾”“赐教”“恭候”“留步”“方便”等。在生活中，尤其是在社交场合养成使用礼貌用语的习惯也是很重要的。例如，“您”“您好”“谢谢”“对不起”“没关系”“再见”等，这些礼貌用语人人都应重视，恰当地运用，会给人们的各种交往带来诸多方便。在日常生活中，尤其在社交场合中，多使用礼貌用语，不仅是个人良好修养的表现，更是尊重他人的表现，并且有利于双方气氛的融洽和交际的成功。例如，陌生人初次相识，礼貌地打招呼“您好，很高兴认识您。”彼此关系很快就能融洽起来。而给他人造成不便时，及时说声“对不起”，将有助于大事化小、小事化了。

2. 多用敬语、谦语，做到外敬内谦

(1) 敬语，是指对听话人表示尊敬的语言手段。在不同的语言环境下，使用敬语，会体现不同的礼仪，也代表着对话者的含义会有所不同。除礼貌上的必需之外，多使用敬语，还可体现一个人的文化修养。

日常使用的敬语有“请”字，第二人称中有“您”字，代词有“阁下”“尊夫人”“贵方”等。另外，还有一些常用的词语用法，如初次见面称“久仰”，很久不见称“久违”，向人祝贺说“恭喜”，请人批评称“请指教”，请人帮忙说“劳驾”，请人原谅称“包涵”，麻烦别人称“打扰”，托人办事称“拜托”，赞人见解称“高见”，等候客人说“恭候”，未及远迎说“失迎”等。

敬语的运用场合：比较正规的社交场合；与师长或身份、地位较高的人交谈时；与人初次打交道或会见不太熟悉的人时；会议、谈判等公务场合等。

(2) 谦语又称“谦辞”，它与“敬语”相对，是向人表示谦恭和自谦的一种词语。使用正确的谦语，能使对方与自己的距离缩短，为彼此的谈话奠定友好的基础，创造融洽的气氛。在与人相处时，如果不能使用正确恰当的谦语，就会对自己造成不利的影响，引起别人的猜忌、困惑或反感，甚至使别人误会自己的好意，从而给人留下不佳的印象，因此一定要谨慎地使用谦语。

谦语最常见的用法是在别人面前谦称自己和自己的亲属。例如，谦称自己用“在下、鄙人、晚生”等，谦称家人可以用“家父、家母、家兄、舍妹、小儿、小侄、小婿”等。

3. 尽量避免一些不文雅的语词和说法

不说粗话、脏话。粗话、脏话、怪话、气话是极其不礼貌的语言，与语言文明格格不入，不仅使人产生误解、反感和厌恶的情绪，也极易引发矛盾和冲突，破坏文明和谐的人际关系和氛围。任何讲究文明礼貌的人，都应该自觉地将粗话、脏话、怪话、气话从自己的语言中坚决去掉，否则不但无助于沟通和交流，而且伤害人，也有损自身形象。

(二) 委婉含蓄

英国思想家培根说过：“交谈时的含蓄与得体，比口若悬河更可贵。”在言谈中，有驾驭语言功力的人，会自如地运用多种表达方式。有时委婉含蓄比直截了当地说话的表达效果更佳。因为在日常交际中，总有一些人们不便、不忍或语境不允许直说的话题，这时就需要把“词锋”隐遁，把“棱角”磨圆，软化自己的话，便于听者接受，委婉地实现自己的目的。

委婉是一种既温和婉转又能清晰明确地表达思想的谈话艺术。它的显著特点是“言在此而意在彼”，能够诱导对方去领会你的话，去寻找言外之意。从心理学的角度来看，委婉含蓄的话，不论是提出自己的看法还是向对方劝说，都能比较适应对方心理上的自尊感，使对方容易认同、接受你的说法。有些话，意思差不多，说法稍有不同，给人感觉却大不一样。例如，什么事？请问你有什么事？如果不行就算了！如果觉得有困难的话，那就不麻烦你了。两相比较，后者既委婉，又能够充分表达自己的意思，比较容易让人接受。

在人际交往过程中，如果不注意语言表达的委婉与含蓄，可能会在不经意间冒犯了他人，使人际关系变得疏远或伤及他人的面子、自尊，甚至会让人产生报复的心理，为日后埋下隐患。因此说话委婉含蓄是一种艺术，更是一种技巧，既能体现一个人的语言修养，也是一个人智慧的表现。

但在使用委婉含蓄的语言时，必须注意避免晦涩艰深。谈话的目的是要让人听懂，而不是一味追求奇巧，这样会使他人摸不着头脑，甚至会造成误解，影响表达的效果。

(三) 吐字清晰、声音动听

人的声音是个性的表达，声音来自人体内在，是一种内在的剖白。因此，你的声音中可能会透露出喜悦、果断和热情，也可以透露出畏惧、犹豫和缺乏自信。谈吐礼仪要求人们在讲话时要用有魅力的声音，给人以美的享受。

1. 把握说话的语气

事情有轻、重、缓、急，语气有抑、扬、顿、挫。只有把握了说话语气的分寸，才能使说出的话被对方充分理解和接受，才能收到说话的预期效果。

当然，说话语气的运用要分对象、分场合、分时间。在不同的情况下，要运用不同的语气，这其中的分寸，就需要说话者灵活掌握了，具体从以下三个方面入手。

(1) 要因人而异。驾驭语气最重要的一条是语气因人而异。语气能够影响听者的情绪和精神状态。语气适用于听者，才能同向引发，用喜悦的语气就会引发对方的喜悦之情，用愤怒的语气就会引发对方的愤怒之意；语气不适用于听者，则会异向引发，如生硬的语气会引发出对方的不悦之感，埋怨的语气会引发出对方的满腹牢骚等。

(2) 要因地而异。把握语气要注意说话的场合，这是十分必要的。一般来说，场面越大，越要注意适当提高音量，放慢语速，把握语势上扬的幅度，突出重点。相反，场面越小，越要注意适当降低声音，紧凑词语密度，并把握语势的下降趋向，追求自然。

(3) 要因时而异。同样的一句话，在不同的时候说，效果往往会大相径庭。抓住时机，恰到好处，运用适当的语气才能够产生正确的效果。语气傲慢者使人反感，语气谦卑者使人喜欢。同样的话，用不同的语气说出来，就会起到不一样的效果。因此，在说话的时候，就要注意自己的语气，不要给人一种傲慢的感觉。

2. 控制说话的节奏

说话要有节奏，该快的时候快，该慢的时候慢，该起的时候起，这样有起伏，有快慢，有轻重，才形成了口语的节奏和乐感，否则话语就不感人，不动人。口语中有规律性的变化叫节奏，有了这个变化，语言才生动，否则显得呆板。只有真正合宜的说话节奏，才会让听者舒服，且能轻松地明白你要表达的意思。

(1) 回答提问时，为了提高答语的针对性，说话的速度不宜太快，抓住问题的要领，用尽可能简洁的语言把你的意思表达出来；在关键的中心句子上，还应进一步放慢节奏，加重语气，把你答语的核心凸显出来。

(2) 做介绍时，适宜用适中的语速。除了在你想强调的地方说得慢一点，为了增大介绍的信息量，其他部分可以在不影响表达的情况下，适当把话说得紧凑些。

(3) 表达意见时，要看具体的情况。如果你想表达反对的意见，宣泄心中的不满，慢语速可以加重你流露的感情，而快语速则可以突出你不满的程度。如果你要表达赞成的意见，抒发心中的愉快，轻快的语速就再合适不过了。

(4) 与人闲聊时，说话的节奏最自由。你不需要过分留意自己的语速，否则会显得很不自在。只要控制好闲聊的时间，说快说慢就以便于配合你的情感为准则。

(5) 遇到紧急情况时，任何人都知道不能慢悠悠地说话。因此，你首先要做的不是考虑说话的节奏，而是给自己一个瞬间，镇静一下情绪，把你要说的内容尽量简明、清楚地说出来。不必担心你会说得慢，而要注意别说得过快。

总之，说话的目的是交流信息，节奏的处理是灵活的，只要你觉得什么样的说话节奏能把你的意思表达清楚，你就选择哪一种节奏。

3. 控制说话的语调

语调就是说话的腔调。从严格定义上说，语调应表述为：整句话和整句话中某个语言片段在语音上的抑扬顿挫，包括全句或句中某一片段的声音的高低变化，说话的快慢(即音的长短和停顿)及轻重等。在口语交际中，语调往往比语义能传递更多的信息，能对听众的心理产生极其微妙的特殊作用，因此也非常重要。

与人交谈时，音阶的变化会加强你的说服力，并且能够感染听者，从而产生说服力。如果你在说话时，只是抓住了字词的表面意义，那么你就只是用“借来的字词”在传达而已，你并不是个很高明的说话者。你应该把这些字词的意义充分地表达出来，并且加上你对它们的理解，你的表达才是完整的，你的感情才能充分地表露出来。那么，怎样才能使语调生动有趣，感染听者呢？

(1) 要掌握有特色的各种句调。声音的高低变化叫作句调，句调是语调中主要的内容。句调可分升调、降调、曲调、平调四种。升、降、曲、平四调，各具特色。只有掌握了句调的特点，才能灵活地表达出各种句调。

(2) 语调要抑扬顿挫。说出的话中含有语调才能显得抑扬顿挫。抑扬顿挫构成了语旨自然和谐的音乐美，能细致地表达思想感情和语气，使语言更富有吸引力。

一般来说，语调越多样化，越生动活泼，其吸引力就越大。分寸感是语调正确的首要条件。每句话都可以用不同的语调来说，但不同的语调给对方的信息刺激也是不同的。同样一句话，由于语调不同，就可能给人不同的理解，即使是文明用语，也可能揭示不尊敬对方的信息；相反，有些不礼貌的语言用亲切的语调，却给人揭示了一种亲密无间的信息，其关键在于语调分寸感的使用。能否恰当地运用不同的语调，是衡量一个人口头表达能力的重要标志。

(3) 控制说话的轻重快慢。人们说话都有轻重快慢之分。一般来说，重要的词语或需要强调的内容应说得重些，句子中的辅助成分或平淡的内容则应说得轻些。说话轻重适宜，能使语意分明，声音色彩丰富，语气生动活泼，语言信息中心突出，从而引起听者的注意，引导听者的思路，易于被人理解和接受。说话的轻与重，是相对而言的。说话太轻，容易使听者缺乏兴趣；说话太重，则容易让听者产生突兀的感觉。

应根据说话的内容该轻则轻，该重则重，使人感到音节错落有致，舒服畅快。语速应根据交际场合和个人表情达意的需要而选译。运用恰当的语速说话，是控制语调的主要技巧。在需要快说时，语速流畅，不急促，使人听得明白；在需要慢说时，不能拖沓，要声声入耳。语速徐疾，快慢有节，才能使言语富有节奏感，并且增强语言的感染力。

(4) 培养表达心声的语调。语调对于有声语言表达的效果有着非常重要的作用。语调不仅能成功地表达一个人的心理和性格，还可以表达说话者微妙的感情。不同的语调，可导致对方不同的感觉效果。一句话起什么作用，产生什么效果，给听者什么感受，取决于说话者的语气和语调。语调关系到口才的成功和失败，所以要交际成功，必须练习那种真实、准确、富有生命力的语调。

4. 声音四要素

从专业角度来看，声音分为四个要素：音色、音量、音高和音长。这四者是相辅相成、互相制约的。

（1）音色，也就是声音的特色、个性。那么什么样的音色叫作纯正呢？

第一，吐字清晰、洪亮、圆润，是音色纯正的第一标准。用通俗的话说，就是说话让人听得清。有的人说话，有点儿囫囵吞枣，声音很大，可就是听不清楚到底在说些什么。有的人说话太快，也不容易让人听得清楚。圆润的意思就是说话声音不能太尖。有些女孩子嗓音条件很细，说话声音再大点，就很容易往头腔走，这样就会造成声音听着不舒服。还有的人声音很低沉，如果不注意说话声音，也可能让人听不清。

第二，声音的明暗虚实是音色的又一标准。同一个"a"音，就可以产生明暗虚实的效果。比如说别人踩到你的脚，很疼，你会下意识地喊出"a"，这个"a"通常短促；又如，你吓唬你的朋友，你发出的"a"音就不会短促，而是虚虚实实、漂浮不定，给人恐惧的感觉。

通常情况下，音色明亮给人活泼开朗的感觉；音色低沉给人成熟的感觉；音色发虚、尾音上扬，给人没自信的感觉；音色发嗲，给人装腔作势、矫揉造作的感觉；音色过尖，给人工于心计的感觉。

（2）音量，顾名思义就是声音的大小，若用大力将音波从口腔以气流的方式发出，声音就大，反之音小。有的人在描述一件事的时候，让人听着就有趣，那就是有轻重缓急，音量时高时低。有的人描述一件事情的时候，就像是"白开水"，无论多有趣的事，从他嘴里说出来都索然无味。

无论在什么场合，音量过高，都是一种不成熟的表现，也是一种低素质的表现。没有哪位成功人士，说话特别大声。音量过高也是一种没有安全感的表现，或是太渴望被人关注。

（3）音高，是声音的高低，它取决于发音体在一定时间内颤动的频率。这里所指的高与低，是由个人不同的音高相比之下产生的。音高表示兴奋、活泼、高兴等愉悦基调；音低则表示忧郁、阴沉、平静等心理状态。

两性交往中的低音往往被看成是更具魅力、更性感的一种特性。但是，如果人为地压着嗓子，就是气流从口腔发出时，改变口腔正常说话的状态，使其声音人为地压低，那么声音听上去也会不正常。需要注意的是，音高并不是声大，音高的高与低是由声带的颤动频率决定的，声音的高与低是由气息决定的。在日常生活中，也会有高声低语的情况，比如两个人说悄悄话，用很小的声音，描述一件令人愉快的事情。

（4）音长，是指声音的长短和停顿的间隙，就是俗话说的拉长音。有的人说话很快，容易给人造成只听其声、不明其意的状况。

三、交谈的内容

交谈的内容是关系到交谈成败的决定性因素。交谈内容往往被视为个人品位、志趣、教养和阅历的集中体现。而交谈的内容则是由交谈的主题所决定，因此交谈的主题选择应当遵守一定的原则和要求。

（一）适宜的谈话主题

1. 既定的主题

既定的主题也就是交往双方事先约定的主题。

2. 高雅的主题

高雅的主题是内容文明、优雅或格调高尚的主题，如文学、艺术、历史、哲学等，适合各类一般性的交谈。但这一主题选择的前提是忌讳不懂装懂。

3. 轻松的主题

在交谈时要有意识地选择那些能给交谈对象带去开心与欢乐的轻松的话题，例如文艺演出、旅游观光、风土人情、流行时尚等。除非必要，切勿选择那些让对方感到沉闷、压抑、悲哀、难过的主题，如疾病、灾难等。

4. 擅长的主题

擅长的主题是根据交谈对象的职业、喜好等来选择话题。例如，在和律师交谈的时候，可以谈谈法律方面的话题；在和文艺工作者交谈的时候，可以谈谈文学创作等。选择自己所擅长的主题，就会在交谈中驾轻就熟，得心应手，并令对方感到自己谈吐不俗，对自己刮目相看；选择对方所擅长的主题，既可以给对方发挥长处的机会，调动其交谈的积极性，也可以借机向对方表达自己的谦恭之意，并可取人之长、补己之短。应当注意的是，无论是选择自己擅长的内容，还是选择对方擅长的话题，都不应当涉及另一方一无所知的内容，否则便会使对方感到尴尬难堪，或令自己贻笑大方。

（二）不适宜交谈的主题

1. 个人隐私

交谈过程中，涉及个人年龄、收入、婚恋、住址、个人经历、工资收入、家庭财产等，如果不是对方主动提出来或是工作必须了解的，就不要谈论。

2. 非议他人

与人交谈时，杜绝在背后说他人的短长。既不说他人的坏话，也不传闲话，这不仅是礼仪的需要，也是交往成功的保证。富兰克林在谈到他成功的秘诀时曾说："我不说任何人的坏话，我只说我所知道的每个人的长处。"背后对人说长论短，这是最令人厌恶的事情，也反映了一个人的道德品质不好。

3. 不愉快的话题

俗话说"当着矮人不说短话"，谈话内容一般不要涉及疾病、死亡、身体缺陷等让对方较为敏感的话题。

4. 错误倾向的话题

违背社会伦理、生活堕落、政治错误等话题也不适合交谈。

5. 低级庸俗的话题

社交场合不以荒诞离奇、耸人听闻、黄色淫秽的内容为话题，也不开低级庸俗的玩笑，更不能嘲弄他人的生理缺陷，那样只会证明自己的格调不高。

四、交谈的方式

语言交流是沟通中最直接有效的手段，但它也是最难驾驭的手段之一。谈话的时间、节奏、重点等都使我们必须因地制宜来选择适合的交谈方式。交谈方式的选择恰当与否，对于能否正确进行人际沟通、恰当表达个人思想、友善传递敬人之意都起着关键的作用。一般而言，谈话方式主要有以下六种。

1. 倾泻式交谈

倾泻式交谈就是人们通常所说的“打开天窗说亮话”，无所不言，言无不尽，用有条理但又简洁的语言阐明自己的观点，使对方有一个相对客观而全面的了解。倾泻式交谈方式的基本特征是以我为主，畅所欲言。

采用倾泻式交谈方式，易赢得对方的信任，而且可以因势利导地掌握交谈主动权，控制交谈走向。但这种交谈方式容易给人以不稳重之感，有可能泄密，而且还会被人误以为是在和对方“套近乎”。因此，即便是以自己说话为主，也要将适当的时间留给对方。

2. 静听式交谈

静听式交谈即在交谈时有意识地少说多听，以听为主。当别人说话时，除了予以必要的配合，自己主要是洗耳恭听。在听的过程中，了解对方的想法，在脑海中理清头绪，制定出合适的应对策略。同时还能为自己赢得宝贵的时间，只有了解对方的想法才能判断出真实意图，将这些信息进行筛选，以使自己在事件的处理上占据主动，达到意想不到的效果。

这种交谈的长处在于，它既是表示谦恭之意的手段，也可后发制人，变被动为主动。但这种方式并非要人自始至终一言不发，而要求以自己的只言片语、神情举止去鼓励、配合对方，否则就会给人自命不凡之感。

3. 引导式交谈

引导式交谈又称启发式交谈，即交谈一方主动与那些拙于辞令的谈话对象进行合作，在话题的选择或谈话的走向上对对方多方引导、循循善诱，或抛砖引玉，鼓励对方采用恰当的方式阐述个人见解。

这种交谈方式在使用时，应注意启发者的态度，必须是以平等的、亲和的态度，才能令对方畅所欲言，居高临下的启发会打消对方交流的想法。循循善诱需要真诚的态度，意图十分明显的启发，是很容易被对方识破的。有时候，放低姿态去提问是非常有效的，每个人都乐意被别人欣赏，都愿意向一个前来求教的人畅谈经验或体会，因此把自己放到一个仰视对方或请求帮助的角度，对交谈是大有裨益的。

4. 跳跃式交谈

跳跃式交谈即在交谈中，倘若一方或双方对某一话题感到厌倦、不合时宜、无人呼应或难以回答时，及时地转而谈论另外一些较为适当的、双方都感兴趣的话题。

这种交谈方式的长处在于可使交谈者避免冷场的尴尬，恢复交谈的顺利进行。跳跃式交谈虽可对交谈话题多次变换，但交谈者切勿单凭个人兴趣频繁跳换话题，让对方无所适从，而是使双方处于平等的地位，选择适合彼此的内容。

5. 评论式交谈

评论式交谈即在谈话中听取了他人的观点、见解后，在适当时刻，以适当方法恰如其分地进行插话，来发表自己就此问题的主要看法。这种方式的主要特征是当面肯定、否定或补充、完善对方的发言内容。在涉及根本性、方向性、原则性问题的交谈中，有必要采取这种方式。

采用这种方式的关键是要注意适时与适度，同时要重视与对方彼此尊重、彼此理解、彼此沟通，切不可处处以“仲裁者”自居，不让他人发表观点或是不负责任地信口开河，对他人见解妄加评论，甚至故意与他人唱反调，粗暴无礼地打断别人的谈话。

6. 拓展式交谈

拓展式交谈即围绕着大家共同关注的问题，进行由此及彼、由表及里的探讨，以便开阔思路、加深印象、提高认识或达成一致。拓展式交谈的目的在于各抒己见，交换意见，集思广益。

这种交谈方式能使参与交谈的有关各方统一思想，达成共识，或交换意见，完善各自观点。在进行拓展式交谈时，一定要注意就事论事，以理服人，善于听取他人意见，切不可强词夺理。

五、交谈的禁忌

与人交谈，重在交流信息，相互取长补短，同时也应注意尊重交谈对象。在交谈中，态度要谦恭，语言要文明。另外，还要注意避免出现下列情况。

1. 忌心不在焉

与他人交谈时，思想要集中，不要左顾右盼，或面带倦容、连打呵欠；或神情木然、毫无表情，让人觉得扫兴。

2. 忌自我炫耀

交谈中，不要炫耀自己的长处、成绩，更不要或明或暗拐弯抹角地为自己吹嘘，以免使人反感。

3. 忌口若悬河

如果对方对你所谈的内容不懂或不感兴趣，不要不顾对方的情绪，自己始终口若悬河、夸夸其谈。

4. 忌居高临下

不管你的身份多高，资历多深，都应放下架子，平等地与人交谈，切不可给人以高高在上之感。

5. 忌随意插嘴

在倾听他人讲话的时候，不仅要认真耐心，更要让人把话说完。在他人说话的中途，突然插上一嘴，打断对方是极不礼貌的行为。

6. 忌节外生枝

交谈时要扣紧话题，不要节外生枝。例如，大家正在兴致勃勃地谈论足球，你突然谈到目前的交通状况，显然不妥。

7. 忌搔首弄姿

与人交谈时，姿态要自然得体，手势要恰如其分。切不可指指点点，挤眉弄眼，更不要挖鼻掏耳、搔首摆膝、摇头晃脚，给人以轻浮或缺乏教养的印象。

8. 忌挖苦嘲弄

别人在说话时出现了错误，不应嘲笑，特别是在人多的场合，否则会伤害对方的自尊心，从而产生反感情绪；更不能把别人的生理缺陷当作笑料，无视他人的人格。

9. 忌言不由衷

对不同看法，要坦诚地说出来，不要一味附和，也不要胡乱赞美、恭维别人，否则会令人觉得你不真诚。

10. 忌故弄玄虚

本来是习以为常的事，切莫有意“加工”得神乎其神，语调时惊时惶、时断时续，或卖“关子”，玩深沉，让人捉摸不透。如此故弄玄虚，是很让人反感的。

六、交往的距离

与人交往，还应该注意人际交往的距离。无论言行举止，距离过远或过近都是有失礼仪的，距离太远会使人产生疏远感，令对方误认为你不愿与之接近或是嫌恶对方；距离太近，又超越了对方的心理界线，从而使人产生戒备和防范心理。

美国心理学家爱德华·霍尔研究发现，人与人之间的距离可以分为以下几种。

1. 亲密距离(0～0.5m)

亲密距离是人与人之间最亲密的距离，只能存在于最亲密的人之间，例如恋人、父母与子女，或是关系非常友好的朋友之间。就交往情境而言，亲密距离属于私下情境，即使是关系亲密的人，也很少在大庭广众之下保持如此近的距离，否则会让人不舒服。亲密距离是人际交往中最重要、最敏感的距离，人们会像保护自己的财产一样保护着这个区域，因此每个人都必须谨慎地把握这个距离。

2. 个人距离(0.5～1.25m)

个人距离是人际交往时稍有分寸感的距离，较少直接的身体接触，但能够友好交谈，让彼此感到亲密的气息。一般来说只有关系友善，比较熟悉的同事、上下级之间才能进入这个距离。人际交往中，个人距离通常是在非正式社交情境中使用，在正式社交场合则使用社交距离。一般朋友和熟人在街上相遇，往往在这个距离内问候和交谈。有时人们为了表示亲近，也会在社交场合有意采用这种距离。

3. 社交距离(1.25～3.5m)

社交距离是一种社交性或礼节上的人际距离，也是在办公室中经常见到的距离。这种距离给人一种安全感，处在这种距离中的两人，既不会怕受到伤害，也不会觉得太生疏，可以友好交谈。

4. 公众距离(3.5～7.5m)

一般来说，演说者与听众之间的标准距离就是公众距离，还有明星与追捧者之间也是如此。这种距离能够让仰慕者更加喜欢偶像，既不会遥不可及，又能够保持神秘感。

以上人际交往的四种距离只是大致的划分，在不同的文化背景下，人际交往的距离会略有差别，但大体规律是一样的。总体而言，一般情况下，人们总是离喜欢的人比不喜欢的人要近些，离熟悉的人要比陌生人近些。此外，性格外向的一般要比内向的靠得近，女人之间也比男人之间靠得更近一些。

而在实际的交往过程中，这四种距离有时也会发生动态的变化，即交往双方之间的距离会缩短或拉开。如果双方相互有吸引力，就会缩短距离；反之，则可能会相应拉大彼此的距离。这种距离的动态变化本身也是一种无声的语言，可以从这种变化中窥见对方的心理变化，判断其意向，并做出及时的反应和调整。

此外，还要根据不同的民族和文化背景，来选择适当的交往距离。例如，美国人、英国人和瑞典人在交往时站的距离比较远，南欧、巴基斯坦、阿拉伯人交往时站得比较近，而中国人则视双方关系及性别决定交往的空间距离。了解交往中人们所需的自我空间及适当的交往距离，就能有意识地选择与人交往的最佳距离，更好地进行人际交往。

任务四　人际沟通技巧

在人际沟通与礼仪中，首先，要找出与对方的共同话题，这就是表达的共同性技巧。心理学研究表明，人与人之间只要发现了共同的特征，心理上就会产生亲切感，哪怕只是饮食上共同的爱好，穿着上相同的偏好，都会使陌生人成为熟识的朋友，或使朋友更加亲密。还可以选择现实生活中大家普遍关注并急需阐释的问题，或选择自己最熟识且最有发言权或确有真知灼见的话题，或选择能带给对方新信息的话题。其次，要注意集中性技巧。在交际中，无论讲话的内容是什么，都要突出而明确地提出问题，表明自己的主张和态度。沟通表达若没有中心，所用的材料就是一盘散沙，话说了一箩筐，却不知所云，结果是难以引起对方的共鸣，达不到沟通的效果和目的。最后，不能忽视连贯性和得体性技巧。连贯性就是要求符合同一律、矛盾律和充足理由律。同一律即一段完整的谈话中只能有一个论题，论题的更换只能在一个论证过程说完之后进行；矛盾律即在沟通表达中，不能对同一对象做出不同的断定，如果做出了不同的断定，其中必有一个是虚假的；充足理由律即有论证性和有根据性。沟通与礼仪表达的得体性技巧就是对不同的对象做出不同的言语反应，考虑对方不同的心理因素，做到对不同的人说不同的话，即交际表达要适时、适情、适事、适机，让对方爱听。此外，还要把握明朗与模糊、直言和婉言及一些问答、应变、赞美等特殊情况下的得体性技巧。

在沟通与礼仪中，直来直去、实话实说，大家一般都能无师自通，但协调上下人际关系、多方合作完成事项等，却需要幽默、委婉、模糊、应变等表达技巧的巧妙运用，而这些技巧都是通过后天学习、体会和实践锻炼而成的。俄罗斯文学家契诃夫说，不懂开玩笑的人，是没有希望的人。懂得开玩笑的人常常就是幽默的人。有人说，心浮气躁难以幽默，装腔作势难以幽默，钻牛角尖难以幽默，捉襟见肘难以幽默，迟钝笨拙难以幽默，只有从容大度、平等待人、超脱世俗、游刃有余、聪明透彻才能幽默。幽默也要注意避免俗套，要清新宜人。

【案例 4-14】

一天，一位老太太拎着篮子去楼下的菜市场买水果。她来到第一个小贩的水果摊前问道："这李子怎么样？"

"我的李子又大又甜，特别好吃。"小贩回答。

老太太摇了摇头没有买。她向另外一个小贩走去问道："你的李子好吃吗？"

"我这里专卖李子，各种各样的李子都有。您要什么样的李子？"

"我要买酸一点的。"

"我这篮李子酸得咬一口就流口水，您要多少？"

"来一斤吧。"老太太买完李子继续在市场中逛，又看到一个小贩的摊上也有李子，又大又圆非常抢眼，便问这个小贩："你的李子多少钱一斤？"

"您好，您问哪种李子？"

"我要酸一点的。"

"别人买李子都要又大又甜的，您为什么要酸的李子呢？"

"我儿媳妇怀孕了，想吃酸的。"

"老太太，您对儿媳妇真体贴，做您的儿媳妇真是有福气。您要多少？"

"我再来一斤吧。"老太太被小贩说得很高兴，便又买了一斤。

小贩一边称李子，一边继续问："您知道孕妇最需要什么营养吗？"

"不知道。"

"孕妇特别需要补充维生素，您知道哪种水果含维生素最多吗？"

"不清楚。"

"猕猴桃含多种维生素，特别适合孕妇。您要给您儿媳妇天天吃猕猴桃，小宝宝生出来一定又白又胖。"

"是吗？好啊，那我就再来一斤猕猴桃。"

小贩开始给老太太称猕猴桃，嘴里也不闲着："我每天都在这里摆摊，水果都是当天从批发市场找新鲜的批发来的，您儿媳妇要是觉得好吃，您再来，我给您优惠价。"

"行！"老太太被小贩说得很高兴，提了水果边付账边应承着。

三个小贩面对同样一个老太太，为什么销售的结果完全不一样呢？

思政提示：提问是探寻对方需求的最好办法，倾听是获得准确信息并运用沟通共同性和得体性技巧的重要途径，赞美是得到对方好感的法宝。第一个小贩急着推销自己的产品，根本没有探寻顾客的需求，所以自家李子没有卖出去。很多企业和商铺都容易犯仅关注自己的产品或商品的错误，而轻慢和忽视了与客户的良好沟通，忽视了对方的思维，也就忽视了对对方的尊重。第二个小贩比第一个小贩聪明，进行了促成式提问。第三个小贩是一个沟通高手，他通过纵深提问挖掘老太太需求背后的原因，认同她的购买行为，及时得体地进行赞美，获得了销售成功。

一、点到为止，把握分寸

（一）说话的艺术性

俗话说："一句话可以把人说跳，一句话也可以把人说笑。"语言的力量就是这样神奇，既能给人带来勇气和欢乐，也能给人带来沮丧和烦恼。一个人要想在职场中受人欢迎，为人处世游刃有余，关键就在于你会不会说话。说话的艺术性如下。

1. 急事，慢慢说

因为事情越急，越可能说得前言不搭后语或不得体，容易误事，也容易让人觉得你冲动不稳重。急事慢慢说，才能把事情处理得更好，也才能给人留下遇事不乱、成熟稳重、可堪信任的印象。

2. 小事，幽默说

在你想给别人一些善意的提醒时，用开玩笑的轻松方式说出来，不但可以让人愉快地接受，还能增进彼此间的感情。

3. 没把握的事，谨慎说

谨慎是一种态度，更是一种修养；没有把握的事，最好不说。在别人问起或不得不说时，措辞一定要谨慎，这样才能不犯错，人们也会觉得你是一个值得信任的人。

4. 没发生的事，不胡说

流言止于智者。制造谣言或传播谣言，是人的品质、修养和辨别力不够的体现。所以遇事要多些怀疑，对还没有发生的事，绝不可信口雌黄。

5. 伤害人的事，不能说

俗话说："良言一句三冬暖，恶语伤人六月寒。"言语的杀伤力是巨大的，千万不可轻视，要少说甚至不说伤害人的话，多说暖心、对人有益的话。这是一种善良，也是一种慈悲，还是处世的良方和增进感情的秘方。

（二）说话要有轻重

事情有缓急，说话有轻重。有些人在日常工作中，对问题缺乏理智，不考虑后果，一时兴起，说话没轻没重，以致说一些既伤害他人、也不利己的话。说话要把握轻重，点到为止，给人留面子。

1. 响鼓不用重槌敲

在与别人说话时，不用说得太露骨，稍微做一点暗示，旁敲侧击，对方就会明白，而且这种方式也能显示出说话者说话的技巧和魅力。

赵某是工厂里的一名班组长，最近小王调到了赵某的班组，过去的班组长对小王的评语是：时常迟到，工作不努力，以自我为中心，喜欢早退。过去的班组长对小王束手无策。第一天上班，小王就迟到了五分钟，中午又早五分钟离岗去吃饭，下班铃声响前的十分钟，他已准备好下班，次日也一样。赵某观察了一段时间，发现小王缺乏时间观念，但工作效率却极佳，而且成品优良，都能顺利通过质检。于是，赵某对小王微笑着说："如果你的时间观念和你的工作效率同样优秀，那么你将成为一个完美的人。"此后赵某每天都跟小王说这句话。时间久了，小王反而觉得过意不去了，心想：过去的班组长可能早就对我大发雷霆了，至少会斥责几句，但现在的班组长竟然毫无动静。

感到不安的小王，终于决定在第三周星期一准时上班，站在门口的赵某看到他，便以更愉快的语气和他打招呼，然后对换上工作服的小王说："谢谢你今天能准时上班，我一直期待这一天，这段日子以来你的成绩很好，如果你发挥潜力，一定会得绩优奖。"赵某对待小王的迟到，没有采取喋喋不休的方式批评，而是点到为止，让其自动改正错误。

如果听话人是一个非常明白事理的人，你说的话就不必太重，点到即止，因为对方就像一面灵通的"响鼓"，鼓槌轻轻一点，就能产生明确的反应。对这样的人，又何必用语言的"鼓槌"狠狠地"擂"呢？

2. 发生冲突时切忌失去理智

人与人之间难免因某种原因产生摩擦，这时如果把话说得过重，就会使矛盾激化；相反，如果压制自己的情绪，则会让事态平息下来。

压制自己的情绪，在遇到愤怒的事情时，切勿失去理智，口不择言。通常很多"过头话"都是在感情激动时脱口而出的。例如，吵架时说的"我一辈子也不想见到你！"这话显然是气话、“过头话”，是感情冲动状态下的过激之言。事过之后，冷静下来，往往会令人追悔莫及。

3. 简单否定或肯定他人不可取

对他人的评价是最敏感的事情，应格外慎重。尤其是对自己不喜欢的人做否定性评价时，更应注意客观、公正，不要言辞过激。例如，某下属办糟了一件事，在批评他时，领导说："你呀，从来没办过一件漂亮事！"这话就说得过于绝对，对方肯定难以接受。如果换种说法："在这件事上，我要批评你，你考虑得很不周到！"这样有限度的批评，对方就会容易接受，愿意认错。

因此，对他人做肯定或否定性评价时，要注意使用必要的限制性词语，以便对评价的范围做准确的界定，恰当地反映事物的性质、状态和发展程度。

4. 拿不准的问题不要武断

凡是对自己没有亲历，或不了解的事实，或存有疑点的问题发表看法时，要注意选择恰当的限制性词语，准确地表达。例如，“仅从已掌握的情况来看，我认为……”“如果情况是这样的话，我认为……”“这仅仅是个人的意见，不一定正确……”

这些说法都给发言做了必要的限制，不但较为客观，而且随着掌握的新情况增多，有进一步发表意见或纠正自己原来看法的余地，较为主动。

（三）说话要有分寸

著名哲学家、作家周国平先生曾经说：“分寸感，是一个人成熟的标志。”说话讲求分寸不仅是对别人最起码的尊重，也决定了一个人能否被社会更好地接纳。说话的分寸如下。

1. 说话时要认清自己的身份

任何人在任何场合说话，都有自己的特定身份。这种身份也就是自己当时的“角色地位”。

2. 说话要尽量客观

这里说的客观，就是尊重事实。事实是怎么样就怎么样，应该实事求是地反映客观实际。有些人喜欢主观臆测，信口开河，这样往往会把事情办糟。当然，客观地反映实际，也应视场合、对象，并注意表达方式。

3. 说话要有善意

所谓善意，也就是与人为善。说话的目的，就是要让对方了解自己的思想和感情。在人际交往中，如果把握好这个“分寸”，就掌握了礼貌说话的真谛。

二、巧妙拒绝，化解尴尬

明确直接地拒绝他人，有时会让自己过意不去，也令对方感到尴尬。这就需要采用一些巧妙委婉的拒绝方式，既表达了自己的意愿，又将对方的失望与不快情绪控制在最小范围内，不影响彼此之间的人际交往。

（一）巧妙拒绝的方法

生活中无论是谁都不可能全面满足别人的请求，那就需要了解一些方法。

1. 用委婉的口气拒绝

试比较一下,"我认为你这种说法不对"与"我不认为你这种说法是对的"这两种表达方式。不难发现,尽管前后的意思是一样的,但后者更为委婉,较易被人接受,不像前者那样有咄咄逼人之势。例如,别人求你办一件事,你回答说"办不到",会引起对方不快。但如果你说:"这件事目前恐怕难以办到,以后再说吧,我留意着。"对方会更易接受。

2. 用同情的口气拒绝

当对方遇到困难,而自己爱莫能助时,先表达同情,再拒绝,效果可能会好很多。

3. 用商量的口气拒绝

如果有人邀请你参加聚会,而你偏偏有事缠身无法接受邀请,你可以这样说:"太对不起了,我那天的确有其他事,下次行吗?"这句话要比直接拒绝好得多。

(二)巧妙拒绝的礼仪

人际交往中,往往会碰到这样的事:对方提出要求,希望能同意,然而面对有损于己方利益的要求又必须拒绝。而拒绝也是有礼仪要求的,那就是要采用一些巧妙而委婉的拒绝方式,设法不让对方或自己陷入紧张状态之中。一般来说,拒绝的礼仪方式主要有两种。

1. 诱导否定

在对方提出问题之后,不立即正面回答,而是先讲一点理由,提出一些条件或反问一个问题,诱使对方自我否定,主动放弃原来提出的问题。

2. 肯定后转折

先肯定对方的说法,再转折一下,最后予以否定。肯定是手段,否定是目的。先予以肯定,可使对方在轻松的心理感受中,继续接受信息。尽管最终是转折了,但这样柔和地叙述反对意见,对方较易接受。在社交中,这种拒绝法是颇为有效的。

(三)巧妙拒绝的窍门

不管怎样"巧妙",遭到拒绝总归是不愉快的。要如何才能让这种被拒绝的不愉快降到最低限度呢?

1. 时机要适宜

在拒绝时,一般是早拒绝比晚拒绝好。因为及早拒绝,可让对方抓住时机争取其他出路。无目的地拖延,对他人是不负责任的。

2. 不要伤害对方的自尊

人都是有自尊心的。当你在拒绝别人时,一定要先考虑到对方可能产生的反应,所以要注意选择恰当的词语。例如,你在拒聘某人时,若只顾罗列他的缺点,肯定会伤害他的自尊心。那么你不妨先称赞他的优点,然后指出他不适合这项工作的方面,说明不得不这样处置的理由,对方也会更容易接受,甚至感激你对他的肯定。

3. 态度要真诚

"巧妙"拒绝的目的,无非就是减轻双方(尤其是对方)的心理负担,并非玩弄"技巧"来捉弄对方。因此,在你巧妙拒绝对方时,态度一定要诚恳、真挚。特别是领导拒绝下属、长辈拒绝晚辈的要求时，更不能盛气凌人，要以同情的态度、关切的口吻讲述理由，争取他们的谅解。在结束交谈时，要热情握手，热情相送，表示歉意。

（四）巧妙拒绝的技巧

心理学表明，大多数人不愿意拒绝别人的原因在于怕影响彼此之间的关系，尤其是越亲近、越在乎的人，就越难以拒绝对方。但是不要害怕，拒绝也是有一些技巧的。

1. 找个理由来拒绝

拒绝他人，需要有拒绝的理由，倘若“无理由”拒绝，就显得“不通情理”。这时不妨试下“婉陈事由”的方法，即在拒绝他人的时候，委婉地向对方陈述客观事实，摆出正当理由，表达含蓄又不伤人，取得相互理解、相互体谅的良好效果。

一天，小袁的好友小芳打电话来求助：“小袁，有个事儿要拜托你。”“什么事啊？”“哎，我男朋友要给日本客户做批东西，但说明书全是日文，正巧你是学日文的，帮他看看吧。”

小袁很清楚，专业说明书的翻译不是一个简单的事，更何况这阵子手头工作又多，于是考虑了一会儿，非常客气地说：“并不是我不愿意帮忙，你知道的，产品说明书这种东西很专业，我在大学学的不是专业翻译，这些年又没接触过，那点知识早还给老师了，凭现在这水平恐难胜任啊。”“别谦虚，你在大学的时候可是我们班最优秀的，我对你很有信心。”“可我对自己没信心啊，要是搁平时还好点儿，这段时间公司经常加班，急着赶一个策划书，我可是奋战了三天三夜啦，忙得一塌糊涂，现在一看文件就头疼。我想你男朋友的文件一定非常重要吧，为了不耽搁事儿，建议还是找翻译公司做比较合适。”

小芳想了想说：“嗯，也是，专业翻译确实是件棘手的事，那就让他交给翻译公司做好了。你啊，别太累了，要注意休息，保重身体！”

面对小芳的请求，小袁分三步进行巧妙地推脱：先是坦言相告“产品说明书很专业”，而自己又是“非专业”出身，水平差，难以胜任，说得很谦虚；面对小芳的“纠缠”和穷追不舍，小袁又摆出客观原因，“这段时间公司经常加班，急着赶一个策划书……”委婉地陈述事由，说得很实在；“为了不耽搁事儿”，小袁还建议小芳去找翻译公司，给出实际建议并且说得很真诚。

小袁这番婉拒的话，不刺耳、不伤人，在理又得体，小芳自然不忍心再给小袁添麻烦，便愉快地接受了建议，并且叮嘱小袁“要注意休息，保重身体”。

2. 让同事自己尝试解决问题

一家公司市场部的老职员，前段时间，公司招了几个新员工，由于是新手，因此很多事情都需要小刘帮忙。小刘觉得，自己帮忙带新人是应该的。但部门领导交代了一些基本性工作给新人后，小刘的烦恼也来了。因为小刘的性格比较开朗，新员工觉得她好相处，有了困难更是愿意找小刘帮忙。一开始，小刘还挺热心帮忙的，但到了后来，帮新人的忙影响到了小刘自己手头的工作，不仅自己的工作思路常常被新员工的请求打断，而且影响到了工作的进度，甚至有时候，她需要加班才能完成自己的工作。虽然小刘被这样的情况所“绑架”，但每当新员工请她帮忙时，她又实在说不出“不”。

像小刘这样的职场“老好人”往往不懂得拒绝他人，认为拒绝他人有损自己面子，还会伤害他人的感情，“两败俱伤”的情况下，他们往往会选择只伤害自己。其实，懂得拒绝他人也是成功职场人士需要具备的技能。拒绝他人但又不伤感情，需要讲究拒绝的方法。遇到小刘这样的情况，可以微笑地告诉同事自己有很多事情要处理，让新员工自己尝试解决问题。

这样，不但可以成功解困，而且也不会破坏同事关系。

3. 让领导来安排你的工作重点

相比拒绝同事，拒绝领导可能更令人头疼。一般职场人士面对领导提出的要求往往会无条件接受，不论是安排大量工作，还是加班，甚至是安排你去完成别人的工作，很多人都只好硬着头皮答应，这仿佛成了一种惯性。但有时候，随着你完成以上工作后，你的工作量会越来越大，不仅剥夺了你的休息时间，甚至久而久之领导会认为这都是你分内的事，下次完成不了，反而会挨批。

要拒绝领导的安排，首先要肯定这一安排，因为多分配工作给你，说明领导器重你。然后就可以摆出自己手头有哪些工作、工作的重要程度和完成时间，说明如果要完成额外工作会耽误现在手头的工作，请领导来决定如何处理。这样做既尊重了领导，又说明了情况，不会让领导觉得你推卸责任，也能摆脱工作量越来越多的困境。

三、真诚赞美，赢得人心

喜欢听好话被赞美是人的天性之一。每个人都会对来自社会或他人的恰当赞美感到自尊心和荣誉感的满足。当听到别人对自己的赞美时，会感到愉悦和鼓舞，不免会对赞美者产生亲切感，从而使彼此之间的心理距离逐渐靠近。人与人之间的融洽关系就是从真诚赞美开始的。

（一）赞美的力量

赞美是发自内心地欣赏他人，然后用真诚的语言表达给对方的过程；赞美是对他人关爱的表现，是职场中一种良好的人际沟通，是同事之间相互关爱的体现。适当的职场赞美能使自己的情绪平静，享受到被关爱的感觉。

赞美确实有种让人难以抗拒的魔力。其实，在职场上，赞美他人是一件非常容易的事情，从“你今天气色不错”到“这个新发型很适合你”，或“你的策划非常棒，对公司的发展很有帮助”，甚至是一句“你可以的，一定能做到”的鼓励，都会让对方感觉到被关注，无形中拉近你与同事之间的距离。

（二）有效的赞美

有效的赞美不是谄上媚下，不是圆滑世故，有效的赞美能令人对你印象深刻，是职场人际沟通的重要技巧。那么如何更有效地赞美他人呢？

1. 一定要别出心裁

赞美的关键不在于说了什么，而在于怎么说。例如，你看见朋友圈一个同事新发了一张自己的照片，很多人在照片下面留言：“哇，真帅”“穿西装真好看”“特别有气质”云云。但你就不能也这样说了，你可以说“都说人的左右脸会有所差别，你一定是左右脸完全对称的极少数，所以看起来特别帅”。

2. 要发自内心

发自内心的赞美，即使没有华丽的辞藻，也一定可以打动人心。这是因为人与人之间都有相互的感知，只要发自内心，他人一定可以感受得到你的真诚。

3. 不要泛滥

同样一句美言，一个人听第一遍可能很开心，听第二遍就没有那么强烈的感觉了，听十遍可能都腻了。这属于边际效益递减。

一位漂亮的女士前天听到别人赞美她“美”，昨天又听到赞美“她真漂亮”，今天还是“你真的好漂亮”，她会觉得那是陈词滥调。所以，对同一个人的赞美需要不时换一点新的花样，从不同角度去赞美。

4. 赞美要尽量抽象

赞美的一个原则就是要尽量把具体的事情提高到抽象的高度。与此相反，批评他人的时候，要尽量从抽象的层面降低到具体的角度。

如果你被一张照片打动，你可以说“这张照片的色调真是太美了”或“构图真棒”，但更出色的赞美是：“你真是一个伟大的摄影家，总是那么有洞察力，深邃却又细腻，你的照片就像是你的第三只眼，透过它呈现出来的世界是那么动人。”

（三）赞美的艺术

赞美是一种堂堂正正、光明正大的处世艺术。但如果不能很好地把握赞美的尺度，就不能实现赞美的目的，甚至会适得其反。赞美应掌握的尺度如下。

微课：赞美的艺术

1. 多观察，不要犯忌讳

每个人都有自己的忌讳，赞美他人时，如果不小心冲撞了对方，会引起对方的反感，甚至招来怨恨。

2. 要得体，不可过于夸张

夸张是语言的一种修辞方法，在赞美他人时，适当地夸张一点有利于表达自己的感情，对方也乐于接受，但过分夸张就有阿谀奉承之嫌。赞美要发自内心、真心实意。言不由衷或言过其实，对方都会怀疑赞扬者的真实目的。有涵养的人都喜欢自然朴实的赞美。例如，对于一般知识分子，你夸他智力超群，独树一帜，会令人生厌；对长相一般的女性，你夸她美貌过人，她会认为你在讽刺她。

3. 要新颖

赞美要给人一种美的享受，语言要力求新颖、不落俗套，避免陈词滥调。

(1) 切忌盲目模仿。一些人在公共场合赞美别人时，自己想不出怎样赞美，只能跟别人说重复的话，附和别人的赞美。常言道：“吃别人嚼过的肉不香。”

(2) 避开公认特长。每个人都有一技之长，大家往往很容易发现这一点，赞美某项专长的人也最多，时间长了，被赞美的人听腻了，对这方面的赞美也就无感了。

(3) 避开套词俗语。一些刚刚踏入职场的人士没有社交经验，常常用诸如久仰大名、如雷贯耳、百闻不如一见、生意兴隆、财源广进等俗套的词作为赞美之词来恭维他人。这种公式化的套词，使人感觉缺乏诚意，甚至给人留下不值得深交的印象。

4. 不要说外行话

赞美他人是对他人的认可和肯定。所以在赞美时，要慎重选择赞美的角度，不要不懂装懂，落人笑柄。要想不说外行话，在赞美时要注意以下几点。

(1) 多类比自己熟悉的事物。

(2) 赞美专业人士可用模糊语言。专业人士比你要懂得多，没有必要在赞美时说得过于具体。例如，对书法家，称赞他们字写得好，可以说"您的字写得太好了，什么时候指点指点我。"即可，没有必要具体说他的字好在哪里。

(3) 适可而止。赞美他人的动机大多是良好的，但如果把握不好分寸和尺度，就会产生一些不良的后果。掌握赞美他人的艺术需要在生活中多观察、多总结，这样才能准确恰当地运用它，达到与他人沟通的目的。

(四) 赞美的技巧

曾有心理学家指出："渴望被人赏识是人最基本的天性。"赞美他人是一件好事，但绝不是一件易事，开口前一定要审时度势，让自己的言行成为成功交流的润滑剂。

1. 赞美要说小细节

赞美他人时最好回想某一特定情况，描述出具体的行为。夸赞别人越具体越好，说一百遍"你真漂亮"，不如说一句"你今天的衣服搭配很时尚"。

2. 指出别人的变化

付出努力之后，每个人都希望得到肯定。细心的人会留意这种小改变并及时指出。例如，"你最近减肥很成功""这个设计做得真不错"等，会给对方一种你很在乎他的感觉。

3. 拿自己做对比

如果把自己作为参照物，会显得格外真诚。例如，告诉对方，他帮你挑选的东西比你自己买的要好，对方一定会感到莫大的鼓舞，增加对你的好感。

4. 背后夸赞效果好

背后颂扬别人的优点，比当面恭维更为有效。把对别人的赞许在与朋友闲聊时提几句，这些话通过朋友传给对方，他一定会相信你的赞美是真诚的。

5. 回应别人的得意之事

人们说到得意的事情时，往往希望得到及时的回应，此时，可以给予适当的赞美，例如，"我也觉得你做得很棒"等，表达自己的敬佩和感叹。

总之，一句恰到好处的赞美能激发工作的热情，听到赞美的话语时，就会觉得自身价值得到了肯定，自身工作能力得到了认同。同样，你把真诚的赞美之词带给身边的每一个人，日积月累，你的职场关系便会得到显著提升，你周围的同事和上级也会因为你变得快乐，你的事业也会在这种欢声笑语的氛围中迅速发展开来。

四、幽默风趣，尽显智慧

幽默是智慧的体现，在平时交往中，如果能恰当使用幽默诙谐的语言，会取得出人意料的效果，不仅能活跃气氛，而且能很好地表达自己的观点和思想。

(一) 幽默的表达方法

恩格斯说："幽默是有智慧、有教养和道德优越感的表现。"含蓄有力，使人在解颐之余回味无穷，并能得到智慧的启迪，这便是幽默。幽默来自现实生活，其形成的方法不一而足。

1. 答非所问法

答非所问，即回答别人的问题时，利用语言的歧义性和模糊性，故意错解对方的说话，说东答西。这种说话方式在回答对方的问题时，一般都会产生特别的幽默感，出奇制胜。

2. 巧作类比法

对于有些人的提问，正面回答极易落入俗套，也不能满足提问者的诉求，聪明的人往往漫不经心地似答非答，然后巧作类比，占据主动，让对方折服。

3. 曲线进攻法

有时与人说话时，需要讲点"转弯"的艺术，若只会直来直去，让对方难以接受，则很难达成沟通的目标。在这种情况下，"曲线进攻"便是良方。

4. 因势利导法

在一些争论的场合，应时刻注意周围人的情绪，尽量调动他人来支持自己的观点，巧妙地因势利导，进而寻找一个突破口，借助他人力量，给对手一定压力。

5. 声东击西法

在有些场合，相同意思的话用不同的语言来表达，效果迥异。有时言在此而意在彼，令人回味无穷。

有一对夫妻，妻子特别喜欢唱歌，但水平较差，有时扰得丈夫无法休息，丈夫多次劝说也无济于事。有一天，时到深更半夜，妻子又自得其乐地唱了起来，丈夫急忙跑到大门口站着，妻子不解地问道："我最近每次唱歌时，你干吗总是要跑出去站在门口呢?"丈夫一字一顿地说："我这样做是为了让邻居知道，我并没有打你。"

这位丈夫的回话，表面上好似答非所问，实则是采用的一种声东击西的说话艺术，这一回话，言在说妻子发出的声音不是丈夫打所致，意在讽刺妻子唱得难听，好似被打得惨叫一般，幽默而讽刺。

6. 另辟蹊径法

很多人在与他人说理时，往往会不经意触碰他人"自尊"，从而火上浇油，倘若能另辟蹊径，改变说话的方式，其效果会完全不同。

（二）幽默的表达技巧

通过说话，别人能知道你是一个怎样的人。同样一句话，如果换个方法说可能会让人更容易接受，说话幽默的人总是更受欢迎。

1. 使用双关语

所谓双关，是指说出的话包含了两层含义：一个是这句话本身的含义；另一个是引申的含义，幽默由此产生。也可说是言在此而意在彼，让听者不只是从字面上去理解，还能领会言外之意。

2. 正话反说

说出来的话，所表达的意思与字面完全相反，就叫正话反说。例如，字面上肯定，而意义上否定；或字面上否定，而意义上肯定。这也是产生幽默感的有效方法之一。

有一则宣传戒烟的公益广告，完全没提到吸烟害处，相反却列举了吸烟的四大好处：一可省布料，因为吸烟易患肺病、胸痛，导致驼背，身体萎缩，所以做衣服就不用那么多布料；二可防贼，抽烟的人经常夜间咳嗽不止，贼以为主人未睡，便不敢行窃；三可防蚊，浓烈的烟熏得蚊子受不了，只得远远地躲开；四可永葆青春，过量吸烟不等年老便可能去世。这里说的吸烟的“四大好处”，实际上都是吸烟的坏处，是正话反说，让人们在调侃中悟出其真正要说明的道理，即吸烟危害健康。

3. 有意曲解

所谓曲解，就是歪曲、荒诞地进行解释，以一种轻松、调侃的态度，对一个问题进行广泛的解释，将两个表面上毫无关联的东西联系起来，造成一种不和谐、不合情理、出人意料的效果，从而产生幽默感。

一位妻子抱怨她的丈夫说：“你看邻居马先生，每次出门都要吻他的妻子，你就不能做到这一点吗?”丈夫说：“当然可以，不过我跟马太太不太熟啊。”

这位妻子的本意是要她的丈夫在每次出门前吻自己，而丈夫却故意曲解为让他吻马太太，这便产生了幽默。

4. 巧妙解释，造成幽默

一辆公交汽车突然急刹车，一乘客不小心撞到了另一乘客，被撞的乘客很生气，厉声质问：“什么德行?”撞人的乘客回答：“对不起！不是德行是惯性。”这一巧妙的解释，很好地体现了幽默感。

5. 使用模仿语言

使用模仿语言，即模仿现存的词、名、篇、句式及语气而创造新的语言，是幽默方式中很常见的一种，往往借助于某种违背正常逻辑的想象或联想，把原来的语言要素用于新的语言环境中，造成幽默感。

6. 自嘲

幽默的一条重要原则，就是宁可取笑自己，绝不轻易取笑别人。海利·福斯第曾经说过：“笑的金科玉律是，不论你想笑别人什么，先笑自己。”自嘲，也是自知、自娱和自信的表现，本身也是一种幽默。

7. 夸张

将事实进行无限制的夸张，造成一种极不协调的喜剧效果，也是产生幽默的有效方法之一。

某幽默大师有一次坐火车到一所大学讲课，因为离讲课的时间已经很近了，他十分着急，可是火车却开得很慢，于是他想出了一个发泄怨气的办法。

当检票员过来检查票时，他递给检票员一张儿童票。这位检票员也挺幽默，故意仔细打量，说：“真有意思，看不出来您还是个孩子啊!”

幽默大师回答：“我现在已经不是孩子了，但我买火车票时还是孩子，火车开得实在太慢了。”

（三）幽默的表达艺术

在工作场合，性格好的人，可以感染大家，对工作产生正面影响，幽默的语言也是如此。

但是幽默要讲究方法，特别是在工作环境里。

1. 要选择适当的时间和场合

幽默是一门艺术，你要发挥你的幽默时，需要选择适当的时间和场合。例如，选择在工作休息间隙和大家开玩笑，这时候会取得很好的效果。

2. 在说一些幽默语言的时候要分清对象

例如，哪些同事可以开玩笑，哪些同事不适合开玩笑，这样才会有的放矢，提升个人魅力。

3. 要注意谈话的话题

当你使用幽默语言的时候，如果是一些严肃的话题，就要慎重使用幽默；如果是一些比较轻松的话题，就可以使用幽默来发挥你的特长。

4. 要多看书，注重积累

从书里体会幽默的一些特点，也可以根据自身情况，研究一套属于自己的幽默语言，这样可以在恰当的时候发挥出来。

课堂小互动

(1) 说说自己在人际沟通中突然遇到破坏了心境的事端，自己在情急之下没有很好地进行心境调节，使原本和谐顺畅的沟通进程遭遇“滑铁卢”式的失败，并由此产生了多米诺骨牌效应，造成其他一些不良后果的例子，并分析其中的原因。

(2) 文明用语是一个人良好的文化素养和文明修养的体现。说说自己因为不懂文化和文明用语导致尴尬与受挫的经历，也可以说说自己因为准确使用文明用语收获的美好记忆。

(3) 列表分析自己在日常生活和工作中善用哪些沟通与礼仪表达技巧，又缺乏哪些沟通与礼仪表达技巧的运用，各导致了什么样的结果，以及自己表达技巧缺失的地方应该如何改进，分析完毕后主动与大家分享。

(4) 选择一位小组组员，其他成员通过言语沟通对他/她进行画像，呈现出大家眼中和心中的他/她的形象，并恰当地表达大家的欣赏。

(5) 以小组为单位，以“尊重”为主题，扮演公司接待员的角色，模拟接待第一次来本公司拜访的两位客户(一位领导和一位随员)的场景。请分角色饰演不同人物，不用语言和动态动作，只通过静态的肢体动作和表情等仪态呈现主题。请小组间轮流进行评价。

项目实训

人际沟通实训

思考并分析自己将来打算在什么类型单位的什么岗位就业和发展，以及如果获得面试机会，自己将针对就业单位和岗位做哪些准备。有了思考和分析结果并梳理清楚后，主动与大家分享。

1. 实训准备

需在形体训练室进行，同学们需准备好自己的相关资料。

2. 实训安排

实训安排如表 4-15 所示。

表 4-15　人际沟通实训安排

实训学时	2 学时
实训目的	掌握人际沟通与礼仪的原则、技巧等;培养学生积极的人际沟通意识;尊重和认同自己和他人
实训要求	要求学生能根据不同场景式实训内容,做出适合的反应
实训方法	4～6 人一组,学生分组考核;考试过程用摄像机全程拍摄;回放拍摄过程,学生根据视频做自我点评和小组间的点评;教师针对全体学生的共性问题和典型问题进行针对性点评

3. 实训评价

实训评价如表 4-16 所示。

表 4-16　人际沟通实训评价表

班级:　　　　　　姓名:　　　　　　学号:　　　　　　得分:

评分参照	表达(50 分)分享思路清晰并有独到见解(50 分)			
评　语	自我评价		学员签名	
	同伴评价		同伴签名	
	教师评价		教师签名	

拓展阅读

拓展阅读:"定型效应"

思考与训练

1. 根据所学内容,浅谈"定型效应"的心理特征,将会对即将步入职场的我们有什么启发。

2. 提到"大学生",刻板印象就是"有礼貌""有素质""有内涵",作为新时代的大学生,在公共场所,我们应该如何做,才能符合人们心中对大学生的印象呢?

3. 请完成下列问题。

求职面试是一个同时对心理及智慧进行探索、观察、求证的过程,同样的问题会因为参与者(招聘及求职双方)的不同而产生截然不同的思考与响应,因此也就不会有"标准答案",主要看求职者的沟通与礼仪技巧是否有值得参考的回答方向,或是较合适的回答。

下面的 15 道题目,是面试中常常需要提前思考和准备的。两人为一组,先不看提示,模拟一对一面试场景,进行测试和互评。

(1) 你在找工作时,最主要的考虑因素是什么?(　　)

A. 公司的远景及产品竞争力

B. 公司对员工职业生涯规划的重视及人性化的管理

C. 工作的性质是否能让我发挥所长并不断成长

D. 合理的待遇及主管的管理风格

拓展阅读：求职面试后的必备礼仪

提示：针对这道题，人事主管往往选择C。找工作时当然应该对这个问题有一个全面的评估与考虑，不过最根本的因素还是工作本身。如果工作内容无法满足个人对于工作的期望，那么公司的前景再乐观、福利待遇再优厚，也终究是留不住人才的。企业固然希望以好的名声及优良的企业文化吸引人才，但是它要选择的首先还是工作表现好、能够真正有所贡献，并将公司推向更高境界的人才，而不是纯粹慕名求利而来的人。

(2) 请谈谈你个人最大的特色。(　　)

A. 我人缘极佳，连续三年担任班级和学生会干部

B. 我的坚持度很高，事情没有做到一个令人满意的结果就绝不罢手

C. 我非常守时，学习、工作以来从来没有迟到过

D. 我的个性很随和，是大家公认的好好先生(小姐)

提示：这道题多数人倾向于选择B。A、C、D虽然也都能表现出应聘者性格上的优点，但是B的回答是最能与工作结合的。能够与工作表现或岗位要求相结合的优点和特长，才是招聘者比较感兴趣的回答。

(3) 你为什么想来我们公司工作？(　　)

A. 主要是这份工作的内容很吸引我

B. 贵公司在行业内颇为出名，听说管理也很人性化

C. 我的大学同伴在贵公司会计部工作，是他建议我来应聘的

D. 贵公司在业界的声誉及这项工作的性质都很吸引我

提示：最理想的回答为D，A居次。D的回答是比较完备的，表明应聘者是经过事前考察才做出综合评估的。谨慎的招聘者都希望录用深思熟虑的人，唯有双方都认为是“适当”的合作，才能走得长久。A的回答固然也没错，但就完整性及背后的意义来说，还是略逊于D。

(4) 你对我们公司了解多少？(　　)

A. 贵公司去年在长达八个月的时间里都高居“股王”的宝座

B. 贵公司连续三年被ABC杂志评选为“求职者最想进入的企业”第一名

C. 不是很清楚，能否请您做些介绍

D. 我最欣赏贵公司有意改变策略，加强与国外大厂OEM的合作，自有品牌的部分通过海外经销商扩大了销售

提示：这道题的回答以赞赏D的居多。应聘者对于要前往面试的公司一定要有所准备、多加了解。如果应聘者能多收集更深入详细的公司背景资料，在言谈间，招聘者很快就能感受到应聘者的决心与诚意；事前所投注的心血不仅会使应聘者的回答言之有物，而且能使其明显地与其他人区别开来。

(5) 你期望的待遇是多少？(　　)

A. 是否可以先让我了解一下贵公司的薪资及福利制度

B. 我希望至少要高过我目前的薪水，依我的职级，贵公司每年可分配多少股票呢

C. 目前3000元，但下个月要调薪，可能是10%，所以我希望至少4000元

D. 月薪3000～4000元，不知道这是否在贵公司的预算标准之内

提示：这道题选择A的人事主管最多，其次为D。答A，除了显示应聘者态度上的谨慎，其实也是对应聘者最有利的一种回答方式。当然，应聘者要非常注意措辞与语气上的礼貌，并看情况来决定是否能更深入地追问下去。如果你发现招聘者并未给予具体而详细的回答，或是外表看起来显得严肃而保守，那就一定要适可而止。因为一旦对方认为你的态度不够配合、有挑战的意味，说不定你就弄巧成拙了。选项D则是在不得已的情况下较为稳妥的回答。请记住：应聘者如果一定要提出一个具体数字，那么提出一个范围就远比提出单一的明确数字更为周全。

(6) 你什么时候可以开始上班？(　　)

A. 再等一个半月，拿到上年度的分红之后

B. 原则上我可以尽量配合，但我必须与我目前的老板讨论交接的日期

C. 是否可以给我两个星期的时间考虑一下，并与家人通个气

D. 我的好朋友下个月在新疆结婚，我必须参加，是否可以等我从新疆回来

提示：人事主管的一致选择是B。公司总是希望能尽快将岗位缺口补齐，以免影响日常运作。你既有意争取，态度上自然要积极，而不是让对方来等你。要注意的是：回答时应记得交代对于前一份工作的责任，收尾也要收得干净漂亮，而不是丢下一堆烂摊子一走了之，招聘者会顺便借此观察求职者的工作责任感。

(7) 你为什么想离开目前的岗位？(　　)

A. 别的同事认为我是老板的红人，所以处处排挤我

B. 调薪的结果令我十分失望，完全与我的付出不成正比

C. 老板不愿授权，工作处处受限，束手束脚，很难做事

D. 公司营运状况不佳，大家人心惶惶

提示：超过半数以上的人事主管选择C。C确实是一个相当能反映现实状况的回答，尤其是对于资深的主管级人员而言，一旦发现无法与其直属主管顺畅配合，往往只好另寻舞台发挥。因此往好的方面想：这样的回答正可以显示应聘者的事业心强、能力强，希望被赋予更多的责任。当然应聘者也要留意在回答其他问题时的态度及内容相互之间的整体一致性，避免被招聘者解读成“人际关系不佳”或“不能被充分信赖”。另外，也有相当多的人事主管选择D。虽然不一定每位应聘者都会遇到“公司快要倒闭”这样的状况，但这是一个可以参考的方向，你的离职原因如果是一些“个人无法改变的客观外在因素”，则应聘者也就不会对你个人的工作表现或能力产生太多的疑虑与顾忌了。

(8) 请谈谈你在前一份工作中的最大贡献。(　　)

A. 因事前准备充分，使某产品在去年的交易展会上大出风头

B. 据理力争，为同事争来了年度免费健康检查的福利

C. 重新设计生产线，使生产周期缩短了30%，每季出货量增加了35%

D. 以一份长达20页的评估报告，建议公司必须尽快投入电子商务

提示：最理想的回答是C。你所提出的成就必须与现在所应聘的工作岗位或职能有关联，以显示能转移或沿用自己的经验能力，并且尽量用数字予以具体表现。

(9) 如果我录用你，你认为你在这个工作岗位上会待多久呢？(　　)

A. 这个问题可能要等我工作一段时间后才能比较具体地回答

B. 一份工作至少要做个三五年才能学习到其精华的部分

C. 这个问题蛮难回答的，可能要看当时的情形

D. 至少两年，两年后我计划再出国深造

提示：选择 B 的最多，A 次之。B 的回答能充分显示出你的稳定性，但是也要注意你的履历表上必须也呈现出这样的一致性。如果你在之前的每个岗位上工作的时间都只有一年左右，那么你只是一个很会面谈的求职者，却未必是一位稳定性好的工作人员。A 的回答则非常实际，部分人事主管因为欣赏应聘者的坦诚而能够接受这样的回答。

(10) 除了我们公司，你还应聘了其他哪些公司呢？(　　)

A. 除了像贵公司这样的计算机外设产品公司，我还应聘了 ABC 饮料公司、DEF 软件设计公司及 XYZ 化工公司

B. 因为是通过人才网站投递的简历，所以有很多公司与我联络，不胜枚举

C. 我只对计算机类的公司感兴趣，除贵公司外，我还应聘了 IBC 及 COMP 公司

D. 我不是很积极地想换工作，这半年多来陆陆续续寄了一些简历，公司名字不太记得

提示：最理想的回答是 C。对于工作性质及经验与产业(产品)密不可分的工作(例如研发、设计、制造等专业性强的业务)来说，C 的回答方式能显示出应聘者的目标明确，对于自己的下一个工作应该在哪里思考得很清楚。反观 A 的回答，如果从事的是业务工作，就会令人觉得像是病急乱投医，根本不清楚自己的方向；但要说明的是，如果应聘者是从事人力资源、会计、行政、秘书等性质的工作，则 A 的回答就可以接受了。

(11) 你希望五年后达到什么成就？(　　)

A. “做一天和尚撞一天钟”，尽人事听天命，顺其自然

B. 凭我的机灵及才干，晋升至部门经理是我的中期目标

C. 自己独当一面开公司

D. “全力以赴”是我的座右铭，希望能随着经验的增加被赋予更多的责任与挑战

提示：理想的回答是 D。应聘者回答的重点一定要放在希望从工作本身获得自我提升及成长这一方面，这样所表现出来的自然就是积极进取的工作态度；但也要注意掌握分寸、拿捏得宜，不要表现过了头，结果给对方留下狂妄自大、目中无人的印象，那就太冤枉了。

(12) 你认为你在哪些方面最需要改进？(　　)

A. 时间管理

B. 人际关系

C. 我有点迷糊

D. 不应该以高标准去要求下属和同事

提示：这道题的回答多数人倾向于 D。当然大家都会有缺点，但面试时，招聘者最关心的是求职者的缺点会不会影响工作表现。D 的回答就相当微妙，对工作有着高标准的要求，这对于工作本身无疑是非常好的，但可能会使与其共事的人产生压迫感，虽然从这个角度看这确实是一个“缺点”，但这样的缺点无伤大雅，反而会让招聘者高兴。C 的回答就让招聘者担忧，如果应聘者把迷糊的个性也带到工作中去，那工作表现岂不是要大打折扣？

(13) 如果你离开现在的职务，你认为你的老板会有什么反应？(　　)

A. 很震惊，因为老板对我很器重也很信赖，我就如同他的左右手一样

B. 还好吧，他大概心里也有数，反正公司现在也不忙

C. 他大概习惯了，反正他手下的人来来去去早已司空见惯

D. 我想他一定会生气地破口大骂，他是一个相当情绪化的人

提示：理想的回答是 A。招聘者正想借此了解你在前任(现任)岗位上与主管相处的情形，以及你在主管心目中的地位如何。因此求职者要能听出弦外之音，在回答时充分传达出有利于自己的信息，即你是能力强且足以被托付重责的好下属。

(14) 知道我们为什么录用你吗？(　　)

A. 因为我比别人都优秀

B. 因为我有很强烈的事业心，想要与贵公司共同成长

C. 您可以由我过去的工作表现所呈现的客观数据，明显地看出我全力以赴的工作态度

D. 我在这个行业已耕耘了八年，丰厚的人脉是我最大的资产

提示：这道题的理想回答是 C。C 的回答表明，应聘者在履历表或之前的回答内容中，都以客观的数字来辅助说明了业绩，因为再美妙的形容也不如明确的业绩数据、具体的工作成果展现令人感受强烈、印象深刻。如何让对方"看"到应聘者的好，认同应聘者是自己要招聘的最理想人选？业绩数据就是最令对方信服的。

(15) 你有没有什么问题要问呢？(　　)

A. 通常在这个职务上工作多久才有升职的机会

B. 目前工作上常用的设计软件包括哪些

C. 我想不出有什么好问的

D. 以我的职级而言，去年平均可以分到多少股票

提示：最理想的回答是 B。与上岗工作相关的问题尽可以提出，但与薪资福利相关的问题或其他问题，如非十分重要，在初次面试时都应尽量避免。

案例分析

(一) 学会婉拒

二十多年前，当旅居海外十几年的作家梁秋实刚回到中国台北时，朋友们一个一个地请他吃饭。梁秋实是最有名的"早起早睡"的人，晚上八点睡觉，天不亮，四点就起来写作。偏偏那些朋友都是夜猫子，每天请他深夜 12 点吃夜宵。梁秋实吃了几顿，受不了了，想了一个好法子，对大家宣布说："谁请吃夜宵，我就回请他吃早点。"一帮老朋友全怔了，你看看我，我看看你，笑起来，从此再也没有人敢请梁秋实吃夜宵了。巧妙地拒绝，让梁秋实摆脱了吃夜宵的苦恼。

思考并分析：

(1) 这个案例给我们什么启示？

(2) 对于出入职场的我们，更应该学会"合适地拒绝"，假如初入职场的你，同事经常请你帮忙拿快递，严重影响了你自己的工作效率，你会用什么样的方式拒绝呢？

(二) 失去的订单

小张是某公司的员工，某天正好去财务部窗口领工资。在等候的时候，他随手将手中捏着

的一张无法报销的票据揉成团扔在了地上。其他部门的同事看见了,心里说:“那个部门的人素质真差!”恰巧此时,有位顾客来财务部交定金,他看到小张把纸团扔在地上,心里想:“这个公司的员工如此行事,他们做的东西质量会好吗?售后会有保障吗?还是先别交定金了吧,回去再斟酌斟酌!”生产部经理陪着几位外商参观公司,正好路过这里,地上的纸团没能逃过大家的眼睛,结果外商指着纸团问老板:“这样的员工,能做出符合质量要求的产品吗?”本来不费吹灰之力便能扔到垃圾桶里的一小团废纸,却导致公司失去了上百万元的订单。

思考并分析:

(1) 导致公司失去订单的根本原因是什么?

(2) 如果你是老板,你将如何避免类似的问题再次发生?

(3) 从这则案例中能获得哪些启示?

(三) 第11个应聘者

某大型公司招聘人才,经过3轮淘汰,还剩下10个应聘者,最终将留用3个,公司采用了压力性面试。第4轮是总裁亲自面试,允许前面面试失败者中的任何一人自己要求进入最后一轮面试,最终考场上会出现第11个应聘者。

总裁问:“谁是前面淘汰后又参加最后这轮应聘的?”

最后一排的一个年轻人站起身:“先生,是我,我在第一轮就被淘汰了,但我想再参加一次面试。”

总裁问:“你第一关都过不了,来这儿还有什么意义啊?”

年轻人说:“我掌握了很多‘财富’,并想掌握更多的‘财富’,在我看来,我本人就是财富。”

在场的人都笑了,包括在门口旁观的一位老人。应聘者们窃窃私语,对这个年轻人议论纷纷。

年轻人继续说:“我只有一个本科学历和一个中级职称,但我有7年的工作经验,曾在10家公司任职……”

“你的学历、职称都一般,工作7年还算凑合,但先后换了10家公司,这么频繁跳槽,谁敢留你啊。”总裁打断他的话。

年轻人再次站起来:“先生,我没有跳槽,而是那10家公司先后倒闭了。”

在场的人哄堂大笑,一个应聘者大声说:“你也太倒霉了吧!”

年轻人也笑了:“不过,我认为这就是我的财富!我不倒霉,我只有31岁。”

这时,站在门口的老人走进来,给总裁倒了杯茶。

“我很了解那10家公司,我曾与大家一起努力,试图挽救它们,虽然最后没有成功,但我从它们的错误与失败中学到许多东西。”年轻人继续说,“很多人只是追求成功的经验,而我更有经验避免错误与失败!这7年经历的10家公司,练就了我敏锐的洞察力,举个小例子吧——今天真正的考官不是您,而是这位倒茶的长者……”

其余10个应聘者大吃一惊,用疑惑的眼神盯着老人和总裁。

老人笑了:“很好!你第一个被录取了!”

思考并分析:

(1) 被录取的年轻人是如何让自己从“第11个应聘者”变成了“第一个被录取者”?

(2) 你认为他运用了什么样的沟通策略?

参考文献

[1] 王光华．人际沟通与礼仪[M]. 北京：中国人民大学出版社，2021.

[2] 杨雅蓉．高端商务礼仪：快速成为职场沟通达人[M]. 北京：化学工业出版社，2021.

[3] 金正昆．礼仪金说[M]. 北京：京华出版社，2023.

[4] 袁锦贵，李双芹．沟通与礼仪[M]. 3版．北京：电子工业出版社，2022.

[5] 李荣建．现代礼仪教程[M]. 北京：人民邮电出版社，2021.

[6] 斯静亚．职场礼仪与沟通[M]. 4版．北京：高等教育出版社，2021.

[7] 梁兆民，张永华．现代实用礼仪教程[M]. 西安：西北工业大学出版社，2011.

[8] 惠亚爱．沟通礼仪 [M]. 北京：高等教育出版社，2016.

[9] 刘波，赵珂珂．实用礼仪和人际沟通教程[M]. 成都：西南财经大学出版社，2017.

[10] 陈英、梁唯．社交礼仪实训教程[M]. 北京：北京工业大学出版社，2010.

[11] 赵蓉．商务礼仪(慕课版)[M]. 北京：人民邮电出版社，2021.

[12] 王玉苓，徐春晖．商务礼仪[M]. 北京：人民邮电出版社，2014.